W0257905

T. William Olle

Das Codasyl-Datenbankmodell

Übersetzt von H. Münzenberger

Springer-Verlag
Berlin Heidelberg New York 1981

Dr. T. William Olle
Data Base Management Systems and Techniques
27 Blackwood Close
West Byfleet, Surrey, KT14 6PP, England

Ins Deutsche übersetzt von
H. Münzenberger, Waldallee 33, 6239 Eppstein 3

Titel der englischsprachigen Originalausgabe:
"The Codasyl Approach to Data Base Management"
Copyright © 1978 by John Wiley & Sons Ltd.
All rights reserved. Authorized translation from
English language edition published by John Wiley & Sons, Ltd.

CIP-Kurztitelaufnahme der Deutschen Bibliothek
Olle, T. William:

Das Codasyl-Datenbankmodell / T. W. Olle [Ins Dt. übers. von H. Münzenberger]. –
Berlin ; Heidelberg ; New York : Springer, 1981.
Einheitssacht.: The Codasyl approach to data base management < dt. >
ISBN-13: 978-3-540-10669-2   e-ISBN-13: 978-3-540-10669-2
DOI:10.1007/ 978-3-540-10669-2

Das Werk ist urheberrechtlich geschützt. Die dadurch begründeten Rechte, insbesondere die der Übersetzung des Nachdrucks, der Entnahme von Abbildungen, der
Funksendung, der Wiedergabe auf photomechanischem oder ähnlichem Wege und
der Speicherung in Datenverarbeitungsanlagen bleiben, auch bei nur auszugsweiser
Verwertung, vorbehalten. Die Vergütungsansprüche des § 54, Abs. 2 UrhG werden
durch die „Verwertungsgesellschaft Wort", München, wahrgenommen.

© by Springer-Verlag Berlin Heidelberg 1981

Die Wiedergabe von Gebrauchsnamen, Handelsnamen, Warenbezeichnungen usw.
in diesem Werk berechtigt auch ohne besondere Kennzeichnung nicht zu der Annahme, daß solche Namen im Sinne der Warenzeichen- und Markenschutz-Gesetz-
gebung als frei zu betrachten wären und daher von jedermann benutzt werden
dürften.

Mein erstes Buch ist meiner Mutter
Kathleen Olle gewidmet in Erinnerung
an meinen Vater Thomas Cecil Olle.

Dank

Während der Vorbereitung dieses Buches leisteten folgende Personen Unterstützung bei der Durchsicht des ganzen Textes oder spezieller Kapitel - Martin Anderson (Logica Ltd.), Geoff Baker (CACI, Ltd.), Emile Broadwin (Computer Sciences, Inc.), Gordon Everest (University of Michigan) und John Hale (Cincom Ltd.). Ihre Kommentare waren sehr wertvoll. Für ihre Bemühungen danke ich Ihnen.

Viele Autoren danken an dieser Stelle ihrer Frau, die während der Erstellung des Buches viel Verständnis aufgebracht hat. Einige können sogar noch ihrer Frau für ihre Fähigkeit und Geduld beim Tippen des Manuskripts danken.

Ich darf mit großer Freude meiner Frau Greta für die Erstellung eines maschinengeschriebenen Manuskripts aus meinem gräßlichen handschriftlichen Manuskript sowie für ihre Fähigkeiten bei der Überprüfung der Konsistenz und der Genauigkeit des Textes danken.

T.W. Olle
West Byfleet, Surrey
England

November 1977

Inhaltsverzeichnis

Vorwort

Dieses Buch stellt, in Form eines Lehrtextes, den Datenbankansatz
vor, der durch CODASYL (Conference on Data Systems Languages) zwischen
1967 und 1971 entwickelt und in zahlreichen Berichten von CODASYL
zwischen 1968 und 1975 veröffentlicht wurde. Es sind heute mehrere Implementierungen dieses Ansatzes auf dem Markt verfügbar, darunter DMS
1100 (Univac), IDS/2 (Honeywell), IDMS (für IBM und ICL Systeme) und
UDS (Siemens). Der vorliegende Text ist kein Ersatz für die Benutzer-
handbücher dieser Systeme, sondern vielmehr als eine hoffentlich wert-
volle ergänzende Erläuterung für Benutzer von Systemen, die auf dem
CODASYL Ansatz basieren, gedacht.

Darüberhinaus bietet dieses Buch eine gute Grundlage für die Ausbildung
von Studenten an Universitäten oder Fachhochschulen. Ich bin davon überzeugt, dass in den 80iger Jahren die meisten Informationssysteme unter
Zuhilfenahme von Datenbanktechniken aufgebaut werden. Die während der
ersten zehn Jahre entwickelten konventionellen Techniken, die hauptsächlich durch die weitverbreitete Benutzung von Magnetbändern als Speichermedium gekennzeichnet waren, werden dagegen mehr und mehr in den Hintergrund treten.

Vielen Lesern werden die häufigen Diskussionen zwischen Vertretern der
Praxis und der Forschung über die relativen Vorteile der verschiedenen
Datenbankansätze bekannt sein. Es ist sicherlich gut so, dass ein An-
wender unter den verschiedenen Angeboten auf dem Markt wählen kann.
Die Welt wäre sehr eintönig, würden wir alle in den gleichen Häusern
leben oder gleiche Autos fahren. Trotzdem erfordert jedoch die Auswahl
eines Datenbankmanagementsystems (DBMS) einen anderen Entscheidungsprozeß als die Auswahl eines Hauses oder Autos. In der Hoffnung, diesen
Entscheidungsprozeß zu erleichtern, befassen sich einige Kapitel dieses
Buches auch mit anderen Ansätzen und zwar TOTAL, IMS und ADABAS. Zusätzlich befasst sich ein Kapitel mit einem Vergleich zwischen der Relationentheorie und dem CODASYL Ansatz.

Als ich dieses Buch 1974 zu schreiben begann, glaubte ich, im Vorteil
gegenüber den zahlreichen Autoren der Universitäten zu sein, deren Zeit
hierfür durch Vorlesungen, Seminare, Betreuung von Forschungsvorhaben
u.ä. beschränkt ist. So war auch der größte Teil des Buches ziemlich
schnell fertiggestellt, da ich in der Lage war, neben meinen weltweiten
Beratungs- und Vortragsverpflichtungen hierfür immer wieder zusammenhängende Perioden einzuplanen. Im Laufe der Zeit wuchsen jedoch die Anforderungen an meine Person. Dies hatte zur Folge, dass die Erstellung
dieses Buches schliesslich der goldenen Regel für die Entwicklung von

Computer-Programmen entsprach - die letzten 10% der geplanten Arbeit beanspruchten 90% der gesamten Entwicklungszeit.
Der Faktor Zeit ist in sich selbst ein Problem, da sich die CODASYL-Spezifikationen ständig ändern. Das Buch versucht, den zur Zeit seiner Erstellung aktuellsten Stand der veröffentlichten Spezifikationen zu berücksichtigen. Die definierten Eigenschaften stehen in den weltweit benutzten Implementierungen zur Verfügung. Es ist jedoch auch Ziel dieses Lehrtextes, einen Überblick über die Prinzipien und Ideen zu geben, die hinter den kommerziell verfügbaren Implementierungen des CODASYL-Ansatzes stehen. Diese werden sich weniger schnell ändern. Deshalb werden die hier erläuterten Ideen hoffentlich auch weiterhin für Studenten und Praktiker gleichermassen wertvoll sein.

Kapitel 1

Historische Betrachtungen

1.1 Einführung

Der formale historische Hintergrund für die Beschäftigung von CODASYL
mit der Datenbankverwaltung läßt sich nachlesen im Journal of Development, June 1973, des Data Description Language Committee (DDLC).
Diese historische Entwicklung soll in diesem Kapitel zusammengefaßt
und um einige persönliche Kommentare über die relevanten Ereignisse
der letzten 15 Jahre ergänzt dargestellt werden.

1.2 Herkunft der Begriffe

Es ist nicht ganz klar woher die Begriffe DATENBANK und DATENBANK-
VERWALTUNG stammen; andererseits steht aber fest, daß es keine ursprünglichen CODASYL Begriffe sind.

Man muß wesentlich zwischen dem Ursprung der Eigenschaften der Datenbankverwaltung und dem der Terminologie unterscheiden. Charles W. Bachmann ist allgemein als einer der frühen Pioniere auf dem Gebiet aner-
kannt, das man heute als Datenbankverwaltung bezeichnet. Wenn man jedoch
seine ersten Artikel[2,3] hierüber liest, wird man feststellen, daß der
Begriff DATENBANK nicht benutzt wurde. Die Hauptanliegen von Bachmann
werden durch die Titel seiner Artikel wiedergegeben - 'A General Purpose Programming System for Random Access Memories' und 'Software for
Random Access Processing'.

In anderen Worten, sein Ziel bestand in der effektiveren Nutzung von
Direktzugriffsspeichern wie man sie heute bezeichnet. Der Ausgangspunkt
seiner Überlegungen war ein flexibles Schema, in dem Sätze unterschiedlichen Typs durch die Benutzung von Kettenstrukturen (wie sie auch heute
noch bezeichnet werden) miteinander verknüpft werden konnten. Bachmann
weist in seinem ersten Artikel daraufhin, dass sein Software System,
Integrated Data Store (IDS), bereits 1963 in Betrieb war. Hierbei bezieht er sich auf eine interne GE Veröffentlichung, in der eine erste
Spezifikation des Systems vom Januar 1962 gegeben wurde. Um den Ursprung
des Begriffes DATENBANK zurückzuverfolgen, muß man sich auf Arbeiten
beziehen, die durch das Militär in den frühen 60iger Jahren gefördert
wurden. Im Juni 1963 förderte die System Development Corporation ein
Symposium in Santa Monica unter der Überschrift 'Development and Management of a Computer-centered Data Base'. Sämtliche 7 Vorträge wurden im
Zusammenhang mit Arbeiten aus dem Verteidigungsbereich gehalten. Einige
enthielten   in ihrem Thema den Begriff DATENBANK auf folgende Art und

2

Weise:

> J.H.Bryant, 'AIDS Experience in Managing Data Base Operations'.
> A.K.Swanson, 'A Computer-Centered Data Base Serving USAF Personnel
> Managers'.
> R.L.Patrick, 'Adapting Mass Storage Equipment for the Handling of a
> Data Base'.

AIDS ist die Abkürzung für Aerospace Intelligence Data Systems. Zwei
andere Vorträge behandelten sehr frühe DBMS, ADAM (Automated Data Management) und LUCID (Language Used to Communicate Information System
Design).
In Ergänzung zu den sieben Vorträgen fanden noch vier Arbeitssitzungen
bei diesem Symposium statt. Deren Themen sind nicht nur von untergeordnetem Interesse, da sie genausogut heutzutage Themen von Arbeitssitzungen während einer Konferenz sein könnten.
Folgende Themen wurden behandelt:

A: Faktoren, die den Inhalt von Datenbanken bestimmen.
B: Kriterien, die die Datenbankorganisation oder - entwurf beeinflußen.
C: Methoden zur Datensammlung und Wartung von Datenbanken.
D: Wirtschaftliche Überlegungen zur Datenbankverwaltung.

In der zweiten Arbeitssitzung wurde der Vorschlag für eine Definition
des Begriffes Datenbank gemacht. Er lautete:

> 1. Eine Datenbank ist eine Menge von Dateien.
> 2. Eine Datei ist eine geordnete Sammlung von Einträgen.
> 3. Ein Eintrag besteht aus einem oder mehreren Schlüsseln
>   und Daten.

Im weiteren Verlauf des Berichtes wird festgestellt, dass diese De-
finition nicht allgemein akzeptiert ist! Es ist jedoch die nachlesbare
Definition dieses Begriffes.
Die Artikel in den Tagungsunterlagen dieses Symposiums befassten sich
verständlicherweise sehr mit dem Problem des einfachen Wiederauffindens
von Information in Dateien. Einige benutzten den Begriff DATENBANK für
Dateien, in denen sie die gespeicherte Information wiederfinden wollter
In den meisten Fällen wurde als Speichermedium das Magnetband benutzt.
Dies erforderte ganz andere Zielsetzungen als sie mit Bachmanns erster
Arbeit assoziiert waren.

Im September 1965 förderte die Systems Development Corporation (zusammen mit ARPA und der Air Force Systems Command) das zweite Symposium über 'Computer-Centered Data Base Systems'. Die Gestaltung dieses Symposiums war insofern interessant, als ein ziemlich komplexes Problem vorgestellt wurde, an dem einige Firmen ihr System zur Behandlung dieses Problems demonstrieren konnten. Unter diesen Personen befand sich auch Charles Bachmann mit IDS. Die Unterlagen dieses Symposiums enthielten eine vollständige Beschreibung des Problems sowie die fünf historischen Lösungsansätze.

Insgesamt kann man sagen, dass 1965 das Datenbank-Baby seine ersten Gehversuche unternahm. Und es war auch das Jahr, in dem CODASYL hiermit das erste Mal konfrontiert wurde.

1.3 Die frühen CODASYL Arbeiten

Eine der zentralen Figuren der Anfangsphase, in der sich CODASYL mit Datenbankverwaltung befasste, war Warren Simmons von US Steel in Pittsburgh. Auf seiner Suche nach verfügbarer hardware und software stieß er 1965 auf IDS von General Electric.

US Steel war, als einer der ersten, die COBOL unterstützten, aktiv tätig in verschiedenen CODASYL Gremien, die an der Wartung der Sprache arbeiteten. Warren Simmons war ihr Repräsentant im COBOL Programming Language Committee und es ist vor allem seiner Auffassungsgabe und seiner Einsicht zu verdanken, dass die List Processing Task Force gebildet wurde. Die Benutzung des Begriffes 'list processing' erfordert eine Erläuterung. Das Kettungskonzept in IDS ermöglichte die Verknüpfung von Sätzen auf Direktzugriffsspeichern. Diese Kette (chain) konnte aber auch als Liste aufgefasst werden, und die Listenverarbeitung (list processing) war ein weitverbreiteter Begriff zu Beginn und Mitte der 60iger Jahre. Das erste Treffen der List Processing Task Force fand in Atlanta, Georgia im Oktober 1965 statt. Unter diesem Namen fanden dann noch eine ganze Reihe weiterer Sitzungen statt. Durch Zufall waren jedoch bei der Sitzung im Mai 1967 in Minneapolis etwa die Hälfte der Teilnehmer neu und nahmen zum ersten mal daran teil. Ich war als Repräsentant der damals als Radio Corporation of America bekannten Gesellschaft eines der neuen Mitglieder.

Im Jahr 1967 fanden die Sitzungen regelmäßig alle vier bis sechs Wochen statt und dauerten jeweils etwa eine Woche. Diskussionen wurden oft sehr hitzig geführt. Die wichtigsten technischen Beiträge kamen von Charles Bachmann und George Dodd, wobei letzterer ebenfalls als neues Mitglied an der Sitzung in Minneapolis das erste Mal teilnahm. Er hatte bei General Motors Research Laboratory ein dem IDS sehr ähnliches System APL (Associative Programming Language), entwickelt, das sich nur da-

durch unterschied, dass es eine Erweiterung von PL/1 und nicht von
COBOL war. (Es ist darauf hinzuweisen, dass Dodds APL in keiner Beziehung zu dem APL-360 von Iverson stand.)
Während der historischen Sitzung im Mai 1967 wurde beschlossen, daß
der Begriff 'list processing' ersetzt werden mußte. Dies wurde damit
begründet, daß dieser Begriff irgendwie nicht zu den grundlegenden
praktischen Aspekten von COBOL passte, die durch diese Gruppe erweiter
werden sollten. Ausserdem fand man den Begriff 'task force' zu mächtig
Er stammte wahrscheinlich aus militärischen Kreisen. Nach langen Bera-
tungen beschloss die Gruppe schließlich, sich als Data Base Task Group
zu bezeichnen. Dieser Name wurde beibehalten, bis sich die Gruppe 1971
formal auflöste.
Die Argumente, die in den Jahren 1967 und 1968 vorgebracht wurden,spie-
gelten die beiden typischen Hintergründe der Beiträge zum Gebiet Datenbanken wieder. Leute wie Bachmann, Dodd und Simmons vertraten die In-
dustrie und sahen die Notwendigkeit von leistungsfähigen Strukturen,
wie sie in IDS und APL (von Dodd) angeboten wurden. Andere, wie beispielsweise diejenigen, die 1963 auf dem SDC Symposium vorgetragen hatten, und auch ich selbst sahen eine Notwendigkeit für leicht benutzbare
Retrieval-Sprachen, die einen einfachen Zugriff auf Daten auch für Nich
programmierer ermöglichten. Diese Forderung führte schliesslich zu der
Fragestellung: Wirtssprache (host language) oder eigenständige Sprache
(self contained language). Im August 1968 hatte ich die Ehre, eine De-
batte zu diesem Thema zu leiten. Ein Satz von Bachmann fasst das zusammen, was rückblickend die einzige Schlussfolgerung bzgl. der beiden
Forderungen sein konnte : 'Jede Sprache hat ihren Platz, beide werden
benötigt'. Glücklicherweise wurde innerhalb der DBTG der Wirtssprachen-
ansatz vorangetrieben. Es war anfangs nicht einfach, voranzukommen.
Einige Mitglieder (darunter auch ich) waren nicht davon überzeugt, daß
der IDS Ansatz langfristig der richtige sei. Auch gab es Mitglieder,
Repräsentanten konkurrierender Hardware Verkäufer, die vermuteten, daß
General Electric seinen Ansatz als Teil von COBOL standardisiert haben
wollte, um so einen wettbewerbsfähigen Platz auf dem Markt zu erringen
Der erste Bericht von DBTG wurde im Januar 1968 veröffentlicht unter
dem Titel 'COBOL extensions to handle data bases'. Einige Zitate aus
den auf einer Seite zusammengefassten Empfehlungen zeigen die damaliger
Überlegungen.
Man empfahl:
'Füge eine Eigenschaft hinzu, um Beziehungen zwischen master und detai
Sätzen zu definieren, unter Benutzung von Ringstrukturen als Mittel,
eine möglichst weitgehende Dateistrukturierungseigenschaft zur Ver-
fügung zu stellen'.

Der Bericht unterstützt die Empfehlung, zunächst die verschiedenen Modi der Interaktion mit einer Datenbank zu betrachten und dann erst die Datenverwaltungstechniken zu besprechen, die gegenwärtig zur Lösung des Programmierproblems benutzt werden. Nach einem Vergleich der bekannten Datenorganisations- und Zugriffstechniken werden die Schlußfolgerungen für die geschlossene Kette oder Ring-Struktur dargestellt.

Kurz nach der Veröffentlichung dieses Berichtes vom Januar 1968, zog sich Warren Simmons aus persönlichen Gründen von dem DBTG Vorsitz zurück. Der DDLC Bericht nennt G. Durand von Southern Railway Systems als Nachfolger von Warren Simmons. In der Tat war es jedoch D.L. Rapp von (damals) Travellers Insurance, der den Vorsitz der Sitzungen 1968 führte. Es war ein schwieriges Jahr für DBTG, da der Bericht vom Januar 1968 einmal auf deren Arbeit aufmerksam machte und zum anderen ein grösserer Personenkreis nunmehr besser verstand, was die Gruppe damit eigentlich erreichen wollte. Ende 1968 verliess Rapp Traveller Insurance. Gleichzeitig gab er seine Mitarbeit bei DBTG auf.
Tax Metaxides von Bell Laboratories trat im Herbst 1967 der DBTG bei und übernahm dann den Vorsitz als Nachfolger von Don Rapp. Er füllte die Funktion des Vorsitzenden sehr wirkungsvoll aus. Während die meisten der ursprünglichen Ideen von Bachmann und Dodd stammten, und Simmons vor allem für das Ingangsetzen der ganzen Bemühungen verantwortlich war, ist es vor allem das Verdienst von Metaxides, dass diese zu Ende geführt wurden.
Im Oktober 1969 erschienen die ersten Sprachspezifikationen. Das Subschema Konzept kam zusammen mit der Idee auf, dass der Ansatz sich nicht nur auf COBOL beziehen sollte. Zwischen 1965 und 1969 hatte PL/1 einige bescheidene Angriffe auf COBOL unternommen, und man stellte fest, dass FORTRAN und PL/1 Benutzer ebenfalls Daten in einer Datenbank verarbeiten wollten. Nichtsdestoweniger verursachte der Bericht vom Oktober 1969 bei seiner Präsentation vor dem zuständigen Komittee einigen Wirbel.
Die Hauptprobleme kamen von IBM, die einen eigenen, von einer Minderheit getragenen, Bericht vorlegte, in dem die Ablehnung des DBTG Ansatzes zum Ausdruck gebracht wurde und Alternativen vorgeschlagen wurden. Einige ihrer Argumente entsprangen aus den damaligen sehr intensiven Bemühungen,COBOL durch PL/1 zu ersetzen. Dies brachte zwar wahrscheinlich das Subschema Konzept hervor, IBM war jedoch nicht zufrieden. IBM behauptete, dass der Ansatz immer noch zu sehr an COBOL ausgerichtet sei und dass somit DBTG nicht behaupten könne, zu allen Programmiersprachen gleich gute Schnittstellen zu haben.
Es trifft in der Tat zu, dass die Datenbanksatztypen im Bericht vom Oktober 1969 den COBOL Satztypen sehr ähnlich sahen. PL/1 Satztypen waren

sehr viel komplexer und so war einer der ersten Schritte von DBTG bei
der Erstellung des Abschlußberichtes im April 1971 die Änderung der
Schema Satztypen in PL/1 Satztypen. Die COBOL Subschema Satztypen blieben selbstverständlich unverändert.

1.4 Neuere CODASYL Aktivitäten

1971 gab es zwei größere Meilensteine im Leben der CODASYL Datenbank-
spezifikationen. Der Bericht der DBTG vom April 1971 wurde durch das
zuständige Komittee, bis damals das Programming Language Committee,
während einer historischen Sitzung im Mai 1971 in Washington angenomme:
Die Annahme erfolgte nicht einstimmig; IBM erhob wiederum Einwände. Di
se sind in einem Artikel von Engles dokumentiert. Sie repräsentierten
offensichtlich die gemeinsamen Vorstellungen vieler Mitarbeiter von IB
Man muß dabei daran erinnern, dass IBM bis 1971 bereits einen nicht un-
beträchtlichen Aufwand in ihr eigenes System (IMS) investiert hatte,un
es war verständlicherweise nicht in ihrem kommerziellen Interesse, daß
ein gänzlich anderer Ansatz sich auf dem langsamen Weg zur Standardisierung befand.
Im Mai 1971 unternahm CODASYL einen Schritt, der, im nachhinein betrac:
tet, einige unglückliche technische Auswirkungen hatte. Man beschloss,
dass die Schema DDL, die von einem Datenverwalter zur Definition einer
Datenbank benutzt wird, nicht Bestandteil von COBOL sein sollte. Ein
eigenes Standing Committee, das Data Descrition Language Committee
(DDLC) wurde ins Leben gerufen, um die Probleme der Datenbankbeschreibung zu untersuchen. Die Sprache zur Beschreibung des Teiles einer Datenbank, der durch ein COBOL Programm verarbeitet werden sollte, die
COBOL Subschema DDL, sowie die Anweisungen, die der COBOL Procedure Division hinzugefügt werden sollten, um einem Programmierer die Manipula·
tion von Daten in einer Datenbank zu ermöglichen, die COBOL Data Manipulation Language, DML, wurden beide formal dem Programming Language
Committee übergeben. Dieses sollte sie als COBOL Erweiterungen berücksichtigen.
Das Programming Language Committee bildete umgehend eine kleine Arbeit
gruppe, die Data Base Language Task Group, DBLTG. Ihre Aufgabe bestand
in einer geeigneten Anpassung der Arbeit von DBTG, so dass diese in da.
CODASYL COBOL Journal of Development übernommen werden konnte. Ihr erster Bericht hierzu wurde weit verbreitet, um eine Rückkopplung aus de:
Kreis der COBOL Benutzer zu erreichen. 1976 erfolgte die Genehmigung
für die Übernahme als Teil von CODASYL COBOL und wurde dann im 1976 CO·
DASYL COBOL Journal of Development veröffentlicht. Im vorliegenden Tex
habe ich versucht, die Denkweisen des DDLC und der DBLTG wiederzugeben
Dabei beziehe ich mich auf den Bericht der DBTG von 1971, und wo es mir

wichtig erscheint, gebe ich einige ihrer Ideen weiter, die man in den
kommerziell verfügbaren Systemen wiederfindet, auch wenn diese für
die Arbeit der folgenden Ausschüsse nicht mehr von Interesse waren.

1.5 Aktuelle Ereignisse

Die historische Entwicklung der Datenbankspezifikation in CODASYL ist
nicht abgeschlossen. In der Tat, falls CODASYL eine kontinuierliche
Rolle bei der Weiterentwicklung der Datenverarbeitungstechnologie spielen soll, dann lässt sich vermuten, dass die Arbeit gerade erst begonnen hat. Die Arbeit liegt nun bei den formalen Standardisierungsgremien
wie z.B. ANSI. ANSI X3J4, der für die COBOL Standardisierung zuständige
ANSI Ausschuß, untersucht zur Zeit die Übernahme der CODASYL COBOL Data
Base Facility in ANSI COBOL. Eine zum TC97/SC5 Ausschuss gehörende Arbeitsgruppe sondiert derzeitig auf verschiedenen Sitzungen einige all-
gemeinere Forderungen im Zusammenhang mit der Standardisierung von Datenbanken.

Literaturverzeichnis

1. CODASYL Data Description Language Committee. Journal of Development June 1973. Erhältlich bei British Computer Society, London, IFIP Applied Information Processing Group (IAG) HQ, Amsterdam und ACM HQ, New York.

2. C.W. Bachmann, S.B. Williams, 'A general purpose programming system for random access memories', Proc. Fall Joint Computer Conference, Oktober 1964, 26 411-422.

3. C.W. Bachmann, 'Software for random access processing', Datamation April 1965.

4. Proceedings of the Symposium on Development and Management of a Computercentered Data Base, held June 1963. Veröffentlicht im Januar 1964 durch System Development Corporation, Santa Monica, California.

5. Proceedings of the Second Symposium on Computer-centered Data Base Systems, held September 1965. Veröffentlicht im Dezember 1965 durch System Development Corporation als TM-2624/1oo/oo.

6. G.G. Dodd, 'APL - a language for associative data handling in PL/1' Proc. Fall Joint Computer Conference 1966, 29 677-684.

7. The Large Data Base: its organization and user interface. Podiumsdiskussion während der ACM Konferenz, August 1968. Veröffentlicht in Data Base (Newsletter of ACM's Special Interest Group in Business Data Processing). Vol. 1, No. 3, Fall 1969.

8. Bericht an das CODASYL COBOL Committee. COBOL extension to handle data base. Veröffentlicht als: Newsletter of ACM Special Interest Group in Business Data Processing im April 1968.

9. R.W. Engles, 'An analysis of the April 1971 DBTG report'. Ein Grundsatzartikel, der vor dem Programming Language Committee durch den IBM Repräsentanten der Data Base Task Group präsentiert wurde. Veröffentlicht als Anhang zu den Proceedings of BCS Symposium on CODASYL DBTG report, Oktober 1971. Veröffentlicht in den Proceedings of ACM SIGFIDET Workshop on Data Description Access and Control, November 1971, 68-91.

1o. CODASYL Data Base Language Task Group. Proposal for a data base facility in COBOL, Januar 1973. Erhältlich bei Technical Services Branch Dept. of Supply and Services, Ottawa, Canada.

11. CODASYL COBOL Journal of Development 1976. Erhältlich bei Technical Services Branch, Dept. of Supply and Services, Ottawa, Canada für $ 7.5o je Kopie oder $ 2o.oo inclusive Änderungsdienst.

Kapitel 2

Komponenten eines DBMS

2.1 Einführung

Die Art und Weise, auf die man CODASYL DBMS in Komponenten aufteilt
ist von Implementierung zu Implementierung unterschiedlich. In einigen
Fällen ist dies lediglich ein terminologischer Unterschied, in anderen
Fällen ist er fundamentaler. Aus Referenzgründen werden die 5 Hauptkom-
ponenten wie folgt bezeichnet:

1. Schema Datenbeschreibungssprache (Schema Data Description Language)
2. Subschema Datenbeschreibungssprache (Subschema Data Description
   Language)
3. Datenmanipulationssprache (Data Manipulation Language)
4. Datenbank - Kontrollsystem (Data Base Control System)
5. Gerätekontrollsprache (Device Media Control Language)

Diese werden nun nacheinander besprochen.

2.2 Das Schema - Konzept

Obwohl das Wort SCHEMA in der englischen Sprache vorkommt, wird es
nicht häufig benutzt; auch in der Terminologie der Datenverarbeitung
war ihm vor den Arbeiten des CODASYL Systems Committee und der DBTG
während der späten 60iger Jahre keinerlei Bedeutung zugeordnet. Das
Concise Oxford Dictionary definiert SCHEMA als Hauptwort mit den folgenden Bedeutungen:

    Übersicht, Umriß, Schaubild; (Logik) syllogistische Darstellung;
    (grammatische Rhetorik) Sprachdarstellung, (Kantsche Philosophie)
    allgemeiner Typ, wesentliche Form, Vorstellung von dem, was gemeinsam
    für alle Elemente einer Klasse ist.

Die letzte dieser Bedeutungen ist die im vorliegenden Zusammenhang relevante Bedeutung. DBTG akzeptiert für den Begriff SCHEMA die folgende
Definition: 'Beschreibung einer Datenbank'.

    Genau genommen können mehrere Datenbanken einem gegebenen Schema
entsprechen, hier in der Praxis gibt es jedoch nur eine. Darüberhinaus gibt es normalerweise nur ein Schema für eine Datenbank.

2.2.1 Das Konzept einer Datenbank

Durch die Definition des Schemas als Beschreibung einer Datenbank, ist
es ausgeschlossen, eine Datenbank als 'das was in einem Schema definiert ist' zu definieren, auch wenn dies naheliegend erscheint. Es ist
wünschenswert, den Begriff DATENBANK so zu definieren, daß er das ältere

und allgemein verstandene Dateikonzept ausschließt. Der grundlegende
Unterschied sollte darin bestehen, daß eine Datenbank Querverweise zwischen ihren Teilen enthält. Dies sollte indizierte Dateien (indexed
files) ausschließen, bei denen auf jeden Teil von außen gleichermaßen
zugegriffen werden kann.

Um zu vermeiden, daß man sich mit diesem Begriff in zu tiefes Wasser
begibt, wird vorgeschlagen, den Begriff Datenbank zu definieren als 'eine' Sammlung von Datensätzen unterschiedlichen Typs mit Querverweisen'
und den Begriff Datei als eine 'Sammlung von Sätzen ohne Querverweise'
in der normalerweise alle Sätze vom gleichen Typ sind.

Dies vermittelt hoffentlich den Eindruck, daß eine COBOL Datei mit mehreren Satztypen zulässig ist, ohne daß man dies dann wirklich als Datenbank bezeichnet.

Man muß deutlich hervorheben, daß die Einführung des Konzeptes Datenbank in die Datenverarbeitung niemand dazu veranlasste, das Dateikonzept abzuschaffen, sondern es lediglich durch das Datenbankkonzept zu
ergänzen. Die Datenbank wird normalerweise die Stammdatei (master file)
ersetzen, jedoch nicht die Eingabedatei, Ausgabedatei, Druckdatei, Tran-
aktionsdatei, Archivdatei usw.. Genauer gesagt, eine Datenbank sollte
mehrere Stammdateien ersetzen. Unglücklicherweise trifft es zu, daß das
Wort DATEI oft durch das Wort DATENBANK ersetzt wurde in Situationen,
in denen man sich ganz eindeutig auf eine Datei bezog.

<h3 align="center">2.3 Die Schema Datenbeschreibungssprache
(Schema DDL)</h3>

Die Schema DDL ist eine unabhängige, beschreibende Sprache zur Definition der Struktur einer Datenbank (jetzt als Schema bezeichnet). Die
Schema DDL beschreibt nicht die Verarbeitung der Daten, mit einer bedeutenden Ausnahme, die später in diesem Buch besprochen werden soll.
Sie läßt sogar nicht einmal Anweisungen zu, die sich auf die zu speichernde Datenmenge bezieht und wieviel Speicherplatz für die Daten be-
reitgestellt werden soll. Man geht üblicherweise davon aus, daß die
Datenbank auf Direktzugriffsspeichern gespeichert ist - deshalb die
Betonung der Querverweise, die für die Speicherung von Daten auf sequentiellen Speichermedien, wie das Magnetband, nicht geeignet sein
würden.

Um auf die Schema DDL zurückzukommen, sie wird für die Definition eines
Schemas benutzt. Durch eine fehlerfreie Benutzung der Sprache wird
ein Schema erstellt, das aus einer Anzahl von, der englischen Sprache
ähnlichen, Anweisungen besteht, die entweder in schriftlicher Form auf
Papier oder auf einem Bildschirmgerät vorliegen. Die Benutzung der
Schema DDL produziert also nicht eine Datenbank sondern lediglich eine

Beschreibung,wie eine solche aussieht.

Um eine Datenbank zu erstellen, sind eine Reihe weiterer Maßnahmen notwendig. Das Schema muß in eine, durch einen Computer lesbare, Form umgewandelt werden, falls es sich nicht schon in einer solchen Form befindet. Es muß dann in eine Objektform gebracht werden, die DBTG als das Objektschema (object schema) bezeichnete. Falls bisher nicht eindeutig, die durch die menschliche Hand erstellte Form bezeichnet man als Quellschema (source schema; vgl. Quellprogramm und Objektprogramm). Schließlich müssen noch Programme geschrieben werden, um die Daten in die Datenbank zu bringen.

Die CODASYL Gruppen (DBTG und DDLC) vermieden es offensichtlich, dem Prozeß der Überführung eines Quellschemas in ein Objektschema einen Namen zu geben. Hieraus hat sich ergeben, daß einige Hersteller hierfür die Bezeichnung 'Schema (DDL) Compiler' benutzen, andere die Bezeichnung 'Schema (DDL) Translator'. Angesichts der Tatsache, daß durch diesen Prozeß kein ausführbarer Code generiert wird (d.h. kompiliert), wurde in diesem Buch der Ausdruck 'Schema Translator' vorgezogen.

2.4 Das Subschema-Konzept

Der Ursprung des Subschema Konzeptes ist nicht klar. Es wurde im Bericht der DBTG vom Januar 1968 mit Sicherheit nicht erwähnt, im Oktober 1969 war es aber vollständig definiert. Ein Subschema wird am besten als 'Teil eines Schemas' definiert. Man vermeidet es besser, es als 'Teil einer Datenbank' zu betrachten, da man mit ihm den Teil identifiziert, der wichtig ist. Falls beispielsweise in einer Datenbank sieben Satztypen vorkommen, so kann ein Subschema drei davon beinhalten, aber nicht einige Sätze eines gegebenen Typs. (Dies ist eine vereinfachte Darstellung dieser Eigenschaft, eine vollständige Behandlung erfolgt in einem späteren Kapitel.)

Je Schema können mehrere Subschemata existieren. Diese Subschemata können einander überlappen, d.h. ein Satztyp kann in zwei oder mehreren Subschemata vorkommen. Darüberhinaus kann ein Subschema die ganze Datenbank umfassen oder es kann sich auf einen einzelnen Satztyp beschränken.

Man kann sich Schema und Subschema am besten wie folgt vorstellen. Das Schema gibt die umfassende Sicht der logischen Struktur der Datenbank wieder, wie sie durch eine zentrale authorisierte Stelle gesehen wird, die für die Datenbank verantwortlich ist. Diese authorisierte Stelle wird üblicherweise als Datenadministrator (oder Datenbankadministrator) bezeichnet. Das Subschema gibt die Sicht von der Datenbank

wieder, wie sie durch den Anwendungsprogrammierer (hier im folgenden
einfach als Programmierer bezeichnet) gesehen wird. Ein Grund für das
Subschemakonzept besteht somit in der Vereinfachung der Arbeit eines
Programmierers. Das Subschemakonzept erlaubt eine eingeschränkte Betrachtung der Datenbank durch den Programmierer. Er braucht sich somit nicht um die Teile der Datenbank zu kümmern, die in seinem Program
gar nicht verarbeitet werden können. Das heißt aber auch, daß er Teile
der Datenbank, die außerhalb seines Interessenbereiches liegen, nicht
versehentlich ändern kann.

2.4.1 Die Subschema Beschreibungssprache
       (Subschema DDL)

Ein Subschema wird durch die Subschema DDL definiert. Ein Objektsubschema wird auf die gleiche Art und Weise aus dem Subschema abgeleitet
wie das Objektschema aus dem Schema, nämlich durch Übersetzung (translation). Ein Objektsubschema kann jedoch nur erstellt werden, wenn ein
Objektschema erstellt worden ist und das Subschema zu diesem einen
Schema gehört. Es besteht keine Möglichkeit, aus einem Teil eines Sche
mas (etwa zwei Satztypen) und einem Teil eines anderen Schemas (etwa
drei Satztypen) ein Subschema dieser beiden Schemata herzustellen. Aus
mehreren Gründen, die hoffentlich einleuchtend sind, wird die Subschem
DDL als zu einer Programmiersprache gehörig betrachtet. So spricht man
beispielsweise von einer COBOL Subschema DDL oder einer FORTRAN Subsch
ma DDL. Eine Schema DDL wird jedoch ausdrücklich als nicht zu irgendeiner Programmiersprache gehörig betrachtet.

Der Prozessor, der jedoch eine Anzahl von, etwa im COBOL Subschema
geschriebenen, Deklarationsanweisungen verarbeitet, sollte jedoch nich
als Teil des COBOL Compilers betrachtet werden. Es empfiehlt sich, vom
COBOL Subschema DDL Übersetzer (Translator) zu sprechen, der benutzt
werden muß im Anschluß an den Schema DDL Übersetzer aber vor dem COBOL
Compiler, der die Programme kompiliert, die die Daten in einer Datenbank verarbeiten.

Es erhebt sich die Frage wer nun wirklich die Subschema DDL benutzt.
Die DBTG war eigenartigerweise gespalten bzgl. dieser Forderung und
kommentierte, daß 'der Datenadministrator für die Definition der Subschemata verantwortlich sein könnte'. Es ist besser vorzuschlagen, daß
er für diese Tätigkeit normalerweise die Verantwortung zu tragen hat,
wobei man berücksichtigen muß, daß er hierzu von der Funktion Kenntnis
haben muß, die unter Benutzung des Subschemas von den Programmen durch
zuführen ist.

Bevor die Ausführungen über das Subschema zunächst beendet werden,

ist es wichtig, darauf hinzuweisen, daß mehrere Programme jedes beliebige Subschema - sogar gleichzeitig - benutzen können. Das heißt,
daß zwei Programme zur gleichen Zeit im Ausführungszustand sein können und dabei Daten im gleichen Teil der Datenbank bearbeiten, d.h.
das gleiche Subschema benutzen können. Darüberhinaus darf ein Programm
nicht mehr als ein Subschema benutzen, andererseits muß es aber ein
Subschema benutzen, um in der Lage zu sein, die Daten einer Datenbank
bearbeiten zu können. Ob ein Nicht-Datenbankprogramm zur gleichen Zeit
wie ein Datenbankprogramm ausgeführt werden kann, ist gewöhnlich eine
Eigenschaft des Betriebssystems. Es sollte normalerweise möglich sein.

2.5 Die Datenmanipulationssprache DML

Die Bezeichnung Datenmanipulationssprache wurde durch die DBTG einer
Menge von Anweisungstypen zugewiesen, die einer existierenden Programmiersprache hinzuzufügen sind, um diese Programmiersprache zur Verarbeitung von Daten in einer Datenbank, die durch die Schema DDL beschrieben
wurde, benutzen zu können. In einem gewissen Sinn war die Entscheidung
für die Bezeichnung DATENMANIPULATIONSSPRACHE auf eindrucksvolle Art
und Weise verwirrend. Die DML ist keine in sich vollständige Sprache
und kann es auch nicht sein. Sie besteht normalerweise aus der Erweiterung von zwei oder drei existierenden Anweisungen und der Hinzunahme
von ca. 15 neuen Anweisungen. Sie verdoppelt keine bereits vorhandenen
Eigenschaften einer Programmiersprache.
Der Begriff Wirtssprache (host language) wurde wahrscheinlich 1969[1]
zum ersten Mal durch den Autor dazu benutzt, um damit eine Klasse von
DBMS zu identifizieren, obwohl Fry und Gosden bereits 1968[2] bei ihrer
Besprechung von in POL eingebetteten Systemen den bedeutenden Unterschied dieser Klasse erkannten. (POL steht (entsprechend den Autoren)
für Procedure Oriented Language. Er ist einer der Begriffe, die offensichtlich nicht mehr benutzt werden).
Der DBTG Ansatz zur Datenbankverwaltung entspricht eindeutig einem
wirtssprachenorientierten DBMS. Einige DBMS gehören dieser Kategorie
an, und es gab im Laufe der Jahre weitere, die inzwischen in Vergessen-
heit geraten sind. Da, wie eingangs im ersten Kapitel erwähnt, die
ursprüngliche Aufgabe von DBTG in der Erweiterung von COBOL bestand,
ist es verständlich, daß ihr Ansatz einem Wirtssprachen-DBMS entsprach.
Der Unterschied zwischen DBTG-artigen DBMS und anderen Wirtssprachen
DBMS besteht darin, daß erstere gekennzeichnet sind durch Modifikationen an der aktuellen Sprache COBOL aus der Sicht eines Programmierers.
Bei den anderen Systemen muß ein Programmierer durch die Benutzung von
CALL-Anweisungen mit dem Ausführungszeitmodul des DBMS kommunizieren.

2.5.1 Implementierungsansätze für eine DML

In der Praxis ist aus dieser Sicht der Unterschied zwischen den beiden Unterklassen von Wirtssprachen DBMS nicht so bedeutend. Selbstverständlich besteht die Absicht, die COBOL Subschema DDL und die COBOL DML in COBOL zu integrieren. Zur Zeit (der Erstellung dieses Buches) sind diese beiden Eigenschaften Bestandteil von CODASYL COBOL und man erwägt, diese in ANSI COBOL zu integrieren. Zukünftig wird der Unterschied zwischen den 'neuen' DML Anweisungen nur noch von historischer Bedeutung sein. Derjenige, der COBOL implementiert, kann die DML Anweisungen genauso behandeln wie etwa den SORT oder die Kommunikationsanweisungen. Heutige Hersteller der DBTG Vorschläge gehen vorsichtiger und ökonomischer vor. Sie entscheiden sich dafür, den existieren den COBOL Compiler nicht zu ändern und dafür eine DML als Preprocessor zu COBOL anzubieten.
Ein DML/COBOL Preprocessor verarbeitet ein Quellprogramm, das ein Programmierer in COBOL mit eingestreuten DML Anweisungen geschrieben hat. Er erkennt jede DML Anweisung und konvertiert sie in eine CALL Anweisung. Hierdurch wird ein zweites Quellprogramm erzeugt, das der unveränderte COBOL Compiler dann übersetzen kann.

2.5.2 Mehrere Wirtssprachen

Die obige Betonung von COBOL ist zwar gerechtfertigt aber vielleicht irreführend. Der ursprüngliche Antrieb für die Arbeit der DBTG war durch die COBOL Aktivitäten beeinflußt. Das Ergebnis einer Sitzung, die die Überprüfung des Berichtes vom Oktober 1969 zum Gegenstand hatte, bestand in der Erkenntnis, daß es ratsam wäre, etwas weniger Gewicht auf COBOL zu legen. Man modifizierte deshalb die Schema DDL, um PL/1 Satzstrukturen unterstützen zu können (dies wird später noch behandelt). Außerdem stellte man tatsächlich eine COBOL Orientierung in der Subschema DDL und der DML fest. Jedoch könnten ebenso Prototypen mit entsprechenden Eigenschaften für andere Sprachen entwickelt werden Seit April 1971 sind DBMS Aktivitäten zur Unterstützung anderer Programmiersprachen nur langsam gestartet worden. Es gab zunächst einige Universitätsveröffentlichungen[3]. 1975 richtete dann das CODASYL Executive Committee einen FORTRAN Data Base Manipulation Ausschuß ein, desse erster Bericht (Journal of Development) 1976[4] veröffentlicht wurde. Die 1971 von DBTG zum Ausdruck gebrachte Vorstellung bestand darin, daß eine mittels der Schema DDL definierte Datenbank durch Programme in COBOL, FORTRAN, PL/1 und ALGOL verarbeitet werden kann. Jedes Programm kann dann ein in der jeweils geeigneten Subschema DDL geschriebenes Subschema benutzen. In der Praxis beschränkte man sich bei den

kommerziellen Implementierungeb auf COBOL als Wirtssprache, während es
nur experimentelle Implementierungen für FORTRAN gab. Die kommerzielle
Nutzung von Schnittstellen für mehrere Sprachen ist immer noch Zukunfts-
musik.

2.6 Das Datenbank - Kontrollsystem

Bevor die verschiedenen Strukturierungsmöglichkeiten der Schema DDL
weiter diskutiert werden, ist es notwendig, daß der Leser die Situation
zur Ausführungszeit vollständig versteht. Einem DBMS Benutzer stehen
eine Reihe von Sprachen (oder Teilsprachen (sublanguages)) zur Verfügung, die Schema DDL, eine COBOL Subschema DDL, eine COBOL DML und
möglicherweise eine Schema DDL und eine DML für andere Programmiersprachen. In einer Implementierung dürften wenigstens folgende Komponenten
enthalten sein:

> Schema DDL Übersetzer
> Subschema DDL Übersetzer
> DML/COBOL Preprocessor (oder ein modifizierter
> COBOL Compiler)

Der größte Teil des Implementierungsaufwandes dürfte die Ausführungszeitkomponente in Anspruch nehmen, die von der DBTG als Datenbankkontrollsystem (Data Base Control System, DBCS) bezeichnet wurde. DBTG
bezeichnete dies in seinem Bericht häufig als das DBMS. Dies brachte
die Schwierigkeit mit sich, wie man das gesamte System einschließlich
der Übersetzerroutinen bezeichnen sollte. Dieser Nachteil wurde bei
den ersten Implementierungen erkannt, die das DBCS als Datenverwaltungs-
routine (data management routine) oder Datenbankmodul (data base module)
bezeichneten. Im weiteren Verlauf dieses Buches soll der Begriff
DBCS für die Ausführungszeitkomponente stehen, während mit DBMS das
gesamte System (einschließlich DBCS) bezeichnet wird.

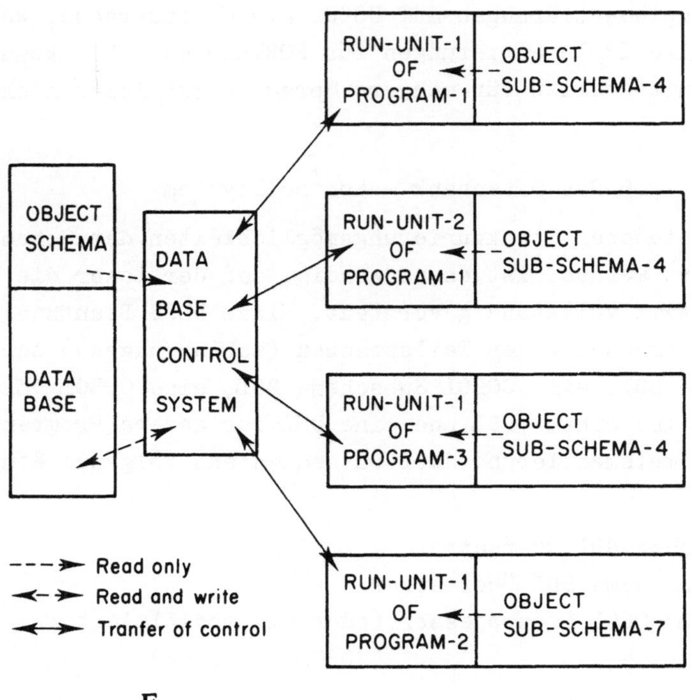

Abb. 2.1   Überblick über die Situation
zur Ausführungszeit

nur Lesen

Lesen und Schreiben

Kontrollfluß

2.6.1 Überblick über die Situation zur Ausführungszeit

Eine mögliche Darstellung der Situation zur Ausführungszeit ist in
Bild 2.1 dargestellt. Man sieht, daß alle Datenbankzugriffe durch das
DBCS kanalisiert werden. Das DBCS sollte reentrant geschrieben sein,
da es durch mehrere Prozesse gleichzeitig benutzt wird.
Das DBCS enthält die Systempuffer, in denen die physischen Datenblök-
ke zwischengespeichert werden, die zwischen der Datenbank und dem in
Ausführung befindlichen Programm übertragen werden.
Jedem in Ausführung befindlichen Programm (von CODASYL als 'run unit'
bezeichnet und im weiteren in diesem Buch als Prozeß bezeichnet) muß
ein Arbeitsbereich für jeden benutzten Satztyp, der im Subschema definiert ist,zugeordnet sein.Details hierzu werden später behandelt.
Im Augenblick muß man jedoch darauf hinweisen, daß die DML die sogenannte 'ein Satz zu einem Zeitpunkt' -Logik unterstützt. Mit der Ausführung jeder DML Anweisung wird nur ein Datenbanksatz zwischen dem
Satzbereich im Programm und dem Systempuffer übertragen, da in jedem
Programm nur für einen Satz je Typ Platz ist. Es ist durchaus möglich,
daß eine DML Anweisung mehrere (u.U. sogar tausende) Zugriffe auf die
Sätze in der Datenbank verursachen kann, der Datenfluß in den Satzbereich eines Programmes hinein bzw. aus dem Satzbereich eines Programms
heraus ist jedoch auf einzelne Sätze beschränkt.

2.7 Die Gerätekontrollsprache
(Device Media Control Language, DMCL)

Die DMCL ist eine DBMS Komponente, die jeder Hersteller für sich
selbst definieren muß. Sie spielt eine ganze Reihe möglicher Rollen:

   1. Schnittstelle zu dem Gast-Betriebssystem
   2. Abbildung von Teilen der Datenbank auf unterschiedliche
      Direktzugriffsspeichertypen
   3. Verdichten von Sätzen innerhalb der Datenbank
   4. Wiederherstellungsmaßnahmen

Die DMCL ist in einem gewissen Sinn eine zweite Stufe des Datendefi-
nitionsprozesses, der in der Schema DDL festgelegt ist. Bei einigen
Implementierungen hat man sich dafür entschieden, die DMCL Anweisungen
in die Schema DDL einzuarbeiten. Theoretisch braucht der Programmierer
die vom Datenadministrator festgelegten DMCL Deklarationen nicht zu
kennen, um sein Programm zu schreiben. Falls jedoch das Leistungsverhalten der Maschine das Hauptziel ist, dann wird die DML so angegeben,
daß er in der Tat ein besseres Leistungsverhalten erreichen kann durch
Ausnutzung der Kenntnis von den DMCL Deklarationen.

Literaturhinweise

1. T.W.Olle, 'An Analysis of Generalized Data Base Management Systems Proceedings of Founding Conference of Society for Management Information Systems, Minneapolis, September 1969.
2. J.P.Fry and J.A.Godsen, 'Survey of Management Information Systems and other Languages', in Critical Factors in Data Management (Ed. F.Gruenberger), Prentice Hall 1969.
3. G.M.Stacey, 'A FORTRAN Interface to the CODASYL DBTG Specifications', The Computer Journal,17,No.2, May 1974, 124-129.
4. FORTRAN Data Base Facility Journal of Development 1976. Erhältlich bei Dr. Chester M. Smith, Pennsylvania State University, University Park, PA 16802.

Kapitel 3

Grundsätzliche Strukturierungskonzepte

3.1 Satztyp

Für jeden COBOL Programmierer ist der Satztyp ein grundsätzliches und sehr bekanntes Konzept. Jeder Satztyp, der in einem Programm benutzt wird, muß in der Data Division eines Programms beschrieben sein. Der Programmierer kann Satztypen als Teil der auf irgendwelchen Sekundärspeichermedien gespeicherten Dateien definieren, oder er kann einen Satztyp definieren als Teil seines Arbeitsspeichers, d.h. daß ein Bereich im Hauptspeicher reserviert wird, in dem Sätze des beschriebenen Typs gespeichert werden können. Das COBOL Konzept für einen Satztyp wurde in PL/1 übernommen und etwas erweitert, so daß auch ein PL/1 Programmierer vollständig den Begriff des Satztyps versteht. Für einen FORTRAN oder ALGOL Programmierer können gewisse Schwierigkeiten existieren. Um diese zu bewältigen, sollen die folgenden Erläuterungen dienen.

3.2 Der Begriff des Satztyps für wissenschaftliche Programmierer

Die kleinste benennbare Einheit in COBOL ist das Elementarelement (elementary item) oder kurz das Element (item). Dies entspricht annäherungsweise dem FORTRAN Konzept einer undimensionierten Variablen (undimensioned variable) oder der einfachen Variablen (simple variable) in ALGOL. Jedem Element ist ein Name zugeordnet (entspr. Variablenname und Variablenidentifikator) und jedes Element kann mehrere Werte annehmen.

Mehrere Elemente, zwischen denen eine gewisse Beziehung besteht, können als zu dem gleichen Satztyp gehörig definiert werden. Ein Satz ist vom Konzept her gesehen der Reihe in einem zwei-dimensionalen Bereich (array) in FORTRAN ähnlich. Die kommerzielle Datenverarbeitung legt sehr viel mehr Gewicht auf die Behandlung von alphanumerischen Daten.

Wenn ein Satztyp Bestandteil des, File Section genannten, Teiles der Datenbeschreibung (Data Division) ist, dann folgt hieraus, daß mehrere Exemplare des Satztyps in der Datei gespeichert sind. Gerade die Art und Weise wie einzelne Sätze in der Datei gespeichert sind kann für einen Programmierer entweder von Bedeutung sein oder nicht. Eine bestehende Datei kann Sätze von nur einem Typ oder mehreren Typen beinhalten. Erstere nennt man Einzelsatztyp-Dateien (single record type files) die anderen Mehrfachsatztyp-Dateien (multiple record type files).

Wenn ein Programmierer eine READ Anweisung in sein Programm aufnimmt, dann ist bekannt, daß die Wirkung der Ausführung der READ Anweisung

darin besteht, daß eine Übertragung eines Satzes von der Datei in den
Hauptspeicher stattfindet, wo dann seine weitere Verarbeitung durch
den Programmierer erfolgen kann. Im Falle einer Mehrfachsatztyp-Datei
kennt er möglicherweise nicht den Typ eines Satzes, der durch ein READ
erzeugt wird. Demzufolge lautet die Syntax der READ Anweisung:

READ file-name RECORD.

Beim Beschreiben einer Ausgabedatei benennt er den Satztyp. Hierdurch
wird wiederum die Datei bestimmt, in die der Satz geschrieben wird.
Dieser Ansatz soll FORTRAN gegenübergestellt werden, wo die Ausführung
sowohl der READ- als auch der WRITE Anweisungen sich auf einen gesamten Breich von Datenelementen beziehen können.

Unter Berücksichtigung der Betonung zur Behandlung von alphanumerischen Zeichenketten in COBOL ist eine der wichtigsten Anweisungen in
COBOL die MOVE Anweisung, die ein Programmierer dazu benutzen kann, um
den Wert eines Elements oder mehrerer Elemente von einer Speicherposition in eine andere zu übertragen. (Zusätzlich läßt sich die MOVE Anweisung für eine Formatänderung benutzen).
In einem typischen COBOL Programm werden eine ganze Menge von MOVE
Anweisungen durchgeführt. Sie werden jedoch unterschiedlich zu FORTRAN
behandelt. In FORTRAN kann man schreiben:

X = Y

Hierdurch kann irgendein Wert, der sich auf der Speicherposition Y
befindet auf die Speicherposition X übertragen werden, während gleichzeitig dieser Wert in Y unverändert bleibt.
In COBOL schreibt man:

MOVE Y TO X.

3.2.1 Gruppenelemente (Group Items)

Man benötigt eine Kurzform, mit deren Hilfe man sich auf mehrere Elemente in einer MOVE Anweisung beziehen kann. Dieses Problem läßt sich dadurch bewältigen, daß man eine satzinterne Namensstruktur als Teil der Satzbeschreibung deklariert. Zwei oder mehr zusammenhängende Elementarelemente können zu einem Gruppenelement zusammengefasst werden. Ein Gruppenelement kann nicht nur aus Elementarelementen bestehen, sondern auch wiederum aus anderen Gruppenelementen. Hierdurch kann ein Benutzer eine Namensstruktur aufbauen. Um Unklarheiten zu vermeiden, müssen die Stufen in dieser Struktur von oben nach unten, wie in der folgenden Abbildung 3.1 nummeriert werden.

```
01 CUSTOMER.
   02 CUSTOMER-NUMBER.
      03 CUSTOMER-ID; PICTURE IS 99.
      03 CUSTOMER-SEQ-NO; PICTURE IS 9(6).
   02 CUSTOMER-NAME; PICTURE IS X(24).
   02 CUSTOMER-TOWN; PICTURE IS X(24).
```

Abbildung 3.1 COBOL Satzbeschreibung

Im obigen Beispiel bezeichnet CUSTOMER auf der Stufe 01 den Namen des Satztyps. CUSTOMER-NUMBER ist der Name eines Gruppenelements, das aus zwei Elementarelementen besteht. CUSTOMER-NAME und CUSTOMER-TOWN sind zwei weitere Elementarelemente. Ob ein Element elementar ist oder nicht, hängt nicht von der Stufe, auf der es sich befindet, ab. Es ist notwendig, entweder einen Elementartyp oder ein Bild für jedes Elementarelement zu deklarieren. Man kann in einem Programm schreiben

```
      MOVE CUSTOMER TO X1
```
oder
```
      MOVE CUSTOMER-NUMBER TO X2
```
oder
```
      MOVE CUSTOMER-ID TO Z.
```

Es wird hierdurch hoffentlich nicht nur deutlich, was ein Satztyp ist, sondern auch welche Bedeutung das Stufenkonzept oder die Gruppenelemente in einem Satztyp haben.
Die interne Struktur eines Satztyps kann dadurch noch komplexer sein, wenn die Möglichkeit besteht, Tabellen und variabel lange Sätze zu definieren.

3.2.2 Behandlung von Tabellen

Eine Tabelle entspricht in etwa einem FORTRAN Bereich dadurch, daß sie
1, 2 oder 3 Dimensionen haben kann und daß ein Programmierer sich auf
Elemente in der Tabelle ähnlich wie in FORTRAN durch Indizierung beziehen kann. Ein bedeutender Unterschied besteht darin, daß eine COBOL-
Tabelle eine interne Struktur eines Satztyps ist, in der die maximale
Satzlänge gewöhnlich beschränkt ist und es natürlich potentiell mehrere Exemplare eines Satztyps gibt, die auf Grund der Definition zu einer
Datei gehören. Die Tabelle kann hauptspeicherintern angelegt werden,
falls der Satztyp als Bestandteil des durch den Programmierer definier-
ten Arbeitsspeichers definiert ist. In FORTRAN besteht keine Beziehung
zwischen Bereichen und Sätzen, einfach dadurch daß FORTRAN Sätze im
Sinne von COBOL nicht kennt. Außerdem sind die Elemente eines FORTRAN
Bereiches alle vom gleichen Variablentyp.

Die Definition einer einfachen eindimensionalen Tabelle gibt Abbildung 3.2 wieder.

```
01 CUSTOMER
   02 CUSTOMER-NO.
      03 CUSTOMER-ID...;
      03 CUSTOMER-SEQ-NO...;
   02 CUSTOMER-NAME...;
   02 CUSTOMER-TOWN...;
   02 PRODUCT-ORDERED...;
   02 MONTHLY-ORDERS; OCCURS 12 TIMES.
      03 MONTHS-ORDER-QUANTITY...
```

Abbildung 3.2 Eindimensionale Tabelle

Dies ist ein Beispiel einer einfachen eindimensionalen Tabelle mit
festen Dimensionen. In jedem Satz ist Platz vorgesehen für genau 12
Exemplare des Elementwertes MONTHS-ORDER-QUANTITY. Es obliegt der
Interpretation des Programmierers, welche Bedeutung jeder der 12 Werte
hat. Es ist in COBOL ebenfalls möglich, eine Dimension der Tabelle in
der Länge variabel zu halten (unabhängig davon, ob sie eine ein-, zwei-
oder dreidimensionale Tabelle ist). Im obigen Beispiel einer eindimensionalen Tabelle bedeutet dies, daß die Anzahl der monatlichen Bestell-
mengen, die in einem Satz gespeichert sind, von Kunde zu Kunde unterschiedlich sein kann. So kann beispielsweise ein neuer Kunde nur ein
oder zwei Elemente an monatlichen Daten haben, während ein älterer
Kunde 3o oder 4o haben kann. Die genaue Zahl an Wiederholungen muß in
dem Satz gespeichert sein. Eine entsprechende Satzbeschreibung könnte

wie in Abbildung 3.3 aussehen.

```
01 CUSTOMER.
   02 CUSTOMER-NO.
      03 CUSTOMER-ID...
      03 CUSTOMER-SEQ-NO...
   02 CUSTOMER-NAME...
   02 CUSTOMER-TOWN...
   02 PRODUCT-ORDERED...
   02 NO-OF-MONTHS...
   02 MONTHLY-ORDERS; OCCURS 1 TO 60 TIMES
         DEPENDING ON NO-OF-MONTHS.
      03 MONTHS-ORDER-QUANTITY....
```

Abb. 3.3   Variabel lange eindimensionale Tabelle

Man muß betonen, daß es Aufgabe des Programmierers ist, die maximale
Größe eines Satzes dadurch zu schätzen, daß er die maximale Anzahl von
MONTHS-ORDER-QUANTITY Exemplaren schätzt, die in der Datei vorkommen
können. Die Länge der verschiedenen Sätze ist somit unterschiedlich,
abhängig davon, wieviele Werte in jedem Satz vorkommen.
Ähnlich wie in FORTRAN kann sich ein Programmierer in seinem Programm
durch Indizierung auf einzelne MONTHS-ORDER-QUANTITY Werte beziehen.
Das gleiche gilt auch für zwei- und dreidimensionale Tabellen.

3.2.3 Qualifizierung (Qualification)

Ein wichtiges Konzept, das es zwar in COBOL aber nicht in FORTRAN gibt
ist das der Qualifizierung. In einem Programm kann es zwei oder mehrere
Satztypen mit jeweils mehreren Elementen geben. Aus Darstellungsgründen
sei von den beiden, in Abbildung 3.4 dargestellten Satztypen ausgegangen.
Ein Programmierer benötigt in seinem Programm das Element QUANTITY,
das in beiden Satztypen vorkommt. Um die beiden Elemente zu unterscheiden, muß er QUANTITY IN ORDER - RECORD oder QUANTITY OF ORDER -
RECORD statt QUANTITY OF BACK - ORDER - RECORD schreiben. In diesen
Beispielen wird der Elementname QUANTITY durch den Satztypnamen qualifiziert.
   Das Konzept der Qualifizierung gilt in der Tat für alle Namensstufen
innerhalb eines Satztyps bis hin zum Namen für die Datei, in der die
Sätze gespeichert sind. Ein Elementname kann somit durch den Namen eines Gruppenelements in dem er vorkommt und weiter durch einen Satznamen

und Dateinamen qualifiziert werden.

```
01 ORDER-RECORD
   02 ORDER-SEQ-NO...;
   02 PRODUCT-CODE...;
   02 DATE-RECEIVED...;
   02 QUANTITY...
01 BACK-ORDER-RECORD
   02 ORDER-SEQ-NO...;
   02 PRODUCT-CODE...;
   02 DATE-ON-BACK-ORDER...;
   02 QUANTITY...
```

Abb. 3.4   Darstellung der Qualifizierung durch Namen

3.2.4 Zusammenfassung

Die Konzepte Gruppenelemente, satzinterne Tabellen und Qualifizierung
sind alles Strukturierungskonzepte von COBOL, die in PL/1 übernommen
wurden und von DBTG in deren Vorschläge für ein DBMS eingebettet wurden
Tatsächlich ist die vorgeschlagene interne Satzstruktur der Schema DDL
näher an PL/1 als an COBOL. In einigen Fällen wurde sogar auf die Eigen
schaft der Manipulation von variabel langen Tabellen verzichtet. Somit
haben dann alle in der Schema DDL definierten Satztypen feste Länge.

3.3 Vergleich von internen Satzstrukturen mit Strukturen zwischen Sätzen

Ein wichtiger Aspekt des CODASYL Ansatzes ist die Übernahme der historischen internen Satzstrukturen.
Der Meilenstein der Vorschläge liegt jedoch bei den neuen Strukturen
zwischen den Sätzen. Dies soll im folgenden nun etwas detaillierter besprochen werden.

Das wichtige Strukturierungskonzept, das DBTG von Honeywells IDS (wie
es von Bachmann in den früheren sechziger Jahren bei GE entwickelt
wurde) übernommen hat, ist die Set-Typ Beziehung. Dieser Begriff ist
etwas unglücklich gewählt, wenn man an die Implikationen des Begriffes
Set in der Mathematik denkt.
Ein Set-Typ wird am besten als eine Assoziation zwischen zwei oder mehreren Satztypen beschrieben. So besteht ziemlich offensichtlich eine
Beziehung zwischen zwei Satztypen, wovon der erste Basisdaten eines Mit
arbeiters enthält, während der zweite Daten über den Ausbildungsstand
eines Mitarbeiters enthält. Die Ausbildungsdaten eines Mitarbeiters

ließen sich alle in einem Satz speichern; es ist aber näherliegend,
daß diese über mehrere Sätze verstreut sind, abhängig davon wie um-
fangreich die Ausbildung des Mitarbeiters ist. Anders ausgedrückt, es
ändert sich die Zahl der Ausbildungssätze bezogen auf jeden Mitarbei-
tersatz von Mitarbeiter zu Mitarbeiter. Dies ist ein Beispiel für eine
eins - zu - viele Beziehung auf der der CODASYL Ansatz basiert.

Es ist interessant, den Ansatz der Strukturierung zwischen den Sätzen
mit dem konventionellen Ansatz der internen Satzstruktur zu vergleichen.
Bei Benutzung des konventionellen Ansatzes würden die Ausbildungsdaten
wahrscheinlich in den Mitarbeitersatztyp aufgenommen, da, trotz unterschiedlichen Umfangs der Ausbildung, dieser nicht sehr stark von Mitarbeiter zu Mitarbeiter variieren würde. Der am meisten ausgebildete
Mitarbeiter könnte fünf mal soviel Speicherplatz benötigen wie der am
wenigsten ausgebildete Mitarbeiter, der Faktor fünf würde sich jedoch
niemals auf zehn oder fünfzehn erhöhen. Bei der Benutzung des konventionellen Ansatzes würde ein Programmierer diese geringe Variation
durch variabel lange Sätze erfassen, oder aber Sätze mit fester Länge
benutzen, wobei in jedem Satz genügend Platz vorgesehen sein müßte,
um das Maximum zu erfassen.

Die Abbildung 3.5 stellt die beiden Situationen dar.

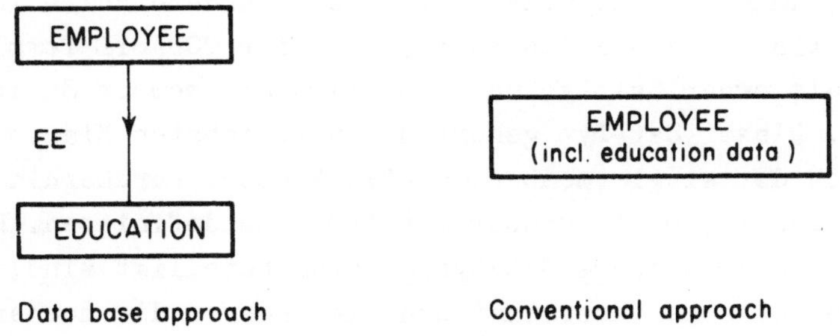

Abb. 3.5 Vergleich von interner Satzstruktur mit
einer Struktur zwischen Sätzen.

Jedes Rechteck stellt einen Satztyp dar. Der Pfeil zwischen EMPLOYEE und EDUCATION legt fest, daß eine Set-Typ Beziehung zwischen diesen beiden Satztypen definiert wurde, daß diese Beziehung durch EE benannt ist und daß durch diese Beziehung zum Ausdruck gebracht wird, daß jeder Mitarbeiter null, eine oder mehrere Ausbildungen haben kann.Darüberhinaus gehört jeder Ausbildungssatz zu genau einem Mitarbeiter. Leider bezeichnete DBTG 1971 den Set-Typ als Set. Dies trug zu einiger Verwirrung bei denen bei, die diese Art der Strukturierung das erste Mal kennenlernen wollten. 1973 führte die DBLTG ganz vorsichtig den Set-Typ ein und ersetzte Set durch Set Exemplar. Dem folgte das DDLC in seinem Bericht von 1973. Die neue Terminologie ist nicht nur konsistent mit den Begriffen Satztyp und Satz sondern auch weniger schwerfällig. Die Bezeichnungen Set Exemplar und Satzexemplar werden in diesem Buch hin und wieder benutzt, um dies besonders zu betonen. In zahlreichen Implementierungen der Vorschläge von DBTG 1971 wird der Begriff Set benutzt, obwohl man eigentlich Set Typ meint. Hat man diese Konzepte in diesem Buch einmal verstanden, wird die Bedeutung der Spezifikationen in einer Implementierung gewöhnlich aus dem Kontext heraus klar.

3.4 Set - Typen

Das im vorigen Abschnitt eingeführte Beispiel illustriert eine ganz gewöhnliche Situation, die man durch einen Set-Typ statt durch den Ansatz mit variabel langen Sätzen darstellen kann. Es ist hoffentlich deutlich genug, daß der EMPLOYEE Satztyp eine andere Rolle in der Beziehung spielt als der EDUCATION Satztyp. In der CODASYL Terminologie wird EMPLOYEE als owner Satztyp und EDUCATION als member Satztyp des Set bezeichnet. Dieser Set-Typ gehört der nützlichsten Klasse von Set-Typen an nämlich der single member Set-Typ Klasse. Darüberhinaus besteht die Möglichkeit, multi-member Set-Typen zu definieren. Dies bedeutet, daß drei oder mehrere Satztypen daran beteiligt sind, wovon einer die Rolle des owner übernimmt und die anderen die member sind. Ein Beispiel eines multi-member Set-Typ zeigt Abbildung 3.6.

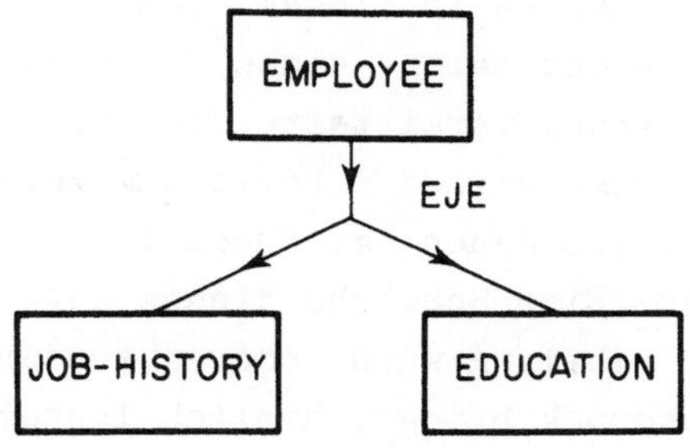

Abb. 3.6 Multi-member Set-Typ

Ein Rechteck in diesem Bild stellt wiederum einen Satztyp dar, während
die Pfeile auf jeden member verweisen, wodurch zum Ausdruck gebracht
wird, daß eine Einwegerichtung vom owner zu den member Sätzen verläuft.
Schließlich gibt es noch eine dritte Klasse von Set-Typen, die man als
System owned Set-Typ oder Singular Set-Typ bezeichnet. Man kann sich
diesen als Set-Typ ohne owner vorstellen und wie in Abbildung 3.7 darstellen.

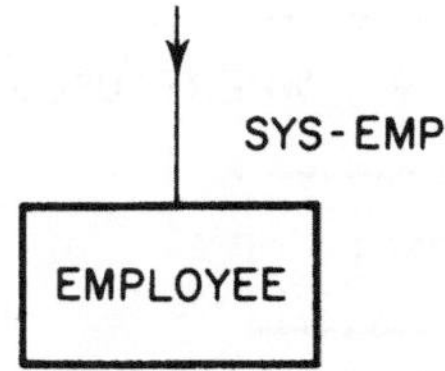

Abb. 3.7 System owned Set-Typ

Die genaue Rolle eines System-owned Set-Typs wird im Kapitel 5 deutlich, wenn die Abbildungen eines Set-Typs auf den Speicher besprochen
werden.

Für den Augenblick ist es wichtig, darauf hinzuweisen, daß jedem Set-
Typ ein Name zugewiesen werden muß, der den Regeln der Namensgebung in
den Spezifikationen entsprechen muß. Es gibt drei denkbare Möglichkeiten zur Benennung eines Set-Typs. Die erste besteht darin, den Namen
durch die Anfangsbuchstaben des owner und des member Satzes zu bilden.
Eine flüchtige Betrachtung der Abbildungen 3.5, 3.6 und 3.7 läßt er-

kennen, daß diese Vorgehensweise in diesem Buch häufig benutzt wurde.
Die zweite Möglichkeit besteht darin, einen Namen zu finden, der dem
Leser etwas über die Beziehung vermittelt, die durch den Set-Typ dar-
gestellt wird. Beispielsweise wird die Beziehung zwischen dem PRODUCT
Satz und den PART Sätzen, aus denen das Produkt bestehht, als WHERE-
USED Beziehung bezeichnet. Eine Schwäche dieses Ansatzes besteht oft
darin, daß der Name ziemlich lang wird, oder aber der einzige Name,
der die Bedeutung zum Ausdruck bringt, ähnlich lautet wie HAS, OWNS,
USES.
Die dritte Alternative, die der Vollständigkeit halber erwähnt werden
soll, besteht in der Wahl irgendeines Namens wie X,Y,P oder Q. Dies
ist aus dem gleichen Grund wie bei Sätzen nicht voteilhaft. Programme
sollten so geschrieben sein, daß sie leicht lesbar sind. Die Angewohnheit in den Wissenschaften, kurze, ohne Bedeutung versehene Namen zu
verwenden, wird durch viele Kommentare zu empfehlenswerten Praktiken
in der kommerziellen Programmierung abgelehnt.

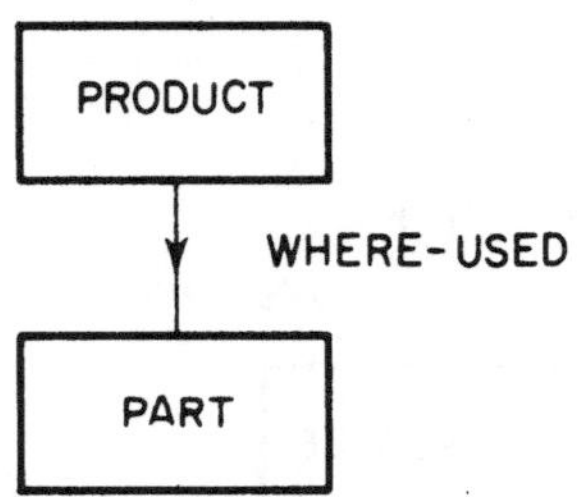

Abb. 3.8 Darstellung der Benennung von Set-Typen

3.4.1 Sets (Set Exemplare)

Obwohl die Abbildung eines Set-Typs auf den Speicher erst später vollständig diskutiert wird, ist es notwendig, hier schon einige Merkmale
von Sets eines Set-Typs zu erwähnen. Zu jedem Set-Typ (außer einem System owned Set) kann es mehrere Sets im Speicher geben. Die genaue Anzahl hängt vollständig von der Anzahl der owner Sätze in der Datenbank
ab. Gibt es drei Sätze des owner Satztyps in der Datenbank, dann gibt
es auch drei Exemplare des Set-Typs. Gibt es 2 743 owner Exemplare,
dann gibt es somit auch 2 743 Sets.
Jeder Set kann leer sein, wobei das Wort 'leer' nicht im mathematischer
Sinn interpretiert werden darf. Falls ein Set leer ist, dann ist kein
member Satzexemplar der Datenbank mit dem owner assoziiert. Es gibt

jedoch unveränderlich mehrere Sätze (wenigstens einen oder aber mehrere Tausend), die an den owner 'angebunden' sind. Die Probleme wie diese nun angebunden werden und wie die Entscheidung getroffen wird, an welchen Set ein member angebunden werden soll, sind Gegenstand späterer Diskussionen.

Es ist wichtig, daß ein Satz nur an einem Set eines gegebenen Set-Typs angebunden werden kann. Er kann aber an zwei (oder mehreren) Sets unterschiedlichen Typs angebunden werden.

3.5 Die Rolle des Set-Typs

Der Set-Typ ist definiert worden als eine eins-zu-viele Beziehung zwischen zwei oder mehr Satztypen, wobei jeder Satztyp Datenelemente beinhaltet, die in ihrer Zusammenfassung ein 'Objekt der Realität' darstellen. In der sogenannten realen Welt gibt es zahllose Beziehungen zwischen solchen Objekttypen und es ist sinnvoll, zu versuchen, sie in computergestützten Datenbanken darzustellen.

Eine derartige Darstellung von Beziehungen der realen Welt war nicht möglich (oder zumindest sehr schwierig) durch Datensätze auf sequentiellen Speichermedien wie, typischerweise, Magnetbändern. Das Eintreffen großer Direktzugriffsspeichereinheiten eliminierte diese Einschränkung und es wurde möglich, durch die zusätzliche Dimension ganze Beziehungsnetze zwischen Objekten darzustellen.

Viele Befürworter des Datenbankkonzeptes waren begeistert von der Frage der Darstellung von Beziehungen, und ein Neuling konnte damit den Eindruck bekommen, daß der Datenbankentwurf lediglich darin besteht, die Beziehungen der realen Welt zu erkennen und jede durch einen mit Hilfe der Schema DDL definierten Set-Typ darzustellen. Leider müssen noch andere Aspekte berücksichtigt werden und man muß sehr sorgfältig entscheiden, ob ein Set-Typ benötigt wird oder nicht. Diese Entscheidung erfordert eine Untersuchung der Programme, die zur Verarbeitung der Datenbank zu schreiben sind.

Praktisch ausgedrückt ist die Einrichtung eines Set-Typs niemals ohne Kosten möglich. Wie noch zu erläutern sein wird, ist ein zusätzlicher Bedarf an Speicherplatz notwendig und es kann auf Kosten der Verarbeitungszeit gehen, wenn Änderungen in der Datenbank durchzuführen sind. Ein Vorteil ist dadurch gegeben, daß ein Set-Typ einen Zugriffspfad zu den Sätzen in der Datenbank vorsieht. Ob jemand den Set-Typ benötigt, hängt vollständig davon ab, ob er den Zugriffspfad in der Datenbank benötigt.

3.6 Der Aufbau von Strukturen mit
Hilfe des Set-Typs

Der Set-Typ muß als Baustein betrachtet werden, mit dessen Hilfe eine komplette Datenbank entworfen werden kann. Es gibt keine wesentlichen Restriktionen zur Benutzung eines Set-Typs für den Aufbau einer Datenbank. Die verschiedenen Möglichkeiten werden am besten durch die Abbildungen 3.9 bis 3.13 wiedergegeben.
Es gelten folgende Regeln zum Aufbau von Datenbankstrukturen.

1. Ein Satztyp kann owner in einem Set-Typ und member in anderen Set-Typen sein.
2. Ein Satztyp kann member in mehreren Set-Typen sein.
3. Es gibt keine Begrenzung der Anzahl von Set-Typen, die zwischen zwei beliebigen Satztypen definiert werden können.

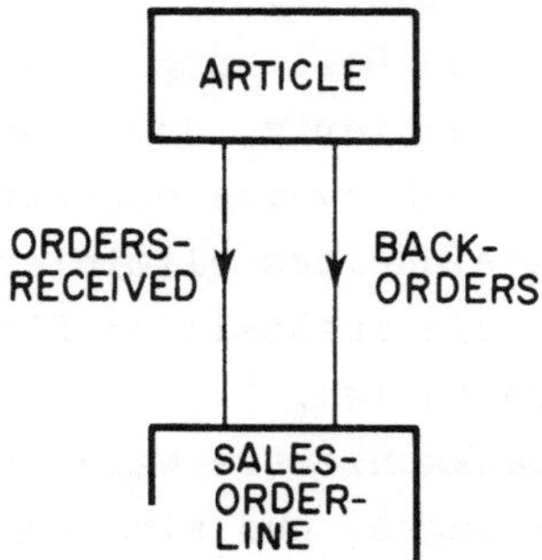

Abb. 3.9 Zwei Set-Typen zwischen denselben Satztypen

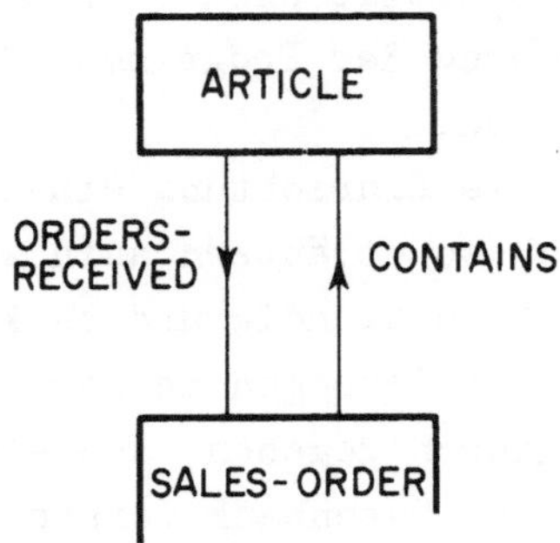

Abb. 3.10 Mini-Zyklus zwischen zwei Satztypen

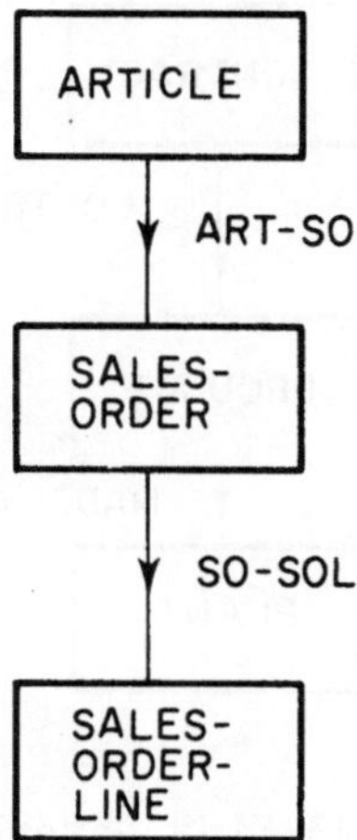

Abb. 3.11 Hierarchische Struktur

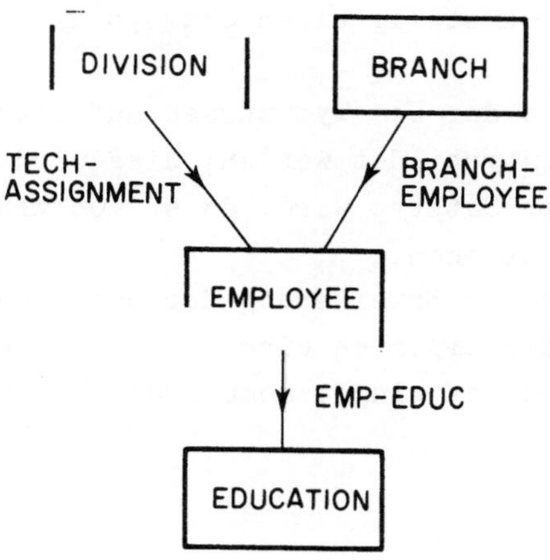

Abb. 3.12 Y-Struktur

4. Eine Datenbank kann eine beliebige Anzahl von Satztypen und Set-Typen enthalten.

5. Zyklische Strukturen sind zulässig (siehe Abbildung 3.10 und 3.13).

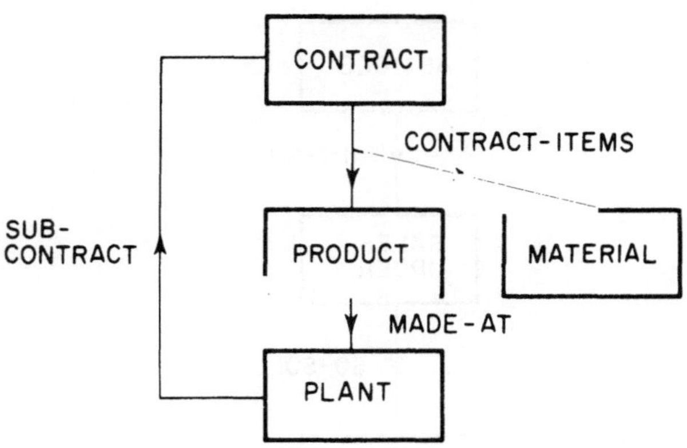

Abb. 3.13 Eine Datenbankstruktur, die einen
Zyklus und einen multi-member Set-
Typ enthält.

Die Abbildungen 3.9 bis 3.13 werden häufig als Bachmann Diagramme bezeichnet! Dies ist eine graphische Technik, um Datenbankstrukturen darzustellen. Jedes Rechteck stellt einen Satztyp dar und jeder Pfeil einen Set-Typ.

Beide, der Satztyp und der Set-Typ müssen auf irgend eine Art und
Weise auf den Speicher abgebildet werden; dies wird in den folgenden
Kapiteln besprochen. Der Satztyp wird, da er von grundsätzlicher Be-
deutung ist, zuerst besprochen.

Als Abschluß muß noch die Erweiterung der Bachmann Diagrammtechnik
zur Darstellung von Set-Exemplaren eingeführt werden. In Abbildung
3.14 sind drei Exemplare des single member Set-Typ von Abbildung 3.5
wiedergegeben.

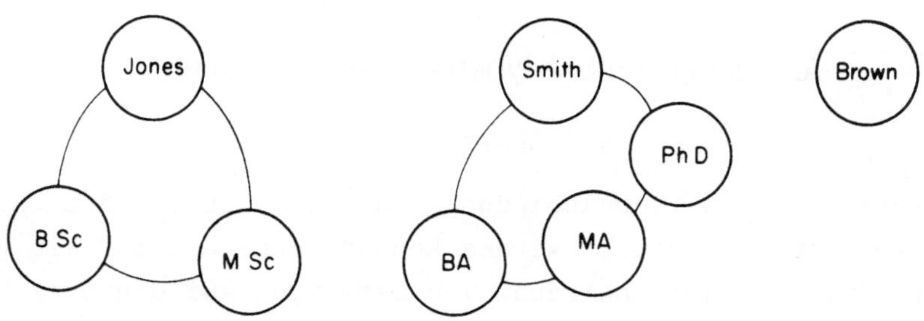

Abb. 3.14 Drei Exemplare eines single member
Set-Typs

Es ist zu erwähnen, daß die Kreise die einzelnen Satzexemplare darstellen sollen. Die Verbindungslinien, die zwischen den Satzexemplaren gezogen sind, geben die 'Anbindung' der Sätze in den Set auf
eine von mehreren Möglichkeiten wieder. Diese Möglichkeiten werden
im Kapitel 5 besprochen.

Literaturhinweis

1. C.W.Bachmann, 'Data Structure Diagrams', Data Base, 1,No.2 (1969).
   Publication of a ACM Special Group on Business Data Processing.

Kapitel 4

Abbildung von Satztypen auf den Speicher

4.1 Überblick

Es gibt mehrere Aspekte der Abbildung von Satztypen auf den Speicher, wobei die meisten dargestellt werden können, ohne daß man ein genaueres Verständnis von der Abbildung von Set-Typen auf den Speicher haben muß.

Die beiden wichtigsten Parameter des Abbildungsprozesses sind einmal die Angabe einer Zugriffsart (location mode) und zum anderen ein oder mehrere Bereiche (realms) in den/die die Sätze dieses Typs eingespeichert werden sollen. Vor einer detaillierten Besprechung dieser beiden Konzepte sollte jedoch die Bedeutung des Datenbankschlüssels (data base key) klar sein.

4.2 Datenbankschlüssel (Data Base Key)

Konzeptionell gesehen ist der Datenbankschlüssel ein Datenelement. Jedem Satz, der in der Datenbank gespeichert ist, ist ein Wert dieses Elements zugewiesen. Man kann ihn als eindeutigen internen Satzidentifikator betrachten, der innerhalb des DBMS benutzt wird, die einzelnen Sätze voneinander zu unterscheiden. Er stellt kein Element dar, das der Datenadministrator in der Schema DDL definieren muß, obwohl für ihn die Möglichkeit besteht, ein Element des Typs Datenbankschlüssel in jedem beliebigen Satztyp zu definieren. Das Konzept des Datenbankschlüssels ist traditionell sehr wichtig für den CODASYL Ansatz. Es scheint unmöglich, ohne ein gewisses Verständnis der Rolle dieses Konzeptes, die Funktion eines Datenadministrators auszuüben oder Anwendungsprogramme zu schreiben.

Jeder Satz erhält einen Datenbankschlüsselwert zugewiesen bei seiner erstmaligen Einspeicherung in die Datenbank. Er behält diesen Wert auch wenn er zwischenzeitlich modifiziert wird, bis er schließlich aus der Datenbank gelöscht wird. In gewisser Weise entspricht der Datenbankschlüssel der Sozialversicherungsnummer oder der Personenkennziffer einer Person.

Obwohl ein Programmierer das Datenbankschlüsselkonzept beachten muß, gibt es für ihn mehrere Stufen der Berücksichtigung, wobei jede Stufe einen entsprechenden Nutzen bietet.

Es ist durchaus möglich, das Konzept weitestgehend zu vermeiden und trotzdem effiziente Programme zu schreiben. Wenn ein Programmierer jedoch die Antwortzeit in einem Übersetzungsprogramm auf ein absolutes Minimum drücken möchte, dann gibt es Möglichkeiten, bei denen er sich

intensiv mit der Manipulation von Datenbankschlüsseln auseinandersetzen muß, um eine zusätzliche Maschineneffizienz aus dem System
zu erhalten.

Diese Optionen werden im Verlauf dieses Buches an der geeigneten Stelle angesprochen. Schließlich ist es nützlich, wenn auch nicht unbedingt
notwendig, die Darstellung des Datenbankschlüssels zu betrachten. Theoretisch könnte es eine ganze Zahl sein beginnend mit 1 für den ersten
Satz, der in die Datenbank eingespeichert wurde, bis hin zu N, falls
nach dem erstmaligen Laden der Datenbank N Sätze eingespeichert worden
sind. In der Praxis muß jedoch ein System in der Lage sein, einen Satz
in der Datenbank aufzufinden. Würde nun dieses Schema benutzt, wäre
eine ziemlich lange Tabelle von Schlüsselwerten und Adressen zu speichern; außerdem könnte die Zeit für einen Zugriff auf diese Tabelle
bedeutsam werden.

In den meisten Fällen - wenn nicht sogar in allen Fällen - haben die
Entwickler den Datenbankschlüssel mit dem physischen Ort der Datenbank, an dem der Satz gespeichert ist, assoziiert. Das bedeutet nicht,
daß der Datenbankschlüssel aus einer Zylinder- und Spuradresse einer
Platte besteht. Es bedeutet vielmehr, daß der Datenbankschlüssel aus
mehreren Komponenten (normalerweise drei oder vier) besteht und daß
diese Teile es dem DBCS   ermöglichen, einem bestimmten Satz einen
Platz in der Datenbank zuzuweisen mit einem Minimum an Rechenoperatio-
nen und Durchsuchen von Tabellen.

4.3 Location Mode

Die Erfahrung der Lehre dieses Konzeptes zeigte, daß dieses Konzept
etwas unglücklich benannt ist. Sowohl im Englischen als auch im Ame-
rikanischen bedeutet das Wort 'locate' sowohl finden als auch plazie-
ren, d.h. 'Ich kann mein Adreßbuch nicht finden, wo ist es?' und 'Ein
neuer Supermarkt ist vor einiger Zeit in der Hauptstraße der Stadt
plaziert worden'.

Der Grund für die Wahl des Begriffes 'location mode' ist historisch
bedingt. In IDS/1 gab es ein 'storage mode' Konzept und ein 'retrieval
mode' Konzept. Begründeterweise beschloß DBTG, daß nicht beide Konzepte notwendig sind und hat deshalb das 'retrieval mode' Konzept entfernt. Als Ergebnis kann man das 'location mode' Konzept am besten als
'storage mode' Konzept betrachten, obwohl im weiteren der Begriff
'location mode' benutzt wird.

Einige Beobachter mit Kenntnissen der konventionellen Datenverarbeitung hatten den Eindruck, daß 'location mode' ein neumodischer Aus-

druck für Zugriffsmethode (access method) ist. Dies wäre jedoch eine
gefährliche Fehlinterpretation der Situation.

Dem Datenadministrator stehen eine ganze Reihe von 'location mode'
Optionen zur Verfügung. Für jeden Satztyp muß er eine auswählen. DBTG
legte die folgenden drei fest:

                        CALC

                        DIRECT

                        VIA SET

DBTG ließ außerdem die Situation zu, daß der Datenadministrator recht-
mäßig auf die Auswahl eines 'location mode' für einen Satztyp verzich-
ten kann. Somit sieht die relevante DBTG Syntax wie folgt aus:

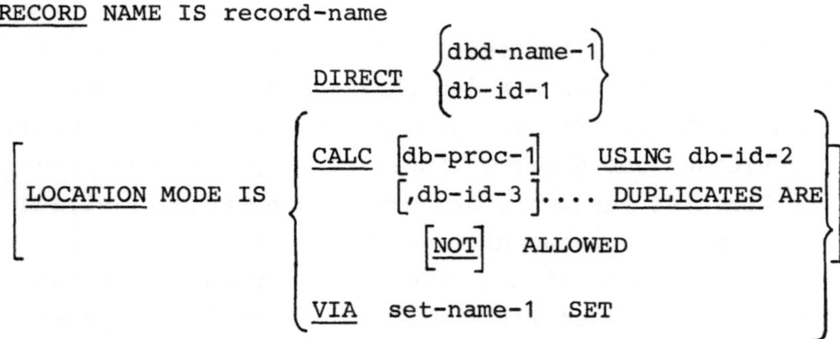

RECORD NAME IS record-name

Das DDLC entfernte lediglich die eckigen Klammern und fügte als vierte
Option SYSTEM hinzu.

4.3.1 Bemerkungen zum Syntax Formalismus

Da im vorigen Abschnitt zum ersten Mal in diesem Buch ein Teil der
Syntax auftrat, ist es sinnvoll, den Lesern, die sich bisher noch nich
mit einem solchen Formalismus beschäftigt haben, einen kurzen Überblick zu geben. Der Formalismus entspricht im wesentlichen dem von CO-
BOL, obwohl DBTG ihn leicht erweitert hat. Ein COBOL Programmierer
wird die Syntax für die LOCATION MODE Klausel ohne weitere Erläuterungen verstehen und kann somit den Rest dieses Abschnittes übergehen.

  Folgende Vereinbarungen gelten:

  1. Teile der Sprache werden in Großbuchstaben geschrieben; vom Be-

nutzer zu vergebende Namen in Kleinbuchstaben.

2. Worte, die unbedingt erscheinen müssen sind unterstrichen. Nicht unterstrichene Worte sind sogenannte Ergänzungsworte, die zur besseren Lesbarkeit der Schemabeschreibung hinzugefügt werden können (sie müssen jedoch richtig geschrieben sein!). Man kann sie weglassen ohne dadurch an Bedeutung zu verlieren.

3. Wenn ein Wort, ein Name, eine Phrase oder eine vollständige Klausel durch eckige Klammern eingerahmt ist, dann bedeutet dies, daß es zulässig ist, das Wort, den Namen, die Phrase oder die gesamte Klausel vollständig wegzulassen. Das Beispiel der DBTG Syntax für den location mode illustriert dies sehr schön. Das Wort NOT, der vom Benutzer zu vergebende Name db-id-3, ja sogar die gesamte LOCATION MODE Klausel kann weggelassen werden. Es ist nicht notwendig, darauf hinzuweisen, daß sich in diesen Fällen die Bedeutung ändert, je nachdem ob der entsprechende Teil hinzugefügt oder weggelassen wird.

4. Die geschweiften Klammern weisen darauf hin, daß eine der zwei oder mehreren Optionen, die in den Klammern aufgeführt sind, gewählt werden muß. Es gibt hier zwei Beispiele, wobei das eine in dem anderen enthalten ist. Das äußere Beispiel ist geeigneter und sieht in einer Kurzform wie folgt aus:

$$\text{LOCATION MODE IS} \begin{cases} \text{CALC} \\ \text{DIRECT} \\ \text{VIA SET} \end{cases}$$

Der Datenadministrator muß entweder

    LOCATION MODE IS CALC

oder

    LOCATION MODE IS DIRECT

oder

    LOCATION MODE IS VIA SET

schreiben.

5. Die drei Punkte, die DBTG als 'ellipsis' bezeichnete (nach dem Concise Oxford Dictionary: Weglassen von Worten in einem Satz, die zur Vervollständigung seiner Konstruktion oder seines Sinnes benötigt werden) sind eine nützliche syntaktische Regelung, die zur Darstellung einer Wiederholung benutzt werden kann.

Aus der CALC Option

    LOCATION MODE IS CALC USING db-id-2   ,db-id-3   ...

wird hoffentlich deutlich, daß diese Klausel durch irgendeine der
folgenden Möglichkeiten vervollständigt werden kann

     USING db-id-2
     USING db-id-3, db-id-4
     USING db-id-3, db-id-4, db-id-5

Theoretisch ließen sich hunderte von Datenbankidentifikatoren auflis-
ten.
  Die allgemeine Form

   db-id-2   ,db-id 3   ...

  ist die im DBTG Vorschlag übliche.
Es sei darauf hingewiesen, daß das Komma sich innerhalb der eckigen
Klammern befindet, da es nur zusammen mit einem zusätzlichen Daten-
bankidentifikator wiederholt werden darf.

4.3.2 Datenbankidentifikatoren und Datenbanknamen

Eine Erläuterung zu zwei häufig auftretenden Konstruktionen in den
Syntax Anweisungen bei DBTG und in diesem Buch dürfte auch für einen
erfahrenen COBOL Programmierer notwendig sein.
Beispiele dafür sind

   db-data-name-1

und

   db-id-4.

Beide beziehen sich entweder auf ein Elementarelement oder ein Gruppenelement   im Schema. Der Unterschied der beiden besteht jedoch darin,
daß ein Datenbankname (db-data-name-1) nicht indiziert oder qualifiziert werden darf, während die andere sogar indiziert oder qualifiziert
werden muß, falls man einen eindeutigen Namen in der Datenbank gewährleisten will.
In den verschiedenen CODASYL Berichten wurden
  'data-base-data-name' und 'data-base-identifier'   immer voll ausge-
  schrieben - eine zeit - und platzaufwendige Praxis. In diesem Buch
  werden die beiden durch 'dbd-name' und 'db-id' abgekürzt.

Die einfache Beziehung zwischen den beiden Konstruktionen läßt sich
wie folgt darstellen:

$$\text{db-id} = \text{dbd-name} \left[\left(\text{integer-1} \left[, \text{integer-2}\right] \ldots \right) \left[\left\{ \begin{array}{c} \text{OF} \\ \underline{\text{IN}} \end{array} \right\} \text{record-name} \right] \right]$$

Das Beispiel der location mode Klausel ist etwas unglücklich zur Darstellung des Unterschiedes zwischen db-id und dbd-name, da in diesem Beispiel beide innerhalb derselben geschweiften Klammern auftreten und somit eine davon **auszuwählen** ist. Der Leser sollte hierdurch nicht verwirrt sein. Eine Erläuterung folgt bei der Besprechung der Option. Wird dbd-name benutzt, so heißt dies, daß eine Qualifizierung oder Indizierung nicht erlaubt ist. Wird db-id benutzt, so heißt dies, daß eine Qualifizierung oder Indizierung hinzugefügt werden sollte, falls man einen eindeutigen Namen in der Datenbank gewährleisten will.

Die den 'db-id' und 'dbd-name' folgenden ganzen Zahlen (z.B. db-id-2, dbd-name-7) dienen lediglich der Bezugnahme auf einen bestimmten db-id oder dbd-name in den verschiedenen Regeln zu den Syntaxformen. Außerdem besteht die Gefahr, daß ein Benutzer den Eindruck bekommt, daß derselbe db-id an zwei oder drei Stellen in der Anweisung benutzt werden kann (oder muß), falls keine Zahlenangaben vorhanden wären.

4.4 Besprechung der Location Modes

Nach diesem längeren, aber notwendigen, Ausflug in den Syntaxformalismus, soll nun der rote Faden mit der Behandlung einer location mode Option nach der anderen wieder aufgenommen werden. Vorher sollten jedoch noch einmal die Fragen, wann und warum eine solche Deklaration notwendig ist, aufgegriffen werden. Der location mode wird jedesmal geprüft, wenn ein Satz eines bestimmten Typs erstmalig in der Datenbank gespeichert wird.

Wie man sieht, wird nur in einem der drei Fälle (nämlich CALC) ein Hauptschlüssel (prime key) deklariert, der auch zu Retrieval Zwecken benutzt werden kann. Bei den anderen location modes wird kein Hauptschlüssel definiert. Es gibt auch keine Forderung, daß der Hauptschlüssel benutzt werden muß, um einen Satz mit dem location mode CALC aufzusuchen.

Es mag zu früh sein, in eine detaillierte Diskussion über das Retrieval von Datenbanksätzen einzusteigen, es ist jedoch nicht zu früh, um eine der Haupteigenschaften jedes Systems, das auf CODASYL

DBTG basiert, zu nennen. Sie lautet: es gibt mehrere unterschiedliche
Möglichkeiten, irgendeinen einzelnen Satz in der Datenbank aufzusuchen
Als Zusatz sollte erwähnt werden, daß die Definition eines location
mode CALC für einen Satztyp lediglich die Anzahl der Zugriffsmöglich-
keiten erhöht.

4.5 Der Location Mode CALC

CALC steht für 'calculation' und bedeutet, daß bei der Einspeicherung
eines Satzes dessen Datenbankschlüssel berechnet wird aus dem zusammen
gesetzten Wert eines oder mehrerer Elemente, die nach USING in der
LOCATION MODE Klausel stehen.

CALC ist nach DBTG das gleiche wie das Umrechnen in eine Zufallszahl
Dies wird aber an keiner Stelle explizit zum Ausdruck gebracht. Alle
Implementierungen interpretieren CALC durch einen Zufalls- (oder Hash)
Algorithmus. In IDS/1 war und ist immer noch der einzige benutzte CALC
Algorithmus, ein Algorithmus zur Erzeugung einer Zufallszahl.

Wenn man für den Augenblick diese Restriktion in dem Konzept akzeptiert, so erfordert die Erzeugung von Zufallszahlen doch einige Erläuterungen. Die klassische wissenschaftliche Behandlung dieser Thematik erfolgte in einer Veröffentlichung von Lum, Yuen und Dodd[1] 1970.
Sie berichteten dort über eine empirische Untersuchung von acht unterschiedlichen sogenannten Schlüsseltransformationsmethoden (key transformation methods). Daraus folgte, daß unter Performancegesichtspunkte
sich die Divisionsmethode am besten verhalten hat. Man trifft sie in
der Praxis häufig an, weshalb einige Erläuterungen durchaus angebracht
sind.

Der Wert des Schlüssels, ob numerisch, alphanumerisch oder eine
Kombination von Elementen der beiden Typen wird als eine zusammenhängende Kette von Bits betrachtet, d.h. also als ganze Zahl. Diese wird
dann durch eine weitere ganze Zahl dividiert. Der Rest, der sich bei
dieser Division ergibt, ist der Datenbankschlüssel (oder wenigstens
ein Teil davon). Der Divisor sollte eine Primzahl in der Nähe der Anzahl der verfügbaren Adressen sein. Schon 1963 schlug Buchholz[2] vor,
daß der Divisor die größte Primzahl sein soll, die kleiner als die Anzahl der verfügbaren Adressen ist. Lum und seine Kollegen hatten das
Gefühl, daß jede Zahl in der Nähe der Anzahl der Adressen gleichermaßen gut geeignet ist.

Um die Funktionsweise eines Algorithmus zur Erzeugung von Zufallszahlen oder einen CALC Algorithmus in der Praxis zu verstehen, ist

es notwendig, das Konzept des Bereiches (realm; zugegebenermaßen häufiger als area bezeichnet, da dieser Begriff sowohl von DBTG als auch von DDLC benutzt wurde) im Vorgriff kurz einzuführen. Ein Bereich ist eine benannte Unterteilung der Datenbank,wobei jeder Satztyp einen oder mehreren Bereichen zugewiesen ist. Darüberhinaus wird jeder Bereich gewöhnlich in eine Anzahl Seiten gleicher Größe aufgeteilt. Theoretisch braucht sich ein Programmierer um eine solche Aufteilung in Seiten nicht zu kümmern, jedoch schadet es ihm auch nicht, wenn er dies weiß.

Ein typischer Ansatz für einen CALC Algorithmus ist der Algorithmus zur Erzeugung von Seitenzahlen innerhalb des Bereiches, anstatt der Erzeugung des vollständigen Datenbankschlüsselwertes. Der Satz wird dann irgendwo in der Seite gespeichert, falls Platz vorhanden ist. Sonst wird ein Verweis (pointer) auf eine Überlaufseite (overflow page) gespeichert, in der der Satz dann letztlich gespeichert wird.

4.5.1 Mehrfachschlüsselwerte

Wählt ein Datenadministrator den location mode CALC für einen bestimmten Satztyp, so muß er auch eine Entscheidung bzgl. Mehrfachwerten des Primärschlüssels treffen. Genauer ausgedrückt, er muß darüber entscheiden, ob Mehrfachwerte für den Primärschlüssel zulässig oder unzulässig sein sollen. Sollte der Primärschlüssel aus dem Nachnamen von Personen gebildet werden, dann wird man normalerweise Mehrfachwerte für den Schlüssel zulassen. Man kann sich nur schwer einen Fall vorstellen, wo man auf alle Personen mit Namen Smith, Brown, Jones etc. verzichtet bis auf jeweils einen. Sind Mehrfachwerte für einen Primärschlüssel zulässig, so kann er nicht als eindeutiger Identifikator benutzt werden.

Wird jedoch, um die andere Alternative zu berücksichtigen, als CALC Schlüssel die Produktnummer, die Versicherungsnummer oder eine Personenkennzahl gewählt, dann möchte der Datenadministrator gewährleisten, daß diese Schlüsselwerte eindeutig sind. In einem solchen Fall wird er das Auftreten von Mehrfachwerten verbieten.

Die vorausgegangene Diskussion über Mehrfachschlüsselwerte ist relevant, egal welche Methode zur Entscheidung über den Speicherplatz im Sinne von Primärschlüsselwerten benutzt wird. Wie bereits angedeutet, hat sich eine ziemlich unglückliche Tendenz entwickelt, CALC mit Techniken zur Erzeugung von Zufallszahlen zu vergleichen. Man hätte

gleichermaßen den ISAM Ansatz benutzen können. Die Diskussion darüber,
ob mehrfache Werte des Schlüssels zulässig sind oder nicht, würde
gleichermaßen verlaufen.

4.5.2 Synonyme

Die Frage von Synonymen ist nur relevant bei einer Interpretation von
CALC als Erzeugung von Zufallsdaten. Diese Situation tritt auf, wenn 2
verschiedene Schlüsselwerte durch den Algorithmus auf denselben internen Wert abgebildet werden. Man erwartet von dem System, daß es dieses
Problem berücksichtigt. Tatsächlich vermeidet der bereits besprochene
mögliche Ansatz, bei dem durch den Algorithmus eine Seite in dem Bereich ausgewählt wird und die Sätze darin mit möglichen Überlaufver-
weisen gespeichert werden, dieses Problem. Es wurde hier lediglich
erwähnt, um deutlich zu machen, daß dies ein völlig anderes Problem
ist, als das 'Mehrfachwert' - Problem. Das letztere betrifft sowohl der
Datenadministrator als auch den Programmierer. Das Synonym - Problem
betrifft lediglich den Hersteller.

4.5.3 Alternative Algorithmen

Bis jetzt wurden die meisten Aspekte des CALC location mode abgedeckt.
Die Syntax lautet nun

<u>LOCATION</u> MODE IS <u>CALC</u> [db-proc-1]

    <u>USING</u> db-id-2 [,db-id-3] ...

    <u>DUPLICATES</u> ARE [<u>NOT</u>] ALLOWED

Der Hinweis auf 'db-proc-1' erfordert eine Erläuterung. Wird diese Angabe nicht gemacht, so wird der vom Hersteller vorgesehene CALC Algorithmus benutzt. Die Vorstellung von DBTG ist jedoch, daß der Datenadministrator in der Lage sein soll, den vom Implementierer vorgesehenen Standardalgorithmus durch einen eigenen zu ersetzen oder zu
überschreiben. In der Praxis ist die Eigenschaft, Datenbankprozeduren
zu definieren, noch nicht implementiert. Die Diskussion dieses mächtigen Konzeptes soll deshalb auf ein späteres Kapitel in diesem Buch
verschoben werden. In der Tat erlauben jedoch viele Implemen-

tierungen dem Datenadministrator die Auswahl eines Algorithmus oder
geben ihm sogar die Möglichkeit, seinen eigenen zu definieren.

4.5.4 Auswahl von Schlüsseln

In der im vorigen Abschnitt gezeigten Syntax lautet die zweite Zeile

USING db-id-2 [,db-id-3] ...

Für einen mit COBOL vertrauten Leser dürfte dies selbsterklärend sein.
Für die anderen muß erläutert werden, daß USING die Art und Weise ist,
wie man in COBOL Parameter identifiziert. Diese Darstellung soll hier
statt des mehr wissenschaftlichen Ansatzes, bei dem die Parameter durch
Klammern eingeschlossen wurden, benutzt werden. In diesem Fall muß es
wenigstens ein Element geben, das den CALC Schlüssel bildet; dieser
kann aber auch durch mehrere Elemente gebildet werden. Jedes Element
kann ein Elementarelement oder Gruppenelement sein, falls erforderlich qualifiziert oder indiziert.
Es gibt eine ziemlich naheliegende Regel für die Auswahl von CALC
Schlüsselelementen. Es müssen Elemente sein, die Bestandteil des Satztyps sind, für den eine Beschreibung erfolgte.

4.6 Der Location Mode DIRECT

Eine gründliche Untersuchung dieses location mode läßt den Schluß zu,
daß er leicht falsch verstanden wird und möglicherweise sogar falsch
benannt ist. Dadurch, daß das DDLC diesen location mode aus der Schema
DDL wieder herausgenommen hat erübrigt diese Behauptung. Da man ihn
jedoch nach wie vor in Implementierungen findet soll er hier erläutert
werden.
Das Wort d i r e c t scheint eine gewisse Beziehung zu d i r e c t
a c c e s s storage mit einzuschließen. Es werden jedoch die Sätze
aller Typen, unabhängig von dem angegebenen location mode auf Direktzugriffsspeichern abgespeichert. Die Vergabe eines location mode DI-
RECT für einen Satztyp bedeutet nicht, daß es für die Sätze dieses
Satztyps eine spezielle Möglichkeit des Wiederauffindens gibt - wie
etwa bei CALC.
Die beste Rechtfertigung für die Wahl des Wortes d i r e c t besteht darin, daß sobald ein Satz dieses Typs gespeichert wird, dies
schnell und 'direkt' geschieht. Es wird nicht versucht, herauszufinden, wo sich ein geeigneter Speicherplatz, bezogen auf ein späteres

Wiederauffinden dieses Satzes, befindet. Tatsächlich kann der location mode DIRECT eine von zwei gänzlich verschiedenen Optionen in Abhängigkeit von einem Programmierer implizieren. Dies wird noch zu zeigen sein. Die Syntax ist sehr einfach

$$\text{LOCATION MODE IS DIRECT} \quad \begin{Bmatrix} \text{dbd-name-1} \\ \text{db-id-1} \end{Bmatrix}$$

und es ist bedeutsam, daß die Syntax sowohl im DDLC Bericht als auch im DBTG Bericht die gleiche ist. Das DDLC stellte jedoch gewisse Probleme fest, die in einer Anzahl von Änderungen in der Semantik dieses location mode resultierten.

Die Bedeutung des location mode DIRECT liegt darin, daß ein Programmierer davon in Kenntnis gesetzt wird, wie die Sätze eines bestimmten Typs gespeichert sind. Dies geschieht auf der Ebene individueller Sätze. Er muß deshalb sehr weitgehend darüber informiert sein, wie Datenbankschlüssel vergeben werden. Ob er darüber sehr weitgehend informiert ist oder nicht, er muß auf jeden Fall eine Möglichkeit haben, um Datenbankschlüsselwerte dem System übergeben zu können.

4.6.1 Die Rolle von Datenbankschlüsselelementen

Hauptsächlich aus diesem Grund führte DBTG einen neuen Schemaelementtyp ein, nämlich

    TYPE IS DATA-BASE-KEY

Dieser ist in dem Sinne neu, als er nicht in PL/1 oder COBOL vorkommt. Falls ein Programmierer mit Datenbankschlüsselwerten spielen darf, dann muß er selbst Möglichkeiten dafür vorsehen, diese in seinem Arbeitsbereich zu speichern bzw. sie an das DBCS zu übergeben. Ein DBTG Ansatz zu diesem Problem besteht darin, dem Datenadministrator die Definition von Elementen als Datenbankschlüssel in den Schema Satztypen zu ermöglichen. Das bedeutet, daß Datenbankschlüsselwerte tatsächlich in der Datenbank gespeichert werden können, eine Möglichkeit, die zu Recht von mehreren Fachleuten kritisiert worden ist. Es gibt jedoch noch einen anderen Ansatz. Zu dessen Erläuterung sei nochmal die Syntax betrachte

$$\text{LOCATION MODE IS DIRECT} \quad \begin{Bmatrix} \text{dbd-name-1} \\ \text{db-id-1} \end{Bmatrix}$$

Der Unterschied zwischen dbd-name-1 und db-id-1 erfordert eine sorg-
fältige Erläuterung. Die interne Option 'db-id-1' bedeutet,   daß
ein Elementarelement vom Typ DATA-BASE-KEY in einem Schema Satztyp
definiert wurde. Es braucht nicht das gleiche zu sein, das in Verbindung mit der Zuordnung des location mode DIRECT ausgewählt wurde.
Es ist jedoch das Element, das ein Programmierer benutzt, um dem
System anzuzeigen, daß er auf irgendeine Art und Weise einen Datenbankschlüsselwert erzeugt hat, der noch nicht in der Datenbank benutzt wurde und daß er diesen einem Satz zugewiesen haben möchte,
den er gerade einspeichert.
Es besteht hier keine Forderung, daß der Datenbankschlüsselwert
selbst in der Datenbank gespeichert werden muß, obwohl dies in der
Tat möglich ist. Was ein Datenadministrator tun kann, ist die Definition eines Dummy Satztyps, der lediglich aus einem Element vom Typ
Datenbankschlüssel besteht.

Kein Exemplar dieses Satztyps braucht in der Datenbank gespeichert
zu werden. Wenn aber dieser Satztyp Bestandteil eines von einem Programm benutzten Subschemas ist, dann steht das Datenbankschlüsselele -
ment dem Programmierer zur Verfügung.

Die andere Alternative in der Syntax, nämlich dbd-name-1, ist eine
Möglichkeit, das gleiche Ziel ohne den künstlichen Prozeß der Defi-
nition eines Dummy-Satztyps zu erreichen. Der Wortlaut im DDLC Be-
richt ist interessant (Seite 3.3.5, Abschnitt 3.3.4): 'Durch sein
Erscheinen in der LOCATION MODE Klausel wird der data-base-name-1 als
Datenbankschlüssel betrachtet; er ist nicht Bestandteil des Satzes.'

Tatsächlich ist der dbd-name-1 ein im Schema deklariertes Element,
das automatisch im Arbeitsspeicherbereich jedes Programms vorhanden
ist, das den Satztyp verarbeitet.
Der Ansatz ist falsch. Er ist motiviert durch die Abneigung von DBTG
und DDLC, Änderungen an existierenden Wirtssprachen vorzuschlagen.
Nachdem zum einen die grundlegenden Konzepte erläutert wurden, nach
denen ein Programmierer durch den location mode DIRECT an dem Problem,
wo ein Satz zu speichern ist, beteiligt ist und zum anderen auch
die Anforderungen an ein Element vom Typ Datenbankschlüssel erläutert
wurden, das ein Programmierer zur Kommunikation mit dem System benutzt,
ist es an der Zeit, die Konsequenzen der Wahl dieses location mode zu
betrachten.

4.6.2 Möglichkeiten zur Benutzung des
Location Mode DIRECT

Um zu beurteilen, was passiert, wenn ein Satz eines Typs mit location
mode DIRECT gespeichert wird, ist es notwendig, einen Vorgriff auf die
STORE Anweisung der DML mit ihrer äußerst komplexen Semantik zu macher
obwohl an dieser Stelle nur ein Aspekt von Bedeutung ist.
Was beim Einspeichern eines Satzes mit location mode DIRECT geschieht,
hängt vom Wert des Datenbankschlüsselelements ab, das durch den Programmierer vor der Ausführung der STORE Anweisung initialisiert sein
muß. Drei unterschiedliche Situationen können in Abhängigkeit des Wertes dieses Elements eintreten.

1. Gültig, z.B. benutzbar, da noch nicht vorher benutzt
2. Ungültig, da möglicherweise schon benutzt
3. Unbestimmt

Bei den ersten beiden Situationen versucht ein Programmierer den ge-
nauen Ort eines Satzes in der Datenbank zu kontrollieren mit bzw. ohne
Erfolg. Davon unterscheidet sich die dritte Situation, wo er möglicher
weise eine solche Kontrolle nicht anstrebt, wo es ihm egal ist, wo
das System den Satz speichert. Der Fall, wo ein Programmierer Einfluß ausüben will und der Fall, wo er es vollständig dem System überläßt, sollten getrennt, unter Kontrolle des Datendaministrators, behandelt werden. Der Fall, bei dem der Programmierer von Grund auf mit
Datenbankschlüsseln arbeitet wird häufig von den Puristen verdammt.
Man kann sicherlich durch Arbeiten auf der physischen Ebene das Per-
formance-Verhalten verbessern, man kann aber genau so gut Probleme
bekommen. Die Situation sollte zulässig sein, jedoch als Option für
den Datenadministrator und nicht als Option für den Programmierer.
Falls ein Programmierer nur Null-Werte für den Datenbankschlüssel dem
DBCS übergibt, dann zeigt die Semantik der DBLTG für die STORE Anweisung, daß das DBCS nach eigenem Gutdünken einen eigenen Datenbankschlüsselwert dem Satz zuweist und ihn dann speichert. Mit anderen
Worten, dies hängt von der jeweiligen Implementierung ab. Es sei erwähnt, daß diese Situation dann der DBTG Vorstellung entspricht, einem
Satztyp überhaupt keinen location mode zuzuweisen, was dann wiederum
der vierten Option von DDLC entspricht.

LOCATION MODE IS SYSTEM.
Die Wahl des Wortes SYSTEM ist hier sehr unklar.
In der Tat gibt es hierfür eine Anwendung, nämlich in dem Fall, daß

der Datendaministrator weder einen Primärschlüssel (wie bei CALC) noch
Kontrolle über die physische Nachbarschaft (wie noch bei VIA SET besprochen wird) noch Kontrolle über die physische Plazierung (wie bei
DIRECT, genau dann wenn der Programmierer einen Datenbankschlüsselwert spezifiziert, der nicht null ist) haben möchte. Was der Datenadministrator aber möglicherweise will, ist, daß der Satz so schnell wie
möglich gespeichert wird, ohne daß der Programmierer beteiligt ist.
Das könnte bezeichnet werden als

     LOCATION MODE IS FAST.

Für den location mode DIRECT sollte weiterhin die Forderung existieren, daß der Programmierer einen Datenbankschlüsselwert liefert,
der nicht Null ist.

4.6.3 Suche mit Location Mode DIRECT

Eine generelle Regel im DBTG Bericht (Seite 104, Abschnitt 3.3.6) hat
sicherlich bei den Lesern Verwirrung ausgelöst, die versucht haben,
die Vorschläge zu verstehen. Die Regel lautet:
'Falls eine LOCATION MODE DIRECT Klausel spezifiziert ist, dann muß
das in der Klausel spezifizierte Datenelement mit einem Datenbankschlüssel initialisiert sein vor der Ausführung eines Befehls, der den Satz
auf der Basis der LOCATION MODE Klausel auswählt. Für einen STORE Befehl muß das Datenelement jedoch entweder mit einem Datenbankschlüssel oder mit einem Null-Wert initialisiert sein'. Der erste Satz ist
hier von Interesse. Es gibt hier tatsächlich nur einen 'Befehl der den
Satz auf Grund seiner location mode Klausel auswählt', und dieser sogenannte Befehl legt deutlich fest, daß der location mode CALC sein
muß. Somit ist der erste Satz der Regel gänzlich bedeutungslos - viel
schlimmer, er verwirrt. Glücklicherweise erkannte das DDLC dieses Problem und entfernte diesen Satz.
(Als historische Notiz: Leser, die mit IDS/1 vertraut sind, werden
feststellen, daß die Verwirrung der DBTG aus der Tatsache stammt, daß
IDS/1 sowohl einen storage mode als auch einen retrieval mode kannte.
DBTG glaubte, daß diese beiden Modi in dem unklar benannten location mode kombiniert seien. Tatsächlich aber wurde das retrieval mode
Konzept vollständig entfernt und der storage mode in den location
mode umbenannt).
Wie findet man einen Satz, dessen Typ den location mode DIRECT hat?
Die Antwort lautet, daß er auf die gleiche Art und Weise gefunden

wird, wie ein Satztyp mit jedem anderen location mode, mit der wichtigen Ausnahme, daß die Suche, die speziell für CALC Sätze entwickelt
wurde, nicht zulässig ist. Ein Satz kann schon gefunden werden, wenn
der Datenbankschlüssel verfügbar ist. Diese Eigenschft ist ganz und ga.
unabhängig vom location mode. Es muß nochmal wiederholt werden, daß es
immer mehrere Wege gibt, einen Satz zu suchen. Die ganze Thematik
wird im Kapitel 15 behandelt, das der FIND Anweisung gewidmet ist.

4.7 Der Location Mode VIA SET

Um diesen Speichermodus zu verstehen, muß der Leser ein klares Verständnis von einem Set-Typ haben. Sollten hier Zweifel bestehen, sei
nochmal auf den Abschnitt 3.4 verwiesen.

Um diesen Speichermodus überhaupt benutzen zu können, muß der Satztyp, dem dieser Speichermodus zugewiesen werden soll, member in irgendeinem Set-Typ sein. Die Syntax der Option lautet:

LOCATION MODE IS VIA set-name-1 SET.

Der Satz muß tatsächlich member sein in dem Set-Typ, der durch set-
name-1 identifiziert wird. Dieser Set-Typ kann noch andere member haben. Der Satztyp kann noch in anderen Set-Typen member sein, die Mit-
gliedschaft in dem benannten Set-Typ bestimmt jedoch die Bedeutung der
Option des Speichermodus.
Der wesentliche Aspekt bei der Wahl des Speichermodus VIA SET besteht
darin, einen Satz physisch nahe zu den anderen member Sätzen des Set
zu speichern. DBTG geht etwas weiter bei ihrer Definition der Semantik
der STORE Anweisung (Seite 262, Zeile 5) und behauptet

'... der zu speichernde Satz wird plaziert... so nahe wie
möglich zu dem aktuellen oder wahrscheinlichen logischen
Einfügepunkt des ausgewählten Set-Exemplars'.

(Die unterdrückten Satzteile in diesem Zitat sind nicht bedeutend
für diesen Diskussionspunkt). Unglücklicherweise bringt diese Diskussion die Forderung nach einer Set-Auswahl (Set selection) auf. Jeder
Satz kann bei seiner Einspeicherung an einen der Sets des entsprechend
benannten Typs angehängt werden (siehe Abschnitt 3.4.1). Da es normalerweise mehrere Exemplare eines Set-Typs gibt, muß durch einen irgend·
wie geeigneten Prozeß eines ausgewählt werden, zu dem der neue Satz in
der Nähe liegt und dieser möglicherweise angehängt werden kann. Der
gesamte Prozeß wird später im Kapitel 7 betrachtet.
Die Beschreibung des Speichermodus durch DDLC fällt etwas vorsichtiger
aus, und man findet sie als semantische Regel für die location mode

Klausel (Seite 3.36, Regel 9). Sie lautet:

'Wenn VIA set-name-1 SET spezifiziert ist, dann weist das DBMS (d.h. DBCS) dem Objektsatz einen Datenbankschlüssel zu, als ob er member eines Set-Typ Exemplars sei, der in der VIA Phrase benannt ist'.

Es sei erwähnt, daß das DDCL von der Folgerung der DBTG des 'so nahe wie möglich' Abstand nahm. Es ist ebenfalls erwähnenswert, daß der Text der DBLTG so ähnlich dem Text des DDLC ist, daß er wahrscheinlich kopiert wurde. Tatsächlich ist der Text von DDLC/DBLTG ziemlich unglücklich gewählt. Um dies zu unterstreichen sei folgende einzelne V-Struktur betrachtet, d.h. ein member mit zwei owner Sätzen:

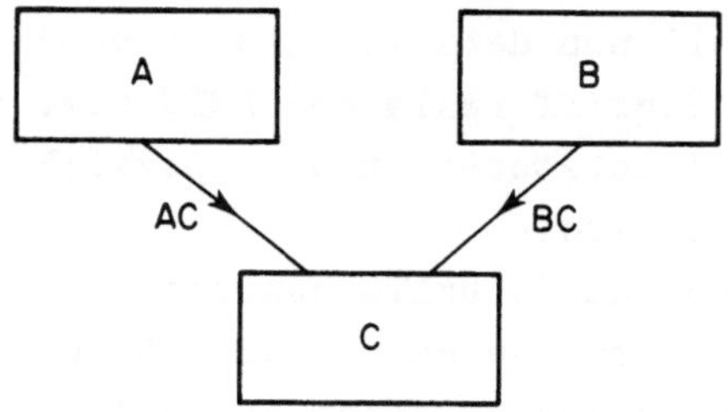

Der Satztyp C kann durchaus den location mode CALC oder DIRECT haben. In diesen Fällen wird der Datenbankschlüssel dem Satz zugewiesen ohne Rücksicht auf Beteiligung des Satzes als member in den beiden Set-Typen. Falls der Satztyp jedoch den location mode VIA BC SET hat, dann muß diese Beteiligung als member in BC etwas bedeuten, das durch die Beteiligung an AC nicht zum Ausdruck gebracht wird. Wenn ein C-Satz gespeichert wird, so wird er sehr wahrscheinlich in einen Set AC und in einen Set BC eingebunden und zwar unabhängig von dem location mode von C. Wenn also die Erwähnung des einen Set-Typs (aber nicht des anderen) in der location mode Klausel überhaupt eine Bedeutung haben soll, dann muß dies den Versuch nach sich ziehen, die Beteiligten (owner- und member Sätze) in unmittelbarer physischer Nachbarschaft in einem Set zu speichern.

In der Praxis ist dies die Bedeutung von VIA SET in den meisten Implementierungen. Dieser Versuch, physische Nachbarschaft zu gewährleisten, bildet den Unterschied zwischen den location modes VIA SET und SYSTEM (oder DIRECT mit Null-Werten).

4.7.1 Suche mit Location Mode VIA SET

Im DBTG Bericht stellt man wiederum einen Hinweis auf 'die Auswahl
auf der Basis seiner LOCATION MODE Klausel' fest (wiederum vom DDLC
korrigiert). Wie bei dem location mode DIRECT ist dies irreführend.
Es gibt keine spezielle Suchoption für Satztypen mit location mode
VIA SET. Natürlich ist ein Satztyp mit diesem location mode in der Tat
member in einem Set-Typ, und diese Tatsache läßt zusätzliche Such-
möglichkeiten zu denen zu, die möglich wären, falls der Satztyp kein
member im gleichen Set wäre.

4.8 Bereiche (Realms (Areas))

Bei der Besprechung des location mode CALC wurde kurz das Bereichskonzept eingeführt. Dies soll nun detaillierter behandelt werden. In diesem Buch soll der DBLTG Begriff realm dem DBTG bzw. DDLC Begriff area
vorgezogen werden, obwohl letzterer in den Spezifikationen der meisten
Implementierungen benutzt wird.
Der Grund für die Änderung durch DBLTG besteht darin, daß das Wort are
bereits in COBOL benutzt wird, wo es als eine Menge von Positionen
(normalerweise zusammenhängend) in einem Schnellzugriffsspeicher definiert werden kann. COBOL kennt außerdem das Konzept einer saved area.
Die Philosophie des CODASYL Programming Language Committee bzgl. der
Terminologie besteht darin, in Situationen, wo die Bedeutung irgendwelcher Operationen deutlich verschieden sind, das gleiche Wort zu
benutzen. Die DBLTG stellte eine mögliche Verwirrung durch die Benutzung des Wortes area fest und erfand daher ein anderes Wort für
dieses Konzept. Ein Bereich (realm) wurde von DBTG (Seite 13) definiert als 'eine benannte Unterteilung des adressierbaren Speicher-
bereiches in der Datenbank und kann Satz- und Set-Exemplare oder Teile
von Sets unterschiedlichen Typs beinhalten'.
Das DDLC modifizierte diese Definition und brachte folgendes heraus:
    'Ein Bereich (realm) ist eine benannte Sammlung von Sätzen, die
    nicht eine owner/member Beziehung zu beinhalten braucht. Ein Be-
    reich kann Exemplare eines oder mehrerer Satztypen beinhalten,
    ein Satztyp kann in mehr als einem Bereich Exemplare haben. Ein
    bestimmter Satz wird einem einzelnen Bereich zugewiesen und darf
    nicht zwischen verschiedenen Bereichen hin und her wandern. Ein
    Bereich kann ...'
Das DDLC macht eindeutig den Versuch, von dem Hinweis der DBTG auf den
adressierbaren Speicherbereich wegzukommen. Dies ist genau die Bedeutung von Bereich, wenigstens in Begriffen, die in den verfügbaren Im-

plementierungen benutzt werden.

Das gesamte Bereichskonzept war von Anfang an so etwas wie ein Zankapfel. Der Hauptaspekt, der hierbei herauskam besteht darin, daß der Datenadministrator Satztypen auf Bereiche abbilden muß, wie dies in der Definition des DDLC zum Ausdruck gebracht wurde. Darüberhinaus muß er jeden Bereich einem Gerätetyp zuweisen unter Benutzung der Gerätekontrollsprache (Device Media Control Language, siehe Abschnitt 2.6) und kann in der Tat bis zu einem gewissen Grad die Verteilung der Sätze innerhalb des Bereiches kontrollieren. Der Programmierer braucht nur zu wissen, wie die Satztypen auf die Bereiche aufgeteilt wurden. Die anderen Details helfen ihm normalerweise nicht (außer wenn er eine ziemlich spezifische DML FIND Option benutzt, was noch besprochen wird).

Falls der Datenadministrator aus irgendwelchen Gründen das Bereichskonzept nicht benutzen möchte, dann kann er die gesamte Datenbank, d.h. alle Satztypen, einem allumfassenden Bereich zuweisen. Zugegebenermaßen muß ein Programmierer trotzdem noch diesen Bereich am Beginn seines Programmes eröffnen (open) und am Ende wieder schließen (close).

Die Vorteile einer Unterteilung einer Datenbank in Bereiche sind zahllos. Einer besteht darin, die Datenbank verschiedenen Typen von Direktzugriffsspeichern zuzuweisen. Ein anderer besteht darin, eine Möglichkeit zu schaffen, um eine bessere Gesamtperformance bei der Parallelverarbeitung zu erreichen. Der Nachteil der Art und Weise wie DBTG das Problem angegangen hat besteht darin, daß ein Programmierer in sein Programm eine READY Anweisung einfügen muß. Die Gegner behaupten (mit einer gewissen Berechtigung) daß dieses Öffnen (READY) eines Bereiches implizit durch die Benutzung des Subschemas geschehen könnte.

4.8.1 Zuweisung von Satztypen zu Bereichen

Der Prozeß der Zuweisung eines Satztyps zu einem oder mehreren Bereichen ist ziemlich einfach, Er ist in dem Teil der Schema DDL enthalten, der als Record Entry bezeichnet wird. In diesem Teil werden alle Eigenschaften eines Satztyps erläutert (wie z.B. sein location mode).
Die DBTG Syntax lautet wie folgt:

```
; WITHIN  realm-name-1   [{,realm-name-2}  ...
         REALM-ID IS  dbd-name-2]
```

Es wurde das Wort REALM statt AREA gewählt, um mit der Beschreibung
konsistent zu sein.
In den meisten Fällen wird ein Satztyp nur einem Bereich zugewiesen.
Die Syntax ist dann sehr einfach:

  ; WITHIN realm-name-1.

Falls einem Datenadministrator bekannt ist, daß zehntausende von Sätzen eines bestimmten Typs existieren und er nicht will, daß die Bereiche zu groß werden, dann kann er den Satztyp zwei oder mehreren Bereichen zuweisen. Es kann auch sein, daß die spezielle Implementierung
nur eine bestimmte maximale Größe eines Bereiches zuläßt; das Problem
liegt aber wahrscheinlich eher darin, die Bereiche auf einer verwalt-
baren Größe zu halten. Es muß eine Grundlage oder ein Kriterium für
die Aufteilung eines Satztyps auf zwei oder mehrere Bereiche geben.
Das bedeutet mehr Arbeit für den Programmierer, der das Programm
schreibt, mit dessen Hilfe neue Sätze dieses Typs in der Datenbank
gespeichert werden sollen. Es muß nämlich ein Datenelement, dbd-name-
2, vom Programmierer mit dem Namen eines in der WITHIN Klausel auf-
geführten Bereiches initialisiert werden. Damit ist es eine Entscheidung des Datenadministrators, einen Satztyp zwei oder mehreren Bereichen zuzuweisen; die Entscheidung, welche Sätze dieses Typs nun in
welchen Bereichen gespeichert werden, liegt völlig in der Hand des
Programmierers, der das Änderungsprogramm schreibt.
Das DDLC fügte der WITHIN Klausel zwei neue Eigenschaften hinzu, von
denen keine sehr häufig implementiert wurde. Die (modifizierte) Syntax lautet wie folgt:

$$
; \underline{\text{WITHIN}} \left\{ \begin{array}{l} \text{realm-name-1} \; [\![,\text{realm-name-2} \} \; \ldots \; \underline{\text{REALM-ID}} \; \text{IS dbd-name-1} \\ \qquad [\text{USING } \underline{\text{PROCEDURE}} \; \text{db-procedure-1}]\,]\,] \\ \text{REALM} \quad \text{OF} \quad \underline{\text{OWNER}} \end{array} \right\}
$$

Die erste Hinzufügung bezieht sich auf obigen Abschnitt mit der Diskussion wer welche Entscheidung zu treffen hat. Möchte der Datenadministrator die detaillierte Zuordnung von Sätzen zu Bereichen kontrollieren, dann kann er für diese Aufgabe eine Datenbankprozedur
schreiben.

In diesem Fall initialisiert die Prozedur des Datenadministrators automatisch den Element dbd-name und der Programmierer hat dann keinen weiteren Einfluß. Diese Möglichkeit hängt jedoch von der Verfügbarkeit von Datenbankprozeduren ab.

Die andere Vorstellung des DDLC besteht darin, dem Datenadministrator die Möglichkeit zu geben, Satztypen mit location mode VIA SET (siehe Abschnitt 4.4) dem selben Bereich zuzuweisen wie der owner des in der location mode Klausel genannten Set-Typs. Dies ist sehr sinnvoll, falls der location mode VIA SET als physisch benachbarte Speicherung interpretiert wird, wie in diesem Buch vorgeschlagen. Tatsächlich wurde dies ohnehin zur Regel in einigen Implementierungen gemacht. Es ist nicht sehr sinnvoll, einen location mode VIA SET zu wählen und dann owner und member Satztypen verschiedenen Bereichen zuzuweisen. Der DBTG Vorschlag enthielt keine solche Regel. Das DDLC geht soweit, diese Option zuzulassen.

4.8.2 Temporäre Bereiche

Man kann die Diskussion der Zuordnung von Satztypen zu Bereichen nicht beenden, ohne die temporären Bereiche zu erwähnen. Es sei betont, daß diese Eigenschaft noch nicht sehr häufig implementiert wurde. Dies ist zum Teil auf die mit dieser Eigenschaft verbundenen Schwierigkeiten zurückzuführen und möglicherweise auf die Einschätzung des Wertes für den Benutzer durch den Hersteller. Einen temporären Bereich benutzt ein Programmierer während der Ausführung seines Programms als Arbeitsbereich. Er muß den Bereich bei der Ausführung der READY Anweisung bereitstellen. Eine Kopie des Bereiches steht ihm dann zur Verfügung. Dieser enthält keine Sätze, und nach der Beendigung der Arbeit mit dem Bereich existieren auch die Sätze, die dort evtl. gespeichert wurden, nicht mehr.
Es gibt die folgenden zwei wichtigen Unterschiede zwischen einem permanenten und einem temporären Bereich. Falls zwei konkurrierend arbeitende Programme einen permanenten Bereich bereitstellen (READY), dann arbeiten diese mit denselben physischen Daten. Falls zwei konkurrierend arbeitende Programme einen temporären Bereich bereitstellen, dann enthält jedes Programm seine eigene Kopie dieses Bereiches, z.B. seine eigenen Plattenspuren. Dies ist ein Grund, warum dieses Konzept schwierig zu implementieren ist. Existierende Betriebssysteme unterstützen diese Möglichkeit nicht, und es ist oft sehr schwierig für einen DBMS Hersteller, Änderungen an dem Wirtsbetriebssystem zu erreichen.

Angenommen, die Eigenschaft des temporären Bereiches steht zur Ver-

fügung, wie kann man diese benutzen? Die Wirtssprache, sei es COBOL,
FORTRAN oder PL/1 stellt dem Programmierer eine gewisse Möglichkeit
zur Verfügung, während der Ausführung eines Programmes Sätze auf Direktzugriffsspeichern oder sequentiellen Speichern temporär zu speichern. Die einzige mögliche Rolle, die der temporäre Bereich dann
spielen kann, besteht in der Speicherung von Sätzen, die als Set-Typen
strukturiert sind. Der Datenadministrator ist jedoch verantwortlich
für die Definition von Satztypen, Set-Typen und Bereichen. Falls ein
Programmierer temporäre Bereiche benutzen möchte, so muß der Datenadministrator dies beachten und die temporären Bereiche sowie die Zu-
ordung von Satztypen zu diesen Bereichen definieren.

DBTG wies auf ein Problem der temporären Bereiche hin und führte eine Regel zu dessen Vermeidung ein.Diese lautete (modifizierter Wortlaut des DDLC von Seite 3.25):

'Sätze eines temporären Bereiches können weder als owner noch als
 member an solchen Sets beteiligt sein, die Sätze beinhalten, die
 sich nicht in temporären Bereichen befinden'.

(Die ganze Regel hätte man besser im Singular statt im Plural geschrieben). Die Regel besagt,daß für den Fall, daß ein temporärer Bereich
benutzt wird, der durch Sets strukturierte Datensätze enthält, sowohl
owner als auch member dem Bereich zuzuweisen sind. Daraus folgt weiterhin, daß solche Satztypen notwendige spezielle 'Arbeitssatztypen'
sind, oder daß jeder entsprechende Satztyp wenigstens einem permanenten Bereich und wenigstens einem temporären Bereich zugewiesen ist
(unter Benutzung der REALM-ID Option in der WITHIN Klausel). Die letzte Alternative bedeutet, daß ein Programm in der Lage sein muß, Sätze
zwischen temporären und permanenten Bereichen hin und herzujonglieren.
Dieses Erfordernis ist hoffentlich nur selten notwendig.

4.9 Zusammenfassung

In diesem Kapitel wurde das generelle Thema der Zuweisung von Satztypen zum Speicher behandelt. Dies erforderte die Einführung der Konzepte Datenbankschlüssel und Bereich, zweier sehr grundlegender Ideen
der DBTG.
Für einen vollständigen Überblick seien die relevanten Teile der DDLC
Syntax für den Bereichseintrag und den Satzeintrag zusammen mit zwei
früheren Beispielen wiederholt.

$$\{\underline{REALM}\ NAME\ IS\ realm\text{-}name\text{-}1\ \ [\ ;\ REALM\ IS\ \underline{TEMPORARY}\ ...\ ]\}\ ...$$

```
{RECORD NAME IS record-name-1

                        ┌ DIRECT  {dbd-name-1}
                        │         {db-id-1  }
                        │
         ;LOCATION      │ CALC  [db-proc-1] USING db-id-2 [,db-id-3] ...
                        │       DUPLICATES ARE [NOT] ALLOWED
            MODE IS     │
                        │ VIA set-name-1 SET
                        └ SYSTEM


                     ┌ realm-name-2 [{,realm-name-3} ... REALM-ID IS dbd-name-2 ┐
         ;WITHIN      │              [USING PROCEDURE db-proc-2 ]]               │
                     └ REALM   OF OWNER                                          ┘
```

Die Syntax enthält absichtlich weder einige noch nicht behandelte
Eigenschaften noch den vollständigen Prozeß der Definition der inneren Struktur eines Satzes. Die folgenden Beispiele veranschaulichen
lediglich die häufig implementierten Eigenschaften.

4.9.1 Beispiele

Beispiel 1

```
REALM NAME IS SUPPLIER-REALM.
RECORD NAME IS SUPPLIER-CONTROL;
LOCATION MODE IS CALC USING CALC-KEY
     DUPLICATES ARE NOT ALLOWED;
WITHIN SUPPLIER-REALM.
RECORD NAME IS SUPPLIER;
LOCATION MODE IS VIA SUPPLIERS SET;
WITHIN SUPPLIER REALM.
RECORD NAME IS PURCHASE-ORDER;
LOCATION MODE IS CALC USING PURCHASE-ORDER-ID,
                        PURCHASE-ORDER-SEQ-NO
          DUPLICATES ARE NOT ALLOWED
WITHIN SUPPLIER-REALM.
RECORD NAME IS PURCHASE-ORDER-LINE;
LOCATION MODE IS VIA PURCHASE-ORDER CONTENTS-SET;
WITHIN SUPPLIER-REALM.
```

Dieses Beispiel veranschaulicht die Sprache, die zur Definition eines
Bereiches sowie der Satztypen in diesem Bereich zu benutzen wäre. Zwe:
Sätze haben den location mode CALC die anderen beiden den location mode
VIA SET. Weiterhin sind zwei Set-Typen festzustellen, deren Definition
noch zu besprechen ist. Normalerweise folgt der WITHIN Klausel jedes
Satztyps eine Liste von Elementen in dem Satztyp und deren verschiede-
ne Parameter. Dies wird in Kapitel 9 behandelt.

Literaturhinweise

1. V.J.Lum, P.S.T.Yuen and M.Dodd, 'Key-to-Adress Transformation
   Techniques: A Fundamental Performance Study on Large Existing
   Formatted Files', Communications of ACM, April 1971, 228-239.
2. W.Buchholz, 'File Organization and Addressing', IBM Systems
   Journal, June 1963, 86-111.

Kapitel 5

Abbildung von Set-Typen auf den Speicher

5.1 Kurze Wiederholung

Im Kapitel 3 wurde der Set-Typ als eine Technik zur Strukturierung
von Sätzen untereinander eingeführt und mit der traditionelleren satzinternen Strukturierung verglichen, die in der Mitte der sechziger
Jahre aufkam als Mittel, eine gewisse hierarchische Struktur auf sequentiellen Speichermedien darzustellen.

Die Rollen von owner und member Satztypen wurden erläutert, die drei
Klassen single member Set-Typen, multi-member Set-Typen und system
owned Set-Typen vorgestellt sowie betont, daß jeder Set-Typ benannt
werden muß. Es wurde erläutert, daß es für jeden, in der Schema DDL
definierten, Set-Typ mehrere Sets (oder Setexemplare) in der Datenbank geben kann, auch wenn einige davon 'leer' sein können. Das bedeutet, daß ein Set aus einem owner Exemplar aber keinem Exemplar
irgendeines member Satztyps besteht. Das Kapitel schloß mit der Darstellung, wie man den Set-Typ zur Bildung verschiedener Datenbankstrukturen benutzen kann. Betrachtet man nochmal diese Abbildungen,
so kann man leicht den Set-Typ als Beziehung zwischen Satztypen verstehen, man darf aber die Tatsache nicht aus den Augen verlieren, daß
viele Beziehungen zwischen zwei beliebigen Satztypen identifiziert
werden können. Es sind aber recht pragmatische Betrachtungen, die den
Datenadministrator dazu veranlassen, zu entscheiden, ob diese in die
Datenbankstruktur mit eingeschlossen werden oder nicht. Ganz offen
gesagt muß er entscheiden, ob ein Set- Typ wegen seines Nutzens als
Zugriffspfad zur Beschleunigung des Zugriffes auf die Sätze gerechtfertigt ist.

Man erinnere sich, daß bei der Behandlung des location mode behauptet wurde, daß 'es immer viele Wege gibt, auf einen Satz zuzugreifen'
und betont wurde daß die Vergabe des location mode CALC an einen Satz
noch eine weitere Möglichkeit hinzufügt. Es kann nun festgestellt
werden, daß   die Definition eines Set-Typ, an dem ein Satztyp
beteiligt ist (insbesondere als member)noch eine weitere Möglichkeit
hinzufügt. Einem Satztyp kann nur ein location mode zugeordnet sein,
er kann aber an mehreren Set-Typen beteiligt sein und jede Beteiligung fügt noch eine weitere Möglichkeit (oder Zugriffspfad zu dem Satz)
hinzu.

Bevor die Details der Abbildung eines Set-Typs auf den Speicher behandelt werden, muß berücksichtigt werden, daß überhaupt kein Erfordernis
besteht, daß ein Set-Typ, der eine einfache Beziehung ausdrückt, expli-

zit für eine Datenbank definiert wird. Es ist durchaus zulässig, daß ein Datenadministrator eine Datenbank definiert, die aus einem Satztyp, oder sogar aus hundert Satztypen ohne einen einzigen Set-Typ besteht. In diesem Extremfall hat keiner der Satztypen den location mode VIA SET. Die Benutzung eines DBMS, das auf den CODASYL Vorschlägen basiert, ohne Set-Typen wäre eine seltsame Art der Benutzung; trotzdem gilt, daß es nicht erforderlich ist, Set-Typen zu definieren. Wie man noch bei der Behandlung des Subschemas sehen wird, besteht keine Notwendigkeit, Set-Typen im Subschema zu verwenden, auch wenn sie in der Schema DDL definiert wurden. Außerdem gibt es noch die impliziten Beziehungen,die im Kapitel 24 im Rahmen der Relationentheorie besprochen werden.

5.2 Überlegungen zur Abbildung

Bei der Besprechung der Abbildung von Satztypen auf den Speicher, standen verschiedene Alternativen zur Plazierung des aktuellen Satzes in den einen oder anderen Bereich und wie man eine Entscheidung innerhalb des ausgewählten Bereiches zu treffen hatte,zur Verfügung. Obwohl sich die Diskussion mit der Plazierung befaßte, ging es tatsächlich um die relative Plazierung innerhalb eines Bereiches (oder mehrer Bereiche) und nicht um physische Aspekte wie etwa welcher Plattenstapel, welcher Zylinder oder welche Spur.

Was die Abbildung von Set-Typen betrifft, so muß klar sein, daß es keinen Konflikt sondern nur eine gewisse Interaktion zwischen der Abbildung von Set-Typen und der Abbildung der beteiligten owner und member Satztypen auf den Speicher gibt. Die Sätze der verschiedenen Typen werden an den Orten plaziert, die durch die location mode Klausel und die WITHIN Klausel gekennzeichnet sind. Wenn die Abbildung von Set-Typen behandelt wird, so geht es darum, wie der Set-Typ im Speicher dargestellt wird.

Das gesamte Thema ist in jeder kurzen Abhandlung über die CODASYL Vorschläge derart stark betont worden (einschließlich in denen des Autors[1]), daß ein flüchtiger Leser den Eindruck bekommen kann, daß DBTG genau dies ist. Hoffentlich gelingt es, in diesem Buch klarzustellen, daß es in einem DBMS auf der Basis von CODASYL weit mehr gibt als den Set-Typ - und dessen Darstellungen.

5.3 Set-Modus

DBTG führte den Begriff Set-Modus ein, um herauszustellen, daß ein Datenadministrator für jeden Set-Typ in der Datenbank eine Wahl treffen
muß. DBTG kennzeichnete zwei alternative Set-Modi 'chain' und 'pointer
array'. Wenn man sich für die erste entschieden hat, so sind auf einer
tieferen Ebene noch mehr Entscheidungen zu treffen - was noch zu besprechen ist. DBTG glaubte, daß das Set-Modus Konzept sowie die beiden
Alternativen 'chain' und 'pointer array' einen lebenswichtigen Meilenstein
für ihre Überlegungen bildeten, da ein nicht unwesentlicher Teil der
Darstellung von Konzepten eben diese Aspekte betraf. Eine der wichtigsten Änderungen durch das DDLC in ihrem Bericht war die Entfernung der
kompletten Vorstellung des Set-Modus als eine Option des Datenadmini-
strators.Die Auswirkung dieser Maßnahme wird vermutlich deutlich, nachdem die Details dargestellt worden sind. Das 'chain' Konzept und zu
einem gewissen Grad auch die 'pointer arrays' sind so eng mit den meisten
Implementierungen verbunden, daß kein Vortrag oder Lehrveranstaltung
vollständig wäre, ohne deren komplette Behandlung.

5.4 Darstellung eines Set-Typs
als Kette (chain)

Das Beispiel von Abbildung 3.5 eines single member Set-Typ, nun in Abbildung 5.1 wiederholt, kann zur Verdeutlichung einer Kette benutzt
werden.

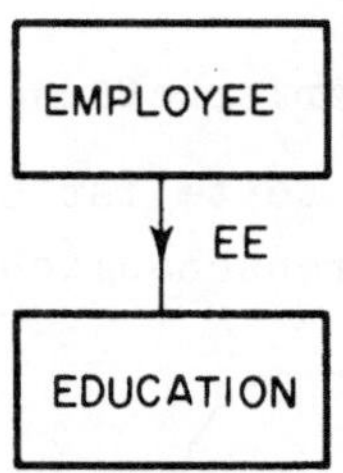

Abb. 5.1 Single member Set Typ

Der Leser möge sich daran erinnern, daß in diesem Buch Rechtecke zur Darstellung von Satztypen und Kreise zur Darstellung von Satzexemplaren benutzt werden.

Ein Exemplar des obigen Set-Typs ist in Abbildung 5.2 graphisch dargestellt.

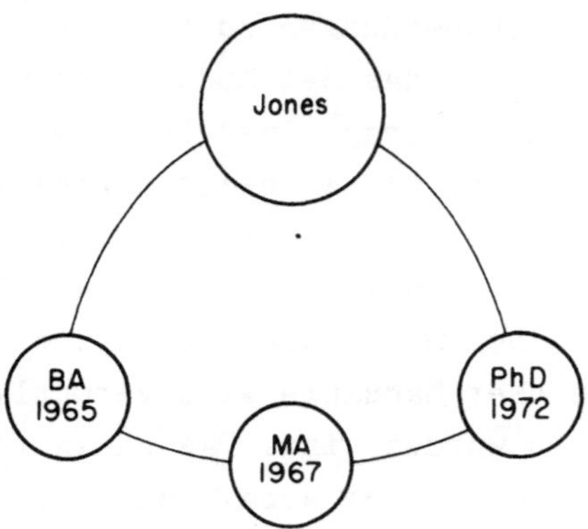

Abb. 5.2 Exemplar eines Single member Set-Typs

Die Linien in Abbilding 5.2 (absichtlich ohne Pfeile) kennzeichnen lediglich, daß die drei EDUCATION Sätze und der eine EMPLOYEE Satz alle zu demselben Set gehören. Die Bezeichnung, die in diesem Buch benutzt wird, besagt, daß die EDUCATION Sätze in den Set eingebunden (connected) sind. (Dies gibt die DML Anweisung CONNECT der DBLTG wieder, die an die Stelle der DML Anweisung INSERT der DBTG tritt.) Lediglich wie diese Einbindung gemacht wird, hängt von den Details des Set Modus ab.

5.5 Nachfolgerverkettung

Die einfachste Darstellung einer Kette ist eine Nachfolgerverkettung. Dies wird durch Abbildung 5.3 veranschaulicht.

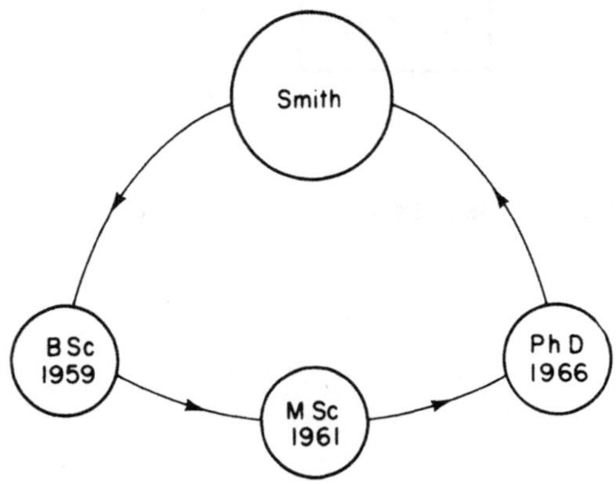

Die Folgerung hieraus ist, daß der owner Satz einen Verweis auf den
ersten Satz des Set, nämlich den 'BSc 1959' Satz in Abbildung 5.3, hat.
In der Praxis ist dies so realisiert, daß der Wert des Datenbankschlüs-
sels des 'BSc 1959' Satzes in dem 'Smith' Satz gespeichert ist. (Da-
tenbankschlüssel sind ausführlich im Abschnitt 4.2 besprochen worden).
Weiter ist dann der Datenbankschlüssel des 'MSc 1961' Satzes im 'BSc
1959' Satz gespeichert usw.
Der letzte Satz in Abbildung 5.3, nämlich 'PhD 1966', enthält einen
Verweis auf den owner Satz 'Smith' und bewirkt somit eine geschlossene
Kette (im Vergleich zu offenen Strukturen in einigen anderen Systemen).

Die Wirkung der Kettenstruktur besteht darin, eine Möglichkeit zu
schaffen, auf die member Sätze nacheinander zugreifen zu können. Angenommen der location mode für den owner Satz ist CALC, dann ist es möglich, auf ihn von außerhalb der Datenbank aus zuzugreifen. Von da an
ist es wiederum möglich, jeden der eingebundenen member Sätze aufzusuchen. In dem Beispiel wäre es also möglich, die drei Ausbildungssätze
(EDUCATION) von Smith nacheinander zu betrachten.

Es sei darauf hingewiesen, daß der EDUCATION Satztyp ebenfalls einen
location mode CALC haben kann. Dies würde bedeuten, daß man auf die
Ausbildungssätze sowohl von außerhalb der Datenbank aus als auch vom
Inneren des Set aus zugreifen kann.

Die Details der Verarbeitungsmöglichkeiten sollen später dargestellt
werden. Bevor jedoch auf den nächsten Verkettungstyp eingegangen wird,
seien noch einige Punkte bzgl. der Nachfolgerverkettung angeführt.

5.5.1 Probleme bei der Nachfolgerverkettung

Hierzu sei eine typische reale Situation betrachtet, bei der 2000 member Sätze in einen Set eingebunden sind.(Das heißt nicht, daß eine
Situation mit nur 3 member Sätzen unrealistisch ist, die Problemstel-
lung wird jedoch bei 2000 Sätzen viel deutlicher). Es ist eine relativ
häufige Forderung, einen Satz aus einer Datenbank vollständig zu entfernen. Das bedeutet, daß das DBCS (merke, nicht der Programmierer)
die Verweise ändern muß. Das Problem besteht darin, daß das DBCS auf
den Satz zugreifen muß, der vor dem gelöschten liegt, um dort den Verweis dahingehend zu ändern, daß dieser nun auf den Satz zeigt, der
der Nachfolger des gelöschten Satzes ist. Das Problem liegt nun in
dem Zugriff auf den davor liegenden Satz. Der einzige Weg, diesen Satz
zu finden, besteht in der Verfolgung der gesamten Kette. Falls nun
jeder der2000 Sätze der Kette auf einer anderen Plattenspur liegt
dann bedeutet dies 2000 unterschiedliche Plattenzugriffe - ein sehr

zeitaufwendiger Prozeß. Der gewitzte Systemprogrammierer, der gewohnt
ist, sein eigenes System 'zurechtzuschneidern', würde nun hier vorschlagen, daß es möglich sein müßte, sich den Datenbankschlüssel des
Satzes, der vor dem zu löschenden Satz liegt, zu merken mit der Annahme, daß man die ganze Kette verfolgen würde, um zu dem zu löschenden
Satz zu kommen. Unglücklicherweise ist diese Annahme hier nicht zutreffend. Obwohl das Verfolgen der Kette einen Weg darstellt, um zu
einem Satz zu gelangen, der gelöscht werden soll, so gibt es aber
auch andere Möglichkeiten, die man berücksichtigen sollte.

5.5.2 Wann ist eine Nachfolgerverkettung zu benutzen

Der Vorteil dieser Verkettungsstruktur besteht darin, daß hierbei im
Vergleich zu anderen Darstellungsmöglichkeiten für einen Set-Typ weniger Speicherplatz benötigt wird. Sind die Sets meistens klein, aber
existieren eine ganze Menge davon (etwa 1ooo Sets mit einer maximalen
Größe von 1o Sätzen), dann kann diese Option völlig ausreichend sein.
Aber sogar in diesem Fall kann eine der anderen Alternativen sinnvol-
ler sein, falls häufig Löschungen auftreten. Falls der Datenadministrator es jedoch als geeignet ansieht, so kann er den location mode
VIA SET für die member Satztypen festlegen (unter Benutzung des entsprechenden Set-Typs). Dies sollte zur Folge haben, daß die member
Sätze eine gewisse Chance haben, alle auf derselben physischen Seite
des Bereiches zu sein und damit eine weitere Berechtigung für die Nachfolgerverkettung gegeben wäre. Der Datenadministrator sollte bei seinen
Berechnungen, die Seitengröße, die Satzgröße, die Zeigergröße (d.h.
Datenbankschlüssel), die Setgröße und die Löschhäufigkeit berücksichtigen, um zu entscheiden, ob man mit dieser speziellen Alternative
leben kann.

5.6 Vorgängerverkettung und Nachfolger-
verkettung

Die in Abschnitt 5.5.2 besprochenen Probleme bei Nachfolgerverkettungen
können durch die Wahl einer anderen Speicherdarstellung eines Set-Typs
vermieden werden. Diese zweite Alternative wird als Nachfolger- und
Vorgängerverkettung bezeichnet. Dies ist in Abbildung 5.4 dargestellt.

Hier gibt es nun für jeden Satz im Set zwei Zeiger (d.h. Datenbankschlüsselwerte). Das Problem, das bei der Nachfolgerverkettung erwähnt
wurde, ist nun jedoch gelöst. Falls ein Satz aus einem großen Set gelöscht werden soll, dann kann man sehr leicht auf die Sätze zu beiden

Seiten zugreifen, da Verweise in beide Richtungen im zu löschenden
Satz enthalten sind.

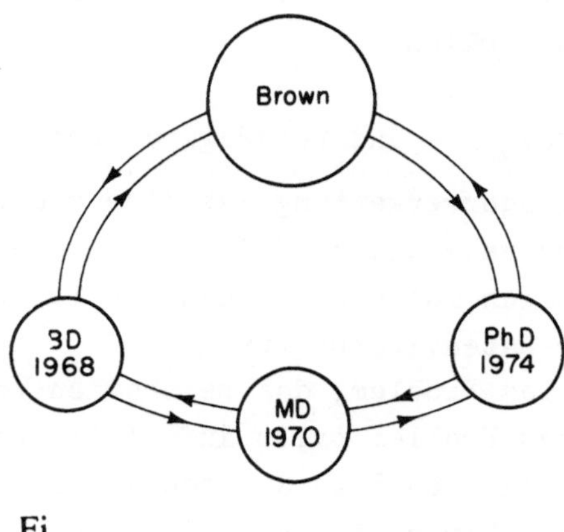

Abb. 5.4 Nachfolger - und Vorgängerverkettung

5.6.1 Die Auswirkung von Single und Multi- member Set-Typen

Bis jetzt berücksichtigte die Diskussion der Nachfolger und Vorgängerverkettung lediglich single member Set-Typen. Es sei betont, daß beide
Set-Modi vollkommen unabhängig davon sind, ob es ein single member Set-
Typ oder ein multi-member Set-Typ ist. Für member Sätze eines multi-
member Set-Typ Exemplars ist es durchaus möglich, daß sie bzgl. ihres
Typs vermischt werden. Damit sind die Verkettungsdarstellungen eher
notwendige Eigenschaften eines Set-Typs als eines member Satztyps.

   Ein Exemplar des multi-member Set-Typs aus Abbildung 3.6 zeigt die
Abbildung 5.5

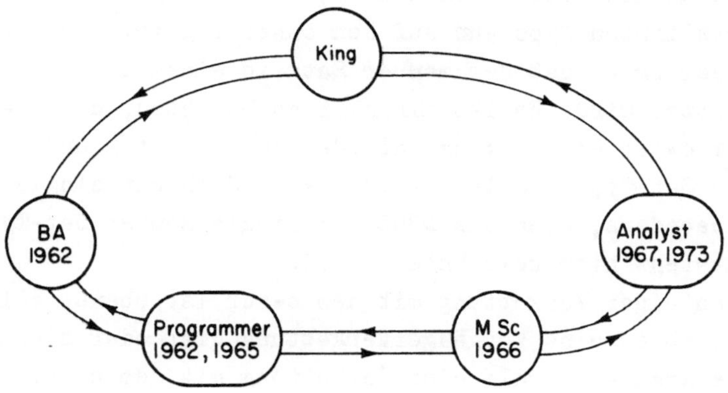

Abb. 5.5 Exemplar eines multi-member Set-Typs

Es sei erwähnt, daß die Folge der member Sätze in einem beliebigen Set
vollkommen unabhängig vom Set-Modus ist. Diese hängt von der Set-Typ
Eigenschaft Set-Reihenfolge (set order) ab, die später noch zu behandeln ist. Die Vermischung von JOB-HISTORY und EDUCATION Sätzen in Abbildung 5.5 ist durchaus möglich.

5.6.2 Nachteil der Nachfolger - und Vorgängerverkettung

Die Nachfolger- und Vorgängerverkettung ist eine ziemlich nützliche
Set-Modus Option und wird vermutlich häufiger als die Nachfolgerverkettung benutzt. Schließlich ist das Löschen von Sätzen ein ziemlich
normales Ereignis in der Datenverarbeitung.

Es gibt ein potentielles Problem, das bei beiden Verkettungen gleichermaßen auftritt. Dieses Problem tritt auf, falls es erforderlich
ist, vom member eines bestimmten Sets auf den zugehörigen owner zuzugreifen. Der Leser muß nun berücksichtigen, daß der Programmierer in
keiner Weise beschränkt ist, um sich durch die Datenbank hindurchzuarbeiten. Als einziges Beispiel sei angenommen, daß der EDUCATION Satztyp in Abbildung 5.1 einen location mode CALC hat. Es ist dann möglich,
auf einen EDUCATION Satz zuzugreifen ohne vorherige Berücksichtigung
eines EMPLOYEE Satzes.
Ist jedoch der EDUCATION Satz gefunden, dann besteht der nächste Schrit-
darin, auf seinen owner zuzugreifen. Dies ist immer möglich.

Falls jedoch die Set-Modus Optionen Nachfolgerverkettung oder Nach-
folger- und Vorgängerverkettung benutzt werden, dann muß das DBCS beim
Zugriff auf den owner die ganze Kette abarbeiten - wiederum ein ziemlich zeitaufwendiger Prozeß.

5.7 Verkettung mit dem Owner

Falls der Datenadministrator voraussieht, daß häufig von den member
Sätzen eines bestimmten Typs aus auf den owner zugegriffen werden muß,
dann kann er festlegen, daß der member Satz in einem Set-Typ auch mit
dem owner verkettet wird. Es ist hierbei zu beachten, daß die Verkettung mit dem owner eine Eigenschaft des member ist - und nicht eine
Eigenschaft des Set-Typs. Falls der Set-Typ jedoch ein single member
Set-Typ ist (besonders, wenn das DBMS nur single member Set-Typen zu-
lässt), dann besteht hier kein Unterschied.

Die Definition einer Verkettung mit dem owner ist ebenso völlig unabhängig davon, ob es eine Vorgängerverkettung gibt oder nicht, obwohl häufig die Argumente, die eine Verkettung mit dem owner rechtfertigen auch eine Vorgängerverkettung rechtfertigen. Mehrere neue

Set-Typ Darstellungen sind nun möglich. Single member Set-Typen mit
einer Verkettung mit dem owner sind in den Abbildungen 5.6 und 5.7
dargestellt

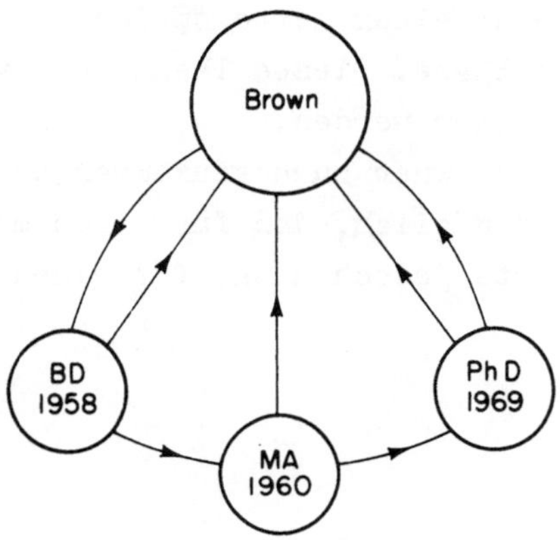

Abb. 5.6 Single member Set-Typen als Nachfolgerverkettung
und Verkettung mit dem owner

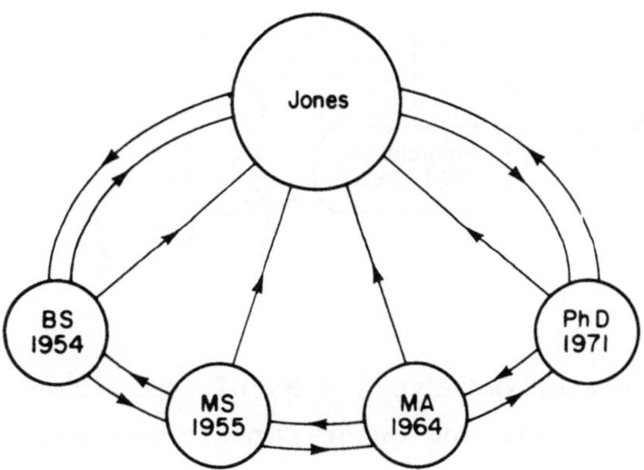

Abb. 5.7 Single member Set-Typen als Nachfolger- und Vorgängerverkettung und Verkettung mit dem owner

Es kommt immer vor, daß zwei der Zeiger (pointer) identisch sind für
die ersten und letzten Sätze eines Set bei Vorgängerverkettungen und
Verkettungen mit dem owner. Auch dann werden die Zeiger so in den Sätzen gespeichert, als ob sie verschieden wären. Dies erleichtert sehr
die Einfügung neuer Sätze in einen Set nahe bei dem zugehörigen owner.
Nahe bei dem owner bedeutet nicht physisch in der Nähe. Wenn man über
Positionen in einem Set oder einer Kette spricht bewegt man sich auf
einer ziemlich abstrakten Ebene. Dieses Thema soll weiter im Rahmen
der Set-Reihenfolge besprochen werden.

Um auf die Verkettung zum owner zurückzukommen,es ist in einem multi-member Set-Typ durchaus möglich, daß für einen member Satztyp eine
solche Verkettung existiert, jedoch nicht für einen anderen. Dies zeig
Abbildung 5.8

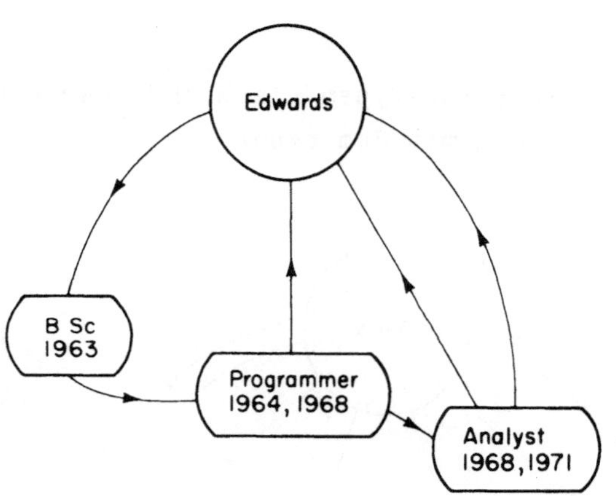

Abb.   5.8 Multi-member Set-Typ als Nachfolgerverkettung und
           Verkettung mit dem owner für ein member.

Hat ein multi-member Set-Typ mehr als zwei member, so kann jeder von
ihnen (oder sogar alle) mit dem owner verkettet werden. Es ist sehr
einfach, die Abbildung 5.8 dahingehend zu erweitern, daß sowohl eine
Vorgängerverkettung als auch eine Verkettung des EDUCATION Satzes mit
dem owner hinzugefügt werden kann. Es erübrigt sich, darauf hinzuweisen,
daß der EDUCATION Satz mit dem owner verkettet werden kann und nicht
der JOB-HISTORY Satz.
Zusammenfassend müssen die Vorgängerverkettung und die Verkettung mit
dem owner bzgl. ihrer Vorteile bewertet werden. Es könnte verlockend
sein für den Datenadministrator, eine politische Entscheidung zu treffen, nach der soviele Verkettungen wie möglich aufgebaut werden sollen-
'nur so für den Fall eines Falles'. Dies ist jedoch keine gute Daten-
bankentwurfspraxis. Falls die Datenbank klein genug ist, kann er damit
gut zurechtkommen. Ist die Datenbank jedoch groß im Sinne von vielen
kleinen Sets und sind viele Sätze zusammen gespeichert durch einen geeigneten VIA SET location mode, dann bedeuten Verkettungen mit dem
owner und dem vorausgehenden Satz eine Speicherplatzverschwendung und
möglicherweise Vergeudung von Änderungszeit.

5.8 Zeigerbereiche (Pointer Arrays)

Das ganze Verkettungskonzept mit der Nachfolgerverkettung und der Wahlmöglichkeit einer Vorgängerverkettung oder einer Verkettung mit dem
owner sind alle durch DBTG aus dem bewährten Produkt IDS, das 1962[2]
von Bachmann bei General Electric entwickelt wurde, übernommen worden.
IDS (heute IDS/1) benutzte den Begriff Set-Typ (oder Set) nicht. Der
einzige Set-Typ in IDS/1 ist der Verkettungstyp (chain type).
 DBTG betrachtete das Verkettungskonzept als Set und beschloß, eine
weitere Art der Darstellung von Sets im Speicher zusätzlich zu der
Verkettung, hinzuzunehmen. Diese neue Darstellungsart ist der Zeigerbereich (pointer array).
Um den Zeigerbereich darzustellen und zu rechtfertigen geht man am
besten von der Darstellung der Verkettung eines single member Set-
Typs oder multi-member Set-Typs aus, bei der eine Vorgängerverkettung
existiert und alle member mit dem owner verkettet sind. Für den multi-
member Set-Typ von Abbildung 3.6 würde das wie in Abbildung 5.9 aussehen. Man kann hier sehen, daß jeder member Satz nicht weniger als
drei Zeiger hat.

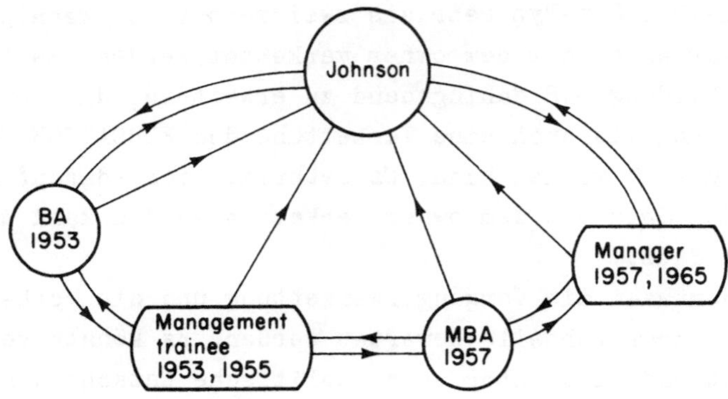

Abb. 5.9 Multi-member Set-Typ als Vorgänger- und Nachfolger-
        verkettung und der Verkettung beider member mit dem
        owner.

Um zu erkennen, wie ein Zeigerbereich aussieht, wird jeder Zeiger auf
den nachfolgenden Satz in einen Bereich derartiger Zeiger gebracht;
jeder Zeiger auf den vorausgehenden Satz wird 'weggeworfen' und jeder
Zeiger auf den owner bleibt, wo er ist. Das Ergebnis ist in Abbildung
5.10 dargestellt, die zum Vergleich denselben Set wie in Abbildung
5.9 zeigt.

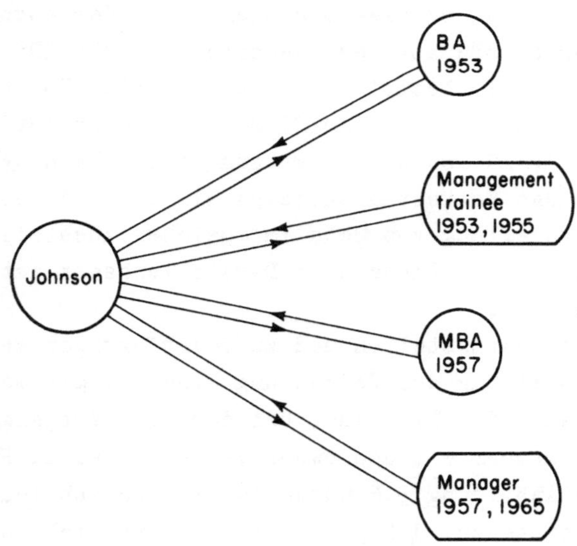

Abb. 5.10 Ein multi-member Set-Typ dargestellt als
         Zeigerbereich

Die Abbildung zeigt Pfeile, die vom owner Satz weg auf jeden member Satz verweisen. Damit ist nicht beabsichtigt, beim Leser den Eindruck zu hinterlassen,daß die Nachfolgerzeiger aus der Verkettungsstruktur nun alle im owner Satz gespeichert sind. Tatsächlich ist dies der letzte Ort, wo sie wahrscheinlich gespeichert werden. Sie brauchen nicht physisch an den owner Satz angehängt zu sein. Wo und wie der Zeigerbereich gespeichert wird, ist ganz und gar eine Frage der Implementierung.

Der wichtige Aspekt des Zeigerbereiches besteht darin, daß die Flexibilität der Ausführungszeit einer Vorgängerverkettung und einer Verkettung aller member mit dem owner auf Kosten der Einsparung eines Zeigers je member Satz erreicht wird. Mit anderen Worten, der Zeigerbereich benutzt je member Satz zwei Zeiger im Vergleich zu den drei Zeigern je member Satz bei einer Verkettung (siehe Abbildung 5.8).

Im Fall eines Zeigerbereiches, kann der Programmierer den Set in jeder Richtung abarbeiten sowie von jedem member auf den owner zugreifen ohne das Risiko übermäßiger Ausführungszeit.

5.8.1 Implementierung von Zeigerbereichen

Die Zeigerbereich-Eigenschaft ist noch nicht sehr häufig implementiert worden. Die meisten Hersteller empfanden, daß die Erfahrung von GE (später Honeywell) mit der Verkettung keine verborgenen Schwierigkeiten zeigte und gingen den Weg eines wirtschaftlich gerechtfertigten Implementierungsaufwandes, indem sie die Zeigerbereiche wegließen oder zumindest diese Eigenschaft auf später verschoben. Vermutlich lassen sich Verkettungen leichter implementieren als Zeigerbereiche und außerdem ist eine Implementierung, die ausschließlich auf der Verkettung basiert kommerziell eher lebensfähig als eine Implementierung, die nur auf Zeigerbereichen basiert. Eine Implementierung, die nur auf der Verkettung basiert ermöglicht dem Datenadministrator zusätzliche Kontrolle über den Nutzen zwischen der Speicherzeit und der Verarbeitungszeit, was nicht allzu schwierig ist. Man kann jedoch vorhersehen, daß die Zeigerbereiche im Laufe der Zeit akzeptiert werden.

5.9 Entfernung der Set-Modus
Option durch DDLC

Wie bereits angedeutet wurde, sahen die DBTG Spezifikationen für den
Datenadministrator die Möglichkeit vor, zwischen der Verkettung und
einem Zeigerbereich für jeden Set-Typ in einer Datenbank zu wählen.
Würde für einen Set-Typ die Verkettung gewählt, dann stünde die Option
einer Vorgängerverkettung für diesen Set-Typ und eine Verkettung mit
dem owner von jedem member des Typs aus zur Verfügung.

Es ist wichtig, darauf hinzuweisen, daß egal welcher Set-Modus gewählt wird und egal welche Verkettungsarten vorgesehen werden, dies
keinen Einfluß darauf hat, wie ein Programmierer sein Programm zu
schreiben hat. Damit gehört der Set-Modus wirklich zur Schema DDL wovon der Programmierer nichts zu wissen braucht; aber es hilft ihm,
falls er darüber Bescheid weiß, bessere Programme zu schreiben.

Wahrscheinlich war die Tatsache, daß ein Programmierer darüber nicht
Bescheid zu wissen braucht, der Grund, warum das DDLC die Set-Modus
Option aus der Schema DDL entfernt hat. In Wirklichkeit entfernten sie
nur zwei Drittel der Ausarbeitungen und beschlossen (auf diese will-
kürliche Art und Weise, wie sie den Ausschüssen eigen ist beim Finden
eines von allen Mitgliedern akzeptierten Kompromisses) die Idee der
Vorgängerverarbeitung für einen Set und die Idee der Verkettung mit de
owner wegzulassen. Alle Hinweise auf Verkettungen und Zeigerbereiche
wurden herausgenommen. Ein anderes Argument für diese Entfernung besteht möglicherweise darin, daß die ausführlichen Diskussionen der DBTC
über Verkettungen und Zeigerbereiche zu 'implementierungsorientiert'
waren. Im Lichte der unbestrittenen Tatsache, daß der Programmierer
davon nichts zu wissen braucht, könnte man auch vermuten, daß das Set-
Modus Konzept eher zur DMCL als zur Schema DDL gehört. Es ist jedoch
niemals die Behauptung durch das CODASYL Komitee aufgestellt worden,
daß die Schema DDL nur enthält, was der DML Programmierer wissen muß.
Es wird hier keine Rechtfertigung gegeben für die Aufnahme eines
vollständigen Lehrtextes über die Ideen der Verkettung und der Zeigerbereiche. Sie werden als unbedingt wesentlich zum Verständnis des
CODASYL Ansatzes für eine Datenbankverwaltung betrachtet. Wäre man nur
kurz über das Konzept hinweggegangen, hätte der Leser verständlicherweise den Eindruck bekommen, daß etwas sehr wichtiges verborgen ge-
blieben wäre.

5.10 Die Syntax des Set-Modus

In der Schema DDL ist die Definition einer Datenbank in vier sogenannte Einträge (entries) unterteilt. In der Reihenfolge, wie diese zu benutzen sind, sind es

    der Schema-Eintrag   (schema entry)
    der Bereichs-Eintrag   (realm entry)
    der Satz-Eintrag   (record-entry)
    der Set-Eintrag   (set entry)

Im letzten Kapitel wurden verschiedene kritische Teile des Bereichs-
Eintrages und des Satz-Eintrages besprochen. Der Satz-Eintrag und der
Set-Eintrag werden weiter in zwei Teil-Einträge aufgeteilt. Dies sind
der Set Teil-Eintrag (set sub-entry) und der member Teil-Eintrag (mem-
ber sub-entry). Es wird bald verständlich werden, warum der Set Teil-
Eintrag Teil des Set-Eintrages ist.

Die Syntax der DBTG für den relevanten Teil des Set-Eintrages lautete
(Seiten 126 -7,angepaßt):

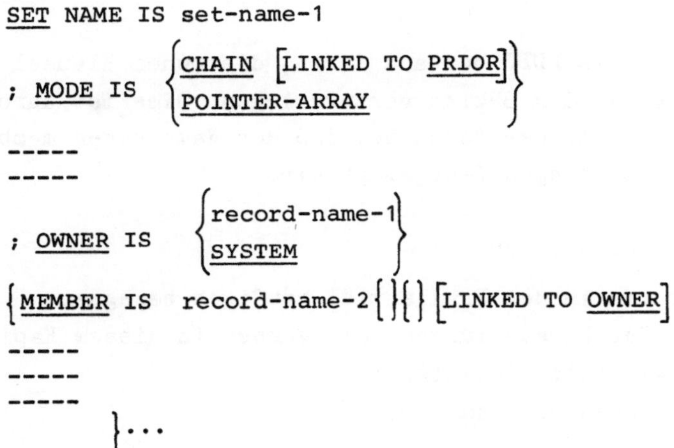

Teile des Set-Eintrages, die in diesem Text noch nicht diskutiert wurden, wurden absichtlich weggelassen.

Diese Syntax kann mit dem Ansatz des DDLC verglichen werden (Seiten 3.4.0 und .3.4.1,angepaßt)

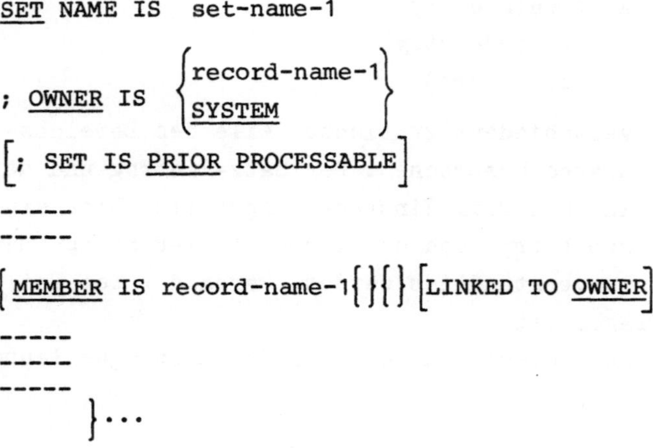

Eine kleine Änderung durch das DDLC bestand darin, die owner Klausel vom Ende des Set-Eintrages an den Beginn vorzuverlegen. Dies ist durch aus sinnvoll und konsistent mit der Tatsache, daß der Name eines membe am Anfang des member Teil-Eintrages festgelegt wird.

5.10.1 Beispiele von Set Deklarationen

Mit der DBTG Syntax, der man in der Praxis viel häufiger begegnet, wurden die verschiedenen Set Darstellungen, die vorher in diesem Kapitel vorgestellt wurden, wie folgt definiert:
Beispiel 1. (siehe Abbildungen 5.1 und 5.3)

SET NAME IS EE ; MODE IS CHAIN;

OWNER IS EMPLOYEE.

MEMBER IS EDUCATION.

Beispiel 2. (siehe Abbildungen 5.1 und 5.4)

```
SET NAME IS EE ; MODE IS CHAIN LINKED TO PRIOR;
OWNER IS EMPLOYEE.
MEMBER IS EDUCATION.
```

Beispiel 3. (siehe Abbildungen 3.6 und 5.5)

```
SET NAME IS EJE ; MODE IS CHAIN;
OWNER IS EMPLOYEE.
MEMBER IS EDUCATION.
MEMBER IS JOB-HISTORY.
```

Beispiel 4. (siehe Abbildungen 5.1 und 5.6)

```
SET NAME IS EE ; MODE IS CHAIN;
OWNER IS EMPLOYEE.
MEMBER IS EDUCATION LINKED TO OWNER.
```

Beispiel 5. (siehe Abbildungen 3.6 und 5.8)

```
SET NAME IS EJE ; MODE IS CHAIN;
OWNER IS EMPLOYEE.
MEMBER IS EDUCATION.
MEMBER IS JOB-HISTORY LINKED TO OWNER.
```

Beispiel 6. (siehe Abbildungen 3.6 und 5.9)


```
SET NAME IS EJE ; MODE IS CHAIN LINKED TO PRIOR;
OWNER IS EMPLOYEE.
MEMBER IS EDUCATION LINKED TO OWNER.
MEMBER IS JOB-HISTORY LINKED TO OWNER.
```


Beispiel 7. (siehe Abbildungen 3.6 und 5.10)


```
SET NAME IS EJE ; MODE IS POINTER ARRAY;
OWNER IS EMPLOYEE.
MEMBER IS EDUCATION.
MEMBER IS JOB-HISTORY.
```


Schließlich mag die Bemerkung lehrreich sein, daß bei der DDLC Syntax
kein Unterschied zwischen den Beispielen 6 und 7 bestehen würde. Beide
würden wie folgt geschrieben:

Beispiel 8.


```
SET NAME IS EJE ; OWNER IS EMPLOYEE.
SET IS PRIOR PROCESSABLE.
MEMBER IS EDUCATION LINKED TO OWNER.
MEMBER IS JOB-HISTORY LINKED TO OWNER.
```


Im Beispiel 8 wurde die LINKED TO OWNER Klausel für jeden member Satztyp eingebaut. Die Syntax des DDLC für die member Klausel zeigt jedoch
ganz deutlich, daß dies optional ist.
Aus dem DDLC Bericht Seite 3.71 sei die Regel 4 zitiert:
'Der optionale LINKED TO OWNER Ausdruck verursacht, daß das DBMS vorzugsweise für den Set-Typ, dessen Deklarationen dieser Teil-Eintrag
enthält, eine Implementierungsmethode auswählt, die es ermöglicht,
direkt auf den owner Satz des Sets, der ein Exemplar dieses member
Satzes enthält, von diesem member Satz aus zuzugreifen. ...'

Da die Schema DDL des DDLC, wie bereits erwähnt, die feinen Unterschiede zwischen Verkettung und Zeigerbereichen nicht zum Ausdruck bringt,
sind die Folgen einer Unterdrückung des LINKED TO OWNER Ausdruckes unklar. Wird der Ausdruck eingefügt, dann sind die Folgen des Ausdruckes
'vorzugsweise ...auswählt' in der obigen Regel ebenfalls unklar. Es ist
jedoch klar, daß das DBMS selbst eine Wahlmöglichkeit haben kann und
ein gewitzter Datenadministrator würde sicherlich gerne wissen wollen,
wie diese Wahl getroffen wurde.

Die Idee eines Zeigerbereiches ohne eine Verkettung mit dem owner
ist nahezu nicht akzeptierbar. Wenn ein Programmierer nicht zu wissen
braucht, wie ein Set-Typ dargestellt wird, dann würde sein Versuch, von
einem member aus den owner zu finden, unter diesen Umständen nur rea-
lisierbar sein, wenn er einen Satz nach dem anderen daraufhin untersucht
ob er auf den member Satz verweist, von dem man ausgegangen ist- kein
reizvoller Gedanke.

Literatur

1. T.W. Olle, 'Tutorial on CODASYL Data Base Management Concepts',
   Proceedings of British Computer Society Symposium, Oktober 1974
   über Implementations of the CODASYL DBMS Proposals. Erhältlich
   bei BCS zu $ 2.5o.

2. C.W. Bachmann und C.B. Williams, 'A General Purpose Programming
   System for Random Access Memories', Proc. FJCC, 26 411-422 (1964).

Kapitel 6

Set-Reihenfolge und Suchschlüssel

6.1 Kurze Wiederholung

In dem vorausgegangenen Kapitel wurden die Darstellungsmöglichkeiten
eines Set-Typs im Speicher behandelt. Die meisten Aspekte dieses Problems wurden besprochen, und der Leser sollte nun vollständig vertraut
sein mit den Ideen der Verkettung und Zeigerbereichen. Er wird erkennen, daß diese nahezu unabhängig davon sind, wie die Satztypen auf den
Speicher abgebildet werden. In der Tat, vergißt man den location mode
VIA SET, dann hätte man vollständige Unabhängigkeit.

6.2 Set-Reihenfolge

Es soll nun die Frage behandelt werden, wie die member in einem Set
relativ zueinander in eine Reihenfolge gebracht werden. Im vorangegangenen Kapitel wurde beiläufig erwähnt, daß ein Satz in einem Set
der 'erste' sei und ein anderer der 'letzte'. Was bedeutet nun 'erste'
Ist dies die Ankunftszeit? Mit anderen Worten, heißt der 'erste' der
'am längsten existierende' oder 'älteste'? Hat der 'erste' etwas mit
der physischen Position in dem Bereich oder der Seite zu tun? Die
sicherste Antwort auf alle diese Fragen ist 'nein'.
Es ist das Ziel dieses Kapitels, die Konzepte der Set-Reihenfolge 'erster' und 'letzter' zu erläutern, die man sich berechtigterweise als ein
Aspekt der Abbildung eines Sets auf den Speicher vorstellen kann.

6.2.1 Begründung für eine Set-Reihenfolge

Werden Magnetband-Dateien benutzt, so ist es wegen der physischen
Leistungscharakteristika des Gerätetyps selbstverständlich zu versuchen, die Sätze in die Reihenfolge zu bringen, in der sie benötigt
werden. Der Zugriff auf einen bestimmten Satz einer Band-Datei erfordert ohnehin ein Durchsuchen der ganzen Datei und falls ein Satz geändert wird, dann muß die ganze Datei kopiert werden. Dieses klare Kon
zept, die Sätze in einer Reihenfolge zu halten, die an einer gewissen
Benutzungsart orientiert ist scheint ganz natürlich von der Welt der
Magnetbandverarbeitung in die Welt des direkten Zugriffs über DBMS
übertragen zu werden. IDS/1 ließ immer sortierte Ketten zu und diese
Eigenschaft wurde von DBTG ohne eine Frage an den Nutzen übernommen.
Wie jeder erfahrene Datenadministrator aus seinen Kostenbetrachtungen
weiß, ist es nicht immer die beste Entscheidung, einen Set wie eine
Band-Datei zu sortieren. Es gibt folglich auch andere Set-Reihenfolge

Optionen, die zusammengefaßt als chronologisch bezeichnet werden sollen, obwohl das CODASYL Komitee weder diesen Begriff noch einen anderen dafür benutzt. Wenn es eine Möglichkeit gibt, über eine Set-Reihenfolge Klasse zu sprechen, dann sollte logischerweise auch eine Möglichkeit existieren, über die anderen Klassen zu sprechen. In diesem Buch sei dafür benutzt, sortiert und chronologisch.

Es gibt einige wichtige verarbeitungszeitbezogene Abhängigkeiten, die bei der Wahl zwischen den beiden zu kontrollieren sind. Diese können hoffentlich deutlich gemacht werden. Meistens spielt der Speicher dabei keine Rolle - aber sogar der wird möglicherweise zu berücksichtigen sein, wie man noch sehen wird.

6.2.2 Entscheidung des Datenadministrators oder des Programmierers

Entscheidet der Datenadministrator, daß der Set-Typ sortiert sein soll, dann bedeutet dies, daß wer auch immer das Programm zur Änderung der Datenbank (und damit seiner Sätze und Sets) schreibt, wann immer diese Programme laufen, dann werden die member Sätze in dem Set in einer sehr speziellen Reihenfolge verwaltet, häufig sortiert nach irgendeinem Datum, Namen oder Nummer. Es gibt für einen Programmierer nahezu keine Möglichkeit, einen Satz in einen Set in einer Weise einzufügen, die er bevorzugt. In diesem Fall kann die Set-Reihenfolge als eine zentrale kontrollierte Entscheidung des Datenadministrators betrachtet werden - zentral, bezogen auf die vielen Programmierer, die Programme schreiben, durch die die Datenbank verändert wird.

Die verschiedenen Alternativen eines sortierten Sets repräsentieren jeweils eine Entscheidung des Datenadministrators für eine zentrale Kontrolle der Set-Reihenfolge. Ein chronologischer Set hat beide Möglichkeiten. Der Datenadministrator kann eine Option wählen, die die Entscheidung über die Set-Reihenfolge dem Programmierer überläßt, oder er kann eine andere Option wählen, bei der die member Sätze entweder einen Kellerspeicher (last in, first out) oder eine Schlange (first in, first out) bilden. Das DDLC führte noch eine weitere Alternative IMMATERIAL ein, was heißt, das die Reihenfolge 'egal' ist. Wie jedoch noch gezeigt wird, scheint diese Option nur von begrenztem praktischem Wert zu sein.

6.3 Sortierte Sets

(Es ist wahrscheinlich unerheblich, ob man von 'sortierten Sets' oder
von 'sortierten Set-Typen' spricht, obwohl man bei all den anderen Aspekten des Set-Typs und des Set Phänomens äußerst vorsichtig sein muß.
Was passiert, ist folgendes. Der Datenadministrator kann in der Sche
ma DDL einen Set-Typ als 'sortiert' deklarieren. Das bedeutet, daß alle Sets dieses Typs in einer sortierten Reihenfolge verwaltet werden,
die durch den für einen Set-Typ gemeinsames Kriterium bestimmt wird.
Multi-member Set-Typen sind viel komplizierter als single member Set-
Typen, weshalb letztere zuerst betrachtet werden sollen.

6.3.1 Sortierter single member Set-Typ

Ein single-member Set-Typ kann nur sortiert werden, wenn ein oder mehrere Elemente im member Satz-Typ als Sortierschlüssel (sort-key) ausgewählt werden, wobei der Sortierschlüssel genau die gleiche Bedeutung
wie in der konventionellen Datenverarbeitung hat.

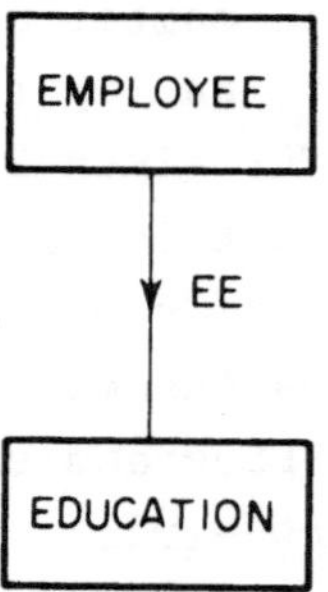

Abb. 6.1 Single member Set-Typ

Als Beispiel kann auf den single member Set-Typ der Kapitel 4 und 5,
wie in Abbildung 6.1 dargestellt, zurückgegriffen werden.
Falls dieser als sortierter Set-Typ bestimmt wurde, dann könnte das
DATE-OF-QUALIFICATION Element des EDUCATION Satzes als Sortierschlüssel dienen.
Warum soll der Datenadministrator einen single member Set-Typ als
einen sortierten Set-Typ festlegen? Im obigen Beispiel, das sehr wahrscheinlich nur sehr kleine Sets beinhaltet sind die Gründe für oder
gegen eine Sortierung ziemlich inkonsequent. Im Falle von großen Sets
gibt es zwei Situationen, die dies rechtfertigen mögen.

Die erste könnte sein, daß eine häufige Forderung darin besteht, daß ein Bericht die Daten von member Sätzen in einer gewissen Reihenfolge enthalten soll. Die Zeit einer Sortierung für die Ausgabe wird sicherlich eingespart, wenn die Sätze in dieser Reihenfolge verarbeitet werden können. (Es sei darauf hingewiesen, daß nicht gesagt wurde 'gespeichert in dieser Reihenfolge'. Das ist ein anderes Problem).
Ein anderer Grund besteht darin, daß der Programmierer ein häufiges Durchsuchen eines oder mehrerer Sets dieses Typs durchführen muß, um Sätze zu finden. Entspricht der Sortierschlüssel seinem Suchkriterium, dann kann das Programm die Suche beenden durch Testen des Wertes des Sortierschlüsselelements oder der - elemente. In diesem Fall nützt der Programmierer die Kenntnis über den Sortierschlüssel aus - ein Konzept, das aus der konventionellen Datenverarbeitung wohl bekannt ist.

Der Leser sollte nicht den Eindruck erhalten, daß der sortierte Set-Typ frei ist. Entsprechend der obigen Diskussion kann man sich immer einen Grund vorstellen, Sets eines bestimmten Typs sortiert zu haben, falls ein Programmierer aus dieser Sortierfolge Nutzen ziehen kann. Immer wenn ein neuer Satz jedoch in der Datenbank gespeichert wird, so wird er normalerweise an Sets eines Typs oder oft mehrerer Typen angekettet. Wie wird dieser Ankettungsprozeß bewirkt? Das DBCS muß zuerst den Punkt finden, an dem der Satz eingefügt werden soll. Egal, ob der Set durch eine Verkettung oder durch einen Zeigerbereich dargestellt ist, so kann dies in einem großen Set Zugriffe auf mehrere hundert Sätze verursachen. Das Risiko kann durch ein Ladeprogramm, das eine Datenbank neu lädt, minimiert werden. Das Problem bleibt jedoch bzgl. nachfolgender Änderungen bestehen.
Bevor man einen Set-Typ als sortiert bestimmt, sollte man sich geeigneterweise den Nutzen zwischen der Suchzeit und der Änderungszeit betrachten. Es stellt sich häufig als vorteilhafter heraus, stattdessen einen chronologischen Set-Typ zu wählen. Es ist jedoch üblicherweise möglich, den Speicherbereich auszuschöpfen, um Verarbeitungszeit zu sparen, die vorliegende Situation macht da keine Ausnahme. Der Ausweg besteht darin, den Set sowohl indiziert als auch sortiert festzulegen.

6.3.2 Indizierte Set-Typen

Nur sortierte Set-Typen können als indizierte Set-Typen bestimmt werden. Die Absicht eines Index besteht in der Beschleunigung eines Prozesses, durch den man herausfindet, wo ein Satz in einem Set eingebunden ist. Soweit durch die Spezifikationen ermittelt werden kann, folgt daraus nicht, daß ein solcher Index Unterstützung bei der Suchzeit für einen

Satz leisten kann. Es ist ziemlich klar, daß man einen Index gleichermaßen gut sowohl zur Suchzeit als auch zur Änderungszeit benutzen kann

DBTG erkannte, daß ein Index dieser Art notwendigerweise Speicherplatz benötigt. Darüberhinaus könnte der Datenadministrator beabsichti-
gen, den Index einem schnelleren Speicher zuzuweisen als den member
Satztyp oder member Satztypen der/die indiziert wird/werden. Deshalb
gibt es eine Option zur Benennung des Index. Dies ist der einzige In-
dexname in der ganzen Schema DDL, und es ist verwunderlich, daß der
Index für einen sortierten Set zwecks einer gesonderten Behandlung
herausgegriffen werden soll. Warum nicht Zeigerbereiche und Suchschlüssel?

Wird ein Index nicht benannt, dann ist es dem DBCS überlassen, wo er
den Index für jeden Set des sortierten Set-Typs speichert. Wird er benannt, dann besteht die Vorstellung, daß der Datenadministrator ihn in
der DMCL einem speziellen Bereich zuordnen kann.

6.3.3 Sortierte multi-member Set-Typen

Hat ein sortierter Set-Typ mehr als einen member, dann gibt es eine
Reihe kleinerer Faktoren, die die Situation etwas schwieriger machen.
Bei sortierten single member Set-Typen muß es ein oder mehrere Elemente im member Satztyp als Sortierschlüssel geben. Die vier verschiedenen Optionen sollen besprochen werden.

Sortiert BY RECORD NAME

In einem multi-member Set-Typ kann der Satzname als Primärschlüssel
dienen oder nicht. Diese doch offensichtliche Option war bei DBTG nicht
vorgesehen. In einer groß angelegten Säuberung der verwirrenden Gedanken von DBTG über die Set-Reihenfolge bezeichnete das DDLC diese Option
als SORTED BY RECORD NAME.

In diesem Fall kann der Datenadministrator untergeordnete Schlüssel
für jeden beliebigen member Satztyp vergeben. Dieser Prozeß wird am
besten verdeutlicht durch den Bezug auf einen bereits vorher schon benutzten multi-member Set-Typ, dargestellt in Abbildung 6.2.

Wurde für diesen Set-Typ SORTED BY RECORD NAME festgelegt, dann lie-
gen alle EDUCATION Sätze vor den JOB-HISTORY Sätzen in jedem Set, da
E vor I liegt. Der Leser sollte sich an die Auswirkung dieser Set-
Reihenfolge erinnern.

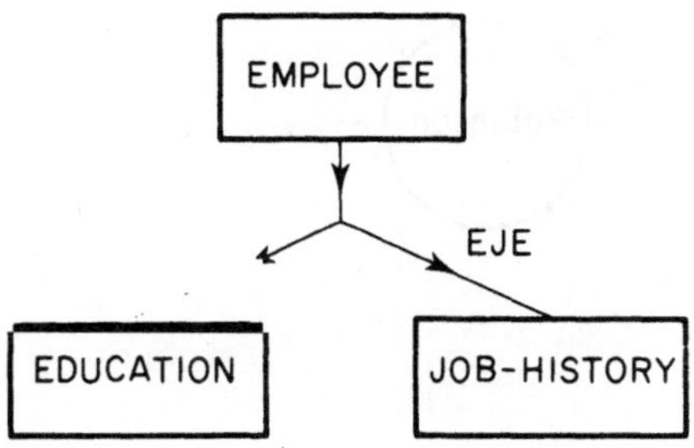

Abb.   6.2 Multi-member Set-Typ

Angenommen es seien Sätze beider member Typen in einem Set vorhanden
und ein Programmierer hat seinen Weg zum owner Satz EMPLOYEE gefunden.
Wenn er nach dem nächsten (NEXT) oder dem ersten (FIRST) Satz im Set
fragt, wird er einen EDUCATION Satz finden. Wenn er stattdessen nach
dem letzten (LAST) oder vorausgehenden (PRIOR) Satz im Set fragt, dann
wird er einen JOB-HISTORY Satz finden.

Der Datenadministrator mag entscheiden, daß die Trennung der EDUCA-
TION Sätze und der JOB-HISTORY Sätze so geeignet ist. Er kann weiter
beschließen, zusätzliche Sortierschlüssel für den JOB-HISTORY Satztyp
zu bestimmen. (Er kann dies auch für den EDUCATION Satztyp tun - oder
stattdessen). Wählt er in JOB-HISTORY als aufsteigenden Schlüssel irgend ein obskures Element, wie z.B. JOB-START-DATE aus, dann würden
die EDUCATION Sätze in einer gewissen unvorhersehbaren Reihenfolge
sein, während die JOB-HISTORY Sätze in aufsteigender Reihenfolge wären
entsprechend dem Datum, an dem der Mitarbeiter mit der Arbeit begann.
Dies ist in Abbildung 6.3 dargestellt. (In dieser Abbildung sind keine
Zeiger aufgenommen. Damit soll betont werden, daß dies für die Betrachtung der Set-Reihenfolge unerheblich ist.)

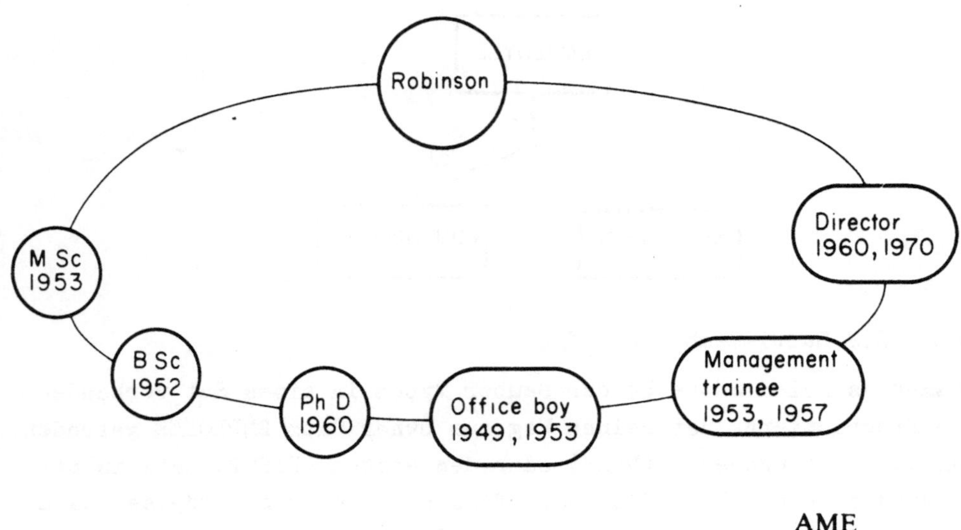

Abb. 6.3 Multi-member Set-Typ sortiert BY RECORD NAME

Eine Frage, die für den Leser bei diesem Beispiel auftreten kann, ist
ob es möglich ist, vom owner Satz zum ersten JOB-HISTORY Satz zu gelangen, ohne vorher durch alle EDUCATION Sätze hindurchgegangen zu sei
Mit anderen Worten, besteht für den Datenadministrator eine Möglichkeit, falls diese Forderung voraussehbar ist, diesen Prozeß zu beschleunigen. Die beste Antwort lautet, zwei getrennte Set-Typen daraus
zu machen. Innerhalb des multi-member Set-Typs besteht dagegen keine
einfache Möglichkeit, dieses Ziel zu erreichen.

Sortiert BY DEFINED KEYS

In einem multi-member Set-Typ kann der Datenadministrator ein oder meh
rere Elemente auswählen, die für jeden member Satztyp gleich sind.
Gleich bedeutet hier, daß der Wert der Sortierschlüsselelemente eines
member Satztyps sinnvollerweise mit dem Wert von Sortierschlüsselelementen in den anderen member Satztypen verglichen werden kann. Im Beispiel von Abbildung 6.2 könnte man DATE-OF-QUALIFICATION im EDUCATION
Satztyp und JOB-START-DATE im JOB-HISTORY Satztyp wählen. Für den Set
in Abbildung 6.3, wo der Set-Typ BY RECORD NAME sortiert wurde, würde
eine Reihenfolge wie in Abbildung 6.4 dargestellt entstehen, falls
die beiden Datumangaben die Sortierschlüssel wären.

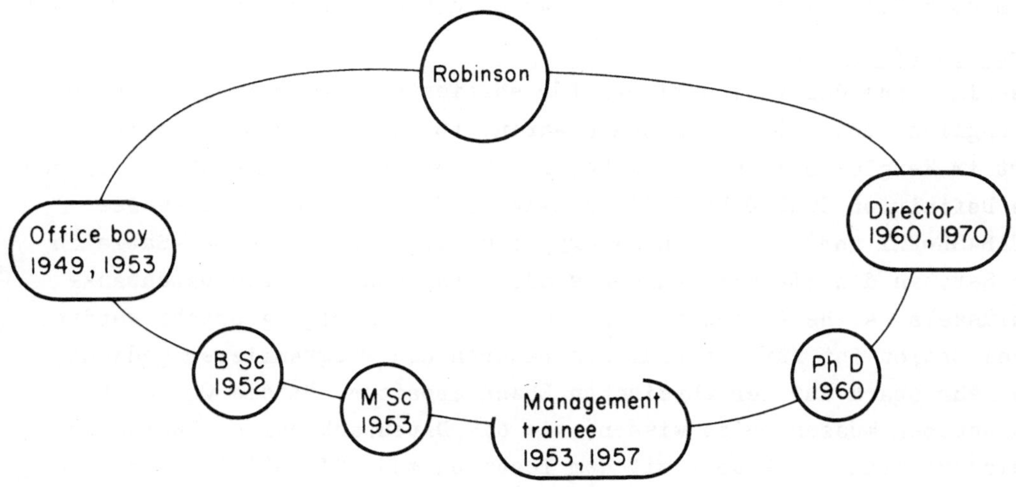

Abb.   6.4 Multi-member Set-Typ sortiert BY DEFINED KEYS

Die DDLC Spezifikation stellen keine Bedingungen an die Sortierschlüssel aus den verschiedenen Satztypen, wie z.B. daß sie alle die gleiche
Länge haben sollen oder nicht. Diese Details werden hoffentlich in den
Implementierungen, in denen diese Option zur Verfügung gestellt wird,
berücksichtigt. Es ist einleuchtend, daß die Namen der Sortierschlüssel unterschiedlich sind.

Mit der BY DEFINED KEYS Option steht dem Datenadministrator eine
weitere Option zur Verfügung, über die er bzgl. mehrfacher gleicher
Werte von Sortierschlüsseln Position beziehen kann. Ihm stehen vier
Alternativen zur Verfügung:

1. Er kann sie unterbinden. Das bedeutet, daß der Versuch, einen Satz
   zu speichern und ihn in den Set einzubinden nicht zum Erfolg führt,
   wenn dessen Schlüsselwerte insgesamt identisch sind mit denen eines
   bereits eingebundenen Satzes.
2. Er kann entscheiden, daß Sätze mit identischen Sortierschlüsselwerten zulässig sind und daß er dann berücksichtigt, wo diese relativ
   zu den Sätzen mit den gleichen Sortierschlüsselwerten eingebunden
   werden. Er kann festlegen, daß sie davor oder dahinter eingebunden
   werden.
3. Er kann beschließen, daß Sätze mit identischen Sortierschlüsselwerten zulässig sind, daß er aber nicht berücksichtigt, wo diese relativ zu den bereits eingebundenen Sätzen, eingebunden werden.
Bei der letzten Möglichkeit kann er eine Art 'Identitätskontrolle'

im member Teil-Eintrag festlegen, wo er die Sortierschlüssel definiert

Sortiert BY DATA-BASE-KEY

Dies ist eine der zwei Optionen für sortierte Set-Typen, wie sie ursprünglich durch DBTG vorgesehen waren. (Beide sind von begrenztem
Wert im Vergleich zu den zwei bereits besprochenen neuen DDLC Optionen.
Die Definition SORTED BY DATA-BASE-KEY (DBTG zog die Schreibweise
DATABASE-KEY vor) für einen Set-Typ bewirkt, daß die member-Sätze in
dem Set, in den sie eingebunden sind, entsprechend ihres Datenbankschlüssels (siehe Abschnitt 4.2) in eine Reihenfolge gebracht werden.
Diese Option ist für Datenadministratoren und Programmierer gedacht,
die sehr stark auf der physischen Ebene arbeiten. Um die Option klug
auszunutzen müssen beide wissen, wie die Datenbankschlüsselwerte gespeichert sind. Verknüpft mit dem location mode VIA SET für die member Satztypen minimiert die Option Set-Reihenfolge die Anzahl der physischen Plattenzugriffe, die dann notwendig sind, wenn der Programmierer den gesamten Set Satz für Satz verarbeitet.
Der Prozeß kann dadurch beeinflußt werden, daß ein multi-member Set vorliegt oder nicht. Dies hängt davon ab, wie durch die entsprechende Implementierung Datenbankschlüssel den Sätzen zugewiesen werden. Es ist
denkbar, daß dies eine Aufteilung von Sätzen unterschiedlicher member-
Typen in jedem Set bewirkt (wie bei SORTED WITHIN RECORD NAME); möglicherweise können die Sätze vermischt werden (wie   bei SORTED BY
DEFINED KEYS).

Sortiert WITHIN RECORD-NAME

Dies ist die andere Sortieroption für Set-Typen, wie sie durch DBTG
vorgesehen wurde. Sie wird absichtlich als letzte besprochen, da ein
Verständnis der drei vorangegangenen Optionen dem Leser hilft, diese
nicht so übliche Option mit begrenztem Wert zu verstehen. (Es sei darauf hingewiesen, daß sie weder Bestandteil von IDS/1 waren noch im
DBTG Bericht vom Oktober 1969 enthalten waren).
Die Vorstellung ist, daß jeder member Satztyp seine eigenen Sortierschlüssel haben kann. Diese sind nicht untergeordnete Schlüssel bzgl.
des Satznamens in BY RECORD-NAME. Sie brauchen nicht übereinzustimmen,
so daß ihre Werte verglichen werden können wie bei der BY DEFINED KEYS
Option. Das Ergebnis besteht darin, daß die Sätze verschiedener member Typen in einem bestimmten Set vermischt sein können. Es gibt einen
generellen untergeordneten Schlüssel, der dann benutzt wird, falls für
keinen member Satztyp ein Schlüssel definiert wurde und dies ist der
Datenbankschlüssel.   Wenn also der Datenadministrator diese Option
wählt aber keine anwendungsorientierten Sortierschlüssel für alle

member Satztypen spezifiziert, dann erzielt man den gleichen Effekt
wie bei SORTED BY DATA-BASE-KEY.

Die relevante generelle Regel, die diese Option regelt ist grundsätzlich gleich bei DBTG und bei DDLC. Die Regel ist dem DDLC Bericht
entnommen, da sie etwas mehr enthält, als in den vorausgegangenen Diskussionen behandelt.

'Die optionale Definition WITHIN RECORD-NAME ermöglicht, daß die
Sätze ohne Berücksichtigung der Reihenfolge der anderen Satztypen
im Set sortiert werden können. Das bedeutet nicht, daß es eine implizite übergeordnete Sortierung nach dem Satztyp gibt. Es bedeutet
lediglich, daß falls ein bestimmter Satztyp unabhängig von irgendeinem anderen Satztyp betrachtet wird, dieser dann durch seinen
eigenen Sortierkontrollschlüssel in eine Reihenfolge gebracht ist.
Die Sortierkontrollschlüssel werden in der KEY Klausel für jeden
member Satztyp spezifiziert. Falls die KEY Klausel nicht benutzt
wird für irgendeinen Satztyp, dann werden die Datenbankschlüssel
der Exemplare des Satztyps als aufsteigende Schlüsselelemente benutzt'.
Für Leser, die mit der Terminologie von DBTG vertrauter sind, sei be-
merkt, daß das bekannte ASCENDING/DESCENDING jetzt den treffenden Namen KEY Klausel hat.

Die Besprechung von indizierten Set-Typen im Abschnitt 6.3.2 war
speziell ausgerichtet auf single member Set-Typen. Es besteht jedoch
diese Eigenschaft, einen Index zu definieren und zu benennen, für jeden
beliebigen sortierten Set-Typ mit einer beliebigen Anzahl von member
Satztypen. Der Index ist eine Eigenschaft des Set-Typs und nicht ein
spezieller member Satztyp.

6.4 Chronologische Set-Typen

Wie bereits erwähnt wurde,(Abschnitt 6.2.2.) kann ein chronologischer
Set so definiert werden, daß der Datenadministrator festlegt, wo neue
Sätze eingebunden werden. Er kann diese Entscheidung aber auch dem
Programmierer überlassen. Der erste Fall läßt sich leicht erläutern,
weshalb er zuerst behandelt werden soll.

6.4.1 Stacks und Queues

Ähnlich wie bei den sortierten Set-Typen ist es besser, mit single
member Sets zu beginnen. Erst dann soll auf die Schwierigkeiten (falls
es solche gibt) eingegangen werden, die durch multi-member Set-Typen
ggf. entstehen.

Die beiden Optionen für einen chronologischen Set-Typ, die durch den
Datenadministrator kontrolliert werden, bewirken, daß jeder neue Satz
'in der Nähe' des owner in den Set eingebunden wird. Die eine benutzt
die Syntax (DDLC) INSERTION IS FIRST, die andere benutzt INSERTION IS
LAST, wobei FIRST und LAST entsprechendes implizieren wie die Verfolgung der NEXT Zeiger entlang einer Kette. Das bedeutet nicht, daß ein
chronologischer Set-Typ eingebunden ist in den Modus der Verkettung
von Sets,es läßt sich jedoch mit dem Konzept der Verkettung am besten
erläutern, was geschieht. Um das Konzept chronologischer Set-Typen
zu veranschaulichen soll ein vollständig anderes Beispiel eines Set-
Typs, wie in Abbildung 6.5 dargestellt, betrachtet werden.

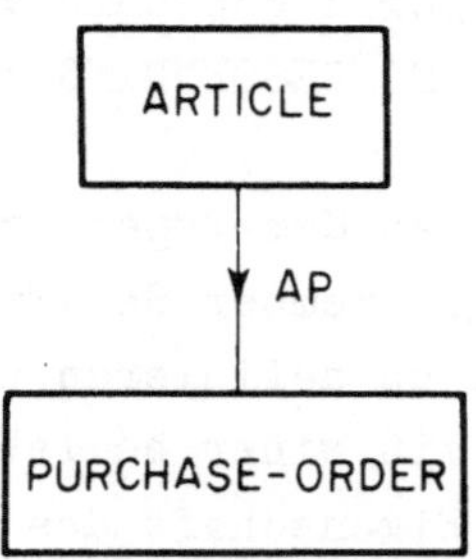

Abb. 6.5 Single member Set-Typ

Es existiere ein online Auftragseingangssystem, in das während des
Tages durch die Sachbearbeiter Bestellungen (dargestellt durch Exemplare des PURCHASE-ORDER Satztyps) in die Datenbank eingegeben werden.
Jeder PURCHASE-ORDER Satz wird automatisch an den ARTICLE-Satz, der
bestellt wurde angehängt. Geht man davon aus, daß der Set-Typ AP eine
chronologische Set-Reihenfolge besitzt, dann sieht die Situation in
den fünf Zeitintervallen im ersten Teil des Tages wie in Abbildung
6.6. dargestellt aus. Die Darstellung einer CHAIN LINKED TO NEXT ist
willkürlich. Zwei Elemente des member Satztyps sind dargestellt, nämlich CUSTOMER-NAME und QUANTITY-ORDERED. Zur Zeit t=4 wird deutlich,
daß sich der Set in einer Reihenfolge befindet, die sich ganz und gar

von der unterscheidet, wenn er sortiert wäre (wenigstens bzgl. eines oder
beider dargestellten Elemente).

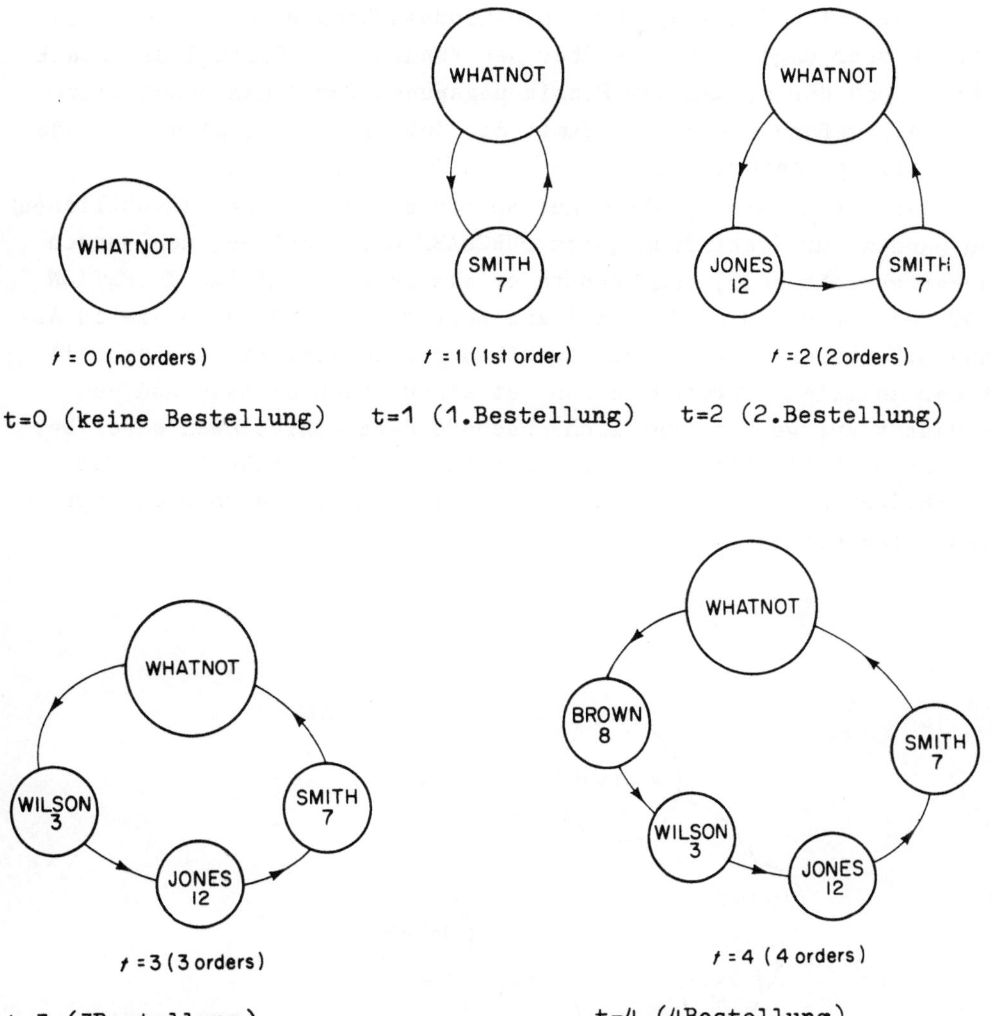

t=0 (keine Bestellung)   t=1 (1.Bestellung)   t=2 (2.Bestellung)

t=3 (3Bestellung)   t=4 (4Bestellung)

Abb.   6.6 Exemplare eines chronologischen Set-Typs zu
            verschiedenen Zeiten bei INSERTION IS FIRST

INSERTION FIRST kann als stack betrachtet werden (LIFO), da bei einem
Beginn der Verarbeitung der Bestellungen am ARTICLE Satz und dann die
NEXT Kette verfolgend die erste zu verarbeitende Bestellung die letzte
(d.h. die zeitlich jüngste) wäre, die hinzuzufügen wäre. Das wäre in
der Praxis sehr ungerecht gegenüber den Kunden. Der Vorteil des stack
besteht jedoch darin, daß der Einbindungspunkt für jeden neuen Satz
sehr schnell gefunden wird und damit die Zeit minimiert wird, um jede
neue Bestellung einzugeben.

Will der Datenadministrator, auf Kosten eines geringen zusätzlichen
Zeitaufwandes zur Einbindung jedes PURCHASE-ORDER Satzes, den Kunden
gegenüber gerecht sein, dann könnte er als Set-Reihenfolge INSERTION
IS LAST definieren. Die Situation zur Zeit t = 4 würde dann wie in Abbildung 6.7 aussehen. Der Pfeil zwischen dem letzten (in diesem Fall
nicht der zeitlich jüngste) in den Set einzubindenden Satz und dem
owner deutet an, wo der (zeitlich) nächste Satz einzubinden wäre. Der
Leser erkennt hoffentlich die Kombination von CHAIN LINKED TO NEXT
und INSERTION IS LAST. Obwohl durchaus zulässig, ist dies nicht notwendigerweise optimal.

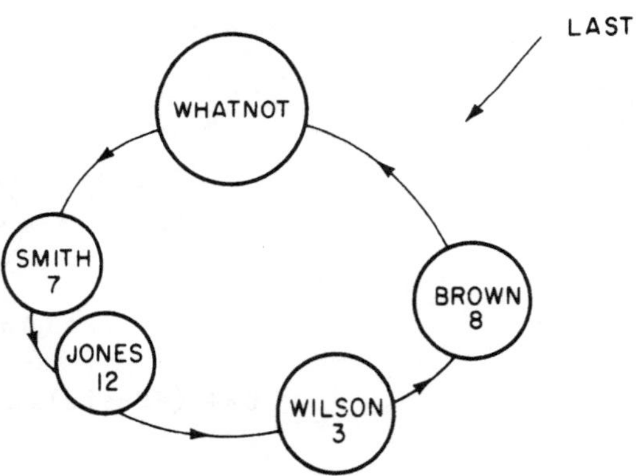

Abb.   6.7 Exemplar eines chronologischen Set-Typs zu
einem bestimmten Zeitpunkt mit INSERTION IS LAST

Wiederum spielt die physische Zusammengehörigkeit eine Rolle. Falls
die Sets alle klein sind, es aber davon sehr viele gibt, dann ist diese
Kombination geeignet, besonders wenn der member Satztyp den location
mode VIA SET hat. Falls die Sets aber groß sind und der member Satztyp einen anderen location mode hat, dann kann die Einbindung eines
PURCHASE-ORDER Satzes sehr zeitaufwendig sein, da das DBCS die ganze
Kette zu verfolgen hat bis zum letzten Satz, um den Einbindungspunkt
zu finden.
Die INSERTION IS LAST Option kann als queue (FIFO) aufgefaßt werden
und stellt so eine gerechtere Art der Behandlungen von Kundenbestellun-
gen dar.

Man beginnt nun, zu erkennen, wie die verschiedenen Schema-Deklara-
tionen location mode, Set-Modus und Set-Reihenfolge zusammenwirken.
Es gibt viele Beispiele solcher Interaktionen. Ein Datenadministrator wird feststellen, daß einige Kombinationen sicher sind, daß es
aber auch andere gibt, die immer vermieden werden sollten.

Es wurde bereits darauf hingewiesen, daß die beiden chronologischen
Optionen INSERTION IS FIRST und INSERTION IS LAST so beschaffen sind,
daß der Datenadministrator eine Set-Reihenfolge festlegt ähnlich wie
bei sortierten Set-Typen. Dies geschieht jedoch nicht ganz so dikta-
torisch. In einer Stapelverarbeitungsumgebung kann der Programmierer
sicherlich jede gewünschte Reihenfolge dadurch erreichen, daß er die
Reihenfolge, nach der die Änderungstransaktionen eingegeben werden,
kontrolliert. In einem online-System, wie z.B. einem Bestelleingangs-
system, kann es sein, daß der Programmierer das Kriterium für die Set-
Reihenfolge kennen muß, er aber nichts unternimmt, die Reihenfolge
individueller Sets zu beeinflussen.

6.4.2 Einfügen von Nachfolgern (NEXT) und Vorgängern (PRIOR)

Falls der Datenadministrator einen chronologischen Set-Typ wünscht,
und die member Sätze in einer sehr speziellen Reihenfolge haben möchte,
die keine der Optionen für sortierte Set-Typen anbietet, dann muß er es
dem Programmierer ermöglichen, jeden Set prozedural aufzubauen.
Die beiden anderen chronologischen Set-Typ Optionen werden als INSER-
TION NEXT und INSERTION PRIOR bezeichnet. Um diese zu erläutern, ist
es notwendig, einen Vorgriff auf ein sehr grundlegendes Konzept der
Ausführungszeit, nämlich das des currency indicator, zu machen. Es
gibt mehrere dieser Konzepte, die ein Programmierer verstehen muß.
Sie werden später noch detailliert erläutert. Das hier benötigte wichtige Konzept heißt 'Current of Set Type indicator'.

Zu jedem Zeitpunkt der Ausführung eines Programms enthält ein 'Current of Set Type' Indikator einen Datenbankschlüsselwert, der einen Satz (owner oder member) eines Set des Set-Typs identifiziert, der diesem Indikator entspricht. Einer dieser 'Current of Set Type' Indikatoren wird für jeden Set-Typ aus dem Subschema, welches das Programm benutzt, verwaltet.

Zu dem Zeitpunkt, zu dem ein neuer Satz in der Datenbank gespeichert wird oder in einen Set eingebunden wird (was durchaus erst später geschehen kann), wird die Position im Set durch den 'Current of Set' Indikator bestimmt. Falls INSERTION NEXT deklariert wurde, dann wird der neue Satz in Richtung des NEXT Zeigers eingebunden.

Wenn INSERTION PRIOR deklariert wurde, dann wird er in der entgegengesetzten Richtung eingebunden. Dies entspricht dem PRIOR Zeiger, falls einer existiert. Die Set-Reihenfolge wurde wieder durch Verkettungen erläutert. Deshalb muß auch wieder auf Zeigerbereiche eingegangen werden. Im Falle eines Zeigerbereiches, muß der Bereich abgetrennt werden, um den Datenbankschlüssel des neuen Satzes aufzunehmen.

Diese beiden chronologischen Set-Reihenfolgen sind in Abbildung 6.8 dargestellt, die auf demselben Set-Typ basiert wie in Abbildung 6.5.

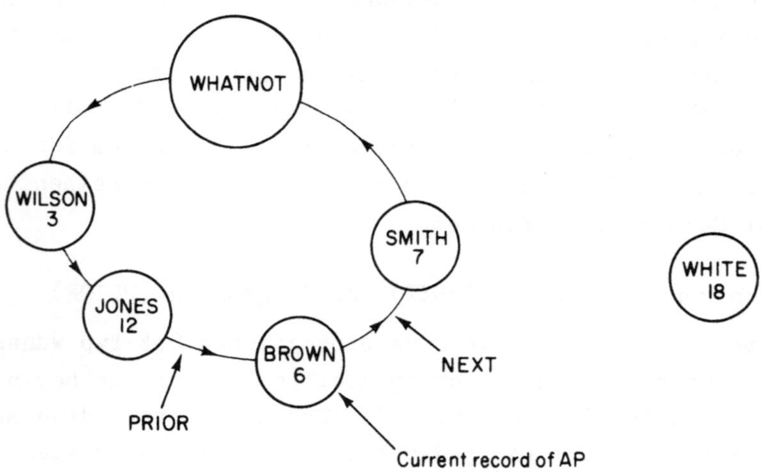

Abb. 6.8 Exemplar eines chronologischen Set-Typs zu einem bestimmten Zeitpunkt mit INSERTION NEXT und INSERTION PRIOR

Abbildung 6.8 zeigt nur eine Nachfolgeverkettung, um die Richtung anzugeben. (Es besteht die Angewohnheit dies entgegen dem Uhrzeigersinn
zu tun). Der currency of AP-Indikator verweist auf den PURCHASE-ORDER
Satz von Brown mit sechs 'whatnot' Artikeln. Falls als Set-Reihenfolge
INSERTION NEXT definiert wurde, dann wird die Bestellung von WHITE für
18 'whatnots' zwischen den Sätzen von BROWN und SMITH eingebunden.
Falls als Set-Reihenfolge INSERTION PRIOR definiert wurde, dann wird
die Bestellung von WHITE zwischen JONES und BROWN eingebunden.

Die Kombination der Nachfolgerverkettung mit einer Set-Reihenfolge
INSERTION PRIOR ist zulässig, jedoch zugegebenermaßen von sehr geringem
Wert. Aus der Sicht der Implementierung, ist es sicherlich einfacher,
dies zuzulassen als zu verbieten.
Zusammengefaßt kann festgestellt werden, daß der Datenadministrator
die Entscheidung über die Set-Reihenfolge dann dem Programmierer überträgt, wenn er INSERTION NEXT oder INSERTION PRIOR wählt.Doch auch bei
der Wahl von NEXT oder PRIOR gibt er eine gewisse Gesamtsituation vor.
Die Logik des Programms bestimmt, wie der 'current of set type' - Indikator angepaßt wird. Damit ist in diesem Fall die Set-Reihenfolge
sehr stark vom Programmierer abhängig.

6.4.3 Chronologische multi-member Set-Typen

Der Übergang von single member Set-Typen auf zwei oder mehrere member
hat für chronologische Set-Typen nicht die gleichen Folgen wie bei sortierten Set-Typen. Die Hauptauswirkung ist tatsächlich bei der Verarbeitung der Sets festzustellen. Es ist wahrscheinlich, daß die Sätze in
jedem beliebigen Set zufällig vermischt sind bzgl. des Typs bei jeder
der chronologischen Optionen. Es ist dann Aufgabe des Programmierers,
sie herauszusuchen. Glücklicherweise enthält die Anweisung, mit der
er den Weg durch den Set findet, eine Option, mit der er die gewünschten
Satztypen benennen kann. Bei der Suche werden dann die Sätze der anderen
Typen ignoriert. Aber auch dann sollte eigentlich von der Benutzung
von chronologischen multi-member Set-Typen abgeraten werden.

6.5 Beliebige Set-Reihenfolge

Während der Bereinigung der Vorstellungen von DBTG zur Set-Reihenfolge, beschloß das DDLC eine Option hinzuzufügen, die weder eine sortierte noch eine chronologische Reihenfolge enthält. Sie wird als IMMA-
TERIAL bezeichnet. Hieraus folgt, daß sich der Datenadministrator nicht
darum kümmert, wie die Set-Reihenfolge aussieht und sie der Programmierer nicht beeinflussen darf. Der genaue Wortlaut der DDLC Regel
(Seite 3.77) ist:

'...daß die member Sätze, die zu einem Exemplar dieses Set-Typs gehöre
in einer Reihenfolge verwaltet werden die für das DBMS am geeigneteste
ist'.

Unter dem Gesichtspunkt, daß es sehr unwahrscheinlich ist, daß eine andere Reihenfolge als die bisher erwähnten in einer Implementierung exis
tiert,   dürfte diese Option dem INSERTION FIRST bei Verkettungen und
dem INSERTION LAST bei Zeigerbereichen entsprechen. Sie könnte aber auc
bzgl. einer noch nicht besprochenen Eigenschaft, nämlich der Set-Auswahl, sensitiv sein.

6.6 Permanente und temporäre Set-
Reihenfolgen

Obwohl die Option selten verfügbar ist, so ist sie es doch wert, hier
dargestellt zu werden. Sie ist vollständig in eine DML Anweisung eingebunden, die es dem Programmierer ermöglicht, während der Ausführung
seines Programms die Reihenfolge der member Sätze in einem Set zu ändern. Es muß für den Leser deutlich sein, daß es nicht die Grundlage
für die Set-Reihenfolge ist, die geändert wird. Dies wäre dann viel
eher eine Restrukturierungseigenschaft.
DBTG führte dieses Konzept nur für chronologische Set-Typen ein. Deren
Vorstellung bestand darin, daß der Programmierer in der Lage sein sollte, für ein Set-Exemplar eine Reihenfolge einzuführen, die entweder
permanent oder lokal sein sollte. Im Falle der lokalen Reihenfolge
würde die tatsächliche member Reihenfolge in der Datenbank nicht geändert. Der Programmierer hätte lediglich eine Art 'lokalen Set' (nicht
deren Terminologie) zur Verfügung, den er während der Ausführung seines
Programms benutzen könnte. Eine derartige Set-Reihenfolge würde nach
Abschluß seines Programms nicht existieren. Andererseits könnte unter
gewissen Umständen der Programmierer tatsächlich eine Änderung der
Satzreihenfolge in der Datenbank bewirken. Diese Umstände würden davon
abhängen, daß die Definition des Datenadministrators es zuließe.

Um auf die obige Terminologie des DDLC zurückzukommen, muß die Reihenfolge für jeden chronologischen Set-Typ als permanent oder temporär
deklariert werden. Bei permanent darf kein Programmierer sie ändern;
bei temporär ist dies möglich. Die Option ist auch bei einer beliebigen Set-Reihenfolge anwendbar.
Der Grund dafür, daß die Option selten angetroffen wird, besteht darin,
daß die DML Anweisung ORDER nicht generell implementiert ist. Wo dies
der Fall ist, sind alle chronologischen Reihenfolgen von Set-Typen
permanent.

6.7 Syntax der Set-Reihenfolge

Die Konzepte des DDLC für eine Set-Reihenfolge sind vollständig dargestellt worden. Die Arbeiten der DBTG werden generell als etwas schwach
auf diesem Gebiet angesehen. Deshalb soll die Syntax des DDLC benutzt
werden. Im Zusammenhang mit dem Set-Eintrag gilt folgendes (von Seite
3.63):

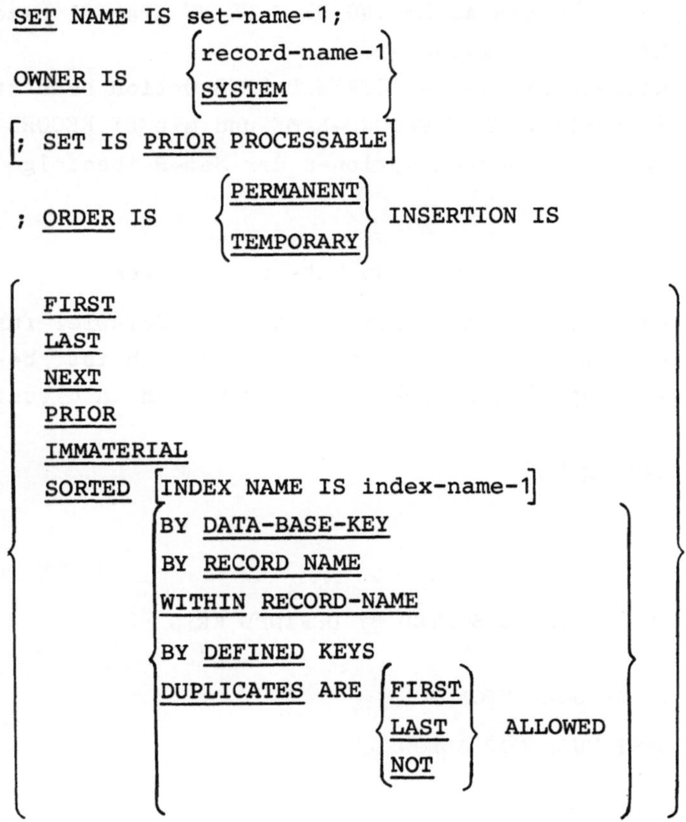

Falls ein sortierter Set vorliegt, dann hat der Datenadministrator
die Möglichkeit, Sortierschlüssel im member Teil-Eintrag zu definieren.
Die entsprechende DDLC Syntax (Seite 3.64) lautet nun wie folgt:

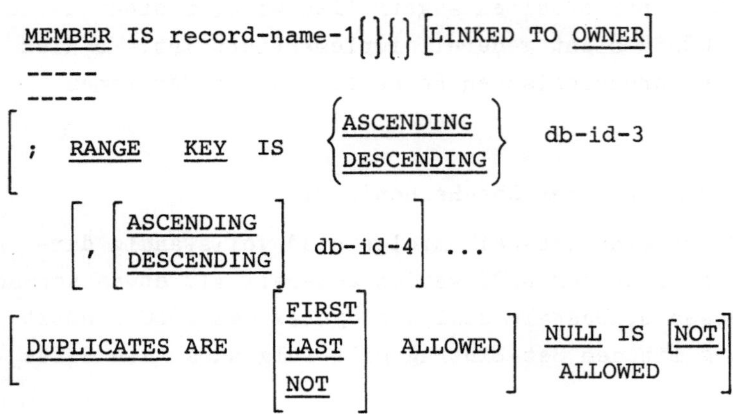

 Diese Klausel wurde von DBTG als ASCENDING/DESCENDING Klausel bezeichnet und von DDLC in KEY Klausel umgeändert.
Die KEY Klausel muß zusammen mit der BY DEFINED KEYS Option benutzt
werden. Sie kann zusammen mit WITHIN RECORD-NAME und mit BY RECORD-
NAME benutzt werden. Für alle anderen Optionen der Set-Reihenfolge ist
sie verboten.

6.8 Beispiele von Set-Reihenfolgen

Es wäre sicher nicht angebracht, in diesem Kapitel ein Beispiel für
jede mögliche Set-Reihenfolge zu besprechen. Wo es möglich ist, beziehen sich die Syntax Beispiele auf frühere Ausführungen in diesem
Kapitel.
Beispiel 1 (siehe Abbildung 6.1)

```
SET NAME IS EE
OWNER IS EMPLOYEE
ORDER IS PERMANENT INSERTION IS SORTED BY DEFINED KEYS
MEMBER IS EDUCATION
KEY IS ASCENDING DATE-OF-QUALIFICATION

        DUPLICATES LAST NULL NOT ALLOWED
```

Es sei darauf hingewiesen, daß dieses Beispiel die möglichen Probleme mit den beiden DUPLICATES Klauseln sehr gut veranschaulicht. Da es nur ein member gibt, kann die Kontrolle für DUPLICATES entweder im Set Teil-Eintrag oder im member Teil-Eintrag spezifiziert werden - oder in beiden! Spezifiziert sie ein Datenadministrator jedoch an beiden Stellen, dann müssen diese auf jeden Fall konsistent sein.

Beispiel 2 (siehe Abbildung 6.2 und 6.3)

```
SET NAME IS EJE
OWNER IS EMPLOYEE
ORDER IS PERMANENT INSERTION IS SORTED BY RECORD-NAME
MEMBER IS EDUCATION
MEMBER IS JOB-HISTORY
KEY IS ASCENDING JOB-START-DATE

     DUPLICATES NOT ALLOWED    NULL NOT ALLOWED
```

Dieses Beispiel entspricht dem Text in Abschnitt 6.3.3 wobei die EDU-CATION Sätze keinen Sortierschlüssel haben. Eine Entscheidung, daß ein Mitarbeiter zum gleichen Datum nicht zwei Stellen gleichzeitig antreten kann ist implizit im obigen Beispiel enthalten.

Beispiel 3 (siehe Abbildungen 6.1 und 6.4)

```
SET NAME IS EJE
OWNER IS EMPLOYEE
ORDER IS PERMANENT INSERTION IS SORTED BY DEFINED KEYS

      DUPLICATES ARE LAST

MEMBER IS EDUCATION
KEY IS ASCENDING DATE-OF-QUALIFICATION
MEMBER IS JOB-HISTORY
KEY IS ASCENDING JOB-START-DATE
```

Im Vergleich mit Beispiel 1 erkennt man, daß es einfacher ist, die DUPLICATES Kontrolle in den Set Teil-Eintrag einzubauen als in jeden

member Teil-Eintrag. Die DUPLICATES Klausel des member Set-Eintrages
würde jedoch ermöglichen, Nullwerte zu verbieten. Die DUPLICATES Klausel im Set Teil-Eintrag läßt dies nicht zu. Da Nullwerte generell zulässig sind, muß man annehmen, daß sie dann zugelassen werden, wenn
dies durch keine Anweisung verboten ist.

Beispiel 4 (siehe Abbildung 6.2 und Abschnitt 6.3.3)

```
SET NAME IS EJE
OWNER IS EMPLOYEE
ORDER IS PERMANENT INSERTION IS SORTED BY DATA-BASE-KEY
MEMBER IS EDUCATION
MEMBER IS JOB-HISTORY
```

Beispiel 5 (siehe Abbildung 6.2 und Abschnitt 6.3.3)

```
SET NAME IS EJE
OWNER IS EMPLOYEE
ORDER IS PERMANENT INSERTION IS SORTED WITHIN RECORD-NAME
MEMBER IS EDUCATION
KEY IS ASCENDING DATE-OF-QUALIFICATION
    DUPLICATES ARE LAST    NULLS NOT ALLOWED
MEMBER IS JOB-HISTORY
KEY IS ASCENDING JOB-START-DATE
    DUPLICATES ARE LAST NULLS NOT ALLOWED
```

Dieses Beispiel sollte mit Beispiel 3 verglichen werden. Der Leser
sollte ebenfalls erkennen, daß wenn man in Beispiel 5 die beiden KEY
Klauseln wegläßt, die Wirkung wie in Beispiel 4 erzielt würde.

Beispiel 6 (siehe Abbildungen 6.5 und 6.6)

```
SET NAME IS AP
OWNER IS ARTICLE
ORDER IS PERMANENT INSERTION IS FIRST
MEMBER IS PURCHASE-ORDER
```

Beispiel 7 (siehe Abbildungen 6.5 und 6.7)

```
SET NAME IS AP
OWNER IS ARTICLE
ORDER IS PERMANENT INSERTION IS LAST
MEMBER IS PURCHASE-ORDER
```

Beispiel 8 (siehe Abbildungen 6.5 und 6.8)

```
SET NAME IS AP
OWNER IS ARTICLE
ORDER IS PERMANENT INSERTION IS NEXT
MEMBER IS PURCHASE-ORDER
```

Beispiel 9 (siehe Abbildungen 6.5 und 6.8)

```
SET NAME IS AP
OWNER IS ARTICLE
SET IS PRIOR PROCESSABLE
ORDER IS PERMANENT INSERTION IS PRIOR
MEMBER IS PURCHASE-ORDER
```

In diesem Beispiel wurde die PRIOR PROCESSABLE Klausel hinzugefügt,
um dem INSERTION IS PRIOR zu entsprechen.

Beispiel 10 (siehe Abbildung 6.2 und Abschnitt 6.5)

```
SET NAME IS EJE
OWNER IS EMPLOYEE
ORDER IS PERMANENT INSERTION IS IMMATERIAL
MEMBER IS EDUCATION
MEMBER IS JOB-HISTORY
```

Mit diesem Beispiel kommt man zufällig auf den multi-member Set-Typ
zurück, auf dem die Beispiele für sortierte Set-Typen basierten.

6.9 Benutzung der Set-Reihenfolge

Ein potentieller Datenadministrator dürfte etwas verwirrt sein von
dieser Fülle von Optionen für eine Set-Reihenfolge und sich fragen,
welche er wann nehmen muß. Unter den neun Optionen gibt es zwei oder
drei häufig benutzte, während die restlichen wahrscheinlich nur sehr
selten benutzt werden.

Bevor diese klassifiziert werden, muß eine Bemerkung zu dem relativ
neuen INSERTION IS IMMATERIAL gemacht werden, das, soweit bekannt,
noch nicht implementiert wurde, obwohl dies für die Hersteller nicht
problematisch sein dürfte.

Interpretiert man den Wortlaut des DDLC 'für den DBMS am geeignetste
als schnellste Einbindung in einen Set ohne Berücksichtigung auf ein
zukünftiges Aufsuchen, dann ist die Option IMMATERIAL sehr nützlich.
Betrachtet man die Option als eine, bei der man sich nicht um die Reihenfolge kümmert, dann werden die Datenbankadministratoren, die diese
kontrollieren wollen, sie nicht benutzen. Im folgenden sind die am
meisten benutzten Optionen entsprechend der vermuteten Häufigkeit
ihrer Benutzung aufgeführt:

```
FIRST
BY RECORD-NAME
LAST
```

Es sei darauf hingewiesen, daß in einem single member Set-Typ BY
DEFINED KEYS das gleiche ist wie BY RECORD NAME.
Die anderen seien entsprechend ihrem vermuteten, potentiellen Nutzen
aufgeführt:

IMMATERIAL
BY DATA-BASE-KEY
NEXT
BY DEFINED-KEYS
WITHIN RECORD-NAME   (multi-member Set-Typ)
PRIOR

Es muß betont werden, daß obige Rangfolgen intuitiv gewählt wurden
und nicht auf empirischen Untersuchungen basieren. Die relative Nutzung kann sehr wohl von Implementierung zu Implementierung unterschiedlich sein.

6.10 Suchschlüssel

Wie beschlossen, sollen die Suchschlüssel im gleichen Kapitel wie die
Set-Typ Reihenfolge besprochen werden, zum Teil mit dem Ziel, die Aufmerksamkeit auf die relative Rolle des Suchschlüssels zu lenken. Wie
bereits schon besprochen (siehe Abschnitt 6.3.2) kann ein Datenadministrator einen sortierten Set-Typ indizieren, um den Prozeß der Einbindung eines Satzes in ein Set-Exemplar zu beschleunigen. Vom Konzept
her gesehen wird für jedes Set-Exemplar ein Index aufgebaut und verwaltet. Der Index wird eindeutig in der gleichen Reihenfolge wie die
member Sätze des Set verwaltet. Der Indexschlüssel stimmt notwendigerweise überein mit dem Sortierschlüssel. Man muß betonen, daß die Rolle
des Index darin besteht, den Speicherungsprozeß zu beschleunigen.
 Falls eine Verwirrung zwischen dem Index und dem Zeigerbereich auftreten sollte, muß berücksichtigt werden, daß die Absicht des Zeigerbereiches darin besteht, auf die Beteiligung an einem Set-Exemplar hinzuweisen. Die Reihenfolge der member ist durch die Reihenfolge der
Zeiger im Zeigerbereich gegeben. Der Zeigerbereich ist durch nichts
an sortierte Sets gebunden, da ein chronologischer (oder 'beliebiger')
Set-Typ gleichermaßen gut durch einen Zeigerbereich repräsentiert
werden kann. Der wesentliche Punkt ist jedoch, daß die Index Eigen-

schaft viel leichter durch eine Implementierung unterstützt werden
kann, die auch Zeigerbereiche ermöglicht. Die Sortierschlüsselwerte
müssen auf irgendeine Weise an die Einträge im Zeigerbereich angehängt
werden. Obwohl die DBTG Spezifikationen die Kombination von indizierten sortierten Sets mit einem Set-Modus 'Verkettung' nicht verbieten,
wird dies trotzdem nicht als sehr bedeutend betrachtet.

Genau so, wie der Index zur Beschleunigung des Prozesses der Spei-
cherung von Sätzen dient (speziell der Teil der Speicherung, der die
Einbindung in einem Set betrifft), genauso dient der Suchschlüssel zur
Beschleunigung des Prozesses zum Auffinden eines Satzes in einem Set.
Der Suchschlüssel ist nicht an Sortierschlüssel oder bzgl. diesem As-
pekt an sortierte Sets gebunden ähnlich wie ein Index. Wie bei einem
Index, muß man sich soviele Suchschlüssel-Indizes wie es Sets gibt
vorstellen. Der Nutzen dieser Eigenschaft kommt erst wieder bei großen
Sets zum tragen. Ein Suchschlüssel für einen kleinen Set bietet dem
Benutzer nur sehr wenig.

Um die Rolle des Suchschlüssels vollständig zu erläutern, ist ein
Vorgriff auf die DML Anweisung FIND zu machen, die von einem Programmierer zum Auffinden eines Satzes in einer Datenbank benutzt wird. Es
gibt zahllose von diesen FIND Anweisungen. Eine davon dient dazu, auf
einen speziellen Satz in einem Set zuzugreifen, der bestimmte, vom Programmierer spezifizierte, Werte für ein oder mehrere Elemente enthält.
Wenn diese Elemente zufällig dem Suchschlüssel entsprechen, dann kann
der Suchschlüssel dazu benutzt werden, die Suche zu beschleunigen.
(Die Besprechung der Situation, bei der die Elemente dem Suchschlüssel
nicht entsprechen sei bis zum entsprechenden Kapitel aufgeschoben).

Das Gewicht liegt ganz offensichtlich wiederum auf der Ausnutzung
von Speicherplatz, um den Suchprozeß zu beschleunigen. Es erübrigt
sich, darauf hinzuweisen, daß im Falle einer Änderung des Set durch
Hinzufügen oder Löschen von Sätzen, der Suchschlüsselindex ebenso geändert werden muß. Sollten die Suchschlüsselelemente übereinstimmen
mit den Sortierschlüsselelementen in einem sortierten Set, dann könnte
der Suchschlüssel theoretisch auch zur Beschleunigung der Änderung
benutzt werden. Hiermit wird deutlich, daß der Index eines sortierten
Sets eine ziemlich spezielle Form des Suchschlüssels ist - obwohl gerade letzterer für Suchzwecke gedacht ist und ersterer für Änderungs-
zwecke!

Es gibt einige unglückliche Konsequenzen dieser Behauptung, die zu
erforschen sind. Der Suchschlüssel ist eine Eigenschaft eines member
Satztyps in einem Set-Typ.

Wie man noch sehen wird, läßt die Syntax die Definition eines Suchschlüssels als eine Eigenschaft des Set-Typs nicht zu, auch wenn Suchschlüsselelemente gefunden werden können in jedem der member Satztypen,
die sich auf eine gewisse zufriedenstellende Art und Weise entsprechen.
Falls ein single member Set-Typ vorliegt, gibt es kein Problem; in
einem multi-member Set-Typ ist es aber möglich, einen oder mehrere
Suchschlüssel für einen member Satztyp zu haben, aber keinen für die
anderen member Satztypen. Tatsächlich entspricht der Suchschlüssel
dem Index nur in dem Fall, daß ein sortierter single member Set-Typ
vorliegt, dies aber nicht 'durch den Datenbankschlüssel'.

6.10.1 Syntax

Die zur Definition eines Suchschlüssels benötigte Syntax ist Teil des
member Teil-Eintrages, der in Abschnitt 6.7 dargestellt wurde. Obwohl DDLC die DBTG Syntax leicht modifizierte, ist die Änderung aber
außerhalb dessen, was bisher in diesem Buch dargestellt wurde.
Sie lautet im Zusammenhang wie folgt (von Seite 3.64 bei DDLC):

```
MEMBER IS record-name-1 { }{ }   [LINKED TO OWNER]
------
------

  [; SEARCH KEY IS db-id-5  [,db-id-6]  ...

                 / CALC
   USING        {  INDEX [NAME IS index-name-1] }
                 \
                    DUPLICATES ARE [NOT] ALLOWED ]  ...
```

Man erkennt, daß ein member Satz null, einen oder mehrere Suchschlüssel haben kann und daß jeder Suchschlüssel sich aus einem oder mehreren
items zusammensetzen kann (die natürlich als Teil des zu indizierenden
Satztyps definiert sein müssen). Offensichtlich erlaubt man dem Datenadministrator, die Darstellung des Suchschlüssels auszuwählen. Wenn er
die Option USING CALC wählt, dann wird, entsprechend den DDLC Regeln
(Seite 3.84) '... der Standard-Schlüsseltransformationsalgorithmus
des DBMS benutzt, um den gesuchten Satz auszuwählen'.

Wählt er andererseits die Option USING INDEX dann gilt:
>   '... der Standard-Indizierungsmechanismus wird benutzt, den ge-
>   suchten Satz auszuwählen. Die Angabe NAME erlaubt vereinfachte
>   Beziehungen auf spezielle Indizes in der Gerätekontrollsprache'.
>   (Das Wort 'vereinfacht' ist hier schlecht gewählt; ohne eine
>   NAME Angabe wäre eine Beziehung gar nicht möglich.)

Es ist tatsächlich unmöglich, den 'Standard Schlüsseltransformations-
algorithmus' oder irgend einen anderen zu benutzen, um von einem Suchschlüsselwert direkt auf einen Satz abzubilden, der bereits bzgl. eines
anderen Kriteriums in der Datenbank gespeichert ist (das heißt eines
location mode, möglicherweise CALC, jedoch sicherlich basierend auf
anderen Elementen im Satztyp). CALC kann im Suchschlüssel benutzt werde
ein gewisses Durchsuchen einer Tabelle (in anderen Worten: eines Index
kann aber nicht vermieden werden.

Eine Vorgehensweise, die zwischen CALC und INDEX liegt besteht darin,
den Suchschlüsselwert auf einen Datenbankschlüsselwert abzubilden, der
einen 'Pseudo'-Satz identifiziert, der wiederum den (die) Datenbankschlüssel des Satzes (der Sätze) enthält, der (die) den gesuchten
Schlüsselwert enthält (enthalten). Eine andere Vorgehensweise ist natürlich das konventionelle Durchsuchen einer Tabelle, das mehr einem
'Index' entspricht als der erste Vorschlag.

6.10.2 Beispiele für Suchschlüssel

Zum Ende des Kapitels folgen zwei Beispiele einer Suchschlüsseldefi-
nition.

Beispiel 1 (siehe Abbildung 6.5)

```
SET NAME IS AP
OWNER IS ARTICLE
ORDER IS PERMANENT INSERTION IS FIRST
MEMBER IS PURCHASE-ORDER
SEARCH KEY IS SALES-OFFICE USING INDEX
          DUPLICATES ARE ALLOWED
```

Das Suchschlüsselelement SALES-OFFICE wird notwendigerweise im PUR-CHASE-ORDER Satztyp definiert. Es ist interessant genug, darauf hinzuweisen, daß eine alternative Art der Zusammenfassung aller Bestellungen einer Vertriebsstelle in der Benutzung eines weiteren Set-Typs besteht. Dies ist in Abbildung 6.9 dargestellt.

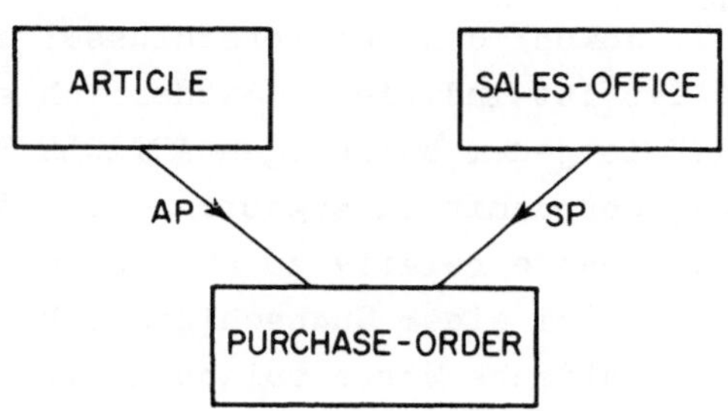

Abb. 6.9 Alternative für die Benutzung eines Suchschlüssels

Es sei dem Leser überlassen, die potentiellen Vorzüge und Nachteile jeder Vorgehensweise zu beurteilen.

Beispiel 2 (siehe Abbildung 6.9)

```
SET NAME IS AP PRIOR PROCESSABLE
OWNER IS ARTICLE
ORDER IS PERMANENT INSERTION IS SORTED
INDEXED BY DEFINED KEYS
MEMBER IS PURCHASE-ORDER
KEY IS ASCENDING ORDER-QUANTITY

    DUPLICATES FIRST NULL NOT ALLOWED

SEARCH KEY IS ORDER-QUANTITY USING INDEX

    DUPLICATES ALLOWED

SET NAME IS SP
OWNER IS SALES-OFFICE
ORDER IS PERMANENT INSERTION IS FIRST
MEMBER IS PURCHASE-ORDER
```

Dieses Beispiel veranschaulicht eine ganze Reihe von Dingen. Zunächst
ist ein Satztyp PURCHASE-ORDER member in einem sortierten Set-Typ AP
und gleichzeitig member in einem chronologischen Set-Typ SP. Für PUR-
CHASE-ORDER gibt es einen Suchschlüssel in AP, aber nicht in SP.

Sehr bedeutend ist, daß das Beispiel absichtlich eine gewisse Inkonsistenz von DBTG veranschaulicht in der Behandlung von Indizes und
Suchschlüsseln, die durch das DDLC nicht entfernt wurde. Im Set-Typ
AP bildet ORDER-QUANTITY sowohl den Sortierschlüssel als auch den Such
schlüssel, und der Set-Typ ist indiziert. Sicherlich sollen identische
Werte für ORDER-QUANTITY in jedem beliebigen ARTICLE Satz zulässig sei
Bei der Set-Reihenfolge, und damit im zugeordneten Index ist es möglich, festzulegen, wo die Sätze relativ zu anderen mit demselben Wert
eingebunden werden sollen. Bei einem Suchschlüssel kann man nur festlegen, ob man mehrfach identische Werte zulassen will oder nicht. Wer
weiß, wie das System dieses Problem behandelt?

6.10.3 Vorschläge für Erweiterungen des Suchschlüsselkonzeptes

Das gesamte Konzept indizierter sortierter Sets sollte entfernt werder
und durch eine Regel für Suchschlüssel ersetzt werden, die wie folgt
lautet:

> 'Falls die in einer Suchklausel spezifizierten Datenelemente den
> Sortierschlüsselargumenten in einem nach RECORD-NAME sortierten
> Set-Typ genau entsprechen, dann wird der Suchschlüssel jedesmal
> benutzt, wenn ein neuer Satz in einen Set dieses Typs eingebunden
> wird'.

Eine andere Erweiterung des Suchschlüsselkonzeptes, die generell als
nützlich angesehen wird, besteht darin, den Suchschlüssel deklarieren
zu können als globale Eigenschaft eines Satztyps. Dies sollte ein Zusatz sein zu der existierenden internen Eigenschaft des Set-Typs.
Falls man zur Zeit einen globalen Sekundärindex für einen Satztyp benö
tigt, dann ist es notwendig, den Satztyp als member in einem Set-Typ
zu definieren, dessen owner das System ist. Da es nur ein System gibt
so gibt es auch nur ein Set-Exemplar. Das Resultat ist, daß die Datenbank den zusätzlichen Aufwand eines zusätzlichen Set-Typs und den Aufwand eines Suchschlüssels auf sich nimmt.

Kapitel 7

Klassen für die Speicherung und Löschung von member Sätzen

7.1 Hintergrund

Viele betrachten die Klassen für die Speicherung und Löschung von member Sätzen zusammen als member-Beziehung oder member-Beziehungstyp. Das Hauptproblem sind nicht so sehr die Konzepte als die Art und Weise, wie DBTG sie ursprünglich darstellte. Ihr Ansatz wurde von DDLC weiter verfolgt und glücklicherweise nicht von DBLTG. Die Benennung und Darstellung eines Konzeptes sind beide unbedingt notwendige Voraussetzung für ein Verständnis des Konzeptes.

DBLTG erkannte, daß man sich nicht über ein Konzept unterhielt, sondern über zwei sehr getrennte und verschiedene Konzepte, die miteinander nur sehr wenig zu tun haben - außer der Tatsache, daß beide in derselben Klausel definiert werden.

Sie sollen deshalb getrennt eingeführt werden. Außerdem soll bei der Darstellung der Syntax zurückgegriffen werden auf die ziemlich gründlich in Fleisch und Blut übergegangene Vorstellung von der member-Beziehung in einem Set. Die Klasse für die Speicherung (storage class) ist sehr viel bedeutender als die Klasse der Löschung (removal class). Geeigneterweise lassen sie sich daher in dieser Reihenfolge darstellen.

7.2 Storage Class

Eine Storage class muß für jeden member in einem Set-Typ deklariert werden. Die beiden storage class Angaben werden als 'automatic' und 'manual' bezeichnet. In einem multi-member Set-Typ ist es durchaus zulässig, daß für ein member 'automatic' und für das andere member 'manual' deklariert wurde. Da die Behandlung von multi-member Set-Typen bzgl. dieser Klasse nicht schwieriger als die von single member Set-Typen ist, kann die weitere Darstellung problemlos auf letztere beschränkt werden.

Um die storage class zu verstehen, ist es notwendig, ein gewisses Verständnis von den zwei DML Anweisungen STORE und CONNECT zu haben. Wird ein Satz erstmals in eine Datenbank eingefügt, dann baut der Programmierer zunächst den Satz in einem speziellen Hauptspeicherbereich auf, um dann die STORE-Anweisung bzgl. dieses Satzes auszuführen. Diese STORE-Anweisung ist syntaktisch sehr einfach, semantisch aber sehr komplex. Alle Aspekte der Schema DDL Deklarationen werden während der Ausführung einer STORE-Anweisung berücksichtigt, wie man während der vollständigen Besprechung dieser Anweisung noch sehen wird.

Eine der zu untersuchenden Schemadeklarationen, die für jeden Set-Typ,
in dem der Satztyp als member beteiligt ist, zu machen ist, ist die
storage class Angabe.
Die Pfade, die zu verfolgen sind, in Abhängigkeit dieser Klasse, lasse:
sich einfach genug beschreiben. Falls die Klassenangabe für die member·
Beziehung 'manual' ist, dann wird der neue Satz in keinen Set des Set-Ty:
eingebunden. Lautet die Angabe 'automatic', dann wird der neue Satz in
einen Set des Set-Typs eingebunden. Welcher Set unter den möglichen
ausgewählt wird ist ein völlig separater Aspekt, der von etwas abhängt
was Set-Auswahl genannt wird und im nächsten Kapitel besprochen wird.
Um ein solides Verständnis von der storage class zu erreichen, soll
ein Beispiel Unterstützung leisten. Ein kleiner Teil eines Bestellein-
gangssystems sei dafür ausgewählt und in Abbildung 7.1 dargestellt.

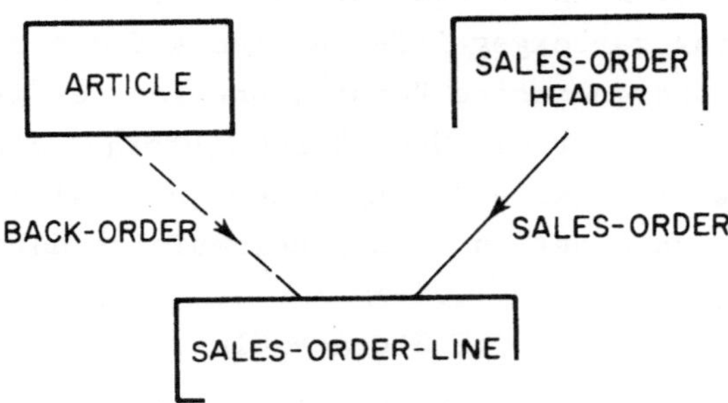

Abb. 7.1 Satztyp als automatic member in einem Set-Typ und als
manual member in einem anderen

Abbildung 7.1 ist graphisch insofern wichtig, als hier das erste Mal
in diesem Buch die Art und Weise eingeführt wird, wie ein manual
member eines Set-Typs dargestellt wird.

Die storage class kann als wichtig genug angesehen werden, um sie direkt im Strukturdiagramm zu erfassen. Dieses Konzept hat seinen eigenen graphischen Formalismus verdient. Die gestrichelte Linie wird dafür häufig benutzt.

Im Beispiel der Abbildung 7.1 muß jeder SALES-ORDER-LINE Satz eingebunden werden in einen SALES-ORDER-HEADER Satz. Ein SALES-ORDER-LINE Satz hätte für sich selbst genommen sehr wenig Bedeutung; er enthält möglicherweise Daten über bestellte Artikel, die Bestellmenge und einige andere verschiedene Daten. Falls der entsprechende Artikel nicht mehr am Lager ist, dann besteht das normale Verfahren darin, eine 'back-order-file' einzubringen. (IDS/1 Benutzer würden von einer 'back-order' Verkettung sprechen, hier muß man jedoch von einem 'back-order' Set sprechen.)

Wenn neue Lagerbestände zur Verfügung stehen, dann kann ein Programm die 'back-order' Sets verarbeiten, für die nun Lagerbestände existieren. Der wichtige Aspekt des BACK-ORDER Set-Typs besteht jedoch darin, daß zum Zeitpunkt der Einspeicherung eines SALES-ORDER-LINE Satzes in eine Datenbank nicht bekannt ist, ob er in einem BACK-ORDER Set eingebunden werden muß. Üblicherweise müssen dann in dem Programm, das die STORE Anweisung enthält, Prüfungen durchgeführt werden. Falls der SALES-ORDER-LINE Satz dann in den BACK-ORDER Set eingebunden werden muß, so kann dies durch eine separate Anweisung geschehen, die von DBLTG CONNECT genannt wurde. DBTG nannte diese Anweisung etwas unglücklich INSERT, wie dies auch viele der frühen Implementierungen tun. In der Anweisung für die Set-Reihenfolge in der Schema DDL lautet dies:

ORDER IS PERMANENT INSERTION IS ....

Möglicherweise wird dies eines Tages zu CONNECTION. Die Klasse zur Speicherung von member Sätzen ist ein sehr mächtiges Konzept, was durch das obige Beispiel hoffentlich verdeutlicht wird. In letzter Konsequenz bestimmt die Wahl der Klassenangabe die Semantik der STORE Anweisung eines Programmierers. Die Frage, die sich ein Datenadministrator bei der Wahl der storage class für einen member eines Set-Typs stellen muß, lautet: 'Kann ein member Exemplar sinnvollerweise für sich selbst existieren, ohne daß es speziell mit einem owner Exemplar assoziiert wird?
Ist dies der Fall, dann sollte die storage class Angabe für den member Satz in dem Set-Typ 'manual' lauten, andernfalls 'automatic'.

7.2.1 Abgekettete Sätze

Selbst bei einer storage class Angabe 'automatic' für einen member Satz,
ist es noch möglich, ihn aus einem Set wieder zu entfernen nachdem er
vorher durch eine STORE Anweisung eingebunden worden war. Die entsprechende DML Anweisung lautet DISCONNECT. (DBTG benutzte REMOVE, was
sich als schwierig zu erklären herausstellte; der Leser wird jedoch
häufig auf REMOVE in kommerziell verfügbaren Systemen treffen).

   Sehr häufig wird ein member Satz nach seiner Entfernung aus einem
Set zwei oder drei Anweisungen später in einen anderen wieder eingebunden. Dies ist jedoch nicht unbedingt immer der Fall. So ist es
durchaus möglich, daß ein Satz in der Datenbank 'frei hängt'. Dies
trifft auch für member von manual Set-Typen zu. Falls ein Satz sich
auf diese Weise frei in der Datenbank befindet, dann wird sich der
Leser mit Recht fragen, ob man diesen wieder finden kann. Die Vorstellung, daß Sätze in der Datenbank 'verloren' gehen ohne eine Möglichkeit, sie wiederzufinden ist in der Tat sehr verwirrend. Falls der
location mode des Satztyps CALC ist, dann kann das Problem gut gelöst
werden - solange jemand den Wert des CALC Schlüsselelementes kennt.
Was aber, wenn der Satztyp einen anderen location mode hat?
Im Falle der VIA SET Alternative findet man üblicherweise in der Praxis
daß in der Implementierung eine extra Regel vorgesehen ist, die besagt, daß die storage class 'automatic' sein muß. Das bedeutet, daß es bei
der ersten Einspeicherung des Satzes wenigstens einen Set geben muß,
in dessen physischer Nähe der Satz plaziert werden kann. Falls dieser
Satz danach aus einem Set entfernt wird und in einen anderen eingebunden wird, dann ist es unwahrscheinlich, daß er seinen physischen Platz
ändert.
Einige Implementierungen sehen eine zusätzliche Regel vor, bei der
ein Satztyp, der ein 'manual' member in einem Set-Typ ist auch ein
'automatic' member in einem anderen Set-Typ sein muß.

7.2.2 Doppelte Einbindung

Es gibt eine sehr wichtige Regel (die bereits in Abschnitt 3.4.1 erwähn
wurde), die den Aspekt der Einbindung von Sätzen in Sets betrifft. Sie
ist verankert in den semantischen Regeln der MEMBER Klausel und lautet
entsprechend dem DDLC JOD von (seite 3.72):
'Jeder member Satz ist höchstens an einem Exemplar jedes Set-Typs beteiligt bzgl. dessen er als member Satztyp deklariert wurde. Das heißt,
daß er nicht mehr als einem owner Satz je Set-Typ zugeordnet sein kann,
in dem er member ist. Ein Satz kann in einem gegebenen Set einmal er-

scheinen'.

Diese Regel hat Auswirkungen auf die Ausführung der STORE-und der CONNECT-Anweisungen. Bei beiden findet der Prozeß der Set-Auswahl statt. Die Tatsache, daß dies in jedem Fall unterschiedlich ist, ist etwas unglücklich, aber zutreffend. Im Falle einer STORE Anweisung ist der Satz brandneu und es kann nicht geschehen, daß der Satz schon in ein anderes Exemplar des Set-Typs eingebunden ist. Bei einer CONNECT Anweisung ist der Fall ganz anders. Falls der Programmierer einen Fehler macht, dann könnte er versuchen, einen Satz in einen Set einzubinden, obwohl er bereits in diesen Set oder einen anderen Set des gleichen Typs eingebunden ist. Da doppelte Einbindungen nicht zulässig sind, wird der Einbindungsversuch nicht erfolgreich sein. Die Folgen einer nicht erfolgreichen DML Ausführung sollen später besprochen werden.

7.3 Removal Class

Genauso wie die storage class die Einspeicherung eines Satzes betrifft, so betrifft die removal class die Entfernung eines Satzes aus der Datenbank. Die removal class trägt nur sehr wenig zu den Strukturierungsmöglichkeiten des Datenadministrators bei.Was es dem Datenadministrator, entsprechend der DDLC Spezifikation anbietet, ist die Möglichkeit der Vermeidung der Situation, bei der Sätze in der Datenbank 'frei hängen'.

Die beiden removal class Angaben werden als 'mandatory' und 'optional' bei DBTG und DDLC bezeichnet; DBLTG zog die entsprechenden Begriffe permanent und transient vor. Die Angabe 'mandatory' impliziert, daß eine einmal durchgeführte Einbindung permanent ist und ein Satz nicht abgekettet werden kann, obwohl er gelöscht werden kann.
Die Wahl von 'mandatory' und 'optional' hat zusätzlich Auswirkungen auf die Semantik der ERASE (oder DELETE) Anweisung. Die Semantik ist jedoch so komplex und effektiv so stark abhängig von der removal class, daß der einzige Hinweis, der hier gegeben werden kann, lautet, daß sie all das betrifft, was mit den member Sätzen geschieht, wenn der owner gelöscht wird.
Removal class sollte besser 'disconnection class' lauten, um zu der Änderung der REMOVE Anweisung in DISCONNECT Anweisung zu passen. Will der Datenadministrator Flexibilität zulassen, dann dürfte er immer die Alternative 'optional' vorziehen. Die Alternative 'mandatory' dürfte nur hin und wieder von Nutzen sein.

7.4 Betrachtungen zur Implemen-
tierung

Mit der removal class wurde die erste Eigenschaft gefunden, die bei
jeder Implementierung anders ist, wenn nicht syntaktisch, dann zumindest semantisch. Die Auswirkungen auf die STORE Anweisungen bei
der Auswahl einer storage class sind offensichtlich in einer ziemlich
standardisierten Art und Weise behandelt worden. In einigen Implementierungen läßt man die storage class übergehen in die Semantik der
removal class. Damit wird die saubere Trennung zwischen storage class
und removal class weniger bedeutsam. In anderen Fällen dürfte die
removal class eine etwas mehr eingeschränkte Bedeutung,als hier dargestellt,haben.

7.5 Die Syntax der Storage Class
und der Removal Class

Die Definition der storage class und der removal class gehören beide
zum member Teil-Eintrag des Set Eintrages (siehe Abschnitte 6.7 und
6.10.1). Der member Teil-Eintrag von DDLC sieht nun wie folgt aus:

$$
\underline{\text{MEMBER}} \text{ IS record-name-1} \left\{ \begin{array}{l} \text{AUTOMATIC} \\ \text{MANUAL} \end{array} \right\} \left\{ \begin{array}{l} \text{MANDATORY} \\ \text{OPTIONAL} \end{array} \right\} \left[\text{LINKED TO } \underline{\text{OWNER}} \right]
$$

$$
\left[; \left[\underline{\text{RANGE}} \right] \text{ KEY IS } \begin{array}{l} \underline{\text{ASCENDING}} \\ \underline{\text{DESCENDING}} \end{array} \text{db-id-3} \left[\begin{array}{l} \underline{\text{ASCENDING}} \\ \text{,} \underline{\text{DESCENDING}} \end{array} \right] \text{db-id-4} \right] \dots
$$

7.6 Beispiele

Abbildung 7.1 soll zur Veranschaulichung der storage class und der
removal class dienen.

Der Grund, warum der BACK-ORDER Set-Typ die storage class Angabe 'manual'
haben sollte, wurde bereits früher in dem Kapitel dargestellt. Als
removal class Angabe würde in dem SALES-ORDER Set-Typ jedoch 'mandatory'
gewählt, da eine geringe Wahrscheinlichkeit besteht, daß jemand eine
Position der zugehörigen Bestellung entfernt. Im anderen Set-Typ ist
die removal class Angabe für den member Satz 'optional'; sobald eine zu-
rückgestellte Bestellung erfüllt wurde, würde sie von dem ARTICLE abgehängt werden, jedoch in der Datenbank bleiben.

```
SET NAME IS SALES-ORDER
OWNER IS SALES-ORDER-HEADER
ORDER IS PERMANENT INSERTION IS FIRST
MEMBER IS SALES-ORDER-LINE MANDATORY AUTOMATIC OWNER
SET NAME IS BACK-ORDER PRIOR
OWNER IS ARTICLE
ORDER IS PERMANENT INSERTION IS LAST
MEMBER IS SALES-ORDER-LINE OPTIONAL MANUAL LINKED TO
    OWNER
```

Kapitel 8

Optionen zur Set-Auswahl

8.1 Kurze Wiederholung

Bis jetzt wurden zwei Eigenschaften eines Set-Typs besprochen, nämlich
Set-Modus (set-mode) und Set-Reihenfolge (set-order). Außerdem wurden
drei Eigenschaften von member Satztypen besprochen, nämlich Suchschlüssel (search keys), removal class und storage class. Es wäre nicht ganz
korrekt, eine dieser Eigenschaften als reine strukturelle Eigenschaft
zu bezeichnen, auch wenn der Set-Typ (als Eigenschaft von zwei Satztypen) in dem Sinne selbst eine strukturelle Eigenschaft ist, daß er
definiert wird, um den Zugriff auf die Sätze eines member Satztyps zu
erleichtern. In diesem Sinne ist auch der Suchschlüssel zu betrachten.
Der Set-Modus betrifft die Darstellung im Speicher während removal
class und storage class sich auf die Semantik von DML Anweisungen beziehen. Wo läßt sich nun die letzte Eigenschaft in das Gesamtbild
einpassen?

8.2 Kriterium zur Set-Auswahl

Das Set-Auswahl Kriterium (set selection criterion) ist eine Eigenschaft eines member Satztyps in einem Set-Typ. Entsprechend der obigen
Betrachtungsweise ist das Set-Auswahl Kriterium eindeutig verknüpft
mit der Semantik von DML Anweisungen. Wie bereits hin und wieder angedeutet wurde, tritt während der Ausführungszeit ein Problem auf,
nämlich, in welchen Set eines bestimmten Typs ein Satz eingebunden
werden soll, oder aus welchem Set eines bestimmten Typs ein Satz abgehängt werden soll, oder in welchem Set eines bestimmten Typs überhaupt ein Satz zu finden ist. Das Problem tritt prinzipiell bei den
folgenden DML Anweisungen auf:

    STORE
    FIND
    CONNECT
    MODIFY

Aus einem etwas unerklärlichen Grund gibt es zu dem Problem zwei Ansätze. Der eine besteht in der Anwendung des CURRENT OF SET TYPE Indikators. Dies wurde bereits im Abschnitt 6.4.2 besprochen im Rahmen
der Set-Reihenfolge bzw. wie der Programmierer durch die Art der Änderung seines currency Idikators die Set-Reihenfolge bestimmen kann.

Der andere Ansatz bzgl. des Problems der Set-Reihenfolge ist komplexer-
in der Tat erscheint er sogar unnötigerweise komplex. Er kommt nur in
den Fällen der STORE bzw. der FIND Anweisungen zum tragen. Bei CONNECT
und DISCONNECT ist nur der Ansatz des Currency Indikators möglich. Da
dieser Ansatz auch bei FIND und STORE zulässig ist, soll dieser zuerst
diskutiert werden, bevor dann die etwas schwieriger verständlichen
Optionen geklärt werden.

8.3 Set-Auswahl mit Hilfe des
Currency Indikators

Es sei nochmal darauf hingewiesen, daß bzgl. jedes Set-Typs in einem
Programm ein CURRENT OF SET TYPE Indikator während der Dauer der Ausführung des Programms automatisch verwaltet wird. Wie man noch sehen
wird, ermöglicht das Subschema einem Benutzer, sich auf einen Teil der
Gesamtdatenbank zu beschränken. Falls in einem Schema 29 Satztypen
und 37 Set-Typen definiert sind, so kann dies durch ein Subschema auf
7 Satztypen und 11 Set-Typen beispielsweise beschränkt werden. Für
ein Programm, das dieses Subschema benutzt, müßten dann 11 CURRENT OF
SET TYPE Indikatoren verwaltet werden.
Zu Beginn der Ausführung eines Programms ist der Inhalt jedes dieser
Indikatoren Null. Jedesmal, wenn eine FIND oder STORE Anweisung ausgeführt wird, wird dann einer oder mehrere geändert. Das heißt, ein
Indikator enthält dann den Datenbankschlüssel eines Satzes der Datenbank. Normalerweise gehört der Satz zu einem Typ der owner oder member
in einigen Set-Typen ist. Das bedeutet, daß die entsprechenden Indikatoren bzgl. dieser Set-Typen geändert werden. Angenommen,das nächste
Ereignis, das geschieht ist die Speicherung eines Satzes, der ein automatic member in einem Set-Typ (aus Gründen der Einfachheit) ist. Da
als storage class 'automatic' definiert wurde,wird der Satz in ein Exemplar des Set-Typs eingebunden. Aber in welches? Dieses wird durch den
Currency Indikator festgelegt. Der Indikator kann auf den owner oder
einen der member verweisen. In Abhängigkeit der Set-Reihenfolge kann
der Indikator auch zur Entscheidung wo der neue Satz in den Set eingebunden werden soll benutzt werden. In Abhängigkeit des Set-Auswahl
Kriteriums kann der Indikator zur Bestimmung des Sets benutzt werden,
in dem der neue Satz eingebunden werden soll; dies ist bei der STORE-
Anweisung möglich, jedoch nicht bei der CONNECT-Anweisung. Das sind
die Vorgehensweisen von Arbeitsgruppen und Ausschüssen.

Die Syntax zur Set-Auswahl auf der Basis von Currency Indikatoren laute
bei DBTG:

SET OCCURENCE SELECTION IS THRU CURRENT OF SET

Dies wurde von DDLC verarbeitet zu:

SET SELECTION IS TRU set-name-1 OWNER IDENTIFIED BY CURRENT OF SET
(In der Darstellung der Set-Auswahl von DDLC gibt es eine Zeichenkette
die typographische Fehler enthält.   Was oben als set-name-1 bezeichnet wurde erscheint dort als set-name-2. Dies erweckt den Eindruck, daß
eine Set-Auswahl immer über einen anderen Set-Typ erfolgt, als den am
Anfang des Set-Eintrages genannten).

8.4 Set-Auswahl auf der Basis des
Location Mode CALC

Falls in einem Set-Typ der owner Satztyp den location mode CALC hat,
dann kann dieser Sachverhalt benutzt werden, anstelle des Currency
Indikators, um einen Set auszuwählen. Greift man auf die Besprechung
der CALC Satztypen (Abschnitt 4.5) zurück, dann erkennt man, daß der
Datenadministrator bei der Wahl dieses location modes entscheiden muß,
ob der Schlüssel eindeutig ist, oder nicht - in DBTG Worten, ob identische Schlüsselwerte zulässig sind oder nicht. Falls mehrfach identische Werte nicht zulässig sind, dann wirkt der CALC-Schlüssel als
eindeutiger Identifikator für den owner Satz und kann so als Grundlage zur Set-Auswahl benutzt werden.

DBTG hatte offensichtlich eine nicht vollkommen klare Vorstellung
von der Rolle des location modes DIRECT, da deren analoge Eigenschaft
hierzu lautete 'Set-Auswahl durch den location mode des owner'. In der
Tat wies man darauf hin, daß bzgl. dieses Aspektes der location mode
DIRECT dem location CALC ähnlich sei. Dies trifft jedoch tatsächlich
nicht zu. Dies wurde im DDLC erkannt und man änderte die komplette
Syntax und Semantik dieser Option.

Die besondere Eigenschaft der Set-Auswahl auf der Basis von CALC-
KEY (wie dies von DDLC jetzt bezeichnet wird) besteht darin, daß der
Programmierer zur Ausführungszeit CALC-Schlüsselwerte dem DBCS übergeben muß, wodurch dieses dann ein Exemplar des owner Satzes und damit auch ein Set Exemplar auswählen kann. Beim DBTG Konzept konnte
die Übergabe der CALC-Schlüsselwerte geschehen über den für den owner
Satztyp im Hauptspeicher reservierten Bereich. Jedem Satztyp im Subschema ist im Hauptspeicher ein Satzbereich zugeordnet (hierüber wird
später noch mehr zu sagen sein). Der Datenadministrator kann jedoch
auch andere Elemente mit den gleichen Eigenschaften definieren, die

benutzt werden können, um die Parameter zu übergeben.
Die DBTG Syntax dieser Option (Seite 145) lautete:

SET OCCURENCE SELECTION IS THRU LOCATION MODE OF OWNER

$$\left[\text{USING db-id-5} \ \left(, \text{db-id-6}\right) \dots \\ \left\{ \text{ALIAS FOR db-id-7 IS dbd-name-1} \right\} \ \dots \right]$$

Man muß berücksichtigen, daß die Syntax auch gelten sollte, falls der
 location mode des owner Satzes DIRECT war.
Die DDLC Syntax hierzu ist viel deutlicher

SET SELECTION IS THRU set-name-1 OWNER IDENTIFIED BY

$$\text{CALC-KEY} \ \left[\text{EQUAL TO} \ \left\{ \begin{array}{l} \text{db-id-1} \\ \text{dbd-name-1} \end{array} \right\} \ \left[\begin{array}{l} , \text{db-id-3} \\ , \text{dbd-name-3} \end{array} \right] \right]$$

Der owner von set-name-1 muß einen location mode CALC haben. Wird die
EQUAL TO Option unterdrückt, dann müssen die aktuellen CALC-Schlüssel-
elemente in dem Satzbereich vor dem Aufruf der Set-Auswahl Klausel initialisiert werden. Wird die EQUAL TO Klausel jedoch benutzt, dann
können die Elemente irgendwo im Schema, d.h. in jedem beliebigen Satztyp, deklariert werden. Jedes Element muß dann durch einen Wert initialisiert sein, bevor die Set-Auswahl Klausel aufgerufen wird.

8.5 Set-Auswahl auf der Basis eines Datenbankschlüsselelementes

Diese spezielle Option entspricht ziemlich der Set-Auswahl auf der
Basis eines Currency Indikators. Der Unterschied besteht lediglich
darin, daß ein vom Benutzer definiertes Element anstatt ein vom System definierter Currency Indikator benutzt wird. Es ist nicht ganz
klar, wann dies gegenüber dem Currency Indikator Vorteile bietet. Das
System stellt ohnehin einen Currency Indikator zur Verfügung und verwaltet diesen auch. Legt der Datenadministrator die Benutzung eines
Datenelementes hierfür fest, dann muß der Programmierer den Inhalt des
Currency Indikators an das Datenbankschlüsselelement übergeben.

Es wurde bereits in Abschnitt 4.6.1 erwähnt, daß es möglich ist, Datenelemente vom Typ DATA-BASE-KEY in einem Satztyp zu definieren. Diese
Set-Auswahl Option stellt nun eine weitere Nutzungsmöglichkeit für
solche Elemente dar. Die DDLC Syntax lautet:

SET SELECTION IS THRU set-name-1 OWNER IDENTIFIED BY

$$\text{DATA-BASE-KEY} \left[\text{EQUAL TO} \left\{ \begin{array}{l} \text{db-id-1} \\ \text{dbd-name-1} \end{array} \right\} \right]$$

Die DBTG Syntax entspricht der für den location mode des owners. Vom
Konzept her gesehen, ist diese Set-Auswahl voll und ganz unabhängig vom
location mode des owner Satztyps. Ein owner Satz kann aufgesucht und
damit ein Set ausgewählt werden falls der Datenbankschlüssel bekannt
ist, unabhängig davon, ob der location mode CALC, DIRECT, System oder
VIA SET ist. DBTG hatte jedoch das Aufsuchen von Sätzen unter Benutzung des Datenbankschlüssels mit dem location mode DIRECT verbunden,
wobei diese Art des Aufsuchens möglicherweise völlig unabhängig vom
location mode ist.
Die bislang behandelten drei Alternativen sind die (in der angeführten
Reihenfolge) am häufigsten in kommerziell verfügbaren Implementierungen
zu findenden Set-Auswahl Verfahren. Es gibt noch ein weiteres, das
der Vollständigkeit halber noch dargestellt werden soll.

8.6 Hierarchische Set-Auswahl

Dieses Verfahren dürfte am besten von Lesern mit Kenntnissen in IMS
verstanden werden, da hierbei augenscheinlich ein Versuch unternommen
wurde, einige Eigenheiten dieses Systems in den DBTG Vorschlägen zu
verankern. Um das Problem zu beurteilen (das bedachtsam geschaffen wurde
so daß eine Lösung notwendig ist), muß man sich ins Gedächtnis zurück-
rufen, daß ein Set-Typ lediglich als ein Baustein bei der Errichtung
der vollständigen Datenbankstruktur betrachtet wird.
  Es sei eine hypothetische Datenbankstruktur, wie in Abbildung 8.1
dargestellt, aufgebaut. In dieser Situation spielt nun die hierarchische
Set-Auswahl eine Rolle. Auch hier fand eine Änderung zwischen DBTG und
DDLC statt. Diese Änderung veränderte das Problem, das durch diese
Eigenschaft gelöst werden sollte.
Entsprechend DBTG (Seite 147, Regel 4) wird die hierarchische Set-
Auswahl dort
  'angewandt, wo der direkte owner des Set-Exemplars nicht selbst ein-
  deutig ausgewählt werden kann, außer über seine Beteiligung als mem-

ber in einem anderen Set,... Diese Bedingung kann über eine beliebige
Anzahl von Stufen auftreten. Damit wird ein zusammenhängender Pfad
von den speziellen owner des set-name-2 (Bemerkung des Autors: des
Set-Typs, für dessen member Sätze die Set-Auswahl definiert wurde) bis
zu dem speziellen owner des Set-Typs, dessen Bestandteil die Set-Auswahl Klausel ist, gebildet.'
Weniger formal ausgedrückt heißt dies, daß der Datenadministrator einen
Pfad vom Satztyp A nach Satztyp D (siehe Abbildung 8.1) vorab definieren möchte.

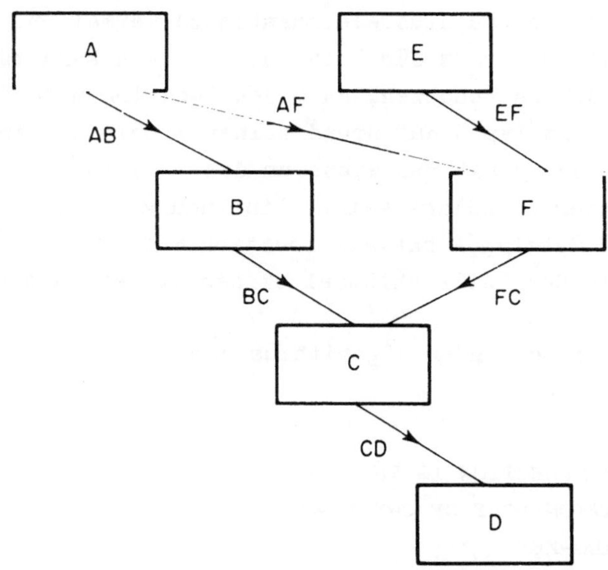

Abb. 8.1 Hierarchie von Set-Typen

Das Ziel besteht darin, daß beim Einspeichern (oder in einigen Fällen
Auffinden) eines Exemplares von D in die (der) Datenbank der Programmierer eine Reihe von Datenelementen vor der Ausführung einer STORE oder
FIND Anweisung initialisieren könnte, wodurch er ein 'Pfadexemplar' eines
durch den Datenadministrator bestimmten 'Pfadtyps' aufbaut. Die Idee
besteht darin, daß der Programmierer weniger zu schreiben hat. Ohne
die hierarchische Set-Auswahl, muß der Programmierer seinen Weg in der
Hierarchie 'nach unten' Schritt für Schritt finden durch eine Reihe
von FIND Anweisungen.

Ist es aber jemals unbedingt erforderlich, daß der Datenadministrator
unbedingt diese hierarchische Set-Auswahl benutzen muß? Die Antwort
lautet nein. DBTG betrachtet aber die Situation als speziellen Fall,
bei der beide Satztypen B und C den location mode VIA SET haben. Befindet man sich aber 'ganz oben' in der Struktur, dann kann dort ein
solcher location mode nicht vorkommen, da der Set nicht member in
irgendeinem Set-Typ ist. Vielmehr liegt hier eher der location mode
CALC vor.
Es sieht so aus, als ob die Absicht der Eigenschaft darin besteht, die
Benutzung einer Set-Auswahl durch Currency Indikatoren und damit auch
das Besetzen von Datenbankschlüsselelementen zu vermeiden. Definiert
man das Set-Auswahl Kriterium für D in Set CD, dann kann man nicht den
location mode des owners benutzen, da C den location mode VIA SET hat.
Damit muß ein Satz vom Typ C auf Grund seiner Einbindung in einen BC
Set ausgewählt werden. B hat nun wiederum den location mode VIA SET.
Deshalb muß B auf der Grundlage seiner Einbindung in einen AB Set
ausgewählt werden. Satztyp A hat als location mode CALC, wodurch
(vorausgesetzt, daß der CALC-Schlüssel eindeutig ist) A eindeutig
ausgewählt werden kann.
   DBTG schlägt dafür folgenden Algorithmus vor:

```
MEMBER IS D....

SET OCCURRENCE SELECTION IS THRU BC
    USING LOCATION MODE OF OWNER AB
    USING A-CALC-KEY
```

wobei A-CALC-KEY das CALC-Schlüsselelement von A ist.
Tatsächlich war obige Aussage von DBTG über die Anwendbarkeit des
hierarchischen Set-Auswahl ziemlich irreführend. Ein gewisses Verständnis der Eigenschaft von 'Segmentsuchargumenten' (segment search
arguments)' in IMS ermöglicht einen besseren Einblick in die Absicht,
die hinter dieser Eigenschaft steckt.
Das Ziel bestand darin, dem Programmierer eine Möglichkeit zu geben,
auf nicht-prozedurale Art und Weise durch Initialisierung eines ganzen
Pfades, einen Satz zu finden bzw. einzuspeichern. Dabei wird keine Ma-
schinenzeit eingespart, da das System ohnehin seinen Weg durch die
Hierarchie finden muß, indem es auf die Sätze entlang des Pfades zu-
greift.

8.7 Syntax

Zur Vollständigkeit sei die Syntax der DBTG zur Set-Auswahl im folgenden dargestellt. Es gibt zwei Formate, das erste zur Abdeckung von nichthierarchischen Situationen, das zweite für den hierarchischen Fall.

Format 1

```
SET OCCURRENCE SELECTION IS THRU

     CURRENT OF SET
     LOCATION MODE     ⎡USING db-id-5  ,db-id-6 ...           ⎤
     OF OWNER          ⎣ALIAS FOR db-id-7 IS dbd-name-1}  ... ⎦
```

Format 2

```
SET OCCURENCE SELECTION IS THRU set-name-2 USING

 ⎧CURRENT OF SET                                          ⎫
 ⎪LOCATION MODE                                           ⎪
 ⎨OF OWNER          ⎡ALIAS FOR db-id-8 IS dbd-name-2⎤ ... ⎬
 ⎪     ⎧            ⎧USING db-id-9 ⎡,db-id-10⎤...        ⎫⎫⎪
 ⎩     ⎨set-name-3  ⎨ALIAS FOR db-id-11 IS dbd-name-3}...⎬⎬⎭ ...
       ⎩            ⎩                                     ⎭⎭
```

Die Syntax des DDLC ist genauso komplex aber unterschiedlich. Sie enthält eine spezielle Vorkehrung für multi-member Set-Typen. Wie bereits zu Beginn dieses Kapitels erwähnt wurde, ist die Set-Auswahl eine Eigenschaft eines member Satzes und nicht eines Set-Typs. Es ist trotzdem schwierig,vorauszusehen, wann es vorteilhaft ist, zwei oder mehrere unterschiedliche Set-Auswahl Kriterien im selben Set-Typ zu haben. Die DDLC Option läßt zu, daß der Datenadministrator festlegen kann, daß die Set-Auswahl für ein member eines multi-member Set-Typs die gleiche ist, wie für einen der anderen member. Theoretisch könnte dies bewirken, daß der Datenadministrator es sich ersparen kann, lange hierarchische Pfade zweimal herauszuschreiben. DDLC kennt ebenso zwei Formate, aber nur eines liegt innerhalb dessen, was bisher in diesem Buch behandelt wurde, das andere ist auch leicht angepaßt.

```
SET SELECTION [FOR set-name-1]  IS THRU  set-name-2 OWNER
IDENTIFIED BY
   ⎧ SYSTEM                                                              ⎫
   ⎪ CURRENT OF SET                                                      ⎪
   ⎪                            ⎡          ⎧ db-id-1    ⎫ ⎤              ⎪
   ⎪ DATA-BASE-KEY              ⎢ EQUAL TO ⎨ dbd-name-1 ⎬ ⎥              ⎪
   ⎨                            ⎣          ⎩           ⎭ ⎦              ⎬
   ⎪         ⎡          ⎧ db-id-2    ⎫ ⎡ ,db-id-3    ⎤      ⎤           ⎪
   ⎪ CALC-KEY ⎢ EQUAL TO ⎨ dbd-name-2 ⎬ ⎢ ,dbd-name-3 ⎥ ... ⎥          ⎪
   ⎪         ⎣          ⎩           ⎭ ⎣             ⎦      ⎦           ⎪
   ⎩ MEMBER record-name-1  SELECTION                                    ⎭

   ⎡ THEN THRU  set-name-3
   ⎢   ⎧ WHERE OWNER IDENTIFIED BY db-id-4
   ⎣   ⎨
       ⎩
          ⎡          ⎧ db-id-5    ⎫ ⎤ ⎤
          ⎢ EQUAL TO ⎨ dbd-name-4 ⎬ ⎥ ⎥ ...  ⎤ ...
          ⎣          ⎩           ⎭ ⎦ ⎦       ⎦
```

Ein Aspekt, der etwas verwirrend sein könnte ist der Unterschied zwischen set-name-1 und set-name-2. Die angehängten Ziffern sollen gewährleisten, daß man sich eindeutig auf sie in den Syntax Regeln und den
generellen Regeln beziehen kann. Verzichtet man jedoch auf die hierarchische Set-Auswahl, dann beziehen sich set-name-1 und set-name-2 notwendigerweise auf denselben Set-Typ.

8.8 Benutzung der alternativen Set-Aus-
wahl Kriterien

Der Faktor, der sowohl bei DBTG als auch bei DDLC die Set-Auswahl kompliziert, ist der hierarchische Pfad. In der Praxis ist dies nur in ein
oder zwei DBMS implementiert. Der Leser wird nur dann auf diese Möglichkeit stoßen, wenn er von diesen Implementierungen betroffen ist.
Der Rat, den man Datenadministratoren geben kann, lautet: vermeide dies
wo möglich und benutze für die Set-Auswahl die currency Indikatoren
als geringstes einer Reihe von Übeln, es sei denn, daß eine Einrichtung
existiert, die im nächsten Abschnitt besprochen wird. Da ein Programmierer bei der Verarbeitung von Set-Typen ohnehin diese Indikatoren
verstehen und damit arbeiten muß, bedeutet es dann für ihn nicht viel
zusätzlichen Aufwand, die Set-Auswahl unter deren Zuhilfenahme zu
programmieren.

8.9 Wichtige Set-Auswahl Optionen

Es ist vielleicht nicht ganz deutlich geworden, daß die letzte DDLC
Modifikation in der Tat eine sehr wichtige zusätzliche Eigenschaft
hinterlassen hat, die nicht nur eine wesentlich einfachere Vorgehensweise bzgl. der Set-Auswahl ermöglicht, sondern auch das gesamte Problem,wie die logische Darstellung eines Set-Typs behandelt werden soll,
betrifft.

Im DBTG Konzept und damit bei den meisten kommerziell verfügbaren
Implementierungen wird eine 1:N Beziehung zwischen zwei Satztypen explizit definiert durch

```
SET NAME IS set-name-1

    OWNER IS record-name-1

    . . . . . . . . .

    MEMBER IS record-name-1

    . . . . . . . . .
```

Mit anderen Worten, die Beziehung existiert auf Grund einer Definition
und nicht auf Grund eines Hinweises, daß diese existiere. Um es ganz
deutlich zu machen, die einzige Möglichkeit, eine Beziehung (im allge-
meinen Sinn) zwischen zwei Sätzen abzuleiten besteht darin, gemeinsame
Datenelemente in die beiden Satztypen aufzunehmen. Das läßt sich am
besten anhand eines Beispiels verdeutlichen.

Folgende zwei Satztypen seien gegeben:

```
01  DEPT LOCATION MODE IS CALC USING DEPT-NO

              DUPLICATES NOT ALLOWED

    02  DEPT-NO     PICTURE  999
    02  DEPT-NAME   PICTURE  X(15)
    02  LOCN-CODE   PICTURE  99
    02  SIZE        PICTURE  999
01  EMPLOYEE LOCATION MODE IS CALC USING EMP-NO

              DUPLICATES NOT ALLOWED

    02  EMP-NO       PICTURE  X(4)
    02  EMP-NAME     PICTURE  X(12)
    02  EMP-UNIT     PICTURE  X(4)
    02  EMP-DEPT-NO  PICTURE  999
    02  BIRTH        PICTURE  9(6)
```

Die wichtige Zeile in den beiden Schema Satztyp-Beschreibungen ist
die vorletzte Zeile des EMPLOYEE Satztyps, in der das elementare
Datenelemente EMP-DEPT-NO definiert wird. Ist dies zwangsläufig das
gleiche Element wie DEPT-NO im DEPT Satztyp? Genauer ausgedrückt, erhalten die beiden Elemente ihre Werte aus der gleichen zulässigen Werte
menge? Diese Fragen betreffen ganz und gar die Semantik der Daten.
Falls jemand nachweisen kann, daß die Werte diser beiden Elemente aus
demselben Wertebereich kommen, dann ist die Hinzunahme von EMP-DEPT-NO
im EMPLOYEE Satztyp gleichbedeutend einer Deklaration, daß jede Abteilung null, einen oder mehrere Mitarbeiter enthält und daß jeder Mitarbeiter zu keiner oder zu einer Abteilung gehört.

Damit ist noch keine Set-Typ Beziehung ins Spiel gebracht worden. Es
ist nun interessant zu untersuchen, welche Auswirkungen es hat, wenn
man eine Beziehung nicht deklariert, die implizit in den Datenelementen
enthalten ist. Eine Auswirkung wird darin bestehen, daß es zeitaufwendiger ist, einen Prozeß durchzuführen, von dem alle Mitarbeiter eine:
speziellen Abteilung betroffen sind.Dies gibt den Zugriffspfadgedanken
der Beschreibung einer Set-Typ Beziehung wieder (siehe Abschnitt 3.5).
Eine andere zu untersuchende Konsequenz besteht darin, ob es möglich
ist auf irgendeine Art und Weise, den Wert von EMP-DEPT-NO zu vergleichen mit einem Wert von DEPT-NO. Solch ein Vergleich könnte normalerweise zu der Zeit stattfinden, zu der ein EMPLOYEE Satz in die Datenbank eingespeichert wird, falls als storage class 'automatic' definiert
wurde (siehe Abschnitt 7.1). Es gibt jedoch nichts in der besprochenen
Schema DDL Syntax, was eine Möglichkeit bieten könnte, den Wert eines
Elements in einem member Satztyp daraufhin zu überprüfen, ob er dem
Wert eines 'vergleichbaren' Elements im owner Satztyp entspricht.
Diese Diskussion mag den Eindruck erwecken, daß sie nicht in ein Kapitel über Set-Auswahl gehört. Tatsächlich gehören aber die Set-Auswahl Optionen vollständig dazu. Falls es möglich wäre, den Wert von
EMP-DEPT-NO zur Auswahl des Set-Exemplars zu benutzen und falls bzgl.
eines gegebenen EMPLOYEE Satzexemplars der Wert von EMP-DEPT-NO keinem
in der Datenbank existierenden Wert von DEPT-NO entspricht, dann
würde kein Set ausgewählt werden.Bei einer storage class 'automatic'
hätte man dann den Effekt einer erfolglosen Ausführung einer STORE
EMPLOYEE Anweisung sowie einer Fehlerbedingung. Dieses Konzept zur
Set-Auswahl bewirkt, daß eine Überprüfung für das Element im member
Satztyp, dessen Werte als Basis für die Set-Auswahl benutzt werden,
spezifiziert wird. Man könnte dies als eine Überprüfung zwischen Satztypen bezeichnen.

Die früher besprochene DBTG Eigenschaft, speziell die Set-Auswahl auf der Basis des location mode CALC (siehe Abschnitt 8.4), entspricht nicht der im vorangegangenen Abschnitt besprochenen Möglichkeit. Zur Benutzung dieser Eigenschaft könnte man schreiben (DBTG Syntax).

```
SET NAME IS D-E
    OWNER IS DEPT
    ..........
    MEMBER IS EMPLOYEE
    ..........
    SET OCCURENCE SELECTION IS THRU LOCATION MODE OF
                            OWNER USING DEPT-NO
```

Es ist nicht erlaubt, statt DEPT-NO EMP-DEPT-NO zu schreiben. Die Regeln legen explizit fest, daß 'alle Datenbank-Identifikatoren sich auf die deklarierten Datenelemente des owner Satzes des (der) entsprechenden Sets beziehen'.

Mit der geänderten DDLC Syntax könnte man die Set-Auswahl Klausel wie folgt schreiben:

```
SET SELECTION FOR D-E IS THRU D-E OWNER IDENTIFIED
    BY CALC-KEY EQUAL TO EMP-DEPT-NO
```

Die Syntax ist etwas schwerfällig, der gewünschte Effekt kann jedoch wenigstens erreicht werden. Es wäre vorzuziehen, wenn man das member Element, auf Grund dessen die Set-Auswahl erfolgen soll, als Set-Element bezeichnen würde und die Syntax der gesamten Set-Auswahl vereinfachen würde zu der folgenden Form

$$\text{SET SELECTION IS VIA} \begin{Bmatrix} \text{SYSTEM} \\ \text{CURRENT OF SET} \\ \text{SET ITEM dbd-name-2} \ [\text{,dbd-name-3}] \dots \end{Bmatrix}$$

Unter Berücksichtigung der existierenden Regeln, die die Interaktion zwischen Set-Auswahl und storage class kontrollieren, kann jede Set-Auswahl Option auch für einen Set-Typ deklariert werden, in dem der member Satztyp die storage class 'manual' hat (siehe Abschnitt 7.1). Die Deklaration der storage class 'manual' bewirkt, daß ein member Satz bei seiner Einspeicherung in die Datenbank noch nicht in einen Set eingebunden wird. Dies kann danach durch die Anwendung einer CONNECT Anweisung geschehen (was in Abschnitt 16.5 noch im Detail diskutiert werden muß). Diese Anweisung ruft nicht die Set-Auswahl Option auf. Damit wäre es auch möglich, einen EMPLOYEE Satz an einen DEPT Satz anzubinden, wenn die Abteilungsnummer unterschiedlich wäre. Falls der Datenadministrator an dem Effekt der Überprüfung durch die Deklaration eines Set-Typs (sowie des Zugriffes auf die member Sätze) interessiert ist, dann ist die Wahl der storage class 'automatic' unbedingt zu empfehlen.

Kapitel 9

Interne Struktur eines Satztyps

9.1 Einführung

Im Abschnitt 3.2 wurde das Konzept des Satztyps hauptsächlich für den
Leser erläutert, der sich stärker mit den Konzepten der wissenschaftlichen Programmierung befaßt. Dies geschah mehr erläuternd als umfas-
send. Damit bleibt die Notwendigkeit, die genaue Beschaffenheit der internen Satzstruktur der Schema DDL zu untersuchen. In Abschnitt 3.3
wurde der wichtige Unterschied zwischen der satzinternen Struktur und
der Struktur zwischen Satztypen erläutert. Bis jetzt befaßte sich das
Buch überwiegend mit der Struktur zwischen Satztypen, die eines der
Grundkonzepte heutiger Datenbankverwaltungssysteme darstellt. DBTG
brachte eine Anzahl neuer Ideen in die satzinterne Struktur ein. Dies
ist der Gegenstand der Erläuterungen in diesem Kapitel.

9.2 Geschichtliche Entwicklung

Geht man in der Geschichte zurück auf den DBTG Bericht vom Oktober 1969
so stellt man fest, daß DBTG bereits von seiner ursprünglichen Zielsetzung der 'Erweiterung von COBOL' abgewichen war. Dies geschah sogar
in dem Ausmaß, daß das Wort COBOL im Anschluß an das Vorwort des Vorsitzenden gar nicht mehr erwähnt wurde.
Im Vorwort stand

   'Es ist unsere Hoffnung, daß die Datenbeschreibungssprache (DDL) die
   Grundlage eines industriellen Standards bildet und daß individuelle
   Wirtssprachen über eine Schnittstelle diese benutzen'.
und weiter

   Auf der anderen Seite werden die Semantik und Syntax der Datenmanipulationssprache (DML) als Erweiterung von COBOL und als ein Proto-
   typ für die in einer Wirtssprache benötigten Manipulationsmöglich-
   keiten vorgeschlagen'.
Es gab zu dieser Zeit zwei Probleme bzgl. dieses begrüßenswerten Zieles.
Das erste bestand darin, daß 1969 IBM immer noch alles daransetzte,
PL/1 auf einem widerwilligen Markt langsam aber sicher einzuführen,
während das zweite darin bestand, daß die interne Satzstruktur in der
Schema DDL vom Oktober 1969 das reine und unverfälschte COBOL enthielt.
IBM erhob klugerweise in der Hinsicht Protest, daß die Schema DDL zu
sehr an COBOL ausgerichtet ist und daher die Ziele einer mehrfachen

Wirtssprachen DDL nicht erreichbar wären. Als Ergebnis, in Form einer
großartigen Beruhigungsaktion, ersetzte DBTG die an COBOL orierntierte
interne Satzstruktur in der Schema DDL durch eine an PL/1 orierntierte
interne Satzstruktur. Dies erschien im Bericht vom April 1971. Obwohl
sich der PL/1 Druck zwischen 1971 und 1973 reduzierte, griff das DDLC
nicht auf COBOL zurück. Alle Hersteller von DBMS, die auf CODASYL basieren, haben jedoch auf die eine oder andere Art darauf zurückgegriffe:
Das heißt nicht, daß sie PL/1 nicht unterstützen wollen; es bedeutet
vielmehr, daß sie nicht die interne Satzstruktur von PL/1 unterstützen
wollen (was ein ganz anderer Aspekt ist).
Die Hersteller wählten zwei Ansätze, um auf die interne Satzstruktur
von COBOL zurückzukommen. Der eine ist die Benutzung der COBOL Eigenschaften und der COBOL Sprache. Der andere ist die Benutzung der COBOL
Eigenschaften, ausgedrückt in der Sprache PL/1. Dies macht eine Teilmenge der DBTG oder DDLC Vorschläge aus.

9.3 Die Rolle der internen Satzstruktur

Die interne Satzstruktur stellt einen wesentlichen Punkt dar, über den
der Kontakt zwischen Datenbank und Wirtssprache hergestellt wird. Wie
in den vorausgegangenen Kapiteln bereits zum Ausdruck gebracht wurde,
werden die Strukturierungsmöglichkeiten zwischen den Sätzen durch entsprechende Leistungen der DML unterstützt. Die satzinterne Datenmani-
pulation ist ganz und gar Aufgabe der Wirtssprache.
Ohne Zweifel ist die satzinterne Struktur von PL/1 mächtiger als die
von COBOL. 'Mächtig' bedeutet hier mehr Elementtypen und mehr ge-
schachtelte Wiederholungsgruppen (repeating groups).
Es ist interessant genug, daß sich die Ereignisse bzgl. dieses Aspektes
vollkommen gewandelt haben seit IBM 1964 PL/1 eingeführt hat. Erst vor
kurzem hat die IBM Forschung die besonderen Eigenschaften von etwas
mysteriös bezeichneten 'Relationen in dritter Normalform' herausgestell
Eine Analyse dieses augenscheinlich abstrakten Phänomens ergibt, daß
hierdurch (in der Terminologie der Alltagsdatenverarbeitung) eine interne Satzstruktur gar nicht wünschenswert ist. Die Datenbank läßt sich
besser verstehen, wenn jeder Satztyp nur aus Elementarelementen ohne
Wiederholungsgruppen besteht.Dem kann man zustimmen.
Wenn Wiederholungsgruppenexemplare von Satzexemplar zu Satzexemplar
in ihrer Größe variieren, dann ist auch die Satzlänge variabel- die
Eigenschaft, die in ANSI COBOL sicherlich berücksichtigt ist. Wie bereits in Abschnitt 3.3 angedeutet wurde,ist die satzinterne Struktur
ein historischer Ansatz; der Set-Typ ist relativ neu.

Es dürfte für jeden Ausschuß schwierig sein, die satzinterne Struktur
wegfallen zu lassen, jedoch könnte von deren Benutzung abgeraten werden.
Einige Implementierungen lassen variabel lange Sätze nicht zu. Damit
gibt es auch keine COBOL OCCURS DEPENDING Klausel oder entsprechendes.
Man kann voraussehen, daß diese Eigenschaft im Laufe der Jahre entfal-
len wird. Nach diesem entmutigenden Hinweis soll, wenn auch nur wegen
der Vollständigkeit, die satzinterne Struktur der Schema DDL dargestellt
werden.

9.4 Elementtypen

Jedes Element wird normalerweise entweder durch eine TYPE Klausel oder
eine PICTURE Klausel definiert, jedoch nicht durch beide. Die TYPE
Klausel wird als reines PL/1 betrachtet. Sie gibt die Möglichkeit von
PL/1 wieder, komplexe Zahlen, Bitketten, Zeichenketten und verschiedene
Arten reeller numerischer Elemente zu behandeln. Die genaue Syntax die-
ser Klausel lautet nach DDLC (Seite 3.55):

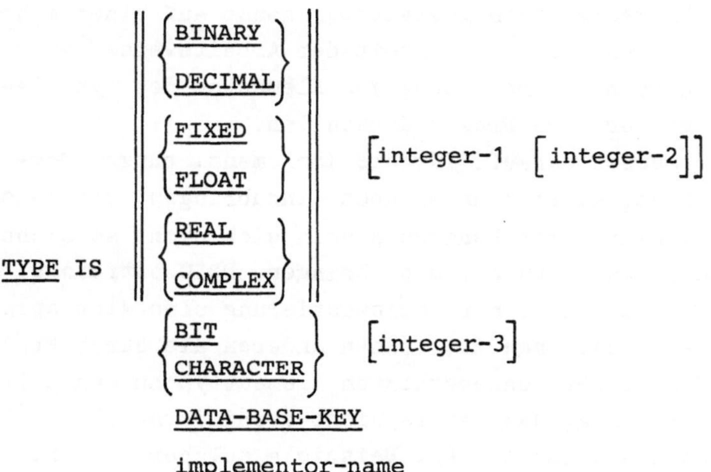

Der erste Teil dieses Syntaxausschnittes bezieht sich auf numerische
Elemente. Zur Verdeutlichung seien die vier REAL Kombinationen aufgelistet.

    REAL BINARY FIXED
    REAL BINARY FLOAT
    REAL DECIMAL FIXED
    REAL DECIMAL FLOAT

Lediglich die Anzahl der in einer bestimmten Implementierung zur Verfügung gestellten Kombinationen hängt ab von der Anzahl der möglichen Hardware Darstellungsformen für numerische Datenelemente; Integer-1 gibt die Genauigkeit des Elementes an. Nur für Festkomma-Elemente gibt integer-2 die Skala an.

Elemente des Typs BIT sind Bitketten (nicht möglich in COBOL, integer-3 gibt die Länge des strings an). Zeichenketten oder Elemente mit TYPE IS CHARACTER sind COBOL orientierten Lesern bekannt genauso wie DISPLAY Elemente.

Die Idee der Elemente vom Typ DATA-BASE-KEY wurde bereits schon in Abschnitt 4.6.1 eingeführt. Hier ist nun diese Idee im Zusammenhang mit der internen Satzstruktur dargestellt. Es ist wichtig, sich daran zu erinnern, daß, obwohl jedem in der Datenbank gespeicherten Satz ein Datenbankschlüsselwert zugeordnet ist, es keine Notwendigkeit gibt, daß ein Datenadministrator ein Element vom Typ DATA-BASE-KEY in einem Satz definiert, um jeden Satz mit einem Datenbankschlüsselwert zu versehen. Die Eigenschaft steht dem physisch orientierten Datenadministrator zur Verfügung, der es den Programmierern gestattet, ebenso auf einer sehr physischen Ebene zu arbeiten. In Abhängigkeit der Arbeitsweise der Restrukturierungsroutinen kann die Benutzung von Elementen des Typs Datenbankschlüssel eine gefährliche Praxis darstellen.

DBTG war regelrecht versessen darauf, für die Implementierungen Möglichkeiten offen zu lassen, um Leistungen noch einzubringen, von denen DBTG glaubte, daß diese existieren könnten, jedoch sich nicht so sicher war, um sie in die Spezifikationen mit einzubringen. DDLC entfernte alle bis auf diese eine. Soll in einer Implementierung eine Wirtssprach unterstützt werden, die in der Lage ist, einen anderen als durch PL/1 (und damit durch die Schema DDL) unterstützten Elementtyp zu manipulieren, dann lautet der Vorschlag, daß man es nicht verhindern soll, solche Elemente in der Datenbank zuzulassen. Beispiele solcher Elementtypen sind Datum-, Zeit-, Längen- und Höhenangaben.

9.5 Wiederholungsgruppen

Eine Wiederholungsgruppe (repeating group oder aggregate) ist eine benannte Gruppe von Elementen, die in einer variablen Anzahl in einem Satzexemplar auftreten können. In COBOL gibt es zwei Arten von Wiederholungsgruppen. Bei der ersten ist die Anzahl der Wiederholungen in einem Satz fest. Bei der anderen kann diese Anzahl variieren. Es gibt in COBOL keine Restriktion bzgl. der zulässigen Anzahl von Wiederholungsgruppen der ersten Art in einem Satztyp. Die Anzahl der variabel

langen Wiederholungsgruppen ist beschränkt auf drei. Diese müssen
außerdem am Ende des Satztyps liegen.

PL/1 und damit auch die Schema DDL sind weniger restriktiv bzgl.
der Schachtelung von Wiederholungsgruppen und der Stelle, wo man diese im Satz finden kann. PL/1 benutzt den Begriff 'aggregate' für ge-
schachtelte Wiederholungsgruppen. Damit findet man diesen Begriff
auch in der Schema DDL.
Die Schema DDL Syntax zur Definition von Wiederholungsgruppen ist
einfacher und direkter als in COBOL. Sie lautet:

$$
\text{OCCURS} \quad \left\{ \begin{array}{l} \text{integer-1} \\ \text{db-id-1} \end{array} \right\} \quad \text{TIMES}
$$

Falls eine integer-1 Angabe benutzt wird, muß sie größer als Null sein.
Außerdem muß die Größe der Wiederholungsgruppe fest sein. Es gibt in
jedem Satzexemplar dann die gleiche Anzahl von Exemplaren dieser Gruppe. Falls db-id-1 benutzt wird, dann muß dies ein Elementarelement in
dem definierten Satz sein. Außerdem muß es vom TYPE REAL FIXED sein,
woraus folgt, daß dieses Element nur ganze Werte annimmt.
Die OCCURS Klausel wird zur Definition eines Datenaggregates benutzt.
Ein Vektor ist ein ziemlich spezieller Fall eines Datenaggregates,
nämlich dahingehend, daß es nur eine Komponente als Elementarelement
gibt. Falls dieses Element zufällig ein numerisches Element ist, dann
hat man das FORTRAN Konzept eines eindimensionalen Bereiches (array).

9.6 Picture - Klausel

Eine Picture-Klausel kann anstatt einer Typ-Klausel benutzt werden, um
die Charakteristika eines Datenelements zu spezifizieren. Das Konzept
der Picture-Klausel ist jedem COBOL oder PL/1 Programmierer sehr bekannt. Für den FORTRAN Programmierer sollte man sagen, daß die Picture-
Klausel eine Möglichkeit bietet, die Form eines Elementwertes zu spezifizieren. Sind die zu verarbeitenden Daten rein numerisch, dann hat
die Klausel keine Bedeutung. Ihre eigentliche Bedeutung hat sie im Zusammenhang mit nicht - berechenbaren Daten wie Telefonnummern, Datumangaben, Namen, Adressen u.ä.
Beispiele für Picture-Angaben sind

```
BIRTH-DATE    PICTURES   IS    99X99X99

PHONE-NO      PICTURES   IS    999X999X9(4)
```

Hierbei bedeutet 9, daß jede Dezimalziffer zwischen 0 und 9 gültig ist.
X bedeutet, daß diese Stelle ein beliebiges Zeichen aus dem Zeichenvor-
rat beinhalten kann. Die (4) im zweiten Beispiel veranschaulicht einen
Wiederholungsfaktor und hätte genauso gut geschrieben werden können als

```
PHONE-NO    PICTURE  IS   999X999X9999
```

Der Wiederholungsfaktor ist jedoch nützlicher, wenn ein Zeichentyp
mehrmals auftritt, wie im folgenden Beispiel:

```
LAST-NAME  PICTURE  IS   A(12)
```

Die Bedeutung hier ist, daß die zulässigen Werte von LAST-NAME alpha-
betische Zeichen oder nur Leerstellen enthalten können.

Die Picture-Klausel in der Schema DDL von DBTG basiert zusammen mit
den restlichen Angaben zur internen Satzstruktur auf PL/1. Implementierungen scheinen sich auf COBOL zu beschränken; damit entspricht auch
die PICTURE-Klausel den COBOL Spezifikationen. Berücksichtigt man dies
dann sollte man hier nicht auf alle Details eingehen und den Leser auf
irgendein gutes COBOL Handbuch verweisen.

9.7 Quellenelemente

Ein Quellenelement (source item) ist ein Element, das als Teil von zwei
Satztypen in einem Set-Typ definiert wird. Im owner Satztyp wird es
ganz normal wie jedes andere Element definiert. Im member Satztyp wird
das Element als Quellenelement definiert. Dies bedeutet, daß es eine
genaue Übereinstimmung zwischen den Werten in jedem eingebundenen membe
Satz und dem Wert im owner Satz gibt.
Die DDLC Syntax für diese Eigenschaft lautet wie folgt (Seite 3.53):

$$
IS \left\{ \begin{array}{l} \underline{ACTUAL} \\ \underline{VIRTUAL} \end{array} \right\} AND \ \underline{SOURCE} \ IS \ db\text{-}id\text{-}1 \ OF \ \underline{OWNER} \ OF \ set\text{-}name\text{-}1
$$

Falls das Quellenelement als 'actual' qualifiziert wurde, dann wird
der Wert des Elementes im member Satz zu der Zeit gespeichert, zu der
der member Satz das erste Mal in einen Set eingebunden wird (was zu
der Zeit sein kann, wo er das erste Mal gespeichert wird). Die Folgerung daraus ist, daß man während der Ausführung der STORE Anweisung
auf den owner Satz zugreifen muß und den Elementwert vom owner in den
member Satz kopiert. Hoffentlich (aber nicht notwendigerweise) ist der
Zugriff auf den owner Satz nicht zu zeitaufwendig. Das COBOL JOD braucht
keine Syntax für eine derartige Eigenschaft zu definieren, es muß
sich aber darauf beziehen. Terminologisch wird hierfür 'abgeleitetes
Element' ('derived item') benutzt (Seite IV-1-5), da der Elementwert
zur Ausführungszeit des DBCS abgeleitet wird. Der JOB unterscheidet
nicht zwischen den hier beschriebenen Quellelementen und den im Kapitel
10 zu beschreibenden Ergebniselementen (result items). Falls ein virtuelles Element vorliegt, dann findet der Prozeß des Kopierens des
Wertes vom owner in den member zur Zeit des Aufsuchens des Satzes und
nicht zur Zeit dessen Einspeicherung in die Datenbank statt. In früheren Kapiteln wurde auf eine wichtige DML Anweisung Bezug genommen, die
FIND Anweisung. Ein Quellenelement wird nicht während der Ausführung
einer FIND Anweisung kopiert, sondern während der Ausführung der assoziierten DML Anweisung GET. Dies soll später noch im Detail besprochen
werden.
Die Ziele der Eigenschaft des Quellenelementes sind die Erreichung der
Konsistenz und darüberhinaus eine Kontrollmöglichkeit über den Aufwand
zwischen benötigter Zeit und benötigtem Speicherplatz. Falls ein (elementares oder Gruppen-) Element in einem Satztyp dem in einem anderen
Satztyp entspricht und falls es gerechtfertigt werden kann, zwischen
diesen beiden Satztypen einen Set-Typ zu definieren, kann dann das Element im member Satztyp ein Quellenelement sein. Die nächste zu klären-
de Frage wäre, ob die Werte des Elements auf irgendeine Weise dem Algorithmus zur Einbindung von member Sätzen in einen Set entsprechen.
Ist dies der Fall, dann wird der Grund, aus dem Element im member Satztyp ein Quellenelement zu machen, noch verstärkt.
Um das ganze abzurunden ist es notwendig, Verarbeitungszeitprobleme zu
berücksichtigen. Wenn zu allen Verarbeitungszeiten der gesamte owner
Satz jedesmal im Hauptspeicher sein muß, wenn ein eingebundener member
Satz verarbeitet wird, dann entfällt der Grund. Es gibt hier keinen An-
laß, das Element sowohl im owner als auch im member zu haben, unabhängig
davon ob der benutzte Speicherbereich ganz im Hauptspeicher liegt
(virtuelles Quellenelement) oder auch Speicherbereiche von Direktzugriffsspeichern benutzt werden (reales Quellenelement).

Falls nur das betreffende Element benötigt wird aber nicht der Rest des
owner Satztyps dann ist es durchaus wahrscheinlich, daß Hauptspeicher-
platz gespart werden kann, indem man das Element im member zum Quellenelement erklärt. Falls dem Platz auf Direktzugriffsspeichern große Bedeutung beigemessen wird und die Sets groß sind, dann ist es besser,
ein virtuelles Element zu benutzen, obwohl dies einen Zugriff auf den
owner Satz bewirken kann. Um auf Kosten von Platz auf Direktzugriffsspeichern einen Gewinn bzgl. der Verarbeitungszeit zu erzielen, kann
das Element der member Satztypen als ACTUAL definiert werden.
Es ist voraussehbar, daß reale Quellenelemente bedeutend mehr benutzt
werden als virtuelle Quellenelemente. Es braucht einen Programmierer
nicht zu interessieren, ob das zu verarbeitende Element ein 'normales'
oder ein Quellenelement ist. Falls er es aber weiß, so kann er nicht
viel damit anfangen, außer unnötige Suchprozeße für virtuelle Quellenelemente zu vermeiden.

9.8 Elementprüfung

'Garbage in, garbage out', war lange Zeit eine Kritik an computergestützten Dateien. Im Zuge der technischen Weiterentwicklung hin zu in-
tegrierten Datenbanken ist es schon lange überfällig, daß durch die
Ausschüsse, in denen die Spezifikationen festgelegt werden und durch
die Hersteller von DBMS ein gewisser Aufwand dahingehend getrieben wird
daß dem Datenadministrator Werkzeuge zur Verfügung gestellt werden, di
es ihm gestatten, Prüfkriterien festzulegen, die ein Elementwert vor
seiner Zulassung für die Datenbank erfüllen muß. Die Bemühungen von DBS
in dieser Hinsicht resultierten in einer CHECK Klausel, die in einer
gekürzten Form wie folgt aussah (siehe Seite 92):

```
                    ║ PICTURE                              ║
CHECK IS            ║                                      ║
                    ║ RANGE OF literal-8 THRU literal-9    ║
```

DDLC modifizierte dies zu (Seite 3.30):

$$\text{CHECK IS} \quad \left\| \begin{array}{l} \underline{\text{PICTURE}} \\ \underline{\text{VALUE}} \; [\underline{\text{NOT}}] \; \text{literal-1} \; [\text{THRU} \; \text{literal-2}] \\ \qquad \text{,literal-3} \; [\text{THRU} \; \text{literal-4}] \; \ldots \end{array} \right\|$$

Die Bedeutung der Option CHECK IS PICTURE ist nicht so offensichtlich, wie das auf den ersten Blick aussehen mag. Um diese vollständig zu würdigen, muß der Leser einen Vorschlag für eine Subschemaeigenschaft berücksichtigen, der noch nicht implementiert ist. Diese Eigenschaft besteht darin, daß ein Element im Subschema einen anderen Typ haben kann als das entsprechende Element im Schema. Zur Ausführungszeit findet eine Konvertierung von einem in das andere statt. Die Konvertierung kann in beiden Richtungen geschehen, abhängig davon, ob das Element gespeichert oder aufgesucht wird. Die Wirkung von CHECK IS PICTURE bzgl. eines bestimmten Elements ist, daß eine solche Konvertierung verhindert wird.

Dies ist eine sonderbare Eigenschaft. In der Tat kann es interpretiert werden, wie durch denjenigen, der das Schema definiert hat, die Kontrolle über die zulässigen Subschema ausgeübt werden kann. Wenn ersterer CHECK IS PICTURE benutzt, dann mag kaum ein Grund vorhanden sein, im Subschema einen anderen Elementtyp zu benutzen, obwohl die Subschema Elementcharakteristika eine Teilmenge derer sein können, die für das gleiche Element im Schema definiert wurden. DBTG benutzt die Bezeichnung 'Charakteristika eines Datenelements', um auf die vorher in diesem Kapitel besprochenen TYPE und PICTURE Klauseln Bezug zu nehmen.

Die Benutzung von RANGE, oder wie es DDLC vorzieht CHECK IS VALUE, bezieht sich deutlicher auf die Prüfung von Elementwerten. Die DDLC Klausel hierzu liefert eine deutliche Verbesserung gegenüber der von DBTG, da die neue Klausel es dem Datenadministrator ermöglicht, Wertemengen oder eine Anzahl diskreter Wertebereiche oder eine gewisse Mischung von beiden festzulegen.
Beispiele sind

    CHECK IS VALUE 3 THRU 10, 15, 20 THRU 30

und

    CHECK IS VALUE NOT 5, 10, 15, 20.

9.9 Teileintrag Datenelement

Es ist jetzt an der Zeit auf Kapitel 4, in dem die Satztypen besprochen
wurden, generell und auf Abschnitt 4.6 zurückzugreifen, wo die Syntax
des Kapitels zusammengefaßt wurde. Ein Satztyp ist ohne wenigstens ein
Element unvollständig. DBTG bezeichnet die vollständige Definition eines Satztyps als Satzeintragsrahmen (Record Entry Skeleton). Dieser besteht aus einem Satz Teileintrag (wie in Abschnitt 4.6 definiert) und
einem Daten Teileintrag (Data-Sub-entry), der mehrmals auftreten kann.

In der Tat läßt die Syntax von DBTG (Seite 9o) einen Satztyp ohne
Elemente zu. Dies ist aber entweder ein Fehler oder es bedeutet, daß
es für eine gewisse besondere Benutzung benötigt wird. Der in diesem
Kapitel besprochene Daten Teileintrag sieht wie folgt aus:

```
[                 {  "  character-string-picture-specification }  "  ]
[ ; PICTURE IS    {     numeric-picture-specification           }     ]
[                 {                                              }     ]
                       { BINARY   }
                       { DECIMAL  }
                       { FIXED    }
                       { FLOAT    }        [integer-1, [,integer-2]]
[ ; TYPE IS        {   { REAL     }  }
[                  {   { COMPLEX  }  }  }
                       { BIT      }        [integer-3]
                       { CHARACTER}
                        DATA-BASE-KEY
                        implementor-tpye

[                  { integer-4 }          ]
[ ; OCCURS         { db-id-1   }    TIMES ]

[       { ACTUAL  }  AND SOURCE IS db-id-4    ]
[ ; IS  { VIRTUAL }  OF  OWNER  OF set-name-4 ]

[                  PICTURE                                            ]
[ ; CHECK IS       VALUE [NOT] literal-1 [THRU literal-2]             ]
[                       [,literal-3 [THRU literal-4]] ...             ]
```

Die Stufennummer ist wie in PL/1 optional, soll aber, falls sie benutzt
wird, zwischen 1 und 99 liegen.
Ein Daten Teileintrag muß eine Kombination aus den folgenden sechs
möglichen Klauseln beinhalten:

1. PICTURE
2. TYPE
3. SOURCE
4. OCCURS
5. OCCURS und PICTURE
6. OCCURS und TYPE

Ein Datenelement (d.h. ein elementares Element) wird durch 1,2 und 3
definiert; ein Vektor durch 5 oder 6. Eine Wiederholungsgruppe dürfte
4 benutzen, die Komponenten der Wiederholungsgruppe können aber weitere
Wiederholungsgruppen sein. Die Bezeichnung 'data aggregate' ist ein PL/1
Begriff, der benutzt wird, um sich entweder auf einen Vektor oder eine
Wiederholungsgruppe zu beziehen (mit anderen Worten, ein Daten Teileintrag, der eine OCCURS Klausel enthält).

9.10 Beispiele

Die folgenden Beispiele sollen verschiedene praktische Nutzungsmöglichkeiten der satzinternen Struktur veranschaulichen und nicht so sehr auf
PL/1 Eigenheiten eingehen, die in kommerziell verfügbaren Systemen nicht
anzutreffen sind.
Beispiel 1
Im Abschnitt 5.6.1 Beispiel 1 wurde gezeigt, wie der Set-Typ aus Abbildung 5.1 deklariert würde. Falls der Datenadministrator eine satzinterne Struktur einer Struktur zwischen Satztypen vorzieht, dann würde
der Satz Eintrag wie folgt aussehen:

```
RECORD NAME IS EMPLOYEE;
LOCATION MODE IS CALC USING EMPLOYEE-NO;
WITHIN REALM-1.
   02   EMPLOYEE-NO; PICTURE IS 9(8).
   02   EMP-NAME; PICTURE IS A(14).
   02   BIRTH-DATE; PICTURE IS 9(6).
   02   NO-OF-QUALIFICATIONS; TYPE IS DECIMAL FIXED.
   02   EDUCATION; OCCURS NO-OF-QUALIFICATIONS TIMES.
      03   QUALIFICATION; PICTURE IS X(5);
           CHECK IS VALUE B.SC., B.S., M.S.C., M.S.,PH.D.,B.A.,
                    M.A., B.D.
      03   QUAL-DATE; PICTURE IS 9(6);
           CHECK IS VALUE 200101 THRU 760101.
      03   COLLEGE; PICTURE IS X(14).
```

Beispiel 2

Das vorige Beispiel wird als Set-Typ (wie in Abschnitt 5.1.6) zum Ausdruck gebracht, aber das Element EMPLOYEE-NO muß sowohl im EDUCATION Satz als auch im EMPLOYEE Satz wiederholt werden. Die Deklaration würd wie folgt aussehen:

```
RECORD NAME IS EMPLOYEE;
LOCATION MODE IS CALC USING EMPLOYEE-NO;
WITHIN REALM-1.
   02   EMPLOYEE-NO; PICTURE IS 9(8).
   02   EMP-NAME; PICTURE IS A(14).
   02   BIRTH-DATE; PICTURE IS 9(6).
RECORD NAME IS EDUCATION;
LOCATION MODE IS VIA SET EE;
WITHIN REALM-1.
   02   EMPLOYEE-NO; IS ACTUAL AND SOURCE IS EMPLOYEE-NO
        OF OWNER OF EE.
   02   QUALIFICATION; PICTURE IS X(5).
   02   QUAL-DATE; PICTURE IS 9(6).
   02   COLLEGE; PICTURE IS X(14).


SET NAME IS EE; MODE IS POINTER ARRAY;

   OWNER IS EMPLOYEE;

   ORDER IS PERMANENT INSERTION IS LAST.

   MEMBER IS EDUCATION.
```

Kapitel 10

Weitere Möglichkeiten für den Datenadministrator

10.1 Einführung

Bis jetzt wurden die am weitesten verbreiteten Konzepte der Schema DDL
besprochen. Nahezu jede der genannten Eigenschaften ist in dem einen
oder anderen System implementiert. Das heißt jedoch nicht, daß alle
durch DBTG oder DDLC definierten (oder in einigen Fällen nur beabsich-
tigten) Eigenschaften damit abgedeckt sind. In diesem Kapitel werden
einige der fortschrittlicheren Vorstellungen, wobei die meisten davon
noch nie implementiert wurden, vorgestellt. Einige dieser Ideen werden
wohl auch in der Tat nie implementiert werden.

10.2 Klassifikation von Eigenschaften

Zu Beginn des Kapitels 8 wurde ein kleines Klassifikationsschema für
Schema DDL Eigenschaften vorgestellt. Es enthielt insgesamt vier Kategorien:

> 1. Strukturell
> 2. Zugriffserleichterung
> 3. Abbildung auf den Speicher
> 4. Ausschließliche Kontrolle der DML Semantik

Jede der bis jetzt dargestellten Schema DDL Eigenschaften kann wie folgt
einer dieser Kategorien zugeordnet werden:

> 1. Strukturell: Satztyp, Element.
> 2. Zugriffserleichterung: Set-Typ, Suchschlüssel, lo-
> cation mode (CALC)
> 3. Abbildung auf den Speicher:
> Location mode (nicht CALC),
> Bereich, WITHIN Klausel,
> Set-Modus, Set-Reihenfolge,
> Quellenelement
> 4. Ausschließliche Kontrolle der DML Semantik:
> Removal class, storage calss,
> Set-Auswahl, CHECK Klausel.

Diese Aufteilung dürfte vermutlich von einigen Mitgliedern von DBTG und
DDL so nicht ganz akzeptiert werden. Diese dürften nachdrücklich darauf
bestehen, daß der Set-Typ eine logische Strukturierungseigenschaft ist
und daß jeder Set-Typ eine Darstellung einer in der Realität vorkommen-
den Beziehung ist. Es gibt dagegen kein Argument. Andererseits (wie in

Abschnitt 5.1 erwähnt) tragen aber Überlegungen bzgl. der Effizienz de:
Verarbeitungszeit zur Entscheidung eines Datenadministrators bei, ob
eine in der Realität vorkommende Beziehung als Set-Typ mittels der Sche
ma DDL definiert werden muß. Es gibt eine weitere, sehr persönliche Betrachtungsweise jeder Schema DDL Anweisung. Diese wird sehr viel mehr
verständlicher, sobald die DML dargestellt wurde. Diese andere Klassif:
kation steht in gar keiner Beziehung zu der vorangegangenen. Sie kate-
gorisiert die Schema DDL Anweisungen entsprechend der 'Beteiligung des
Programmierers'.

> 1. Der Programmierer muß darüber Bescheid wissen.
> 2. Der Programmierer braucht darüber nicht Bescheid zu wissen, kar
>   jedoch von einer Kenntnis darüber profitieren.
> 3. Der Programmierer braucht darüber nicht Bescheid zu wissen und
>   kann aus der Kenntnis auch keinen Nutzen ziehen.

Es braucht nicht erwähnt zu werden, daß die meisten der 13 Schema DDL
Eigenschaften in die erste Katagorie fallen. Drei, nämlich Suchschlüsse
Set-Modus und Set-Reihenfolge fallen in die zweite Kategorie, während
keine der bis jetzt besprochenen in die letzte Kategorie fällt. Die let
te Kategorie wird mehr Bedeutung erlangen, sobald die DMCL in Kapitel
24 besprochen wurde. Es werden, während die noch nicht implementierten
Eigenschaften besprochen werden, einige davon als zur Klasse 3 gehörig
identifiziert werden.

10.3 Datenbankprozeduren

Viele der noch nie implementierten Möglichkeiten hängen von der sehr
mächtigen Idee der Datenbankprozeduren ab. Eine Datenbankprozedur wird
vom Datenadministrator in der einen oder anderen Sprache geschrieben. S
wird während der Ausführungszeit bei bestimmten im Schema definierten
Situationen automatisch aufgerufen. In gewissem Sinne ist jede Datenbankprozedur ein Fall der DML Ausführungszeitsemantik, die vom Datenadministrator prozedural definiert wurde. Die meisten COBOL Programmierer
kennen die Idee der USE Angabe. In PL/1 wird eine analoge Möglichkeit
durch die ON Anweisung unterstützt. COBOL und PL/1 sehen jedoch nur eir
Ebene der Definition vor. Der Programmierer selbst definiert Prozedurer
von denen er weiß, daß sie während der Ausführung seines Programms zu
den Zeiten aufgerufen werden, die er selbst vorab festlegt. Die Datenbankprozedur wird von jemand anderem definiert, sie beeinflußt jedoch
die Ausführung des Programmes eines Programmierers.
Der Grund dafür, daß diese hervorragende Eigenschaft nie implementiert
wurde liegt darin, daß sie sowohl schwierig als auch teuer ist. Sie

würde sicherlich eine Modifikation des Compilers der Wirtssprache und
möglicherweise des Betriebssystems erfordern.
Einige Nutzungsmöglichkeiten von Datenbankprozeduren sollen nun besprochen werden.

10.4 ON Klausel

Ein ON Klausel kann im DBTG Bericht auf jeder der folgenden Ebenen gefunden werden

> Bereich (realm)
> Satztyp
> Element
> Set-Typ

DDLC fügte noch eine ON Klausel auf der Schema Ebene hinzu. Bedeutender
jedoch ist die klarere Darstellung sowie die Erweiterung der ON Klausel
auf den anderen Ebenen.
Als einfaches Beispiel einer ON Klausel kann die auf Elementebene be -
trachtet werden. Sie erscheint im DDLC Bericht (Seite 3.3.6) wie folgt:

$$
\underline{ON} \quad \left[\underline{ERROR}\ DURING \right] \quad \left[\left\| \begin{array}{c} \underline{STORE} \\ \underline{GET} \\ \underline{MODIFY} \end{array} \right\| \right] \quad \underline{CALL} \quad \text{db-procedure-1}
$$

Da im vorangegangenen Kapitel bereits einige Bemerkungen zur STORE An-
weisung gemacht wurden sei folgendes Beispiel betrachtet:

> ON STORE CALL LOGPROC

Dieses Beispiel besagt, daß sofort nach der Ausführung der STORE Anweisung (vor der Ausführung der auf die STORE Anweisung unmittelbar
folgenden Anweisung der Wirtssprache/DML) die Kontrolle an die Prozedur LOGPROC übergeht und diese dann die entsprechenden Aufgaben durchführt. Nach der Ausführung von LOGPROC geht die Kontrolle wieder zurück an die der STORE Anweisung folgenden Anweisung. Für den Programmierer gibt es keine Möglichkeit LOGPROC zu umgehen, außer er verzichtet auf die Benutzung der STORE Anweisung - dies ist jedoch schwierig!

Die ERROR DURING Option ist der Hauptbeitrag von DDCL zur ON Klausel.
Falls das Beispiel folgendermaßen modifiziert wird

ON ERROR DURING STORE CALL LOGPROC

dann wird LOGPROC nur aufgerufen, falls während der Durchführung der
STORE Anweisung ein Fehler auftritt und nicht am Ende der Ausführung.
(Wie man noch sehen wird, wurden von DBTG und DBLTG eine umfassende Mer
ge von Fehlern festgestellt).

Die ON Klausel für Bereiche, Satztypen und Set-Typen unterscheiden
sich nicht wesentlich von der für Elemente (wie oben besprochen).
DDLC modifizierte aus gewissen ästhetischen Gründen die durch DBTG spezifizierte ON Klausel für Satztypen. Grundsätzlich gilt, daß die Klauseln auf jeder Ebene, Bereich, Satztyp, Element und Set-Typ, bzgl. der
DML Anweisungen, die auf den verschiedenen Ebenen benutzt werden könner
zum Ausdruck gebracht werden können.

10.5 Prozedural definierte Abbildung
auf den Speicher

Die Schema DDL ist eine definierende oder beschreibende Sprache. In
anderen Worten, sie ist nicht prozedural dadurch, daß sie festlegt,
was geschehen soll, aber nicht wie es geschehen soll. Als Beispiel
hierfür sei folgende Anweisung aus Abschnitt 4.8.1 angeführt

WITHIN realm-1 $\left[\{,\text{realm-2}\} \ldots \text{REALM-ID IS dbd-name-2}\right]$

Diese Anweisung besagt, daß die Sätze eines bestimmten Typs einem oder
mehreren Bereichen zugeordnet sind. Sie gibt aber keine Auskunft darüber wie. Diese Entscheidung liegt in der Hand des Herstellers und des
Programmierers, der die Sätze einspeichert.

Die Idee des DDLC war, daß der Datenadministrator gegebenenfalls zum
Ausdruck bringen möchte, wie die Sätze auf die Bereiche abzubilden sinc
Hierzu muß er in der Lage sein, eine Datenbankprozedur zu definieren
und aufzurufen.
Die WITHIN Klausel Syntax würde daher wie folgt abgeändert

WITHIN realm-1 $\left[\{,\text{realm-2}\} \ldots \left[\text{REALM-ID IS dbd-name-2}\right.\right.$
$\left.\left.(\text{USING PROCEDURE db-proc-2})\right]\right]$

Damit steht eine Option, eine Datenbankprozedur zu benutzen zur Verfügung.

Eine andere Benutzungsmöglichkeit wurde bereits besprochen (siehe Abschnitt 4.5.3). Dies geschah im Zusammenhang mit der location mode Option.

Die nächste Kategorie, Abbildung auf den Speicher, steht im Zusammenhang mit der in Abschnitt 6.10 besprochenen Definition eines Suchschlüssels. Die beiden nicht prozeduralen Alternativen CALC und INDEX werden durch folgende prozedurale Alternative ergänzt:

$$
\underline{\text{SEARCH}} \text{ KEY IS db-id-1} \quad \left[,\text{db-id-2}\right] \ldots \left[\text{USING} \left\{ \begin{array}{l} \underline{\text{CALC}} \\ \underline{\text{INDEX}} \\ \underline{\text{PROCEDURE}} \text{ db-proc-1} \end{array} \right\} \right]
$$

Nachdem eine prozedurale Möglichkeit der Zuordnung von Sätzen zu Bereichen vorlag, hätte das DDLC durchaus zur Vervollständigung auch eine prozedurale Option zur Set-Reihenfolge einführen können. Dies geschah nicht, obwohl es sogar für den Datenadministrator einfacher gewesen wäre, eine Datenbankprozedur zu schreiben, die einen Satz auf bestimmte Art in einen Set einbindet als ihn auf prozedurale Art und Weise einem bestimmten Bereich zuzuordnen. Diese Forderung geht davon aus, daß sowohl die Wirtssprache als auch die DML zum Schreiben von Datenbankprozeduren benutzt werden können.

10.6 Datenbankprozeduren auf Elementebene

Auf Elementebene gibt es drei Datenbankprozeduren. Die eine ergänzt eine bereits im vorangegangenen Kapitel beschriebene Klausel, während die beiden anderen noch nicht erwähnt wurden.

10.6.1 CHECK Klausel

Die vollständige CHECK Klausel lautet wie folgt

$$
\underline{\text{CHECK}} \text{ IS} \left\| \begin{array}{l} \underline{\text{PICTURE}} \\ \text{data-base-procedure-1} \\ \underline{\text{VALUE}} \left[\underline{\text{NOT}}\right] \text{ literal-1} \left[\text{THRU literal-2}\right] \\ \qquad\qquad\qquad ,\text{literal-3} \left[\text{THRU literal-4}\right] \end{array} \right\|
$$

Alles außer der Option der Datenbankprozedur wurde bereits in Abschnit
9.8 beschrieben.

Die Datenbankprozedur würde es dem Datenadministrator ermöglichen, Prüfungen zu definieren, wodurch es möglich wäre, Kombinationen von Elementwerten innerhalb des Satzes zu überprüfen. Dies ist nicht die einzige Prüfmöglichkeit mittels einer Datenbankprozedur, da der Datenadministrator jede wünschenswerte Art von Berechnung und Verarbeitung
von Daten in die Datenbankprozedur aufnehmen könnte.

10.6.2 RESULT Elemente

Um RESULT Elemente zu verstehen, ist es wichtig, daß man die Quellenelemente (siehe Abschnitt 9.7) verstanden hat, die in einem gewissen
Sinn ähnlich sind. Ein Quellenelement wird jedoch als Element in einem
member Satztyp definiert, während das RESULT Element als Element im
owner Satztyp definiert wird. Der Wert eines RESULT Elementes wird aus
den member Sätzen berechnet und (zu einer gewissen Zeit) im owner Satz
gespeichert. (Quellenelemente implizieren ein Kopieren von Werten aus
dem owner in die member Sätze.) Für RESULT Elemente kann die gleiche
Unterscheidung nach real und virtuell gemacht werden. Hierdurch wird
kontrolliert, wann die Berechnung stattfindet und damit auch wann der
Elementwert im owner Satz gespeichert wird. Der Leser sollte sich ins
Gedächtnis rufen, daß das COBOL JOD auf reale und virtuelle Elemente
als abgeleitete Elemente Bezug nimmt (Seite IV-2-5).

Die Schwierigkeit, die durch die RESULT Elemente eingeführt wird
stammt von der Bandbreite der Anwendbarkeit der in der Datenbankprozedur spezifizierten Berechnung. Das eigentliche Merkmal dieser Einrichtung scheint zu implizieren, daß eine numerische Berechnung einer Summe
oder einer anderen Größe aus einer Menge von Werten in den member Sätzen durchgeführt wird, obwohl die Regeln dies nicht dahingehend beschränken.

Es gibt folgende drei unterschiedliche Bereiche der Anwendbarkeit einer Berechnung:

1. Das Satzexemplar, in das der Wert des RESULT Elements gespei -
   chert werden soll.

2. Alle Sätze, die an das Satzexemplar angehängt sind, in welcher
   der Wert des RESULT Elements gespeichert werden soll. Die angehängten Sätze können auf Grund unterschiedlicher Set-Typ Beziehungen angehängt sein.

3. Alle Sätze, die an das Satzexemplar angehängt sind, in das
   der Wert des RESULT Elements gespeichert werden soll. Die angehängten Sätze können unterschiedlichen Satztypen angehören,
   die alle member im gleichen Set-Typ sind.
   Die DDLC Syntax für diese Eigenschaft lautet wie folgt:

```
IS   {ACTUAL }   RESULT OF data-base-procedure-1
     {VIRTUAL}

|| ON  THIS  RECORD                                    ||
|| ON  ALL   MEMBERS OF set-name-1 [set-name-2] ...    || [USING db-id-1
|| ON  record-name-1   [,record-name-2]...             ||    (,db-id-2)...]
                        OF set-name-3
```

Der Leser mag sich daran erinnern, daß die senkrechten parallelen
Linien bedeuten, daß ein Benutzer einige oder alle dieser genannten
Optionen einbeziehen kann in beliebiger Reihenfolge.
Die RESULT Element Einrichtung ist ziemlich mächtig. Ein relativ ein-
faches Beispiel für eine Benutzung in einer Bankanwendung könnte die
Speicherung der Gesamtsumme der Werte des Elements BALANCE der CUSTOMER
Sätze in einem BRANCH Satz sein. Falls man

```
TOT-BALANCE IS VIRTUAL RESULT OF COMPUTE-TOTAL USING
BALANCE OF CUSTOMER
```

schreibt, dann wird der Wert von TOT-BALANCE berechnet durch Benutzung
der Prozedur COMPUTE-TOTAL jedesmal wenn ein BRANCH Satz in der Datenbank aufgesucht wird.

ON Klauseln sind zusammen mit der VIRTUAL Option nicht zulässig.
Falls es der Datenadministrator vorzieht, TOT-BALANCE als eine permanente Berechnung zu verwalten, dann kann er dies wie folgt formulieren

```
TOT-BALANCE IS ACTUAL RESULT OF ADJUST-TOTAL
   ON THIS RECORD ON CUSTOMER OR BR-CUST
   USING TOT-BALANCE OF BRANCH, BALANCE OF CUSTOMER
```

Man erzielt in diesem Fall die gleiche Wirkung wie vorher, jedoch auf
eine andere Art und Weise. TOT-BALANCE würde unter der Benutzung der
Prozedur ADJUST-TOTAL jedesmal angepaßt, wenn ein Wert von BALANCE in
einem CUSTOMER Satz modifiziert wird oder ein CUSTOMER Satz in einen
Set eingehängt oder aus einem Set abgehängt wird, in dem ein BRANCH
Satz owner ist. Die Prozedur ADJUST-TOTAL würde ganz anders aussehen
als COMPUTE-TOTAL im vorigen Beispiel. Es ist zu beachten, daß das
RESULT Element absichtlich als Parameter der Prozedur benutzt wurde.
Die COBOL-artige Qualifikation ist wahrscheinlich nicht notwendig.
Sie wurde jedoch zur zusätzlichen Verdeutlichung zu den Parametern
hinter USING hinzugefügt.

10.6.3 ENCODING/DECODING Klausel

Die Rolle dieser Option ist verknüpft mit dem Konzept der Konvertierung eines Elementwertes zwischen seiner Schemadarstellung und seiner
Subschemadarstellung. Bei DBTG kann man in der zugehörigen Funktions-
definition nachlesen: Die Aufgabe der Option besteht darin 'eine Prozedur zu spezifizieren, die ausgeführt wird, immer wenn ein Datenelement gelesen oder geändert wird, welches eine spezielle Konvertierung
erfordert'.
Die Syntax der Option lautet wie folgt:

```
FOR  { ENCODING }  [ALWAYS]  CALL  data-base-procedure-1
     { DECODING }
```

Eine ENCODING Prozedur wird aufgerufen, falls eine STORE Anweisung oder
MODIFY Anweisung ausgeführt wird; eine DECODING Prozedur wird bei einer
GET Anweisung ausgeführt.
Die Klausel wurde nie implementiert, hauptsächlich weil die Hersteller
jegliche Art von Konvertierung zur Ausführungszeit vermieden. Dies wird
noch bei der Darstellung des Subschemas zu besprechen sein. Außerdem

basiert es auf der noch nicht durchgeführten Implementierung von Datenbankprozeduren. Praktisch könnte man diese Prozeduren dazu benutzen,
um Datenelemente beim Einspeichern zu packen und beim Einlesen zu ent-
packen. Es ist nicht klar, ob dies im Einklang steht mit den Absichten
der Spezifikationen, die daraufhin abzielen, eine sogenannte Standard-
konvertierung zu vermeiden, die auftreten könnte wann immer ein Unterschied zwischen den Elementcharakteristika im Schema und denen im Subschema besteht (siehe Abschnitt 12.6.3). Das optionale Wort ALWAYS bedeutet, daß die in der Klausel definierte Konvertierung immer aufgerufen wird. Immer wenn ALWAYS nicht angegeben ist, tritt die ENCODING
oder DECODING Konvertierung nur in Kraft, wenn die Charakteristika
sich unterscheiden.

Kapitel 11

Die Syntax der Schema DDL

11.1 Einführung

Es wurden nun sämtliche Ideen von DBTG und DDLC mehr oder weniger detailliert besprochen. Häufig implementierte und damit wichtige Konzepte wurden herausgestellt und vollständig behandelt. Konzepte, die selten oder noch nie implementiert wurden, wurden nur überblicksartig besprochen. Der ganze Fragenkomplex Datenschutz wurde noch für ein späteres separates Kapitel aufgespart.

Der Gegenstand dieses Kapitels ist die Zusammenfassung aller in den Kapiteln 2 bis 9 dargestellten Syntaxausschnitte zu einem 'Syntaxskelett'. Eine Möglichkeit, schnell den Funktionsumfang einer bestimmten Implementierung zu beurteilen besteht in der Betrachtung der Syntax. Der Leser wird schnell erkennen, daß das 'Syntaxskelett' in diesem Buch weder von einem der Ausschüsse kommt noch von einem Hersteller. Im Großen und Ganzen kommt es der DDLC Syntax am nächsten. Es enthält jedoch Einflüsse des COBOL JOD (z.B. 'realm' statt 'area') und eine Verankerung der Set-Modus Klausel von DBTG.

11.2 Hauptbestandteile der Syntax

Das Syntaxskelett der DDL besteht aus folgenden 4 Einträgen:

Schema Eintrag	(Schema Entry)
Bereich Eintrag	(Realm Entry)
Satz Eintrag	(Record Entry)
Set Eintrag	(Set Entry)

In jedem Datenbankschema sind ein Schema Eintrag, Bereich Eintrag und Satz Eintrag erforderlich. Ein Set-Eintrag kann wahlweise hinzukommen. Der Leser dürfte sich daran erinnern, daß zwei der Einträge noch Teileinträge haben. Damit sieht die 'globale' Syntax der Schema DDL wie folgt aus:

```
schema entry

{realm entry}  ...

{record sub-entry  {data sub-entry} ...}  ...

[set sub-entry  {member sub-entry} ...]  ...
```

Man findet diesen nützlichen Überblick weder in den DBTG noch in den DDLC Berichten, obwohl das COBOL JOD etwas ähnliches für die COBOL Subschema DDL in seinem Bericht vorsieht. Den Set-Eintrag als optional zu betrachten ist mehr oder weniger akademisch, da eine sinnvolle Benutzung der Schema DDL den Set-Eintrag enthält.

11.3 Schema Eintrag

Der Schema Eintrag wurde bisher in diesem Buch in der Tat noch nicht besprochen. Die mit COBOL vertrauten Leser können ihn mit dem konzeptionellen Äquivalent der Identification Division vergleichen. Es gibt nur wenig für den Schema Eintrag, da er nur aus einer Klausel besteht

    SCHEMA NAME IS schema-name-1

Dies mag der geeignete Zeitpunkt sein, um darauf hinzuweisen, daß eine bestimmte Installation mehrere, 'dem DBMS bekannte,' Schemata beinhalten kann. Selbstverständlich muß jedem Schema dann ein unterschiedlicher Name zugeordnet sein.

11.4 Bereich Eintrag

Der Bereich Eintrag wurde in Abschnitt 4.8.1 erwähnt. Es ist ziemlich trivial, syntaktisch festzulegen, ob ein Bereich permanent oder temporär sein soll. Für jeden Bereich definiert der Datenadministrator

    REALM NAME IS realm-name-1 [REALM IS TEMPORARY]

Auch hier gilt, daß jeder Bereich einer Datenbank eindeutig benannt sein muß. Im Falle mehrerer Datenbanken gibt es keine Möglichkeit, Bereichsnamen durch Schemanamen zu qualifizieren. Der Praktiker mag feststellen, daß man einen Bereich einer Betriebssystemdatei gleichsetzen kann. Das bedeutet, daß jeder Bereich einer Installation einen unterschiedlichen Namen haben muß.

Obwohl die Syntax hier sehr einfach aussieht, so ist in der Praxis die Aufgabe, zu entscheiden wie viele Bereiche man benutzen sollte bzw. wie groß diese sein sollten und welche Charakteristika sie haben sollten eine der bedeutenden Aufgaben des Datenadministrators. Er kann auch die zusätzlichen Möglichkeiten der DML (die später in diesem Kapitel noch behandelt werden soll) benutzen, um ein optimales Leistungsverhalten des Gesamtsystems zu erreichen.

11.5 Satz Eintrag

Die Behandlung der einzelnen Teile des Satz Eintrages wurden in diesem
Buch etwas getrennt. Der Leser findet in den bereits behandelten Ka-
piteln 4 und 9 die wichtigsten Konzepte der Zuordnung von Sätzen zum
Speicher und der satzinternen Struktur.

Insgesamt sieht die Syntax für den Satz Eintrag wie folgt aus:

```
RECORD NAME IS record-name-1;

                  ┌                                            ┐
                  │ DIRECT    {dbd-name-1}                      │
                  │           {db-id-1  }                       │
LOCATION          │ CALC [db-proc-1] USING db-id-2 [,db-id-3] ...│
MODE IS          <                                              >  ;
                  │        DUPLICATES ARE [NOT] ALLOWED          │
                  │ VIA   set-name-1 SET                         │
                  │ SYSTEM                                       │
                  └                                            ┘

          ┌                                                          ┐
          │ realm-name-1  [{,realm-name-2} ... REALM-ID IS dbd-name-2]│
WITHIN   <                                                            >
          │ REALM OF OWNER                                            │
          └                                                          ┘

[level-number]  dbd-name-3

┌                    ┌                                              ┐   ┐
│ ; PICTURE IS       │ "character-string-picture specification     │ " │
│                   <  numeric-picture-specification                > │
└                    └                                              ┘   ┘

┌              ┌ ║ ┌          ┐ ║                             ┐ ┐
│              │ ║ │ BINARY   │ ║                             │ │
│              │   │ DECIMAL  │   [integer-1, [,integer-2]]   │ │
│ ; TYPE IS   <    │ FIXED    │                                │ │
│              │   │ FLOAT    │                                │ │
│              │   └          ┘                                │ │
│              │   { BIT                                       │ │
│              │   { CHARACTER } [integer-3]                   │ │
│              │   DATA-BASE-KEY                               │ │
│              │   implementor-type                            │ │
└              └                                              ┘ ┘

┌           ┌ integer-4 ┐       ┐
│ ; OCCURS  │ db-id-1   │  TIMES │
└           └           ┘       ┘

┌         ┌ ACTUAL  ┐                                                    ┐
│ ; IS   <  VIRTUAL  >  AND SOURCE IS db-id-4 OF OWNER OF set-name-4     │
└         └         ┘                                                    ┘

              ║ PICTURE                                           ║
CHECK IS      ║ VALUE [NOT] literal-1 [THRU literal-2]            ║
              ║ [,           literal-3 [THRU literal-4] ...       ║
```

Auf die Möglichkeit der Behandlung von Elementen des Typs COMPLEX wurde
hier verzichtet. Außerdem findet man einige der anderen Optionen nicht
in den kommerziell verfügbaren Implementierungen.

11.6 Set Eintrag

Die Eigenschaften von Set-Typen wurden intensiver als manche der anderen Aspekte der Schema DDL behandelt. Der Leser wird auf die Kapitel 5,6,7 und 8 verwiesen, wo die der folgenden Syntax zugrundeliegenden Konzepte vorgestellt wurden. Die Set-Modus Option wurde in der DBTG Form belassen - hauptsächlich aus Gründen der Vollständigkeit.

```
SET NAME IS set-name-1;

OWNER IS     { record-name-1 } ;
             { SYSTEM        }

SET MODE IS  { CHAIN [LINKED TO PRIOR] ; }
             { POINTER-ARRAY            }

ORDER IS PERMANENT INSERTION IS

  {  FIRST                                                        }
  {  LAST                                                         }
  {  NEXT                                                         }
  {  PRIOR                                                        }
  {  IMMATERIAL                                                   }
  {  SORTED INDEXED [NAME IS index-name-1]                        }
  {     [ BY DATA-BASE-KEY                                      ] }
  {     [ BY RECORD-NAME                                        ] }
  {     [ WITHIN RECORD-NAME                                    ] }
  {     [                              [ FIRST ]                 ] }
  {     [ BY DEFINED KEYS DUPLICATES ARE [ LAST  ] ALLOWED      ] }
  {     [                              [ NOT   ]                 ] }

MEMBER IS record-name-1  { AUTOMATIC } { MANDATORY } [LINKED TO OWNER]
                         { MANUAL    } { OPTIONAL  }

  [ [RANGE] KEY IS { ASCENDING  } db-id-3 [ [ ASCENDING  ] db-id-4 ] ... ]
  [               { DESCENDING }          [ [ DESCENDING ]         ]     ]
  [                                                                     ]
  [ ; SEARCH KEY IS db-id-5 [,db-id-6] ...                              ]

          USING { CALC                             }
                { INDEX [NAME IS index-name-1]     }

          DUPLICATES ARE [NOT] ALLOWED ] ...
```

```
  ┌ ; SET SELECTION IS THRU set-name-1 OWNER IDENTIFIED BY
  │    ┌ SYSTEM                                                          ⎫
  │    │ CURRENT OF SET                                                  │
  │    │                    ┌             ⎧db-id-1   ⎫ ⎤                 │
  │    │ DATA-BASE-KEY       │ EQUAL TO   ⎨dbd-name-1⎬ │                 │
  │    │                    └             ⎩          ⎭ ⎦                 ⎬
  │    │               ┌           ⎧db-id-2   ⎫ ┌ ,db-id-3   ⎤ ⎤         │
  │    │ CALC-KEY       │ EQUAL TO  ⎨dbd-name-2⎬ │ ,dbd-name-3⎥ │ ...    │
  │    │               └           ⎩          ⎭ └           ⎦ ⎦         │
  │    └ MEMBER record-name-1 SELECTION                                  ⎭
  │  ┌ THEN THRU set-name-3
  ⎨  ⎧                                  ┌            ⎧db-id-5   ⎫⎤⎫    ⎤
     ⎩ WHERE OWNER IDENTIFIED BY db-id-4 │ EQUAL TO   ⎨dbd-name-4⎬│⎬... │ ...
                                         └            ⎩          ⎭⎦⎭    ⎦
```

11.7 Zusammenfassung

Die dargestellte Syntax betont stärker die Aspekte, die wahrscheinlich
verfügbar sind, als was man einem Benutzer für die Praxis empfehlen
könnte. Welche Option unter welchen Umständen benutzt werden soll ist
Gegenstand des Datenbankentwurfs und stellt ein Thema für sich selbst
dar.

Kapitel 12

Subschema Konzepte

12.1 Einführung

Das Subschemakonzept wurde in den vorangegangenen Kapiteln so häufig
erwähnt, daß der Leser bereits einen Eindruck von dessen Bedeutung
haben dürfte und davon, was durch dessen Benutzung erreicht wird. In
einem vollständigen DBMS auf der Basis von CODASYL stellt die Subschema
DDL eine Komponente dar, die durch den Hersteller zur Verfügung gestellt
werden muß und durch den Datenadministrator zu benutzen ist.
Im wesentlichen wird die Subschema DDL dazu benutzt, um eine Teilstruktur des Datenbankschemas zu definieren. Nachdem jetzt bekannt ist, daß
die Schema DDL zur Definition von Bereichen, Satztypen, Elementen und
Set-Typen benutzt wird, ist es einfacher zu erläutern, daß man die Subschema DDL zur Auswahl einiger dieser Definitionen benutzen muß.
Damit läßt sich der Teil der Datenbank bestimmen, der von einem oder
mehreren Anwendungsprogrammen verarbeitet werden soll.

12.2 Beziehungen zur Wirtssprache

Die CODASYL Ausschüsse betrachten die Subschema DDL als, in einem gewissen Sinn, zu einer assoziierten prozeduralen Sprache wie COBOL 'gehörend'. Damit sollte man von einer COBOL Subschema DDL oder FORTRAN
Subschema DDL sprechen. Für jede prozedurale Sprache gibt es einen
Compiler. Der Übersetzer, der die Subschema DDL Anweisungen übersetzt,
ist jedoch nicht Bestandteil des Compilers. Der Subschema DDL Übersetzer ist eigenständiger Bestandteil des DBMS und muß in der Praxis
dazu benutzt werden, ein Subschema zu übersetzen, bevor ein Programm,
welches dieses Subschema benutzt, kompiliert wird.

Die hauptsächliche Beziehung zwischen einer Subschema DDL und der
assoziierten prozeduralen Sprache ist die Wiedergabe der satzinternen
Struktur der prozeduralen Sprache in der Subschema DDL. So kann man
sich ein DBMS vorstellen, das sowohl COBOL mit einer COBOL Subschema
DDL und PL/1 mit einer PL/1 Subschema DDL unterstützt. Der einzige Unterschied zwischen diesen beiden wäre der Teil der Subschema DDL, der
die satzinterne Struktur definiert. Wie bereits darauf hingewiesen wurde,
unterstützen die derzeit verfügbaren Implementierungen PL/1 nicht
und damit unterstützen die Schema DDLs auch nicht die zugehörige satzinterne Struktur. Liegt jedoch ein DBMS, das COBOL im Sinne einer
COBOL satzinternen Struktur in der Schema DDL unterstützt, und eine Subschema DDL vor, dann ist es nur ein trivialer Schritt, eine PL/1

Schnittstelle zur Verfügung zu stellen, die sich auf die COBOL interne
Satzstruktur beschränkt.

Die Besprechung der Subschema Möglichkeiten in diesem Kapitel und
der DML in den folgenden Kapiteln folgt den Ausführungen in dem CODASYI
COBOL Journal of Development von 1976[1]. Die dort beschriebenen Spezifikationen einer Datenbankeigenschaft von COBOL stellen die genehmigten
Fassungen der Arbeit der Data Base Language Task Group dar. Die Arbeit
der DBLTG wurde anfangs 1973 veröffentlicht. Nach der üblichen Phase
der Überprüfung und Modifikation wurden die Vorschläge der DBLTG durch
das CODASYL Programming Language Committee genehmigt und in deren Journal of Development von 1976 aufgenommen.

Einige der weit verbreiteten Implementierungen des CODASYL Konzeptes orientieren sich immer noch an der Denkweise und Terminologie von
DBTG. Deshalb soll die Darstellung der COBOL Datenbankmöglichkeiten
sich dort an den DBTG Arbeiten orientieren, wo es bedeutende oder interessante Unterschiede gibt. In beiden Fällen orientiert sich die Darstellung jedoch ganz streng an COBOL.

12.3 Definition eines Subschemas

In Abschnitt 2.4.1 wurde bereits erwähnt, daß DBTG sich unbegreif-
licherweise uneinig darüber war, wer nun tatsächlich die Subschema DDL
in einer gegebenen Installation benutzen sollte. DBTG brachte in seinem
Bericht von 1971 zum Ausdruck, daß der Datenadministrator für die Definition des Subschemas verantwortlich sein dürfte. Ob er in einer gegebenen Installation dafür verantwortlich sein soll oder nicht hängt
von der noch zu besprechenden Frage des Datenschutzes ab. Falls der
Datenadministrator den Zugriff auf bestimmte Teile der Datenbank kontrollieren möchte, dann sollte er auf jeden Fall für die Definition eines Subschemas verantwortlich sein. In einer Installation, in der jedoch der Datenschutz keine besondere Forderung darstellt, sollte er jedoch Kopien der Schema Deklaration verteilen können und es dem Anwendungsprogrammierer ermöglichen, sein eigenes Subschema zu schreiben. In diesem Fall besteht allerdings eine Notwendigkeit, daß der
Datenadministrator die so definierten Subschemata in einer Subschema
Bibliothek katalogisiert. So könnte er eine gewisse Kontrolle ausüben.

Es gibt eine Reihe von Argumenten dafür, daß jedes Subschema auf ein
Anwendungsprogramm zurechtgeschneidert wird. Obwohl ein Subschema von
mehreren Anwendungsprogrammen benutzt werden kann, ist es sehr wahrscheinlich, daß dies in der Praxis nur selten vorkommt. Eines der Ar-

gumente für ein derartiges Anpassen eines Subschemas ist die Minimierung der Speichernutzung. Dies wird im folgenden Abschnitt diskutiert.

12.4 Satzbereiche (Benutzerarbeitsbereiche)
Jeder COBOL Programmierer weiß, daß er in seiner Data Division einen Arbeitsbereich (Working Storage Section) definieren muß. Hiermit sollen Speicherbereiche reserviert werden, in denen Daten von den Sekundärspeicherdateien eingelesen werden können bzw. aus denen Daten auf solche Dateien geschrieben werden können.

Da die Darstellung eines Satztyps im Hauptspeicher genau gleich ist wie auf dem Sekundärspeicher, bedeutet dies, daß der Programmierer eine gewisse Verdoppelung in seiner Data Division hat. Falls ein Programmierer eher Daten einer Datenbank als Daten in mehr konventionellen Dateinen verarbeitet, dann benötigt er auch einen Arbeitsbereich im Speicher für die Datenbanksätze. DBTG hatte die Vorstellung, den Programmierer von der Definition eines solchen Arbeitsbereiches zu befreien und dies implizit durchzuführen. Damit ist die Definition der benötigten Subschema Satztypen und Elemente in der COBOL Subschema DDL gleichbedeutend mit der Definition eines Arbeitsbereiches, der zur Ausführungszeit für jedes Programm, das das Subschema benutzt, reserviert wird.

Falls ein Programm ein Subschema benutzt, das Satztypen oder Elemente beinhaltet, die nicht verarbeitet werden durch dieses Programm, dann wird wertvoller Speicherplatz verschwendet.
DBTG schuf den Begriff Benutzerarbeitsbereich (User Working Area), um damit den gesamten Bereich zu bezeichnen, der zur Ausführungszeit für die Subschema Satztypen reserviert wird. Der DBTG Bericht (Seite 20) enthält die folgende sehr deutliche Beschreibung des Konzeptes des Benutzerarbeitsbereiches:

'Konzeptuell betrachtet, ist der Benutzerarbeitsbereich ein Lade-/ Entladebereich, in den alle Daten, die durch das DBMS (d.h. DBCS) auf Grund eines Aufrufes zur Verfügung gestellt werden, gebracht werden und wo alle Daten abgelegt werden müssen, die vom DBMS zu übernehmen sind. Jedes Programm hat seinen eigenen Benutzerarbeitsbereich. Die Daten im Benutzerarbeitsbereich eines Programms werden nicht zerstört außer als Reaktion auf die Ausführung einer DML Anweisung oder durch die Wirtsprachenroutinen des Benutzerprogramms. Es besteht keine Forderung, daß der Benutzerarbeitsbereich zusammenhängend sein muß'.
Der Benutzerarbeitsbereich wird durch das DBMS entsprechend dem aufge-

rufenen Subschema eingerichtet. Jedes Datenelement, das im Subschema
enthalten ist, erhält einen Platz im Benutzerarbeitsbereich zugewiesen.
Man kann sich darauf über seinen, im Subschema deklarierten, Namen be-
ziehen...'.
Diese Erläuterung wurde absichtlich oder unabsichtlich im Vorschlag
der DBLTG unterlassen. Es gab deutlich absichtliche Bemühungen, den
Begriff Benutzerarbeitsbereich aus den Spezifikationen zu entfernen.
Dies war vermutlich durch das Gefühl motiviert, daß der existierende
COBOL Begriff Satzbereich (record area) dafür genüge. Es mag auch die
Befürchtung gegeben haben, daß die DBTG Vorstellung eines implizit im
Subschema definierten Arbeitsbereiches für einen Hersteller zu ein-
schränkend sei.

Durch den Begriff Satzbereich wird eine eins zu eins Beziehung
zwischen Subschema Satztypen und dem reservierten Arbeitsbereich betont. Der Begriff Benutzerarbeitsbereich könnte jedoch so festgelegt
werden, wie er gelegentlich benötigt wird, nämlich als Sammlung aller
Satzbereiche während der Ausführung.

12.5 Umbenennung

Ein optionäler Bestandteil der Schema DDL ist die (nach DBTG) Renaming
Section oder (nach DBLTG) Mapping Division. DBLTG führte die Divisions
ein, damit die COBOL Subschema DDL den COBOL orientierten Benutzern
vertrauter erscheint. Die Mapping Division enthält einen Abschnitt,
die Alias Section. Zwei Ziele lassen sich mit der Mapping Division
erreichen. Das erste besteht in der Definition von Namen, die von der
Wirtssprache akzeptiert werden, falls dies nicht für die Namen in der
Schema DDL gilt. Für den COBOL Benutzer hat dies keine große Bedeutung.
Schema DDL Namen müssen genau den gleichen Regeln wie bei COBOL entsprechen. Es ist unwahrscheinlich, daß ein COBOL Subschema DDL Benutzer die Alias Section benutzen müßte, weil die Namen des Schemas
ungültig sind.

Ein Problem, auf das er jedoch stoßen könnte ist das der reservierten Worte. Unglücklicherweise übernahm DBTG die COBOL Idee der
reservierten Worte in die Schema DDL. Das bedeutet, daß der Datenadministrator z.B. folgende Namen zur Benennung von Satztypen, Elementen, Set-Typen vermeiden sollte:

AREA, ERROR, INDEX, KEY, LOCATION, MEMBER, MODE, NAME, OWNER,
RANGE, RECORD, RESULT, SELECTION, SOURCE, STORE, SYSTEM und
TIMES

Betrachtet man jedoch die Liste der reservierten COBOL Worte, so wird
man feststellen, daß der Datenadministrator, der Namen wie

ALTENATE, AUTHOR, BLANK, CODE, CONFIGURATION, CONTROL?
COPY, COUNT, DATA, DATE, DAY, DEPTH, DETAIL, DISPLAY,
DIVISION, ENVIRONMENT, GROUP, INSTALLATION, LABEL, LIMIT,
LINE, MESSAGE, PAGE, POSITION, REPORT, SUPERVISOR, TABLE
und TEXT.

in der Schema DDL benutzt, erkennen wird, daß eine gewisse Nutzung der
Alias Section erforderlich ist, da diese Namen in einem COBOL Programm
nicht benutzt werden können.

12.6 Schema- Subschema Konvertierung

Es wurde bereits in Abschnitt 9.2 und dann noch einmal in Abschnitt
10.6.3 erwähnt, daß DBTG die Idee der Konvertierung zwischen der Schemadarstellung eines Satzes und dessen Subschemadarstellung ins Auge faß-
te. Zur Diskussion kann man diese als die Darstellung eines Satztyps
wie er in der Datenbank gespeichert ist und die Darstellung des gleichen Satztyps wie er durch das Anwendungsprogramm verarbeitet wird,
betrachten. In CODASYL Terminologie spricht man gewöhnlich vom Schema-
satz und vom Subschemasatz. In den kommerziell verfügbaren Implementierungen ist es normalerweise möglich, Schemaelemente im Subschemasatz wegzulassen; eine Konvertierung von einem Schemaelementtyp in
einen Subschemaelementtyp muß jedoch erst noch verfügbar gemacht werden.
   Terminologisch sind die CODASYL Berichte bzgl. der Behandlung des
Konzeptes der Konvertierung sehr vage. Deshalb sollen drei Ebenen definiert werden, auf denen das Konvertierungsproblem existiert. Es sind
dies
   1. Satzebene
   2. Gruppen - oder Aggregatebene
   3. Elementebene (d.h. Elementarelement)

12.6.1 Konvertierung auf Satzebene

Es ist die Ebene der drei genannten, die man in der Praxis antreffen
kann. Falls man in der Subschema DDL Elemente aus dem korrespondieren-
den Schema Satztyp weglassen kann, dann ist es notwendig, die eine Darstellung in die andere zur Ausführungszeit zu überführen.
Dabei treten zahlreiche Probleme auf.

Kann man jedes beliebiebige Element in dem Subschema Satz weglassen?
Es gibt mehrere Funktionen, die ein Element im Schema haben kann, nämlich:

> CALC Schlüssel
>
> Sortierschlüssel (aufsteigend/absteigend)
>
> Suchschlüssel
>
> Bereichsidentifikator (realm identifier)

Da gibt es sofort einen beträchtlichen Unterschied zwischen aufsuchen
(retrieval) und ändern (update). Falls ein Programm nicht beabsichtigt,
die Exemplare eines Subschema Satztyps zu ändern, dann kann man eher
Elemente, die eine der oben genannten Funktionen haben, weglassen.

Angenommen man möchte das Suchschlüsselelement weglassen. Hat dies
Auswirkungen, wenn die Programme, die Exemplare des Satztyps aufsuchen,
überhaupt keinen Gebrauch von dem Suchschlüssel machen? Ähnliche Argumente gelten für die drei anderen genannten Funktionen von Elementen.
Derjenige, der ein Subschema spezifiziert sollte sehr gründlich darüber
nachdenken, bevor er ein Element, das eine der genannten Funktionen für
einen Satztyp in der Datenbank hat, wegläßt. Für reine Suchprogramme
mag das Weglassen von Elementen noch gerechtfertigt sein, für Änderungsprogramme ist es dagegen unerläßlich, solche Elemente zu berücksichtigen, die eine gewisse Funktion haben.

Ein weiteres Problem tritt auf, wenn Subschema Sätze geändert werden,
die nur Teil eines Schema Satzes sind. Es gibt natürlich verschiedene
Änderungsarten. Was passiert jedoch, wenn ein Programm einen neuen Satz
eines bestimmten Typs einspeichert, von dem gewisse Elemente dem Programm nicht bekannt sind? Die offizielle Antwort hierzu lautet, daß der
Wert dieser Elemente auf Null (d.h. keinen Wert) gesetzt wird. Falls
zu einem späteren Zeitpunkt diesen Elementen Werte zugewiesen werden
sollen, so muß dies durch andere Programme geschehen, die ein anderes
Subschema zur Auswahl der Elemente benutzen.

12.6.2 Konvertierung auf Gruppen-bzw. Aggregatebene

Falls in dem Schema Satztyp Wiederholungsgruppen (u.U. geschachtelt),
wie in Abschnitt 9.5 besprochen, enthalten sind und der Subschema Satztyp ebenfalls Wiederholungsgruppen, jedoch unterschiedliche, enthält,
dann kann es notwendig werden, daß eine Abbildung zwischen den beiden
satzinternen Strukturen zur Ausführungszeit erfolgen muß. DBTG übersah
dieses Problem. Dies wurde durch DBLTG erkannt, und man gab dann eine
ziemlich vollständige Beschreibung dafür im JOD (siehe Seite IV-2-3) unter der Überschrift 'Abbildung von Tabellenelementen' ('mapping of table
elements'). In COBOL wird die satzinterne Struktur einer Wiederholungsgruppe Tabelle genannt, und man bezieht sich auf jedes Element in der
Struktur als Element in der Tabelle.

Das Subschema Aggregat kann größer oder kleiner als das Schema Aggregat sein. Falls es größer ist, dann sollte es die Bestandteile der
Schema Struktur anpassen. Falls es kleiner ist, kann es notwendig werden, Teile abzuschneiden. Die DBLTG hat dafür Regeln vorgesehen. Es besteht eine große Wahrscheinlichkeit, daß dies nie implementiert wird,
oder falls doch, dann nie benutzt wird. Auch wenn PL/1 als Sprache durch
ein DBMS unterstützt wird erscheint es nicht ratsam, dessen komplexe
satzinterne Struktur zu unterstützen. Das Problem der Konvertierung auf
Aggregatebene hängt jedoch nicht nur davon ab, ob PL/1 unterstützt wird
oder nicht.
Bei der COBOL satzinternen Struktur ist es möglich, daß auf Aggregatebene die Struktur des Subschema Satztyps sich von der Struktur des Schema
Satztyps unterscheidet. In diesem Fall sind die DBLTG Regeln nützlich.
Je mehr jedoch die flexiblen Strukturen zwischen Satztypen an Bedeutung
gewinnen, umso mehr sinkt die Benutzung von satzinternen Strukturen.

Aus diesen Gründen ist die Abbildung auf Aggregatebene höchstens
von untergeordnetem Interesse. Es lohnt sich daher nicht, diese noch
detaillierter zu diskutieren.

12.6.3 Konvertierung auf Elementebene

DBTG erkannte das Problem der Konvertierung auf Elementebene als die
COBOL satzinterne Struktur durch die PL/1 satzinterne Struktur ersetzt
wurde. Man spezifizierte so viele Abbildungsregeln wie möglich in den
'General Rules' der TYPE Klausel (Seite 120 bis 122, Regeln 9 bis 19).
Es mag etwas unverständlich erscheinen, daß diese Abbildungsregeln in
der Definition der Schema DDL zu finden sind und DDLC sie in keiner
Weise weiter diskutierte.

Das Thema der Konvertierung auf Elementebene ist viel bedeutender als
die Konvertierung auf Aggregatebene. Der wissenschaftliche Bereich entwickelt sein Interesse für Datenbankverwaltungssysteme und erkennt,
daß diese zur Behandlung aller Arten von wissenschaftlichen Daten relevant sind. In seiner derzeitigen Form ist COBOL sehr beschränkt in
der Behandlung numerischer Daten und dies ist die Stärke von PL/1. Die
Frage, die dabei entsteht ist ob man jemals COBOL benutzen möchte, um
PL/1 ähnliche, numerische Daten in einer Datenbank zu verarbeiten.

DBTG stellte drei Arten der Konvertierung auf Elementebene fest. Dies
sind

1. durch DBTG definiert (Seiten 120 bis 122)
2. durch den Hersteller definiert
3. durch den Datenadministrator definiert.

Der Datenadministrator kann auf zwei Arten beteiligt sein. Zunächst
kann er für das Element die Option CHECK IS PICTURE benutzen, was, wie
bereits in Abschnitt 9.8 gezeigt wurde, gleichbedeutend ist mit der
Einführung einer Syntaxregel für die Subschema DDL. Falls der Datenadministrator diese Option im Schema benutzt, dann muß das Subschema
Element die gleichen Charakteristika haben wie das entsprechende Schema
Element. Das heißt, daß keine Konvertierung möglich oder notwendig ist.

Zweitens kann er seine ENCODING/DECODING Option (siehe Abschnitt 10.
6.3) benutzen, die automatisch eine Konvertierung in den anderen beiden
Klassen überschreibt. Er kann dies für eine Konvertierung in beide Richtungen tun. In der Tat, es sieht so aus, daß er, falls er während einer
Änderung den Elementwert verschlüsselt, angeben muß, wie er beim Einlesen entschlüsselt werden soll.

Der Hauptunterschied zwischen der DBTG definierten Konvertierung und
einer vom Hersteller definierten Konvertierung besteht darin, daß es
in einigen Fällen DBTG nicht möglich war, die Konvertierung wegen der
Unterschiede in der Hardware Darstellung zu definieren.
Damit mußte DBTG die Regeln konsequenterweise dem Hersteller übertragen.

SOURCE \ TARGET	BIT	USAGE IS DISPLAY	USAGE IS COMPUTATIONAL

TYPE IS
 	
BIT integer
	TARGET LONGER
	  RIGHT ZERO FILL
	TARGET SHORTER
	  TRUNCATE ON
	RIGHT IF ZEROS ELSE
	  ERROR
		BIT 1 CHARACTER 1
		
		BIT 0 CHARACTER 0
			CONVERT UNSIGNED BINARY
			INTEGER TO BASE, SCALE,
			MODE, PRECISION OF
			TARGET, POSSIBLE ERROR

TYPE IS
 	
CHARACTER
 	
  integer
	CHARACTER 1 BIT 1
	
	CHARACTER 0 BIT 0
	
	OTHER CHARACTERS
	  ERROR
	NO CONVERSION
		TARGET LONGER
		  RIGHT BLANK FILL
		TARGET SHORTER
		  TRUNCATE ON
		RIGHT IF BLANKS ELSE
		  ERROR
			IMPLEMENTOR
			  DEFINED

TYPE IS
 	
CODED
  ARITHMETIC
integer-1
  integer-2
	ABSOLUTE ARITHMETIC
	VALUE CONVERTED
	
	TO FIXED POINT
	BINARY, ZERO BITS
	
	ADDED OR REMOVED ON
	LEFT, POSSIBLE ERROR
		IMPLEMENTOR
		  DEFINED
			SPECIAL
			  RULES

Abb. 12-1 Tabelle der Konvertierungen auf Elementebene

Die DBTG Regeln sind zusammengefasst in Abbildung 12.1 dargestellt.

Der Datenbankadministrator sollte die Funktion eines Elementes in einem Satztyp (wie z.B. CALC Schlüssel, Sortierschlüssel usw.) berücksichtigen, wenn er sich über die Möglichkeit, eine Konvertierung auf Elementebene zuzulassen, Gedanken macht. Eine Konvertierung vom Schema zum Subschema wirft nicht so viele Probleme auf wie das Weglassen eines Elements aus einem Subschema Satztyp, trotzdem sollte man diese vielleicht besser vermeiden.

12.6.4 Zusammenfassung der Konvertierung zwischen Schema und Subschema

Es wurden die drei Ebenen der Konvertierung zwischen Schema und Subschema besprochen. In kommerziell verfügbaren Systemen sieht es so aus, daß man heute eine Konvertierung auf Satzebene antrifft, eine Konvertierung auf Aggregatebene hoffentlich nie antreffend wird und man erwarten kann, daß eine Konvertierung auf Elementebene in den nächsten Jahren verfügbar wird.

12.7 Modifikation der Set-Auswahl

In Kapitel 8 wurde das schwierige Problem der Set-Auswahl besprochen. Es ist für denjenigen, der das Subschema definiert möglich, den im Schema gewählten Algorithmus zu verändern. Warum erscheint dies wünschenswert? Das Problem entsteht im Zusammenhang mit der hierarchischen Set-Auswahl (Kapitel 8).

Der Leser mag sich daran erinnern, daß die hierarchische Set-Auswahl die Definition eines Pfades zu einem member Satztyp beinhaltet, der von einem 'höher' gelegenen Punkt in der Struktur ausgeht, wo es möglich ist, einen owner Satz eindeutig auszuwählen. In einem Subschema könnten nun ein oder zwei Knoten (d.h. Satztypen) des Pfades nicht berücksichtigt werden. Wenn dann Programme, die das Subschema benutzen möchten, neue member Sätze einspeichern wollen oder existierende member Sätze unter Benutzung dieses Set-Auswahl Kriteriums finden wollen, dann muß ein neuer Pfad definiert werden.

Das Problem der Set-Auswahl ist grundsätzlich schwierig. Es scheint so, daß sowohl DBTG als auch DDLC davon abgekommen sind, einen Ansatz hierfür zu entwicklen, der unnötigerweise unverständlich und verwirrend ist. DBTG versuchte, das Problem auf Begriffe zu reduzieren, die verständlich waren. Deren Definition beschränkte sich auf die Ebene der Subschema DDL, was lediglich den letzten Aspekt dessen darstellt, was DDLC betrachtete. Damit gibt es drei unterschiedliche Ansätze bzgl. der Set-Auswahl in den drei verschiedenen CODASYL Berichten. Glück-

licherweise gibt es in der Praxis nur eine bekannte Implementierung
der hierarchischen Set-Auswahl. Diese basiert auf den ursprünglichen
Überlegungen von DBTG. Die meisten Implementierungen vermeiden die
hierarchische Set-Auswahl und bieten die nicht-hierarchischen Optionen
an. In diesem Fall ist es nicht notwendig, das in der Schema DDL deklarierte Set-Auswahl Kriterium in der Subschema DDL zu ändern.

**12.8 Die Syntax der COBOL
Subschema DDL**

DBTG unterteilte die COBOL Subschema DDL wie folgt:

```
SUB-SCHEMA IDENTIFICATION DIVISION
SUB-SCHEMA DATA DIVISION
RENAMING SECTION
AREA SECTION
RECORD SECTION
SET SECTION
```

Die COBOL JOD Subschema DDL weist mehr divisions und weniger sections
auf. Die Sprache ist wie folgt unterteilt:

```
TITLE DIVISION
MAPPING DIVISION
[ALIAS SECTION]
STRUCTURE DIVISION
[REALM SECTION]
[SET SECTION]
[RECORD SECTION]
```

Der Leser sollte die beabsichtigte neue Reihenfolge der Satz- und der Set
Deklarationen durch DBLTG beachten. Dies war eine schlechte Empfehlung
sowohl aus Sicht des Herstellers wie aus Sicht des Benutzers. Jemand,
der die Subschema DDL benutzt wird zunächst die Satztypen, die er berücksichtigen will , identifizieren und dann erst die Set-Typ Beziehungen
auswählen, die er benötigt, um die ausgewählten Satztypen in Beziehung
zueinander zu setzen.

In anderer Hinsicht bemühte sich DBLTG sehr, damit die COBOL Subschema
DDL stärker COBOL ähnelt. Diese Überlegungen sollen in diesem Kapitel

weiter verfolgt werden.

12.9 Globale Syntax

Das generelle Format der COBOL Subschema DDL sieht wie folgt aus:

TITLE DIVISION sub-schema-description-entry
[ALIAS SECTION (alias-description-entry) ...]
STRUCTURE DIVISION
[REALM SECTION [realm-description-entry] ...]
[SET SECTION (set-description-entry) ...]
[RECORD SECTION [record-description-entry] ...]

In den folgenden Abschnitten soll wie in den vorangegangenen Kapiteln
verfahren werden, nämlich alle Hinweise auf 'privacy locks' wegzulasse
Außerdem stellt der 'record-descrption-entry' von DBLTG ziemlich reines und unverändertes CODASYL COBOL dar, weshalb die Details der COBOL
internen Satzstruktur nicht dargestellt werden sollen. Lediglich die
wichtigeren Klauseln werden dargestellt.

12.10 Title Division

Die Syntax zur Namensvergabe an ein Subschema lautet (Seite IV-4-4):

TITLE DIVISION
SS sub-schema-name WITHIN schema-name

Ein Subschema kann ausschließlich nur mit einem Schema assoziiert
werden. Wie bereits früher angedeutet wurde, können mehrere Schemata
gleichzeitig existieren und dem DBMS 'bekannt' sein. Es kann auch mehr
re Subschemata bzgl. eines Schemas geben.

12.11 Mapping Division-Alias Section

Diese Section ist optional. Falls sie benutzt wird, lautet die COBOL JOI
Syntax (Seite IV-4-5):

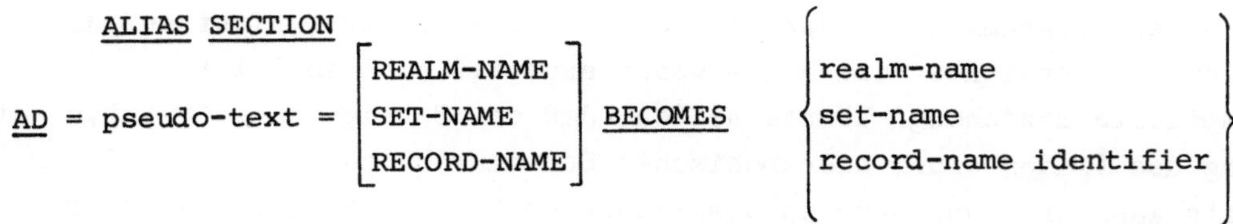

Pseudo - text muß sich auf einen im assoziierten Schema definierten Namen beziehen. Die Namen nach BECOMES sind die in den Programmen zu benutzenden Namen, die die im Subschema enthaltenen Daten ansprechen. Die neuen Namen sollten auch in den REALM, RECORD und SET Divisions benutzt werden. Die neuen Namen ersetzen nicht die Schema Namen. Sie sollten vielmehr als Synonyme der Schema Namen betrachtet werden.

Der Hinweis auf 'identifier' in der Syntax ist die mehr COBOL-artige Art und Weise, sich auf 'data-base-data-name' und data-base-identifier' der Schema DDL zu beziehen.

12.12 Structure Division

Die Structure Division wird dazu benutzt, den Inhalt und die Struktur eines Teiles der Datenbank zu spezifizieren, der in dem zu definierenden Subschema berücksichtigt werden soll. Sie besteht aus einer Realm-, Set- und Record Section. Es erscheint für die Benutzung der Mapping Division möglich, daß nur eine Realm Section und eine Record Section enthalten ist. Dies wird jedoch aus dem COBOL JOD nicht klar.

12.12.1 Realm Section

In der Realm Section kann ein Benutzer wählen zwischen der Aufnahme aller Schema Bereiche durch eine Anweisung und der Benennung speziell gewünschter Bereiche. Die Syntax lautet (Seite IV-4-7):

<u>REALM</u> <u>SECTION</u>

$$\underline{RD} \begin{Bmatrix} \underline{ALL} \\ \text{realm-name} \end{Bmatrix}$$

Diese Section der Mapping Division kann den assoziierten Eintrag mehrfach wiederholt beinhalten. Darüberhinaus muß diese Section angegeben werden. Mit anderen Worten, ein Subschema muß wenigstens einen Bereich beinhalten. Falls im Subschema kein Bereich angegeben ist, dann kann sich der Programmierer, der dieses Subschema benutzt, nicht auf die Daten des Bereiches beziehen - weder explizit noch implizit. 'Implizite Beziehung' könnte heißen, daß der Bereich einen Satztyp entlang des Pfades einer hierarchischen Set-Auswahl beinhaltet. Andererseits kann er einen Suchschlüsselindex enthalten. Noch verzwickter, ein Bereich könnte einige Exemplare eines member Satztyps beinhalten und ein anderer Bereich (des Subschemas) andere Exemplare. Wenn ein Set Exemplar verarbeitet wird, könnte ein Satz in dem verfügbaren Bereich auf einen Satz in einem nicht verfügbaren Bereich hinweisen. Es gäbe dann keine Möglichkeit, das Set Exemplar weiter zu verfolgen.

12.12.2 Record Section

Die Record Section soll vor der SET Section besprochen werden, obwohl das entgegen der von DBLTG vorgeschlagenen Reihenfolge ist. Die Syntax ist nicht so trivial wie in den anderen Sections. Deshalb ist es geeignet, sie vor ihrer Besprechung anzugeben. Nachdem zwei Teile aus dem COBOL JOD zusammengefaßt wurden (Seiten IV-4-10 und IV-4-12) erhält man:

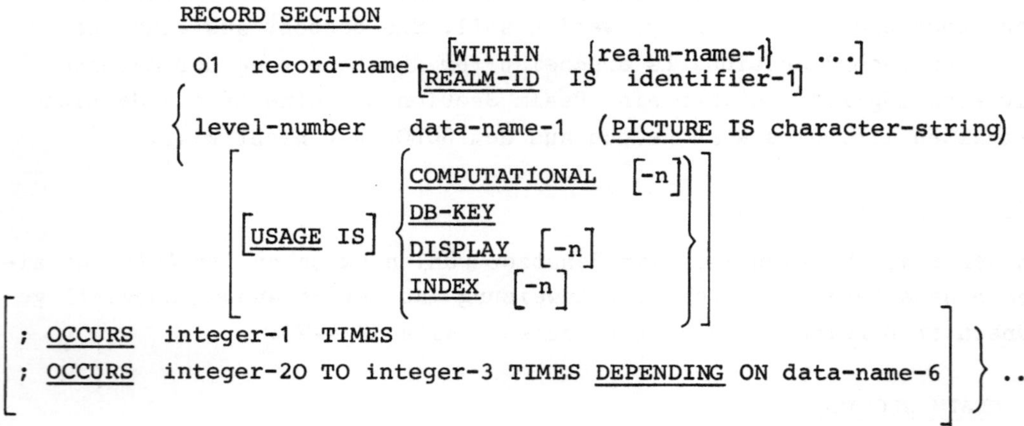

Es gibt hier zwei Zusätze zu CODASYL COBOL. Der erste ist die WITHIN Klausel und deren assoziierte REALM-ID. Der zweite ist USAGE-DB-KEY. Die Wirkung der WITHIN Klausel wird in den JOD Spezifikationen und bei DBTG unterschiedlich erläutert. Hier soll die JOD Fassung dargestellt werden, da sie deutlicher erscheint.

Wenn ein Satztyp zwei oder mehreren Bereichen im Schema zugewiesen wird, dann ist es möglich, daß man durch ein Subschema einige, aber nicht alle, Bereiche auswählen möchte und damit einige, aber nicht alle, Sätze des Typs haben möchte. Es erscheint redundant, daß ein Benutzer bzgl. der REALM SECTION, der WITHIN Klausel und der REALM-ID Klausel konsistente Angaben machen muß. Die Auswahl könnte durch die REALM SECTION allein erfolgen.

Die Möglichkeit, ein Element als DB-KEY zu benutzen gibt die entsprechende Schema DDL Möglichkeit wieder (siehe Abschnitt 9.4), obwohl im COBOL JOD eine Kurzform gewählt wurde. Obwohl, wie bereits erwähnt, von der Praxis der Speicherung von Datenbankschlüsselwerten in der Datenbank abgeraten wird, findet der Benutzer diese Möglichkeit trotzdem implementiert vor. Es sollte möglich sein, während der Ausführung eines Programms Datenbankschlüsselwerte im Arbeitsspeicher des Programmierers zu speichern. Wenn man jedoch ein Element dieses Typs in einem Schema Satztyp definieren muß und dann wiederum im Subschema Satztyp definieren muß, dann ist dies eine ziemlich umständliche Art und Weise ein einfaches Ziel zu erreichen. Glücklicherweise läßt das COBOL JOD jetzt die Definition von Datenbankschlüsselwerten in der bekannten Satzbeschreibung der Data Division zu.

12.12.3 Set Section

Ohne die in Abschnitt 12.7 besprochene Möglichkeit, das Set-Auswahl Kriterium des Schemas neu zu definieren, wird die Syntax der Set Section genauso einfach wie die der Realm Section. Die COBOL JOD Spezifikation (Seite IV-4-19) lautet wie folgt:

$$
\underline{SD} \quad \left\{ \begin{array}{l} \underline{ALL} \\ \text{set-name-1} \end{array} \right\}
$$

Will ein Benutzer jedoch die Set-Auswahl abändern, dann muß er den individuellen Set-Typ benennen und kann nicht die ALL Option benutzen. Zur Vollständigkeit, die Modifizierung der nicht - hierarchischen Set-Auswahl lautet im COBOL JOD:

```
SD set-name-1  [;SET SELECTION FOR record-name-IS

                                ⎧ SYSTEM                                      ⎫
                                ⎪ CURRENT                                     ⎪
     VIA set-name-1 OWNER       ⎨ identifier-1                                ⎬
                                ⎪ VALUE OF identifier-2 IS identifier-3  ...  ⎪
                                ⎩      [identifier-4 IS identifier-5]  ...     ⎭
```

Die folgende Tabelle definiert den Zusammenhang zwischen der Schema DD
Option aus Kapitel 8 und der obigen Subschema DDL Option.

Schema DDL	Sub-schema-DDL
SYSTEM	SYSTEM
CURRENT	CURRENT
DATA-BASE-KEY	identifier-1
CALC-KEY	VALUE OF
MEMBER	no corresponding facility

Es dürfte deutlich sein, daß die Schema DDL von DDLC es vorzieht, die
Bedeutung der dritten und vierten Option explizit in der Syntax un-
terzubringen, während DBLTG unglücklicherweise die Praxis verfolgte,
die Bedeutung in den Semantik-Teilen zu verankern.

12.13 Übersetzung der COBOL Subschema DDL

Ein Subschema muß in die Objektform übersetzt werden durch die DBMS
Komponente Subschema Übersetzer. Wenn der Übersetzer benutzt wird,
dann muß das Objektschema des in der Title Division angegebenen Schemas für den Übersetzer verfügbar sein.

Kapitel 13

Die Konzepte der Datenmanipulationssprache

13.1 Einführung

Ein Verständnis der Konzepte der DML ist absolut notwendig, um das gesamte CODASYL Konzept der Datenbankverwaltung gründlich zu begreifen. Viel zu viele Lehrveranstaltungen erläutern die Konzepte Set-Typ, Verkettung und möglicherweise location mode und Subschema. Dann werden sie beendet und hinterlassen bei dem Leser oder Zuhörer das Gefühl, daß er auf die Spitze eines Eisberges blickt.

Die DML war dahingehend Gegenstand der Kritik, daß sie 'unnötigerweise komplex' sei. In einigen Fällen muß dies als Geständnis des Einzelnen oder der Gruppe, die die Feststellung getroffen haben, betrachtet werden, daß man es einfach nicht verstand. In der Tat ist die von DBTG und DBLTG benutzte Sprache nicht einfach zu verstehen. Die meisten formalen Sprachen leiden unter diesem Problem. Während ein flüchtiger Leser normalerweise die Vorstellung eines Set-Typ und einer Verkettung begreifen kann, so sind einige der komplizierteren Überlegungen zur Manipulation einer solchen Struktur sehr viel schwieriger. Es ist das Ziel dieses und der folgenden Kapitel, das Problem eines umfassenden erläuternden Ansatzes zu korrigieren und hoffentlich detailliert genug zu erläutern, wie die DML funktioniert.

13.2 Wirtssprachenschnittstelle

Wie bereits früher in diesem Buch verdeutlicht wurde, wählte DBTG richtigerweise ein Wirtssprachenkonzept zur Datenbankverwaltung. Das bedeutet, daß der Anwendungsprogrammierer die Daten der Datenbank mit einer erweiterten Version der Sprache verarbeiten muß, die er schon immer benutzt hat - üblicherweise COBOL, gelegentlich aber auch PL/1 oder FORTRAN. Die Erweiterungen an den Standard-Programmiersprachen geschahen meist in der Form von Anweisungen, die es dem Programmierer ermöglichten, sich durch eine Struktur zwischen den Sätzen hindurchzuarbeiten. Die üblichen existierenden Anweisungen der Programmiersprachen wurden zur Verarbeitung von satzinternen Strukturen benutzt. Die neuen Anweisungen sollten bzgl. ihrer ganzen Absicht nicht von den bisher existierenden unterscheidbar sein. In der Tat kann man voraussehen, daß innerhalb der nächsten zehn Jahre keine der Anweisungen von Programmiersprachen mehr als 'DML Anweisungen' bezeichnet werden. Im Augenblick sollen jedoch die Anweisungen, die speziell zur Unterstützung der Verarbeitung von Datenbanksätzen hinzugefügt wurden als DML

Anweisungen bezeichnet werden. Im Falle von COBOL fallen die meisten
der neuen Anweisungen in die Procedure Division. In ein oder zwei
Fällen wurden existierende COBOL Anweisungen erweitert.

Der COBOL Anwendungsprogrammierer hat das Gefühl, daß er eine er-
weiterte Version von COBOL benutzt. Theoretisch sollte sein Quellprogramm durch einen geeignet modifizierten und erweiterten COBOL Compiler kompiliert werden. In der Praxis haben sich die meisten Hersteller aber dafür entschieden, den COBOL Compiler nicht zu modifizieren,
sondern einen DML/COBOL Preprocessor zur Verfügung zu stellen (wie in
Abschnitt 2.5.1 erwähnt). Das bedeutet, daß das Quellprogramm eines
Programmierers nicht vom COBOL Compiler verarbeitet wird, sondern durc
einen Preprocessor in eine abgewandelte Quellform gebracht wird. Diese
abgewandelte Quellform ist von einem Standard COBOL Compiler verarbeitbar, da jede DML Anweisung der Procedure Division durch den Preprocessor in eine CALL Anweisung mit einer Anzahl von Parametern übersetzt
wurde, die für die Anweisung und deren Optionen, wie sie im ersten Programm gefunden wurden, geeignet sind. Damit werden die Parameter in de
Liste der CALL Anweisung zur Ausführungszeit durch das DBCS (Ausführungszeitmodul) verarbeitet.
Die Möglichkeiten der DML sind wirklich nicht davon abhängig, ob ein
Preprocessor Ansatz benutzt wird oder ob der COBOL Compiler modifiziert
wird. Die verschiedenen Preprocessor Versionen in der Praxis können
sich hinsichtlich des durch sie erledigten Arbeitsumfanges unterscheiden. In der einfachsten Form erkennt der Preprocessor lediglich eine
DML Anweisung und übersetzt sie in eine CALL Anweisung mit Parametern.
Ein fortschrittlicherer Preprocessor kann mit der Semantik zur Ausführungszeit verbunden sein.

13.3 Anbinden an ein Subschema

Jedes Anwendungsprogramm, das Datensätze in einer Datenbank verarbeiten möchte muß an ein Subschema angebunden sein. Bzgl. des erforderli-
chen Programmierschrittes heißt dies, daß der Programmierer den Namen
eines Subschemas in sein Programm aufnehmen muß. Das Subschema muß vorher übersetzt worden sein.

Die DBTG Syntax zur Identifizierung eines Subschema wird durch eine
INVOKE Klausel in einer neuen Schema Section der existierenden Data
Division ermöglicht. Der Programmierer hat dann zu schreiben

```
DATA DIVISION
SCHEMA SECTION
INVOKE SUB-SCHEMA sub-schema-name OF SCHEMA schema-name.
```

Nur eine INVOKE Klausel ist zulässig in einem COBOL Anwendungsprogramm.
DBLTG änderte dies in eine mehr COBOL ähnliche Syntax. Als Ergebnis
kam folgende neue Klausel für die Data Division heraus:

DB sub-schema-name WITHIN schema-name.

Der Effekt dieser Klausel entspricht vollkommen dem von DBTG obwohl
die Syntax ganz anders aussieht.

Der Leser sollte sich zu diesem Zeitpunkt eine der Auswirkungen der
Subschema Eigenschaft ins Gedächtnis rufen, nämlich die Reservierung
eines Arbeitsbereiches im Hauptspeicher für jeden, im Subschema genannten, Satztyp. Dies wurde bereits einigermaßen detailliert in Abschnitt
12.4 besprochen und soll hier nicht wiederholt werden. Es ist jedoch
notwendig, die Funktion eines Satzbereiches während der Ausführung eines Programms zu verstehen, um wiederum die Arbeitsweise der DML zu
verstehen.

13.4 Anwendungsprogramme und ihre Prozesse

DBTG erkannte, daß Anwendungssysteme auf der Basis von Datenbanken mehr
und mehr zu 'online' Systemen werden. Da es mehrere Arten von online
Systemen gibt, soll schnell geklärt werden, daß in einer kommerziellen
Umgebung die lebensfähigste Form eines online Systems durch vorprogram-
mierte Transaktionsprogramme gekennzeichnet ist, die von Nicht-Program-
mierern aufgerufen werden. Diese Nicht-Programmierer sollen als 'parametrische Benutzer' bezeichnet werden. Solch ein System wird manchmal
als transaktionsorientiertes System oder transaktionsgeschriebenes System bezeichnet. Andere Arten von online Systemen sind time sharing Systeme und interaktive Abfragesysteme.
Beispiele von Anwendungen auf der Basis eines transaktionsorientierten
Systems sind Bestelleingang, Bestandsprüfung (in einer Bank) und theoretisch Platzbuchungssysteme. Der wichtige Punkt, auf den hier überge-
leitet werden soll, ist, daß ein bestimmtes Transaktionsprogramm zweimal oder mehrmals zur gleichen Zeit von verschiedenen Terminals aus
aufgerufen werden kann. Jede Ausführung des Transaktionsprogramms wird
dann als Prozeß (run-unit) bezeichnet.

Es ist nun wichtig, Eigenschaften eines Anwendungsprogramms von Eigenschaften eines Prozesses zu unterscheiden, obwohl, wenn der Begriff
Prozeß einmal eingeführt und verstanden wurde, die Unterscheidung sehr
viel leichter fällt.
Es ist nun erforderlich, auf die Besprechung des Satzbereiches zurückzugreifen. Es gibt für jeden Satztyp des Subschemas und jeden Prozeß,

der das Subschema benutzt einen Satzbereich im Hauptspeicher. Dies ist
in Abbildung 13.1 veranschaulicht. Es gibt drei Subschemata zum
SCHEMA-1. Zwei Anwendungsprogramme benutzen SUB-SCHEMA-1 (nämlich AP1
und AP2), ein Anwendungsprogramm benutzt SUB-SCHEMA-2 (nämlich AP3)
und zwei benutzen SUB-SCHEMA-3.

Darüberhinaus befinden sich zu einem bestimmten Zeitpunkt insgesamt
5 Prozesse wie folgt in Ausführung:

  1 von AP1, nämlich RU11
  3 von AP3, nämlich RU31, RU32 und RU33
  1 von AP5, nämlich RU51
  (RU = run unit)

Es sei darauf hingewiesen, daß zu diesem Zeitpunkt sich kein Prozeß
von AP2 oder AP4 in Ausführung befindet. In dem speziellen Fall von
RU31, RU32 und RU33 hat jeder der drei Prozesse seine eigenen Satzbereiche für jeden Satztyp aus SUB-SCHEMA-2. Angesichts der Tatsache,
daß diese drei Prozesse nichts miteinander zu tun haben außer der Tatsache, daß sie Prozesse des gleichen Anwendungsprogramms darstellen,
erscheint dies als sehr vernünftiger Ansatz.

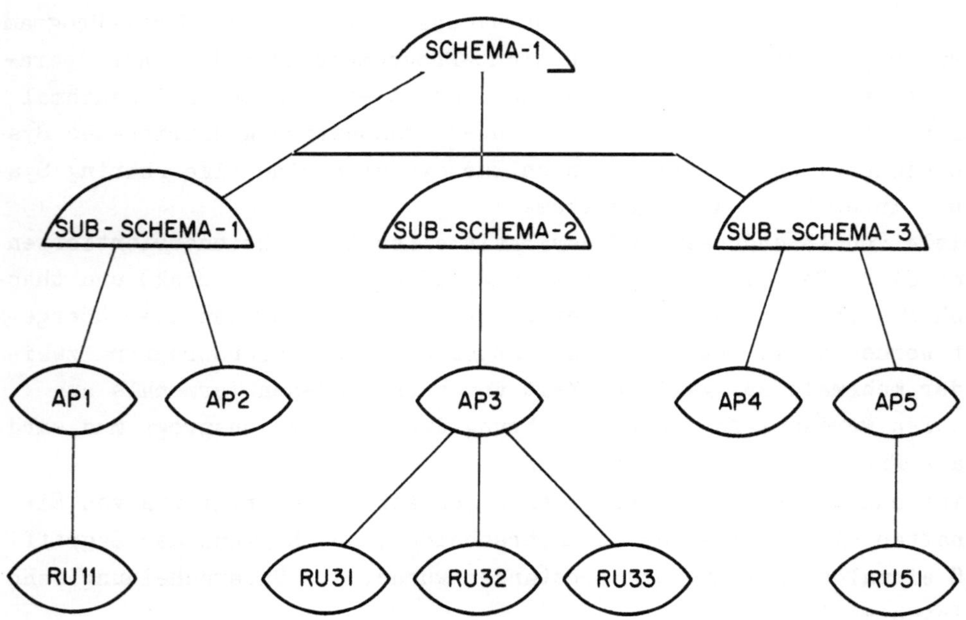

Abb. 13.1 Beziehung zwischen Prozeß (run-unit), Anwendungsprogram
und Subschema.

13.5 Datenbankregister

Wenn der Programmierer mit dem DBCS kommuniziert, so geschieht dies
unter Benutzung der ziemlich konventionellen Techniken der Parameter-
übergabe. Entweder wird der Parameter durch die Syntax der DML Anweisung impliziert oder die DML Anweisung bezieht sich andernfalls auf
Datenelemente im Hauptspeicher, deren Wert als Parameter benutzt wird.

Es ist jedoch oft notwendig, daß das DBCS mit dem Programmierer kommuniziert. Dies geschieht über spezielle Datenbankregister, wie diese
von DBLTG genannt werden. Es gibt davon viele, das wichtigste aber wird
als DB-STATUS Register bezeichnet. Das Register wird immer gesetzt,
wenn eine DML Anweisung für einen Prozeß ausgeführt wird. Man muß nun
zwischen einer erfolgreichen und einer erfolglosen Ausführung einer
DML Anweisung unterscheiden.

Im Falle einer erfolgreichen Ausführung einer DML Anweisung wird DB-
STATUS auf Null gesetzt. Im Falle einer erfolglosen Ausführung hängt
der zugewiesene spezielle Wert davon ab, warum die Ausführung erfolglos war. Es soll nun untersucht werden, warum DBLTG das Register DB-
STATUS genannt hat, das man deutlich dem ERROR-STATUS von DBTG vorzuziehen ist.

Die erfolglose Ausführung einer DML Anweisung kann von einer ganzen
Reihe von Gründen abhängen. Nicht alle diese Gründe weisen auf Fehler
hin, obwohl dies ziemlich für die meisten gilt. DBLTG benutzte die Bezeichnung Datenbank-Ausnahmebedingung (data base exception condition),
da dies nicht die etwas unglückliche Bedeutung eines Fehlers hat. DBTG
nannte alle Bedingungen Fehlerbedingungen. Deshalb findet man dies in
einer Reihe von Implementierungen.

Es gibt auch einen Unterschied wie die Ausnahmebedingungen bei DBTG
und DBLTG dargestellt werden. DBTG benutzte vier Ziffern, DBLTG sieben.
In beiden Fällen stellen die ersten beiden Ziffern einen Code für die
DML Anweisung dar. Die beiden Codes sind andererseits aber total unterschiedlich. Es ist nicht empfehlenswert, eine komplette Liste von Da-
tenbank-Ausnahmebedingungen an einer Stelle zu geben, da dies nur wenig
oder gar keinen Lehrwert hat. Die Bedingungen, die während der Ausführung jeder DML Anweisung auftreten können, werden in dem jeweiligen Abschnitt zu jeder DML Anweisung besprochen. Einige generelle Bemerkungen seien jedoch hier schon angebracht.

Immer wenn eine Datenbank-Ausnahmebedingung auftritt, sollte der Programmierer eine geeignete Maßnahme einplanen. Er mag wünschen, daß jedes Auftreten einer bestimmten Bedingung irgendwo in seinem Programm
gleich behandelt werden sollte. In diesem Fall kann er eine Declarative

Procedure benutzen. (Zur Erläuterung für Nicht-COBOL Programmierer,
dies ist eine Prozedur, für die festgelegt wurde, daß sie auszuführen ist, wenn ein bestimmtes Ereignis während der Ausführung des Programmes eintritt - in diesem Fall eine Datenbankausnahmebedingung, obwohl COBOL auch bestimmte andere Bedingungen zuläßt). Wenn ein Programmierer andererseits jedes Auftreten einer Bedingung gesondert behandeln will, dann muß er einen Test der Form

IF DATABASE-STATUS EQ ...

nach jeder DML Anweisung einbauen, bei der die Bedingung auftreten kann. Hoffentlich ist für den Programmierer die erste Technik genereller anwendbar als letztere.

Welche Aktion getroffen werden soll beim Auftreten einer Datenbankausnahmebedingung kann eine gewisse Diagnose von dem, was passiert ist seitens des Programmierers erforderlich machen. Um dies zu erleichtern setzt das DBCS einen Wert in gewissen anderen speziellen Datenbankregistern, von denen drei identifiziert werden als:

DB-REALM-NAME
DB-SET-NAME
DB-RECORD-NAME

Von denen gibt es je Prozeß jeweils einen. Jedes Register ist in der Lage, einen COBOL Namen mit 3o Zeichen aufzunehmen. Die Überlegung besteht darin, daß im Falle einer Datenbankausnahmebedingung das Register den Namen des Bereiches, Set-Typ oder Satztyps enthält, der mit der Ausnahmebedingung assoziiert ist. Üblicherweise ist die Situation ziemlich deutlich definiert und es ist eindeutig, welcher Satztyp etc im Register benannt werden soll. Die Bedeutung hängt jedoch von der aufgetretenen Bedingung ab.

DBTG identifizierte zwei andere spezielle Register, nämlich ERROR-TYPE und ERROR-COUNT. Ersteres betrifft Probleme der Parallelverarbeitung. Letzteres war als Zähler gedacht, der die Anzahl der während der Ausführung einer DML auftretenden 'Fehler' aufnimmt. (Das andere Register würde sich auf den ersten, festgestellten Fehler beziehen).

DBLTG entfernte vernünftigerweise die Idee des ERROR-COUNT und benannte ERROR-TYPE um in DB-CONFLICT - eine weitaus bessere Bezeichnung seiner Funktion.

13.6 Currency Indikatoren

Eines der wichtigsten Konzepte in der DML ist das der Currency Indikatoren. Die Einführung einer der Currency Indikatoren war unvermeidbar bei der Darstellung der chronologischen Set-Typen in Abschnitt 6.4.2 und bei der Besprechung der Set-Auswahl in Abschnitt 8.3.
Damit sollte der Leser schon eine gewisse Vorstellung haben von diesen Indikatoren. Hier ist jetzt jedoch der richtige Ort, diese vollständig zu besprechen.

Jeder Currency Indikator ist eine vom System verwaltete Größe, die normalerweise auf einen Satz in der Datenbank verweist. Das bedeutet, daß der normale Inhalt eines Currency Indikators ein Datenbankschlüsselwert ist, obwohl der Inhalt auch Null sein kann (wie zu Beginn eines Prozesses).

Die Anzahl und der Typ der Currency Indikatoren, die von einem Prozeß verwaltet werden, hängt ganz und gar von 'dem Subschema ab, das von dem zum Prozeß gehörigen Programm benutzt wird (falls man davon sprechen kann, daß ein Prozeß zu einem Programm 'gehört'). Sie werden identifiziert als:

CURRENT OF RUN-UNIT	nur einer
CURRENT OF SET-NAME	einer je Set-Typ im Subschema
CURRENT OF REALM-NAME	einer je Satztyp im Subschema
CURRENT OF REALM	einer je Bereich im Subschema

Wenn ein Subschema also 4 Set-Typen, 6 Satztypen und drei Bereiche enthält, dann verwaltet jeder Prozeß eines Programms, welches das Subschema benutzt, automatisch 1+4+6+3 = 14 Currency Indikatoren.

Es ist wichtig, darauf hinzuweisen, daß die Bedeutung der vier Indikator Klassen beträchtlich variiert. Die ersten beiden Klassen, nämlich CURRENT OF RUN-UNIT und CURRENT OF SET-NAME sind viel wichtiger als die beiden anderen Klassen. Um dies in Zahlen auszudrücken, dann könnten, grob geschätzt, 80% der Anwendungsprogramme sehr effizient geschrieben werden, ohne die CURRENT OF RECORD-NAME und CURRENT OF REALM-NAME Indikatoren zu benutzen.

Zwei Anweisungen haben Einfluß auf das Setzen bzw. Verändern von Currency Indikatoren. Es sind dies die FIND und die STORE Anweisung. Viele Anweisungen, inklusive dieser beiden, können auf einen oder mehrere Indikatoren während ihrer Ausführung Bezug nehmen.

Der CURRENT OF RUN-UNIT Indikator ist insofern speziell, als er sehr oft den Weg darstellt, über den das DBCS weiß, welcher Satz in der Datenbank zu bearbeiten ist. Zum Beispiel tritt eine der Optionen der DML Anweisung auf als

     ERASE record-name.

Es kann 10 000 Exemplare des Satztyps 'record-name' geben und das System muß wissen, welche davon aus der Datenbank zu entfernen sind. Dies wird durch den CURRENT OF RUN-UNIT Indikator bestimmt. Deshalb muß der Programmierer in sein Programm eine FIND Anweisung vor der ERASE Anweisung einfügen, um die Anwesenheit des zu löschenden Satzes festzustellen.

Der CURRENT OF SET-NAME Indikator wird oft in DML Anweisungen benutz um einen Set des in der Anweisung genannten Typs auszuwählen. Als Beispiel sei betrachtet

     CONNECT record-name TO set-name.

In der Tat wird hier der CURRENT OF RUN-UNIT Indikator benutzt, um den einzubindenden Satz zu identifizieren, und der geeignete CURRENT OF SET NAME Indikator wird dazu benutzt, um das Exemplar des 'set-name' zu bestimmen, in das der Satz eingebunden werden soll. Der Programmierer muß daran denken, daß zu Beginn eines Prozesses alle Indikatoren auf Null gesetzt sind. Er muß deshalb bei der ersten DML Anweisung des Programms darauf achten, daß er keine benutzt, die einen Currency Indikator in irgendeiner Weise testet oder benutzt.

Es soll eine abschließende Bemerkung zu den Currency Indikatoren erfolgen. Es besteht im Programm die Möglichkeit zusammen mit den FIND bzw. STORE Anweisungen eine Option zu benutzen, die bewirkt, daß einige oder alle der Currency Indikatoren nicht geändert werden. Diese Option steht für den CURRENT OF RUN-UNIT Indikator nicht zur Verfügung, jedoch für alle anderen. DBTG bezeichnete diese Möglichkeit als 'Unterdrükkung von Currency Änderungen'. DBLTG modifizierte dies zu 'Beibehaltun, der Currency'. Die Wirkung der Option ist in beiden Fällen die gleiche Während die Idee, daß der Programmierer den Currency Indikator auf diese Weise kontrolliert logisch sehr mächtig ist, sollte dies jedoch mit äußerster Vorsicht geschehen. Das Spielen mit Currency Indikatoren sollte einem Anfänger in der Programmierung nicht unbedingt empfohlen werden.

13.7 DML Philosophie

Vor einer kurzen Besprechung jeder DML Anweisung erscheint es nützlich,
eine Vorstellung von der Zielsetzung der von DBTG gewählten Vorgehensweise zur Manipulation von Datensätzen zu bekommen. Die Vorgehensweise
folgt den Wegen, die in den frühen sechziger Jahren durch IDS vorge-
zeigt wurden und entspricht zufällig der in den anderen kommerziell
verfügbaren Systemen wie IMS und TOTAL.
Es wurde betont, daß es für jeden im Subschema angegebenen Satztyp,
der von dem Prozeß benutzt wird, einen Satzbereich im Hauptspeicher
gibt. Viele der auf Satzebene operierenden DML Anweisungen übertragen
Daten zwischen diesem Satzbereich und der Datenbank. Der wichtige Aspekt hierbei ist, daß von der Ausführung einer DML Anweisung auf Satzebene ein und nur ein Satz direkt betroffen ist. Andere Sätze können
möglicherweise indirekt betroffen sein, etwa dadurch, daß auf sie zufällig während der Ausführung der DML Anweisung zugegriffen wurde.

Das DML Konzept von DBTG wurde auch charakterisiert als 'ein Satz zu
einem Zeitpunkt Logik' ('single record at time logic'). Da diese Vorgehensweise ausgetestet ist und sich auf dem Markt bewährt hat bzw.
jede andere höchstens theoretisch betrachtet wurde, kann die Entscheidung von DBTG für diese Vorgehensweise nicht kritisiert werden.
Im Laufe der Zeit wird sie möglicherweise ergänzt und letzten Endes
sogar durch eine mächtigere Mehrsatzlogik (multiple record logic) ersetzt werden. Zur Zeit jedoch bildet das DBTG Konzept den Maßstab, an
dem die anderen zu messen sind.

13.8 DML Anweisungen

DBTG und DBLTG entschieden sich dafür, die DML Anweisungen in alpha-
betischer Reihenfolge ihren Lesern zu präsentieren. Dies ist dann sinnvoll, wenn jemand den Bericht zum Nachschlagen einer Regel benutzen
will. Der Lehrwert dieser Reihenfolge ist gleich Null.
Es ist nützlicher, jede DML Anweisung entsprechend der Ebene zu ka-
tegorisieren, auf der sie operiert. Bevor in eine umfassende Darstellung jeder Anweisung eingestiegen werden soll, erscheint es sinnvoll,
einen Abschnitt der Funktion und Bedeutung jeder Anweisung zu widmen.
Dies soll dem Leser ein globales Verständnis   der gesamten Menge
von Anweisungen vermitteln. Einige der DBTG Bezeichnungen für Anweisungen wurden durch DBLTG aus einer Reihe von Gründen leicht geändert -
diese Gründe waren zum Teil gerechtfertigt, zum Teil auch nicht, manchmal nicht verständlich und manchmal offensichtlich. In Abbildung 13.2
sind jeweils beide Bezeichnungen wiedergegeben. Die Änderungen werden

im Zusammenhang mit der Besprechung jeder Anweisung kommentiert.

Level	COBOL JOD	DBTG
Realm (area)	READY FINISH	OPEN CLOSE
Set	ORDER	ORDER
Record-only	FIND ERASE STORE	FIND DELETE STORE
Record and item	GET MODIFY	GET MODIFY
Linkage	CONNECT DISCONNECT	INSERT REMOVE
Currency Indicators	ACCEPT	MOVE
Conditional	IF	IF
Declarative	USE	USE
Concurrency	KEEPT FREE REMONITOR	KEEP FREE (not provided)

Abb. 13.2 Beziehung zwischen COBOL JOD und DBTG DML Anweisungen

13.8.1 READY Anweisung

Eine READY Anweisung muß die erste DML Anweisung in einem Programm sein
das auf Daten in einer Datenbank zugreifen will. Es ist notwendig, daß
der Programmierer mit dem DBMS dahingehend kommuniziert, daß er angibt, welchen Bereich oder Bereiche er verarbeiten möchte, wie er jeden verarbeiten möchte, (nur Lesen oder Ändern) und schließlich wie
er sich gegenüber anderen Prozessen verhalten will, die die gleichen
Bereiche verarbeiten möchten. READY ist eine sehr wichtige Anweisung,
da sie mit der Parallelverarbeitung verknüpft ist. Konzeptionell gesehen ist eine 'READY Bereich' Anweisung ähnlich einer 'OPEN Datei'
Anweisung in der konventionellen Datenverarbeitung.

13.8.2 FINISH Anweisung

Eine FINISH Anweisung bildet das Gegenstück zur READY Anweisung und
dürfte normalerweise die letzte DML Anweisung sein, die in einem Programm ausgeführt wird. Konzeptuell betrachtet entspricht sie einen
CLOSE Datei.

13.8.3 FIND Anweisung

FIND stellt sicherlich die wichtigste DML Anweisung dar. Sie wird benutzt, um die Anwesenheit eines Satzes in der Datenbank festzustellen.
Falls sie erfolgreich war, können die Daten in dem Satz solange nicht
durch die Anweisungen der Wirtssprache (wie z.B. MOVE) verarbeitet werden bis eine zusätzliche GET Anweisung ausgeführt wurde. Es gibt mehrere Arten von Optionen für die FIND Anweisung. Um diese geschickt zu benutzen muß der Programmierer DDL Deklarationen wie Set-Typen und location mode beachten.

13.8.4 STORE Anweisung

Der Programmierer kann in dem Satzbereich einen neuen Satz aufbauen
und dann durch eine STORE Anweisung in die Datenbank einspeichern. Davor muß er eine READY FOR UPDATE Anweisung für den Bereich ausgeführt
haben, in den der Satz eingespeichert werden soll. In Abhängigkeit von
location mode und Set-Auswahl muß er gegebenenfalls noch einige Parameter besetzen bevor die STORE Anweisung ausgeführt werden kann. Obwohl diese Anweisung syntaktisch sehr einfach ist, so ist ihre Semantik jedoch ziemlich komplex.

13.8.5 GET Anweisung

Die GET Anweisung ergänzt die FIND Anweisung dahingehend, daß sie nach
der FIND Anweisung dazu benutzt wird, den gefundenen Satz vom Systempuffer des DBCS in den zu dem entsprechenden Satztyp gehörenden Satzbereich des Prozesses zu übertragen. Es ist möglich, alle oder nur einige ausgewählte Elemente des Satztyps in den Satzbereich zu übertragen.

13.8.6 ERASE Anweisung

ERASE wird dazu benutzt, einen Datenbanksatz 'auszulöschen'. Vor einer erfolgreichen Ausführung einer ERASE Anweisung muß das Vorhandensein des Satzes durch eine FIND Anweisung festgestellt worden sein. ERASE besitzt eine ganze Reihe von Optionen, durch die es möglich ist, mehrere Sätze durch eine Anweisung zu löschen. Diese Optionen hängen von der in Abschnitt 7.2 besprochenen 'removal class' ab.

13.8.7 MODIFY Anweisung

Die MODIFY Anweisung wird dazu benutzt, um einen Satz in der Datenbank durch einen anderen Inhalt des gleichen Satzes im Satzbereich des Hauptspeichers zu ersetzen. 'Gleicher Satz' heißt hier, daß er den gleichen Datenbankschlüsselwert hat. Die Reihenfolge der Anweisungen von einer MODIFY Anweisung lautet normalerweise FIND, GET und dann MOVE. Die MOVE Anweisungen (so viele wie notwendig) ändern die Elementwerte im Hauptspeicher. Durch MODIFY wird die Datenbank geändert. MODIFY kann auf Elementebene operieren.

13.8.8 CONNECT und DISCONNECT Anweisungen

Wenn die storage class eines Satztyps in einem Set-Typ 'automatic' ist (siehe Abschnitt 7.1), dann wird er in einen Set dieses Typs eingebunden, wenn er das erste Mal in die Datenbank mittels einer STORE Anweisung eingespeichert wurde. Er kann jedoch durch ein DISCONNECT abgehängt werden bzw. durch ein CONNECT wieder in einen Set eingebunden werden. Im Zusammenhang mit der CONNECT Anweisung tritt das Problem der Set-Auswahl auf.

13.8.9 ORDER Anweisung

Diese Anweisung wurde nicht sehr häufig implementiert, kann aber durchaus nützlich sein. Sie hängt mit der DDL Deklaration der Set-Reihenfolge (siehe Abschnitt 6.2) zusammen. Sie ermöglicht es dem Programmierer, die Reihenfolge für einen chronologischen Set-Typ entweder temporär für die Dauer seines Prozesses oder permanent festzulegen, so daß die Reihenfolge in der Datenbank geändert wird - sie ist jedoch nicht Grundlage für die Reihenfolge, die benutzt wird, wenn Sätze später in den Set eingebunden werden.

13.8.10 ACCEPT Anweisung

Die ACCEPT Anweisung kann dazu benutzt werden, die Currency Indikatoren in Datenelemente zu kopieren, die vom Benutzer definiert wurden. Solche Elemente müssen als Elemente vom Typ DB-KEY definiert sein. ACCEPT kann auch dazu benutzt werden, einen Bereichsnamen in ein benutzerspezifisches alphanumerisches Element zu kopieren, das zur Aufnahme eines solchen Namens definiert wurde.

13.8.11 IF Anweisung

Die vorhandene IF Anweisung in COBOL wurde dahingehend erweitert, daß der Programmierer verschiedene Tests bzgl. des zuletzt gefundenen Satzes durchführen kann. Diese Tests ermöglichen es ihm festzustellen, ob dieser Satz auf irgendeine Weise in einen Set eines bestimmten Typs eingebunden ist. Eine andere Option ermöglicht einen Test, ob ein Set eines benannten Set-Typs 'leer' ist oder nicht.

13.8.12 USE Anweisung

Die existierende USE Anweisung in COBOL wurde in eine USE FOR DB-EXCEPTION Anweisung erweitert. Diese ist notwendig, um eine Diagnose der verschiedenen Datenbankausnahmebedingungen durchzuführen, die während der Ausführung jeder der DML Anweisungen auftreten können.

13.8.13 KEEP, FREE und REMONITOR Anweisungen

Diese drei Anweisungen betreffen Probleme der Integrität bei einer Parallelverarbeitung, bei der zwei oder mehrere Prozesse Datensätze im selben Bereich verarbeiten. Das DBLTG Konzept hierzu ist sehr komplex. Es wird vollständig im Kapitel über die Parallelverarbeitung behandelt.

13.9 Schlußfolgerungen

Die COBOL DML besteht aus bis zu 13 neuen Anweisungen der Procedure Division und Modifikationen an den existierenden IF, USE und ACCEPT Anweisungen. Die in der Darstellung benutzte Reihenfolge der Anweisungen wurde unter dem Gesichtspunkt eines Lehrtextes gewählt. Dies ist auch im Großen und Ganzen die Reihenfolge der nun folgenden detaillierten Besprechungen der Anweisungen.

Kapitel 14

READY und FINISH

14.1 Einführung

Zu Beginn einer detaillierten Betrachtung der DML Anweisungen ist es
wichtig, nochmal darauf hinzuweisen, daß die gesamte Philosophie darau.
beruht, daß die Programme zu schreiben sind unter der Berücksichtigung
daß sie konkurrierend mit anderen Programmen ausgeführt werden. Um genau zu sein sind es die Prozesse, die parallel ausgeführt werden. Das
Hauptproblem besteht nun darin, daß zu einem bestimmten Zeitpunkt
während der Ausführung die Prozesse bzgl. desselben Datensatzes
zueinander in Konkurrenz stehen. Falls beide die Daten nur lesen wollen, dann ist diese Konkurrenz nicht kritisch. Falls jedoch beide den
Satz auf irgendeine Weise ändern wollen (einschließlich löschen), dann
können große Probleme auftreten.
Es ist sicher vorteilhaft, wenn von Seiten der DBMS Hersteller der
Programmierer von Überlegungen zur Parallelverarbeitung befreit wird.
Dies ist heute durchaus so anzutreffen. Wie bei anderen Aspekten auch,
von denen man den Programmierer fernhält, hat das seinen Preis in Form
von Maschineneffizienz, mit der das Programm ausgeführt wird. DBTG entschied sich für eine Vorgehensweise, bei der das Problem der Paralell-
verarbeitung auf gewisse Weise dem Datenadministrator übertragen wurde
jedoch nur in der Form, daß man Werkzeuge vorschlug, durch die man den
Programmierer von einer Beteiligung an den Problemen fernhalten konnte
   Die Vorgehensweise von DBTG macht es erforderlich, daß die Aufmerksamkeit zuerst auf die READY Anweisung gelenkt werden muß. Dies ist
der 'OPEN Datei' Anweisung sehr ähnlich, indem durch sie die Absicht,
Daten in einem Teil der Datenbank verarbeiten zu wollen, zum Ausdruck
gebracht wird.

14.2 Die Syntax der READY Anweisung

Es wird einfacher sein, die Konzepte der Parallelverarbeitung zu be-
sprechen, wenn die Syntax und die wichtigeren semantischen Regeln der
READY Anweisung vorher dargestellt wurden. Die DBLTG Fassung dieser
Anweisung lautet (Seite III-12-40):

$$\underline{\text{READY}} \quad \left[\begin{matrix} \text{set-name-1} \\ \text{realm-name-1} \end{matrix}\right] \cdots \left[\underline{\text{,USAGE-MODE}} \text{ IS } \left[\begin{matrix} \underline{\text{EXCLUSIVE}} \\ \underline{\text{PROTECTED}} \end{matrix}\right] \left\{\begin{matrix} \underline{\text{RETRIEVAL}} \\ \underline{\text{UPDATE}} \end{matrix}\right\} \right]$$

Diese unterscheidet sich leicht von der DBTG Fassung (Seite 247):

$$
\underline{\text{OPEN}} \quad \left\{ \begin{array}{l} \underline{\text{ALL}} \ \text{FOR} \ \underline{\text{SET}} \ \ \text{set-name-1} \quad \left[,\text{set-name-2} \right] \\ \underline{\text{AREA}} \ \ \text{area-name-1} \ \left[,\text{area-name-2} \right] \ \ldots \end{array} \right\} \ \ldots
$$

$$
\left[\ ; \ \underline{\text{USAGE-MODE}} \ \text{IS} \ \left[\begin{array}{l} \text{EXCLUSIVE} \\ \text{PROTECTED} \end{array} \right] \left\{ \begin{array}{l} \text{RETRIEVAL} \\ \text{UPDATE} \end{array} \right\} \right]
$$

Eine Untersuchung der verfügbaren Implementierungen läßt erkennen, daß
eine gewisse Tendenz besteht, die Möglichkeit, sich im ersten Teil der
Anweisung auf Set-Typen zu beziehen, wegzulassen, dafür aber die USAGE-
MODE Klausel auf verschiedene Art und Weise zu erweitern. Eine Möglichkeit besteht darin, einen 'initial load' Modus für die Situation einzuführen, wo die Sätze das erste Mal in den Bereich eingespeichert werden.
Eine andere Tendenz besteht darin, durch das Ersetzen von EXCLUSIVE
und PROTECTED durch NON-PROTECTED den Benutzungsmodus (USAGE MODE) implizit festzulegen.

14.2.1 Benutzungsmodi

In der optionalen USAGE-MODE Klausel deklariert der Programmierer zwei
Dinge. Bei der Wahl von UPDATE oder RETRIEVAL legt er fest, wie er die
Sätze in dem Bereich verarbeiten möchte. Entscheidet er sich für
RETRIEVAL dann beschränkt er sich auf die Benutzung der FIND, GET
und IF Anweisungen. Entscheidet er sich für UPDATE, so kann er zu-
sätzlich STORE, MODIFY, ERASE, CONNECT, DISCONNECT und ORDER benutzen.
Es mag interessant sein, daß beim vollständigen Weglassen der USAGE-
MODE Klausel dann RETRIEVAL angenommen wird. Dies stellt genau das
Gegenteil von IDS/1 dar.
Der wichtigere Teil der USAGE-MODE Klausel ist die Entscheidung zwischen
EXCLUSIVE, PROTECTED und der dritten Option, die hier als UNRESTRICTED
bezeichnet werden soll, obwohl dieser Begriff von den CODASYL Gremien
nicht benutzt wurde. Wie man noch sehen wird, stellt UNRESTRICTED den
wichtigsten Benutzungsmodus dar, weshalb dieser in irgendeiner Form zu
benennen ist.
Der Leser sollte hier erkennen, daß durch die Kombination von RETRIEVAL
und UPDATE jeweils mit EXCLUSIVE, PROTECTED und UNRESTRICTED insgesamt
sechs verschiedene Benutzungsmodi existieren.

Die wichtige USAGE-MODE Klausel lautet dann:

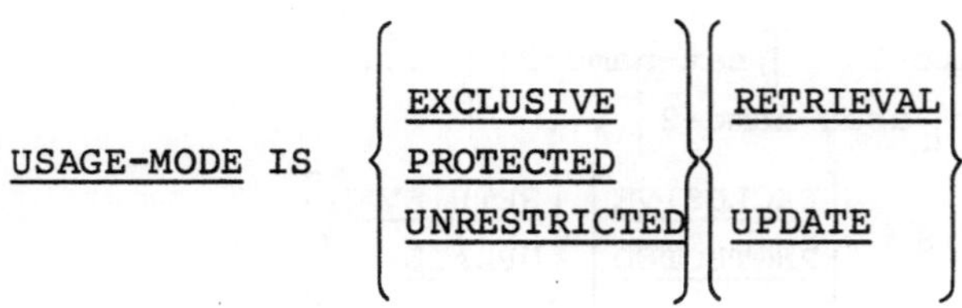

Um einfacher darauf Bezug nehmen zu können, soll die erste Option als Parallelmodus (concurrency mode) und die zweite als Verarbeitungsmodus (processing mode) bezeichnet werden. Zusammen bilden beide einen Benutzungsmodus. Der einzige Begriff, der von den CODASYL Gremien benutzt wurde ist 'USAGE-MODE'. Dieser allein bildet selbst keine geeignete Basis für eine klare Darstellung.

14.2.2 Exklusive Verarbeitung

Wenn ein Programmierer in sein Programm READY FOR EXCLUSIVE aufnimmt, so bringt er damit zum Ausdruck, daß er bereit ist, darauf zu warten, daß ein konkurrierender Prozeß den Bereich beendet (FINISH). Darüberhinaus gilt, sobald sein Prozeß die Kontrolle über den Bereich erhalten hat, kann ein anderer Prozeß diesen solange nicht benutzen, bis Prozeß beendet ist. Damit ist 'exclusiv' ein guter Ausdruck, um diesen Parallelmodus zu beschreiben.

Wenn ein Programmierer darüberhinaus Sätze in dem Bereich ändern möchte, dann stellt er sicher, daß es keinen Konflikt mit anderen Prozessen gibt. Diese müssen alle sogar auch dann warten, wenn sie nur einen einzigen Satz aus dem Bereich lesen wollen. Das Ergebnis ist eine beträchtliche Beeinflussung der Verarbeitungsgeschwindigkeit des Anwendungssystems. Dies kann akzeptabel sein oder nicht. Es besteht keine Gefahr, daß der ändernde Prozeß einige der Sätze ändert, die der ausschließlich lesende Prozeß zur Generierung von Berichten verarbeitet.

Ein Benutzungsmodus EXCLUSIVE UPDATE ist durchaus sinnvoll und kann zu verschiedenen Gelegenheiten benutzt werden. Es sollte jedoch nicht zu häufig geschehen, z.B. wenn die Sätze das erste Mal in den Bereich geladen werden.

Auf der anderen Seite muß ein Benutzungsmodus EXCLUSIVE RETRIEVAL als ganz und gar unsozial bezeichnet werden. Falls jeder Programmierer dies Option benutzen würde, dann würde das Gesamtleistungsverhalten eines

online-Anwendungssystems tatsächlich stark nachlassen. Glücklicherweise
wies DBTG darauf hin, wie der Datenadministrator die Benutzung einer
solchen Option durch die Programmierer unterbinden kann. Diese Möglichkeit soll in dem Kapitel zum Datenschutz besprochen werden.

14.2.3 Geschützte Verarbeitung

Der geschützte (protected) Parallelverarbeitungsmodus wurde von DBTG
und DBLTG leicht unterschiedlich interpretiert. Im DBTG Bericht (Seite
248, Regel 7) wird festgestellt:
  'Die Benutzung von PROTECTED unterbindet konkurrierende Änderungen
  und läßt konkurrierendes Lesen innerhalb des gleichen Bereiches zu'.
Das COBOL JOD versucht, dies einfacher, aber genauer auszudrücken (Seite
III-12-41, Regel 11).
  'PROTECTED unterbindet für jeden anderen Prozeß, Änderungen in den be-
  troffenen Bereichen durchzuführen'.
Das COBOL JOD gibt folgende Definition für den PROTECTED USAGE MODE
(Seite III-2-27):
  'Der Status eines Bereiches, in dem die Sätze durch keinen anderen
  Prozeß modifiziert werden können'.
Alle drei Zitate lassen eine Interpretation zu. Die nützlichste Inter-
pretation lautet: Wenn ein Prozeß einen Bereich durch PROTECTED UPDATE
eröffnet, dann kann es keinen anderen konkurrierenden ändernden Prozeß
geben, unabhängig von dessen Parallelverarbeitungsmodus. Es kann andere
ausschließlich lesende Prozesse geben. Unter dem Gesichtspunkt der
'anderen' Prozesse, würden diese jedoch keinen Parallelverarbeitungsmodus EXCLUSIVE RETRIEVAL haben.
Eröffnet ein Prozeß einen Bereich mit PROTECTED RETRIEVAL, dann folgt
daraus, daß es keinen konkurrierenden Änderungsprozeß gibt, jedoch konkurrierende Leseprozesse geben kann.
Damit kann zusammengefasst gesagt werden, daß es bei einem geschützten
Parallelverarbeitungsmodus nicht mehr als einen Änderungsprozeß geben
kann, zur gleichen Zeit aber mehrere Leseprozesse geben kann.

14.2.4 Unbeschränkte Verarbeitung

Wenn ein Programmierer einen Bereich zur unbeschränkten Verarbeitung
eröffnet, so mag man das intuitive Gefühl haben, daß ihn die Verarbeitung der konkurrierenden Prozesse nicht interessiert. In der Praxis bedeutet die Benutzung des unbeschränkten Parallelverarbeitungsmodus, daß
die gesamte Verarbeitung des Prozeßmix verbessert werden soll, und daß
der Programmierer Schritte zum Schutz der Integrität in der Datenbank

unternehmen muß. Diese Schritte beinhalten die Benutzung der in Kapitel
17 dargestellten KEEP Anweisung.

UNRESTRICTED RETRIEVAL bedeutet, daß das Programm aus dem Bereich
Sätze einliest, während andere tun können, was sie wollen. UNRESTRICTED
UPDATE bedeutet, daß das Programm Änderungen in dem Bereich vornimmt,
während die anderen tun können, was sie wollen.

14.2.5 Überblick über die Benutzungsmodi

Nachdem nun ein Parallelverarbeitungsmodus nach dem anderen besprochen
wurde, ist es möglich, einen Überblick über die Gesamtsituation zu geben. Eine Möglichkeit, dies zu tun, besteht darin, eine Konfliktmatrix
oder Konflikttabelle zu betrachten. Die Situation wird für jeden Bereic
bzgl. aller möglichen Benutzungsmodi definiert, die zuerst in Kraft
treten und dann bzgl. aller möglichen Benutzungsmodi, durch die sich ei
anderer Prozeß um diesen Bereich bemühen kann. Da es insgesamt sechs
Benutzungsmodi gibt, entsteht somit eine 6 mal 6 Matrix, in der jedes
Element entweder als J (für ja) oder als N (für nein) gekennzeichnet
ist. Dies gibt den zweiten Versuch wieder, einen Bereich zu eröffnen.
Der erste Versuch (absolut gesehen) eines Prozesses ist immer erfolgreich, unabhängig vom Benutzungsmodus.
Die u.a. Tabelle ist aus dem Bericht von DBTG (Seite 250) entnommen.
Bedauerlicherweise erwähnt das COBOL JOD dies nicht, obwohl dies durch-
aus sehr wertvoll ist.
Während die Bedeutung von J ziemlich klar ist, so muß etwas mehr über
einen erfolglosen Versuch, einen Bereich zu eröffnen, gesgt werden,
da ein vorangegangener Versuch eines konkurrierenden Prozesses einen
Konflikt verursachen kann.

DBTG führt diesen Punkt sehr deutlich aus (Seite 250, Regel 14
modifiziert):

CONCURRENT READY / FIRST READY		EXCLUSIVE		PROTECTED		UNRESTRICTED	
		RETRIEVAL	UPDATE	RETRIEVAL	UPDATE	RETRIEVAL	UPDATE
EXCLUSIVE	RETRIEVAL	N	N	N	N	N	N
	UPDATE	N	N	N	N	N	N
PROTECTED	RETRIEVAL	N	N	Y	N	Y	N
	UPDATE	N	N	N	N	Y	N
UNRESTRICTED	RETRIEVAL	N	N	Y	Y	Y	Y
	UPDATE	N	N	N	N	Y	Y

'Jeder Versuch, eine READY Anweisung auszuführen, der in einem Be-
nutzungsmodus-Konflikt bzgl. eines Bereiches resultiert, bewirkt,
daß der Prozeß, der eine READY Anweisung ausführen möchte, in einen
Wartezustand geht'.

Die Bedeutung ist, daß das Mißlingen der Ausführung der READY Anweisung
nur temporären Charakter hat. Was mit dem Prozeß während des 'Warte-
zustandes' geschieht, hängt ganz und gar von der Implementierung ab.
Möglicherweise werden die wartenden Prozesse zunächst in eine Warteschlange eingereiht und sobald der Bereich durch den aktuellen Prozeß,
der die Kontrolle darüber hat, freigegeben wird (d.h. 'beendet' wird)
dann nach der FCFS Methode (first come first served) abgearbeitet.

Man darf jedoch nicht die Möglichkeit von Prioritätenschemata verges-
sen, die an diesem Punkt eine Rolle spielen könnten. Dieses Thema liegt
jedoch ziemlich außerhalb des Bereiches des vorliegenden Buches.

Eine andere Möglichkeit, einen Überblick über die Parallelverarbei-
tungsmodi zu geben, besteht in der Auflistung einiger zulässiger Benut-
zungsmoduskombinationen, die zu einem bestimmten Zeitpunkt wirksam sein
können. In der folgenden Tabelle ist der erste Eintrag in der Liste auc
die erste Benutzungsmodusart, die die Kontrolle erlangt. Die restlicher
Modi der Liste sind durch den Präfix Nx gekennzeichnet, falls eine beliebige Anzahl solcher Benutzungsmodi zulässig ist.

```
1.  EXCLUSIVE   RETRIEVAL.
2.  EXCLUSIVE   UPDATE.
3.  PROTECTED   RETRIEVAL — N  x  PROTECTED RETRIEVAL.
                           N  x  UNRESTRICTED RETRIEVAL.
4.  PROTECTED   UPDATE — N  x  UNRESTRICTED RETRIEVAL.
5.  UNRESTRICTED RETRIEVAL — N  x  PROTECTED RETRIEVAL.
                           N  x  UNRESTRICTED RETRIEVAL.
                           N  x  UNRESTRICTED UPDATE.
6.  UNRESTRICTED UPDATE — N  x  UNRESTRICTED RETRIEVAL,
                          N  x  UNRESTRICTED UPDATE.
```

Eine genaue Untersuchung zeigt, daß diese 'Koexistenz-Tabelle' kompatibel ist mit der vorher dargestellten Konflikttabelle.

14.2.6 Öffnen mehrerer Bereiche

Bis jetzt wurde lediglich der Fall betrachtet, bei dem mit'einer READY Anweisung ein Bereich' eröffnet wurde. Betrachtet man jedoch nochmal die Syntax, so wird man daran erinnert, daß eine READY Anweisung auf mehreren Bereichen operieren kann, was das mögliche Auftreten von Ereignissen noch komplizierter macht. Glücklicherweise ist die semantische Regel ziemlich einfach. Wenn eine READY Anweisung mehrere Bereiche adressiert, dann muß dies für alle erfolgreich sein. Tritt auch nur ein Konflikt auf, dann wird die READY Anweisung für keinen der Bereiche ausgeführt und der Prozeß wird, wie bereits schon erwähnt, in die Warteschlange eingereiht. Wie bereits darauf hingewiesen wurde, wurde die Option, die Set-Typen in die READY Anweisung aufnimmt, nicht implementiert. Die Bedeutung ist jedoch ziemlich klar. Falls ein Programmierer READY EJE schreibt, wobei EJE der Name eines Set-Typs ist (siehe Abbildung 3.6) und falls die drei Satztypen EMPLOYEE, JOB-HISTORY und EDUCATION jeweils in einem anderen Bereich sind, dann wird ein Versuch unternommen, alle drei Bereiche zu eröffnen. Es sollte nochmal darauf hingewiesen werden, daß alle in einer READY Anweisung explizit oder implizit angesprochenen Bereiche zu dem Suschema gehören müssen, das durch das Anwendungsprogramm benutzt wird. Darüberhinaus bedeutet das erfolgreiche Eröffnen eines Bereiches nicht, daß die Sätze des Bereiches durch die nachfolgenden DML Anweisungen verarbeitet werden können. Dies hängt davon ab, ob der Satztyp in dem benutzten Subschema berücksichtigt ist.
Wenn ein Satztyp zwei oder mehreren Bereichen zugewiesen ist, dann ist es möglich, daß nicht alle dieser Bereiche in das Subschema aufgenommen sind. Eine READY Anweisung, die bzgl. eines Set-Typs, der den Satztyp als member hat, ausgeführt wird, wirkt sich nicht auf alle Bereiche aus, denen der Satztyp zugewiesen wurde, sondern nur auf die im Subschema.

14.2.7 Möglichkeiten für eine Deadlock Situation

Wenn ein Prozeß zwei oder mehr Bereiche mit einem Parallelverarbeitungsmodus eröffnen muß, der nicht UNRESTRICTED ist und ein konkurrierender Prozeß das gleiche bzgl. zwei dieser Bereiche auch tun möchte, dann besteht eine Möglichkeit für das Auftreten einer Deadlock Situation. Diese Situation wird häufig auch durch den mehr bildlichen Ausdruck 'deadly embrace' beschrieben.

Die Situation wird am besten durch folgendes Beispiel beschrieben,
bei dem zwei Prozesse versuchen, die beiden Bereiche X und Y mit EXCLU-
SIVE RETRIEVAL zu eröffnen.

Zeit	Prozeß A	Prozeß B
1	READY X USAGE-MODE EXCLUSIVE	
2		READY Y USAGE-MODE EXCLUSIVE
3	READY Y USAGE-MODE EXCLUSIVE	
4		READY X USAGE-MODE EXCLUSIVE

Wenn die beiden READY Anweisungen in den Zeilen 1 und 2 beide erfolgreich sind, dann ist der Versuch, von Prozeß A den Bereich Y zum Zeitpunkt T=3 zu eröffnen, erfolglos und Prozeß A geht in die Warteschlange. Die Kontrolle geht dann möglicherweise an Prozeß B zum Zeitpunkt
T=4 über. Der Versuch, dann den Bereich X zu eröffnen ist ebenfalls
erfolglos, da der Prozeß A schon die Kontrolle über den Bereich hat.
Damit befinden sich die beiden Prozesse in einer Deadlock Situation.
Keiner kann in der Verarbeitung weiter machen bis der andere den Bereich wieder freigegeben hat, auf den er wartet.

Es gibt eine ganze Reihe von Lösungen für dieses Problem. Eine ziemlich einleuchtende Lösung hängt von der Disziplin des Programmierers
ab. Anstelle von zwei READY Anweisungen schreibt er nur eine:

READY X, Y USAGE-MODE EXCLUSIVE

Ganz generell, er schreibt eine möglichst geringe Anzahl von READY Anweisungen unter der Berücksichtigung, daß es je READY Anweisung nur ein
Benutzungsmodus geben darf.
Er sollte auch das unnötige Eröffnen und Schließen von Bereichen währen
der Ausführung des Programmes vermeiden.

Eine andere Lösung, die in einer Implementierung verfügbar ist, besteht in einem speziellen Systemprogramm, das die Aktivitäten jedes
Prozesses überwacht. Wenn dieses Programm feststellt, daß ein Prozeß
länger als akzeptabel stagniert, dann kann es den Deadlock auflösen.

14.2.8 Mögliche Ausnahmebedingungen für Datenbanken

Da dies die erste DML Anweisung ist, die in diesem Buch vollständig behandelt wurde, so erscheint dies auch als geeigneter Zeitpunkt, die Re-
gelungen festzulegen, denen man sich bei der Darstellung der Ausnahmebedingungen (DBECs, Data Base Exception Conditions) bedient.
Es soll der Versuch gemacht werden, die von DBTG und DBLTG identifizierten Bedingungen zu betrachten und den jeweiligen Text dieser Gruppen zur Beschreibung der Bedingungen wiederzugeben. Wo dies nicht geeignet erscheint soll ein Alternativvorschlag gemacht werden. Daten-
schutzbedingungen sollen ausschließlich in dem entsprechenden Kapitel
zum Datenschutz behandelt werden.
Das COBOL JOD beschreibt vier DBECS (ohne die Datenschutz DBECS), die
während der Ausführung einer READY Anweisung auftreten können. Es sind
dies

1. Ein nicht verfügbarer Bereich wurde durch das DBCS angefordert.
2. Der Bereich ist im READY-Modus.
3. Der Benutzungsmodus steht in Konflikt mit einem konkurrierenden
   Prozeß.
4. Der Platz des DBCS ist erschöpft.

Es ist nicht klar, wie die erste Bedingung während der Ausführung einer READY Anweisung auftreten könnte. Die DBEC orientiert sich stärker
an anderen DML Anweisungen, die ein hierarchisches Set-Auswahl Kriterium (siehe Abschnitt 8.6) aufrufen können.
Die zweite DBEC in der Liste würde man besser als
'Bereich für diesen Prozeß bereits freigeben'
bezeichnen. Dies scheint die Absicht der Bedingung zu sein. Wenn
diese Bedingung auftritt, so ist es sehr wahrscheinlich, daß auf Grund
eines Programmfehlers die Kontrolle wieder an den Anfang des Programmes
übergegangen ist. Die einzige sinnvolle Aktion auf diese DBEC ist der
Abbruch des Prozesses. Die dritte DBEC tritt vermutlich am häufigsten
auf. Eine Reaktion auf diese Bedingung ist dem Programmierer überlassen.
   Die vierte DBEC ist nur in dem Fall eines READY FOR UPDATE anwendbar
(unabhängig vom Parallelverarbeitungsmodus). DBLTG hatte jedoch den
Eindruck, daß diese DBEC in allen DML Anweisungen auftreten könnte. Der
kritische Punkt für diese Situation ist sicherlich dann, wenn sie das
erste Mal festgestellt wird. Dies dürfte normalerweise während der Ausführung einer Änderungsanweisung wie STORE, MODIFY oder CONNECT geschehen. Die Bedeutung dieser DBEC für jede andere DML Anweisung ist
fraglich.

14.3 FINISH Anweisung

Im Vergleich zu der READY Anweisung ist ein FINISH Bereich (auch bekannt als CLOSE Bereich) äußerst einfach. Die Syntax lautet (Seite III-12-31):

$$
\underline{\text{FINISH}} \left\{ \begin{array}{l} [\text{set-name-1}] \ \ldots \\ [\text{realm-name-1}] \ \ldots \end{array} \right\}
$$

Bzgl. der Benutzung von Set-Namen gilt die gleiche Überlegung wie im Falle von READY. Die Wirkung von FINISH läßt sich dadurch beschreiben, daß danach ausgeführte DML Änderungs- und Leseanweisungen keine Sätze des Bereiches betreffen dürfen.

Ein Problem kann im Zusammenhang mit Currency Indikatoren auftreten, die auf Sätze in einem abgeschlossenen Bereich verweisen. Da es einen Currency Indikator für den abgeschlossenen Bereich gibt, wird eine Regel zur Behandlung dieser Situation benötigt.DBTG erkannte dieses Problem und legte fest, daß der Wert jedes betroffenen Currency Indikators am besten auf Null gesetzt wird. Wenn der Programmierer die benutzten Bereiche jedoch am Ende seines Programms abschließt, dann vermeidet er alle Probleme, die durch Currency Indikatoren verursacht werden können, die auf Null gesetzt sind.

Die einzige DBEC, die bei der Ausführung einer FINISH Anweisung auftreten kann, ist die, daß der Bereich vorher nicht eröffnet wurde. Wie im Falle des Versuchs, einen bereits eröffneten Bereich zu eröffnen würde dies normalerweise bedeuten, daß ein Fehler im Programm vorliegt. Dies sollte am besten zu einem Programmabbruch führen.

Es sollte erwähnt werden, daß ein Abbruch eines Prozesses, der durch eine andere DBEC in einer anderen DML Anweisung verursacht wurde zur Folge hat, daß alle eröffneten Bereiche auf normale Art und Weise automatisch als Teil des Abbruchsprozesses abgeschlossen werden.

14.4 Syntaxfehler in einer READY oder FINISH Anweisung

Datenbankausnahmebedingungen treten während der Ausführung eines Programmes auf. Syntaxfehler lassen sich normalerweise während der Benutzung des Compilers oder Preprocessors feststellen.

Die wichtigsten Syntaxregeln, die während der Kompilierung angewandt
werden müssen betreffen die Überprüfung, ob die Bereiche oder Set-
Typen tatsächlich im Subschema enthalten sind. Wenn der Compiler oder
Preprocessor solche Fehler nicht erkennt, dann bedeutet dies logischerweise eine zusätzliche Belastung des DBCS.

Kapitel 15

Die Anweisungen FIND und GET

15.1 Einführung in die FIND Anweisung

Die FIND Anweisung bildet die Grundlage der DML. Es ist notwendig, zuerst einen Satz zu finden, bevor er weiter verarbeitet werden kann, d.h. eine andere Funktion auf ihn angewandt werden kann. Die einzige Ausnahme bildet die später zu behandelnde STORE-Anweisung.

Es gibt viele unterschiedliche FIND Formate. Sowohl DBTG als auch das COBOL JOD (Seite III-12-12) stellen die FIND Anweisung in sieben verschiedenen Formaten dar, obwohl im JOD diese anders angeordnet sind als bei DBTG und die Syntax modifiziert wurde. In beiden Fällen erscheint die jeweilige Reihenfolge etwas willkürlich, weshalb hier eine Reihenfolge gewählt werden soll, die unter dem Gesichtspunkt der Ausbildung besser erscheint. Die Formate sollen zunächst in drei Kategorien eingeteilt werden, um diese dann eine nach der anderen zu besprechen.

Wo es notwendig erscheint, werden Hinweise auf die Formatnummern bei DBTG und JOD gegeben, z.B. DBTG 4 für Format 4 im DBTG Bericht und JOD 7 für Format 7 im COBOL Journal of Development.

15.2 Das generelle Format der FIND Anweisung

Das generelle Format der FIND Anweisung

    FIND record-selection-expression [   ]

ist bei DBTG und JOD gleich.

Die eckigen Klammern enthalten den optionalen Ausdruck zur Unterdrückung der Veränderung von Currency Indikatoren (nach DBTG) oder zur Beibehaltung der Currency (nach JOD). Am Ende des Kapitels soll auf diese Option zurückgekommen werden.

DBTG entwarf den Ausdruck 'record-selection-expression' um damit auf den Rest der FIND Anweisung hinter dem FIND Bezug nehmen zu können. Vermutlich wirkt dies etwas zu mächtig und könnte dazu führen, daß man dahinter boolesche Auswahlmöglichkeiten o.ä. vermutet. Dies trifft jedoch nicht zu. Wie in Abschnitt 13.7 gezeigt wurde, entschied man sich bei der DML für die 'ein Satz zu einem Zeitpunkt Logik'. Jedesmal, wenn ein FIND ausgeführt wird, wird entweder ein einzelner Satz gefunden, oder aber gar keiner. Unter Benutzung einiger Optionen kann man auch auf mehrere Sätze während der Ausführung einer FIND Anweisung zugreifen. Es gibt jedoch keine Möglichkeit, solche Sätze dem Anwendungsprogramm nach der Ausführung des FIND zur Verfügung zu stellen.

Viele Betrachter halten es für eine wesentliche Schwachstelle des
CODASYL Konzeptes, daß keine Mehr-Satz Logik in einer FIND Anweisung
vorgesehen ist.

15.3 FIND Kategorien

Die folgenden FIND Kategorien sollen dazu dienen, die Arbeitsweise der
FIND Anweisung zu verstehen:
1. zufällig
2. relativ
3. wiederholt

Es sei betont, daß durch die Speicherung der Datenbank auf Direktzugriffsspeichern alle Zugriffe auf Datenbanksätze 'direkt' erfolgen.
Damit ist das Wort 'direkt' nicht geeignet, spezielle Klassen zu identifizieren.
In jeder Kategorie gibt es Faktoren, die der Programmierer bei der Benutzung der FIND Anweisung beachten muß. Dies sind manchmal Schema DDL
Deklarationen und manchmal Currency Indikatoren. Der Programmierer muß
immer darauf achten, welche Satztypen und Set-Typen es in dem Subschema
gibt, welches er in seinem spezifischen Programm benutzt.

Bei der Besprechung jeder Kategorie werden die Faktoren aufgelistet,
die der Programmierer berücksichtigen muß. Die einzige Auswirkung, die
eine erfolgreich ausgeführte FIND Anweisung hat, ist die Änderung des
Current of Run-Unit Indikators. Andere mögliche Auswirkungen können Veränderungen der anderen Indikatoren sein, obwohl der Programmierer dies
auch unterdrücken kann.

15.4 Zufälliges FIND

Ein zufälliges FIND erfolgt von außerhalb der Datenbank, ohne Bezugnahme auf einen vorher gefundenen Satz. Ein solches FIND bezieht sich
nicht auf Currency Indikatoren. Damit sollte die erste ausgeführte FIND
Anweisung eines Prozesses zu dieser Klasse gehören.

Zwei Formate, DBTG3 und DBTG5 bzw. JOD 4 und JOD2, ermöglichen ein
FIND in dieser Klasse. Das eine bezieht sich ausschließlich auf CALC
Satztypen und ist viel nützlicher als das andere und wird auch sehr
wahrscheinlich viel häufiger benutzt.

15.4.1 Auffinden eines CALC Satzes

Die DBTG5 Syntax hierfür lautet:

<u>FIND</u>   record-name-1   <u>RECORD</u>

JOD2 modifizierte dies zu:

<u>FIND</u> <u>ANY</u>   record-name-1

Record-name-1 muß, wie bereits erwähnt, einen CALC location mode haben
Eine Besprechung des CALC location mode findet der Leser im Abschnitt
4.5.

Der Programmierer muß darüber informiert sein, daß ein CALC location
mode vorliegt. Er muß auch wissen, durch welche Elemente des Satztyps
der CALC Schlüssel gebildet wird. Darüberhinaus muß er unmittelbar vor
der FIND Anweisung Werte für den CALC Schlüssel den Elementen im Satzbereich zuweisen. Hier wird nun der Satzbereich als Ort der Übergabe
von Parameter werten vom Programm an das DBCS betrachtet.

Ist die FIND Anweisung erfolgreich, dann wird der Current of Run-
Unit Indikator geändert. Der gefundene Satz wird jedoch nicht in den
Satzbereich kopiert. (Dies wird durch eine GET Anweisung erreicht.)

Der Leser, der seine Kenntnis von CALC location mode aufgefrischt
hat, wird sich daran erinnern, daß der Datenadministrator in der Schema
DDL zwischen den Möglichkeiten, identische Werte für den CALC Schlüssel
zuzulassen oder nicht, wählen muß. Falls dies nicht zulässig sein soll
und ein Satz mit dem CALC Schlüsselwert, nach dem der Programmierer
sucht, in der Datenbank gefunden wird, dann ist alles in Ordnung.

Wenn jedoch durch den Datenadministrator identische CALC Schlüsselwerte zugelassen sind und es tatsächlich mehrere Sätze in der Datenbank
mit dem gesuchten Wert gibt, welcher dieser Sätze wird dann durch ein
zufälliges FIND ausgewählt?

Die Antwort hierzu ist willkürlich, jedoch durchaus sinnvoll. Es wird
tatsächlich der Satz gefunden, der den kleinsten Datenbankschlüsselwert
besitzt. Der Programmierer muß darüber informiert sein, daß es identische Werte geben kann. Es steht ihm dann eine Möglichkeit zur Verfügung, diese zu finden. Diese wird als relatives FIND bezeichnet, was
später noch zu besprechen sein wird.

Die dritte Möglichkeit besteht darin, daß es in der Datenbank keiner
Satz gibt, dessen CALC Schlüsselwerte denen im Satzbereich entsprechen.
(Es ist hier unerheblich, ob identische Werte zugelassen werden oder
nicht.) Diese Situation ist ein gutes Beispiel einer Datenbankausnahmebedingung, die sicherlich nicht auf einen Programmierfehler zurückzuführen ist.

Sie ist außerdem ein gutes Beispiel dafür, warum DBLTG den Begriff
'Fehlerbedingung' fallen gelassen hat und ihn durch den etwas lang-
atmiger wirkenden Begriff 'Datenbankausnahmebedingung' ersetzt hat.

Man möge an einem Satztyp CUSTOMER in einer online Anwendung interessiert sein. Eine Frage tritt auf: 'Gibt es den Kunden PHIPPS? Der
parametrische Benutzer gibt die Identifikation des Transaktionsprogramms ein, das zur Behandlung solcher Fragearten entworfen wurde,
gefolgt von dem Parameterwert PHIPPS. Die FIND Anweisung in dem Programm wird ausgeführt, eine Datenbankausnahmebedingung bestimmt, das
Programm testet die DBEC und übergibt die korrekte Antwort 'es gibt
keinen Kunden namens PHIPPS'.

Diese spezielle FIND Option ist eine der drei oder vier wichtigsten
unter mehreren weniger wertvollen FIND Optionen.

Die Besprechung dieser Option soll durch eine erneute Auflistung
der Faktoren, an die sich ein Programmierer erinnern muß, wenn er diese
Option benutzt, abgeschlossen werden:

1. Location mode des Satztyps
2. CALC Schlüssel des Satztyps
3. Sind identische Werte zugelassen oder nicht

Mögliche DBECs für die FIND Anweisung sind am Ende des Kapitels zusammengefaßt.

15.4.2 FIND innerhalb eines Set

Diese Option ist berechtigterweise eine der komplexesten verfügbaren
FIND Optionen. Sie ist sehr mächtig und sehr wertvoll, falls sie richtig benutzt wird.

Die DBTG6 und JOD7 Syntax unterscheiden sich nur geringfügig. In
beiden Fällen gibt es eine assoziierte Option gleichen Formats, die
auf dem Current of Set Name Indikator beruht. Dies wird als relatives
FIND klassifiziert und soll später besprochen werden. Der relevante
Anteil von DBTG6 lautet:

```
FIND   record-name-1   VIA   set-name-1
              [USING  db-id-1  [,db-id-2]  ...]
```

während der korrespondierende Anteil von JOD lautet:

```
FIND record-name-1  WITHIN set-name-1  [USING db-id-1 [,db-id-2] ...]
```

Durch diese FIND Option wird das in Kapitel 8 besprochene Set-Auswahl Kriterium aufgerufen. Basiert die Set-Auswahl auf dem Current of Set Name Indikator, dann wird dies als relatives FIND betrachtet.

Die hauptsächlich interessante Set-Auswahl Option hier ist die, die dem owner Satztyp des Set-Typs zugrunde liegt, der einen CALC location mode hat (siehe Abschnitt 8.4).

In diesem Fall sind identische Werte des CALC Schlüssels nicht zulässig und der Programmierer muß den CALC Schlüssel vor der FIND Anweisung initialisieren.

Das nächste Grundproblem besteht darin, einen Satz im ausgewählten Set zu finden. Hierzu gibt es vier Alternativen:

1. Die USING Klausel wird nicht benutzt.
2. db-id-1, db-id-2 entsprechen einem Suchschlüssel
3. db-id-1, db-id-2 entsprechen einem Bereichsschlüssel
4. Sonstiges

Im ersten Fall ist es der erste Satz im ausgewählten Set, der gefunden wird.

Der zweite Fall ist am interessantesten, da hier das FIND durch die Benutzung eines Suchschlüssels (siehe Abschnitt 6.1o) beschleunigt wird. Angenommen die Set-Auswahl basiert auf dem CALC location mode des owner dann wird das FIND in zwei Stufen durchgeführt. Auf der ersten Stufe wird ein owner Satz ausgewählt, wodurch wiederum ein Set des Set-Typs ausgewählt ist. Unter Benutzung des Set-Typ internen Suchschlüssels wird dann ein in den Set eingebundener Satz gefunden, dessen Werte denen im Satzbereich entsprechen. Wie beim Auffinden von Sätzen, die auf CALC location mode basieren (Abschnitt 15.4.1) so könnten auch hie identische Werte des Suchschlüssels zugelassen sein. In diesem Fall ist es jedoch nicht so eindeutig definiert, welcher unter den identischen Werten ausgewählt wird. Die DBLTG Regel besagt, daß 'der identifizierte Satz der erste ist, der obige Anforderung erfüllt', wobei die Anforderung einen Vergleich der Werte im Satz mit denen im Satzbereich beinhaltet.

Der dritte Fall hat zur Folge einen sequentiellen Suchprozeß durch die in den Set eingebundenen member Sätze. Dadurch, daß die Suche auf einem Sortierschlüssel basiert (oder Bereichsschlüssel, siehe Abschnitt 6.7) ist das System in der Lage, nachdem es die Werte, nach denen gesucht werden soll, erhalten hat, den Suchprozeß abzukürzen.

In diesem Sinne beschleunigt die Benutzung des Sortierschlüssels die Suche.

Im letzten Fall kann es möglich sein, daß der Suchprozeß alle in
einem Set eingebundenen Sätze berücksichtigen muß - dies kann ein
sehr aufwendiger Prozeß sein, falls der Set groß ist.

15.4.3 Auffinden von FIRST und LAST in einem Bereich

Obwohl die Optionen streng genommen zu der FIND Kategorie 'zufällig'
gehören, ist es unwahrscheinlich, daß sie ein Programmierer zum Auffinden eines bestimmten Satzes in der Datenbank benutzen würde. Er wird
ein solches FIND jedoch vermutlich benutzen, um eine geplante Suche in
einem Bereich zu initiieren.

Der relevante Teil der JOD 4 Syntax lautet:

$$
\underline{\text{FIND}} \quad \left\{ \begin{array}{l} \underline{\text{FIRST}} \\ \underline{\text{LAST}} \\ \text{integer-1} \\ \text{identifier-1} \end{array} \right\} \quad \left[\text{record-name-3} \right] \quad \underline{\text{WITHIN}} \ \text{realm-name-1}
$$

während die DBTG 3 Syntax sehr viel mächtiger und expliziter ist:

$$
\underline{\text{FIND}} \quad \left\{ \begin{array}{l} \underline{\text{FIRST}} \\ \underline{\text{LAST}} \\ \text{integer-1} \\ \text{identifier-1} \end{array} \right\} \left[\text{record-name} \right] \ \underline{\text{RECORD}} \ \text{OF realm-name-2} \ \underline{\text{REALM}}
$$

Wenn der Programmierer einen speziellen Satztyp nicht angibt, dann bedeutet dies, daß es ihm nichts ausmacht, welcher Satztyp gesucht wird,
solange dieser dem Rest des Satz-Auswahl Ausdrucks (record-selection
expression) entspricht.

Das Format gestattet es dem Programmierer, den Satz (möglicherweise
eines benannten Typs im Bereich) zu finden, dem entweder der kleinste
(FIRST) oder größte (LAST) Datenbankschlüsselwert zugewiesen wurde.
Falls in der FIND Anweisung der identifier-1 spezifiziert wurde, dann
muß dieser im Anwendungsprogramm oder in einem Satztyp im Subschema
definiert sein und eine positive oder negative ganze Zahl enthalten.
Von hier ab entsprechen die Regeln dem Fall, bei dem eine ganze Zahl
explizit im Format spezifiziert ist.

Die Spezifikation einer ganzen Zahl (direkt oder indirekt) entspricht
einem Abzählen nach oben, beginnend bei dem Satz mit dem kleinsten

Datenbankschlüsselwert oder einem Abzählen nach unten, beginnend bei dem Satz mit dem größten Datenbankschlüsselwert. Dies sind immer FIND Anweisungen, die zur Kategorie zufällig gehören, da der Programmierer kein FIND FIRST oder FIND LAST vor dem FIND integer angeben muß und keine Currency Indikatoren berücksichtigt werden.

Ein FIND FIRST kann eventuell nützlich sein, falls ein Programmierer auf alle Sätze, möglicherweise des gleichen Typs in einem bestimmten Bereich, zugreifen möchte. FIND FIRST würde dann zur Initialisierung des Currency Indikators benutzt. Ein vollständiges Durchsuchen aller Sätze in einem Bereich erfordert kein Verständnis darüber, wie die Sätze relativ zu einander in dem Bereich gespeichert sind.

Die anderen drei Optionen, die LAST oder eine ganze Zahl benutzen, werden in ihrer Bedeutung geringer eingeschätzt. Um die Anweisung FIND 13 record-name sinnvoll zu nutzen, müßte der Programmierer genau wissen, wie die Sätze des benannten Typs im Bereich gespeichert sind und wie die Datenbankschlüssel tatsächlich zugewiesen wurden. Die Hersteller scheinen diese Betrachtungsweise zu teilen, weshalb man die Möglichkeit, hier eine ganze Zahl anzugeben, in der Praxis nicht sehr häufig antrifft.

15.5 Relatives FIND

Die meisten FIND Optionen kann man als zu dieser Klasse der relativen FINDs gehörend betrachten. Das bedeutet, daß die Suche mit einem zufälligen FIND begonnen wurde (nicht notwendigerweise das unmittelbar vorausgehende FIND), um dann das Ergebnis des auszuführenden relativen FIND dadurch zu finden, daß ausgehend von dem gerade gefundenen Satz, auf einen anderen Satz zugegriffen wird, möglicherweise unter Benutzung eines Zugriffspfades. Es ist nicht notwendig darauf hinzuweisen, daß die unmittelbar vorausgehende FIND Anweisung sehr oft auch wiederum ein relatives FIND ist. Damit entsteht der generelle Eindruck, daß man eine Suche mit einem zufälligen FIND beginnt, dem dann eine Reihe relativer FINDs folgen - möglicherweise in Form einer Programmschleife mit einem Test nach der FIND Anweisung.

Es gibt die folgenden sechs verschiedenen Optionen der relativen FIND Anweisung:

1. Benutzung einer Set-Typ Beziehung
2. DUPLICATE Werte für den CALC Schlüssel
3. OWNER von einem eingebundenen Satz aus unter Benutzung der Set-Typ Beziehung
4. Innerhalb eines Set, möglicherweise unter Benutzung des Suchschlüssels

5. NEXT DUPLICATE Wert eines Such- oder Sortierschlüssels
6. NEXT oder PRIOR im Bereich

15.5.1 FIND unter Benutzung einer Set-Typ Beziehung

Durch diese Option wird vorwiegend die in der Schema DDL deklarierte
Set-Typ Beziehung ausgenutzt. DBTG und JOD behandeln sie syntaktisch
im gleichen Format wie die in Abschnitt 15.4.2 besprochene zufällige
Option. Sie entspricht DBTG 3 bzw. JOD 4.

Wenn man die Angabe für einen Bereich wegläßt, dann sieht das
DBTG Format wie folgt aus:

$$
\text{FIND} \quad \left\{ \begin{array}{l} \underline{\text{FIRST}} \\ \underline{\text{LAST}} \\ \underline{\text{NEXT}} \\ \underline{\text{PRIOR}} \\ \text{integer-1} \\ \text{identifier-1} \end{array} \right\} \quad \left[\text{record-name} \right] \ \underline{\text{RECORD}} \ \text{WITHIN set-name-1}
$$

Das erste Problem, das betrachtet werden soll, ist das der Set-Auswahl.
Der Programmierer benennt einen Set-Typ in seiner FIND Anweisung. Wenn
die Anweisung ausgeführt wird, dann muß sie sich auf einen ganz bestimmten Set dieses Typs beziehen. Die Betrachtungen zur Set-Auswahl
im Kapitel 8 sind hier sonderbarerweise irrelevant. Die Semantik der
FIND Option legt fest, daß eine Set-Auswahl ausschließlich auf Grund
des Current of Set Name Indikators stattfindet. Das bedeutet, daß der
Programmierer sicherstellen muß, daß der Indikator wie gewünscht gesetzt ist, bevor die FIND Anweisung ausgeführt wird. Es soll daran erinnert werden, daß der Current of Set Name Indikator entweder auf einen
owner im Set oder auf einen in den Set eingebundenen member Satz verweisen kann.

Nachdem dieses generell wichtige Problem der Set-Auswahl besprochen
wurde, ist es nun an der Zeit, die Bedeutung der einzelnen Optionen
unter die Lupe zu nehmen. FIRST und LAST repräsentieren nur halb-rela-
tive Optionen. 'FIND FIRST und LAST im Bereich' wurden bedenkenlos als
zufällige Optionen klassifiziert, da keine Notwendigkeit bestand, einen Currency Indikator zu benutzen. Wird ein Set-Typ angegeben, dann
wird ein Currency Indikator zur Durchführung der Set-Auswahl benutzt.

Der 'erste' Satz in einem Set ist der dem owner Satz logisch benachbarte Satz, d.h. er ist NEXT bzgl. des owner Satzes (anstatt
PRIOR). Beabsichtigt der Programmierer eine sequentielle Durchsuchung
aller Sätze in einem Set, dann stehen ihm zwei Optionen zur Verfügung.
Er kann einen zufälligen Zugriff auf den owner Satz durchführen und
dann eine Reihe von FIND NEXT Anweisungen ausführen. Alternativ kann
er sicherstellen, daß der Current of Set Name Indikator korrekt ist
und dann ein FIND FIRST ausführen, gefolgt von einer Reihe von FIND
NEXT Anweisungen.

Bevor die Besprechung des FIND FIRST beendet werden soll, sei folgendes hypothetisches Problem betrachtet. Angenommen, in einen Set
seien 5oo member Sätze eingebunden. Aus irgendeinem Grund verweist
der Current of Set Name Indikator in die Mitte - auf den 25o. Wird
nun ein FIND FIRST ausgeführt, dann muß das DBCS vom 25oten aus den
ersten finden. Dies kann auf drei verschiedenen Arten erfolgen:

1. Benutze eine owner Verkettung, falls vorhanden, um den owner
   Satz zu finden, dann finde den ersten member Satz.
2. Gibt es eine Vorgängerverkettung, dann folge ihr bis zum ersten
   member Satz.
3. Verfolge die Nachfolgerverkettung bis zum ersten member Satz.
4. Falls ein Zeigerbereich existiert, gehe direkt dorthin.

Systeme unterscheiden sich bzgl. der eingebauten Intelligenz. Ein
intelligentes System wird in der Lage sein, den schnellsten (direkten)
Weg zum Zielsatz auszuwählen, abhängig von Set-Modus und den verfügbaren Verkettungen. Es könnte für einen Programmierer vorteilhaft sein
zu wissen,wie das System eine FIND FIRST Anweisung ausführt, um unter
bestimmten Umständen die Option zu vermeiden.

FIND LAST ist bzgl. eines Set-Typs von ähnlich geringem Wert wie
bzgl. eines Bereiches. Es sei dem Leser als Übung überlassen, die verschiedenen Pfade aufzulisten, auf denen man von einem beliebigen Punkt
in der Mitte eines langen Set aus den letzten Satz finden kann.

FIND NEXT ist eine der am häufigsten benutzten Optionen in der Meng
der FIND Optionen. Der zu findende Satz ist der logisch zu dem durch
den Current of Set Name bezeichneten Satz benachbarte Satz, wobei die
Nachfolgerverkettung ausgenutzt wird. Verweist der Currency Indikator
auf den letzten Satz im Set, dann tritt eine Datenbankausnahmebedingung auf. Das gleiche geschieht, wenn der Currency Indikator auf den
owner eines leeren Set verweist.

FIND NEXT wird immer mit akzeptabler Geschwindigkeit ausgeführt. Es sollte nie mehr als einen physischen Zugriff auf die Datenbank kosten, es sei denn, es liegt eine ziemlich ineffiziente Implementierung vor.

Dies trifft bei FIND PRIOR nicht zu, das ziemlich direkt ausgeführt werden kann mit einem Zeigerbereich oder einer Vorgängerverkettung. Liegt jedoch nur eine Nachfolgerverkettung vor, dann riskiert der Programmierer, daß das DBCS die ganze Kette in NEXT Richtung abarbeiten muß bis zu dem vorausgehenden Satz des Satzes, auf den durch den Current of Set Name Indikator verwiesen wird.

Die Möglichkeit, eine integer Angabe (implizit oder explizit) in dieser Option zu benutzen ist ebenfalls nur von begrenzter Bedeutung und ist nicht überall implementiert. Die Option, einen speziellen Satz - typ zu benennen, ist jedoch sehr wertvoll bei der Verarbeitung von multi-member Set-Typen mit einer chronologischen Set-Reihenfolge, da es sehr wahrscheinlich ist, daß die member Satztypen vermischt sind.

Ausgehend von dem in Abbildung 3.6 dargestellten multi-member Set-Typ könnte der Programmierer
        FIND NEXT EDUCATION RECORD WITHIN EJE
schreiben, falls er den anderen member Satztyp - JOB-HISTORY - unterdrücken möchte. Will er andererseits beide Satztypen verarbeiten, dann könnte er schreiben
        FIND NEXT RECORD WITHIN EJE.

Es ist wichtig darauf hinzuweisen, daß der Programmierer selbst herausfinden muß, von welchem Typ ein auf Grund dieser speziellen FIND Option gefundener Satz ist, falls er dies von vornherein nicht weiß. Die Syntax der GET Anweisung ermöglicht es dem Programmierer auch, den Satznamen zu unterdrücken. Das bedeutet in dem Beispiel, daß entweder der Satzbereich für EDUCATION oder der für JOB-HISTORY geändert wird. Damit muß der Programmierer eine Testroutine einbauen, die die Elementwerte in diesen Satzbereichen testet.

15.5.2 FIND DUPLICATE

In Abschnitt 15.4.1 wurde darauf hingewiesen, daß ein zufälliges FIND auf einen CALC Satz, für den identische Werte bzgl. des CALC Schlüssels zugelassen sind, den Satz mit dem kleinsten gefundenen Datenbankschlüsselwert liefert. Um auf die anderen Sätze mit dem gleichen CALC Schlüsselwert zugreifen zu können, muß der Programmierer das gleiche Format wie beim FIND des ersten Exemplars benutzen.

Nach DBTG 5 wäre dafür zu schreiben:

> FIND NEXT DUPLICATE WITHIN record-name-1 RECORD

während dies in JOD 2 einfacher lautet:

> FIND DUPLICATE record-name-1.

Es ist nicht sinnvoll, diese Option zu benutzen, es sei denn, die zuletzt ausgeführte FIND Anweisung ist entweder die zufällige Option oder die gleiche Option.

Das System untersucht die CALC Schlüsselwerte in dem bezeichneten Satzbereich und greift dann auf die Datenbank zu, um den Satz des gleichen Typs mit den gleichen CALC Schlüsselwerten zu finden, sowie den nächst höheren Datenbankschlüsselwert, bezogen auf den gerade gefundenen, zu bestimmen. Obwohl dies in keiner Spezifikation zum Ausdruck gebracht wird, folgt hieraus sehr deutlich, daß identische CALC Sätze auf eine geeignete Art und Weise verkettet werden sollen, sodaß man leicht von dem einen der identischen Werte auf den anderen zugreifen kann.

Dieses Problem muß vom Hersteller natürlich erkannt und gelöst werden. Unterläßt er beides, dann muß der Programmierer, der diese Option benutzt, damit rechnen, daß seine Programme dann ziemlich zeitaufwendig sind.

Eine wichtige Regel muß im Zusammenhang mit dieser Option betont werden. Sie besteht darin, daß das FIND tatsächlich relativ zu dem Current of Run-Unit ist und nicht relativ zu dem Satz in dem Satzbereich ist, der in der Syntax erwähnt wurde. Verarbeitet der Programmierer zwei Satztypen mit einem location mode CALC, dann muß er sehr darauf achten, daß er die Ausführungsreihenfolge dieser FIND Anweisungen bzgl. der beiden Satztypen nicht verwechselt.

15.5.3 FIND OWNER

Dies ist sicherlich die einfachste der sieben Optionen (DBTG 4 und JOD 6); sie besitzt ihr eigenes Format.
Es lautet:

FIND OWNER RECORD OF set-name-1 SET

Dies kürzte DBLTG 6 ab zu:

FIND OWNER WITHIN set-name-1

Wie bei der in Abschnitt 15.5.1 besprochenen Option ist das erste Problem das der Set-Auswahl. Die Lösung hierzu ist die gleiche, nämlich den Current of Set Name Indikator zu benutzen. Kein Bezug wird auf die in der Schema DDL deklarierte Set-Auswahl (siehe Kapitel 8) genommen.

Der Leser sollte nun zurückblenden auf die Abschnitte 5.4 und 5.5, in denen die owner Verkettung und der Zeigerbereich behandelt wurden. Der Programmierer kann das FIND OWNER Format benutzen, unabhängig davon, ob es einen direkten Pfad von dem Satz, der im Current of Set Name Indikator identifiziert ist, zum owner gibt. Die Geschwindigkeit, mit der die Anweisung ausgeführt wird, hängt sicherlich von der Verfügbarkeit eines Zugriffspfades ab.

DBTG führte eine Anzahl von Optionen ein, die als FIND OWNER klassifiziert werden müssen.

DBTG 2 lautet:

$$
\underline{\text{FIND}} \left[\underline{\text{OWNER}} \text{ IN set-name-3 OF} \right] \underline{\text{CURRENT}} \text{ OF} \left\{ \begin{array}{l} \text{record-name-1} \ \underline{\text{RECORD}} \\ \text{set-name-1} \ \underline{\text{SET}} \\ \text{realm-name-1} \ \underline{\text{REALM}} \\ \underline{\text{RUN-UNIT}} \end{array} \right\}
$$

Tatsächlich ist 'OWNER IN set-name-3 OF' optional. Falls dies nicht benutzt wird, dann entspricht dies mehreren, in der dritten Klasse definierten, Optionen. Wenn dies jedoch, wie oben, berücksichtigt wird, dann werden vier zusätzliche Optionen angeboten. Diese sind semantisch etwas komplex. Da DBLTG den Eindruck hatte, daß sie nicht so bedeutend sind, wurden sie vollständig weggelassen. Man sollte erkennen, daß in dem Falle, in dem set-name-3 und set-name-1 im obigen DBTG 2 Format den gleichen Set-Typ bezeichnen, die Option dann die gleiche ist wie die früher in diesem Abschnitt besprochene Option.

15.5.4 FIND WITHIN SET

Diese Option steht in engem Zusammenhang mit der in Abschnitt 15.4.2
besprochenen zufälligen Option. Es ist in der Tat eine andere Option
mit dem gleichen Format (DBTG 6 und JOD 7). Sie lautet:

$$\underline{\text{FIND}} \text{ record-name 1 } \underline{\text{VIA}} \left[\underline{\text{CURRENT}} \text{ OF}\right] \text{ set-name-1 } \left[\underline{\text{USING}} \text{ db-id-1}\right.$$
$$\left.\left[, \text{ db-id-2}\right] \dot{\dots} \right]$$

und

$$\underline{\text{FIND}} \text{ record-name-1 } \underline{\text{WITHIN}} \text{ set-name-1 } \left[\underline{\text{CURRENT}}\right]\left[\underline{\text{USING}} \text{ db-id-1}\right.$$
$$\left.\left[, \text{ db-id-2}\right] \dots \right]$$

Wenn die Set-Auswahl für record-name-1 in set-name-1 auf der Grundlage des Currency Indikators erfolgt, dann sei darauf hingewiesen, daß
die Angaben CURRENT OF oder CURRENT weggelassen werden können. Die
Wirkung ist die gleiche. Erfolgt die Set-Auswahl jedoch auf Grund eines anderen Faktors und die CURRENT Angabe wurde gemacht, dann überschreibt letztere die in dem Schema angegebene Set-Auswahl.

Erfolgt die Set-Auswahl auf der Basis des Currency Indikators, dann
wird das FIND hier als relatives FIND betrachtet - es ist relativ bzgl
des Satzes dessen Datenbankschlüsselwert im Current of Set Name Indikator gespeichert ist.

Die Bedeutung der Optionsangabe USING ist die gleiche wie die in
Abschnitt 15.4.2 beschriebene. Es ist jedoch interessant, Vermutungen
darüber anzustellen, wie die komplette Anweisung ausgeführt werden
könnte.

Wiederum angenommen, daß der Currency Indikator auf den 25oten Satz
in einem sortierten Set mit 5oo member Sätzen verweist und daß die
Datenbankidentifikatoren dem Sortierschlüssel im Set-Typ und nicht
irgendeinem Suchschlüssel entsprechen. Der Programmierer initialisiert die Werte der in dem FIND Format zu benennenden Elemente. Diese
Werte entsprechen dann in der Tat den Sätzen 3oo, 3o1 und 3o2 in dem
Set. Dies weiß jedoch weder der Programmierer noch das System.

Ein intelligentes System würde die gesuchten Werte mit denen in
dem durch den Currency Indikator identifizierten Satz vergleichen.
In diesem Fall sind die gesuchten Werte höher (im Sinne der Sortierfolge) als diejenigen in dem Satz des Sets, auf den der Currency
Indikator verweist. Das System kann dann seinen Suchschlüssel initiieren und in NEXT Richtung weitergehen, bis es zu dem Satz mit der

Nummer 3oo kommt, bei dem es dann anhalten kann.

Ein weniger intelligentes System könnte jede Suche vom owner Satz aus beginnen wollen, aber es könnte evtl. ein sequentielles Durchsuchen des Restes des Set notwendig sein, um den owner Satz zu finden.

Zusammengefaßt erkennt man, daß eine Situation vorliegt, bei der diese Option unschätzbar ist, wenn die im Format benutzten Elemente einem Suchschlüssel entsprechen. In der Tat ist es diese FIND Option, die den Suchschlüssel so nützlich macht. Ihr Nutzen ist von relativ geringer Bedeutung, wenn das Element keinem Suchschlüssel entspricht.

Der Benutzer dieser Option muß über die folgenden Faktoren nachdenken:

1. Setzen des Current of Set Name Indikators, um den gewünschten Set auszuwählen.
2. Ob die im Format benutzten Elemente Suchschlüssel, Sortierschlüssel oder keines von beiden sind.
3. Ob mehr als ein Satz mit den gleichen Werten in den Set eingebunden werden kann.

Der Leser sollte sich bzgl. des dritten Faktors daran erinnern, daß alle drei Arten, auf die die Kontrolle über identische Werte ausgeübt werden kann, hier anwendbar sind. Der Suchschlüssel und der Sortierschlüssel sind ziemlich klar. Es ist aber auch möglich, daß der Datenadministrator Sätze mit identischen Werten in einem Set-Typ verbietet, der keinen Suchschlüssel hat.

Der Hauptaspekt von identischen Werten besteht darin, daß sie, falls sie auftreten können, vom Programmierer zu beachten sind, und er eine Möglichkeit vorsehen muß, um auf sie zugreifen zu können. Dies leitet zu der nächsten relativen FIND Option über.

15.5.5 FIND DUPLICATE im Set

Sowohl DBTG als auch JOD sehen ein spezielles Format für die Suche von identischen Sätzen durch den Programmierer vor. Aus unerklärlichem Grund erscheint dieses Format vor dem gerade besprochenen im JOD Bericht. Eine solche Darstellung trägt nicht zum besseren Verständnis bei, es soll jedoch versucht werden, das Problem hier zu korrigieren.

Die beiden Formate zum Auffinden identischer Sätze in einem Set
sind DBTG 7 bzw. JOD 3. Ersteres lautet:

FIND NEXT DUPLICATE WITHIN set-name-1 using USING db-id-1 $\left[\text{,db-id-2}\right]$ ..

JOD 3 lautet:

FIND DUPLICATE WITHIN set-name-1 USING db-id-1 $\left[\text{,db-id-2}\right]$ ...

In beiden Fällen ist die USING Angabe nicht mehr optional wie bei der
in den Abschnitten 15.4.2 und 15.5.4 besprochenen Option.

Im Vergleich zu der vorhergehenden Option sollte die Bedeutung dieser Option ziemlich klar sein für den Fall, daß die Elemente in dem
Format einen Suchschlüssel oder Sortierschlüssel identifizieren. In
beiden Fällen ist das Auffinden des nächsten identischen Wertes ein
ziemlich schneller Prozeß. In dem ebenfalls zulässigen Fall, bei dem
die Elemente keinem Suchschlüssel oder Sortierschlüssel entsprechen,
ist das, was passiert, wesentlich offener. JOD stellt fest:

> 'Das DBCS beginnt seine Suche nach dem identifizierten Satz
> bei dem als Current gekennzeichneten Satz des Set-Typs und
> geht dann weiter in der Reihenfolge, die durch die Set-
> Reihenfolge Kriterien für diesen Set-Typ definiert wurde.'

Es sollte darauf hingewiesen werden, daß dieser Satz, so wie er im
JOD erscheint, unabhängig ist von der Rolle, die durch das im Format
benannte Element gespielt wird. Dies würde keinen Sinn ergeben, wenn
das Element ein Suchschlüssel ist, obwohl dies für die beiden anderen
Fälle geeignet ist.

Neben dem im vorigen Absatz erwähnten Problem gibt es noch ein
anderes Problem, das einer Besprechung bedarf. Wenn es ein Benutzer au.
sich nimmt, einen Suchschlüsselindex zu spezifizieren und ihn zu verwa.
ten, dann sollte er davon einen möglichst großen Vorteil haben. Die
FIND Option ermöglicht es dem Programmierer, einen Suchschlüssel zu
benutzen, um auf einen Satz in einem ausgewählten Set zuzugreifen,
ohne auf andere in dem Set zuzugreifen. Darüberhinaus sollte er dann
in der Lage sein, auf jeden Satz mit identischen Werten bzgl. des
auf diese Weise gerade gefundenen Satzes, zuzugreifen. Die folgende
Frage kommt nun auf. Was geschieht, wenn ein Versuch, einen Satz
mit identischen Werten zu finden, fehlschlägt weil es keinen weiteren
derartigen gibt?

Als Antwort erhält man eine Datenbankausnahmebedingung. Der Benutzer möchte jedoch in der Verarbeitung der Sätze mit dem nächst höheren Wert fortfahren. Mit anderen Worten, er möchte die Sätze eines Set nach aufsteigenden Werten des Suchschlüsselelements abarbeiten. Dies kann durchaus möglich sein, wenn der Suchschlüssel unter Benutzung eines ISAM ähnlichen Index implementiert wurde. Die existierenden Spezifikationen sehen für diese Art der Verarbeitung nichts vor.

Es mag der Wunsch bestehen, diese Art der Verarbeitung auf der Basis des location mode CALC durchzuführen. Es ist dafür aber nicht erlaubt, da, historisch betrachtet, CALC zum Synonym für wahlfreien Zugriff wurde unter Ausschluß der Indizierung. Beim Betrachten der Forderung an eine Verarbeitung mit einem Suchschlüssel als Index, so erscheint dies mit der Tatsache einherzugehen, daß dies mit einer wahlfreien Technik nicht möglich ist.

15.5.6 FIND NEXT oder PRIOR im Bereich

Die letzte FIND Option in der Kategorie 'relativ' unterstützt eine Verarbeitung auf einer sehr physischen Ebene. Sie ist mit der in Abschnitt 15.4.3 dargestellten zufälligen Option assoziiert, ist aber in der Tat eine andere Option im gleichen Fortmat. Die DBTG 3 Syntax dieser Option lautet:

$$\text{FIND} \quad \left\{ \begin{array}{l} \underline{\text{NEXT}} \\ \underline{\text{PRIOR}} \end{array} \right\} \quad \left[\text{record-name-2} \right] \quad \underline{\text{RECORD}} \text{ OF realm-name-1 } \underline{\text{REALM}}$$

Die JOD 4 Syntax sieht wie folgt aus:

$$\text{FIND} \quad \left\{ \begin{array}{l} \underline{\text{NEXT}} \\ \underline{\text{PRIOR}} \end{array} \right\} \quad \left[\text{record-name-2} \right] \quad \underline{\text{WITHIN}} \text{ realm-name-1}$$

Wird record-name explizit im FIND angegeben, dann ist der gefundene Satz derjenige, der zu dem benannten Typ gehört und den nächsthöheren (NEXT) oder nächstniederen (PRIOR) Datenbankschlüsselwert, bezogen auf den durch den Current of Realm Indikator identifizierten Satz, hat. Es besteht keine Forderung, daß der gefundene Satz vom gleichen Typ sein muß wie der durch den benutzten Currency Indikator identifizierte Satz, obwohl dies als der häufigere Wunsch des Benutzers erscheint.

Es gibt zwei Möglichkeiten, wie ein Programmierer diese Option benutzen kann. Die erste ist eine gleichermaßen schnelle und effektive Art des Durchsuchens aller Sätze eines bestimmten Typs in einem bestimmten Bereich. Dies kann dann notwendig sein, wenn die Set-Typ Beziehung, an der der Satztyp als member beteiligt ist, für das Suchkriterium wertlos ist. Der Programmierer braucht nicht im Detail zu wissen, wie der Satztyp im Bereich gespeichert ist, sondern lediglich welche Satztypen dort gespeichert sind.

Die andere Möglichkeit steht dem 'physisch interessierten' Programmierer zur Verfügung, der eine intime Kenntnis und Verständnis von den Details der Abbildung von Sätzen in die Bereiche hat, wie dies mehr in der DMCL als in der Schema DDL spezifiziert ist. Die Verarbeitung von Sätzen in einem Bereich auf diese Weise kann dann selektiver geschehen

15.6 Wiederholtes FIND

Ein wiederholtes FIND ist ein FIND bzgl. eines Satzes, der zu einem früheren Zeitpunkt schon gefunden wurde. Dies erfolgt normalerweise innerhalb des gleichen Prozesses. Dort ist dies auch am sinnvollsten.

Das bedeutet, daß der Datenbankschlüsselwert des Satzes in einem System- oder Programmregister gespeichert wurde. Die zur Speicherung von Datenbankschlüsselwerten vorgesehenen Systemregister sind eindeutig die Currency Indikatoren, obwohl es Aufgabe des Systems selbst ist den Wert in dem Register zu speichern. Dem Programmierer steht keine explizite Möglichkeit zur Verfügung, den Currency Indikator auf einen bestimmten Wert zu setzen. Es gibt jedoch eine Möglichkeit, wie er dies erreichen kann.

Der Datenadministrator kann Elemente in Datenbanksatztypen als Elemente des Typs Datenbankschlüssel definieren (siehe Abschnitt 9.4). Diese Möglichkeit wurde verständlicherweise als eine Systemleistung konstruiert, durch die es möglich ist, Datenbankschlüsselwerte in der Datenbank zu speichern - eine Praxis, die ernsthaft zu kritisieren ist. Im JOD ist nun eine Systemleistung explizit vorgesehen, durch die man Datenelemente vom Typ Datenbankschlüssel in der COBOL Working Storage Section definieren kann.

Sind beide Arten der Definition von Elementen des Typs Datenbankschlüssel durch den Benutzer gegeben, dann läßt eines der ACCEPT Formate es zu, daß der Programmierer den Inhalt irgendeines Currency Indikators in ein solches Element überträgt.

Die wiederholten FIND Anweisungen lassen sich ganz natürlich in zwei Unterklassen einteilen, wobei die eine auf Systemregistern und die andere auf Benutzerregistern basiert. Erstere baut im wesentlichen auf Currency Indikatoren auf und wird deshalb im weiteren durch diese Begriffe beschrieben.

15.6.1 FIND auf der Basis von Currency Indikatoren

Wenn ein Currency Indikator den Schlüssel eines Datenbanksatzes enthält, dann sollte es dem Leser klar sein, daß dieser Satz bereits durch
eine vorher in dem gleichen Prozeß ausgeführte FIND Anweisung gefunden wurde.

Der Leser mag sich fragen, warum es notwendig ist, eine zweite FIND
Anweisung bzgl. eines Satzes auszuführen, der in dem Prozeß schon gefunden wurde. Das Problem besteht darin, daß normalerweise nur ein
Exemplar jedes Satztyps in dem Satzbereich des Hauptspeichers gespeichert ist. Ist jedoch zu erkennen, daß es für den Programmierer häufig
notwendig ist, im Hauptspeicher während der Ausführung seines Programms
auf zwei oder mehr Sätze des gleichen Typs zugreifen zu müssen, dann
kann er natürlich einen Arbeitsbereich im Hauptspeicher reservieren und
die Sätze beim ersten Auffinden dorthin übertragen. Es ist nicht selten,
daß die Überlegung mehr Speicherplatz oder höhere Verarbeitungszeit so
ausfällt, daß es der Programmierer vorzieht, im Hauptspeicher die Adresse des Satzes zu halten, um ihn dann bei Bedarf und zum gegebenen Zeitpunkt zu suchen.

Die dieser Option entsprechende DBTG 2 Syntax lautet:

$$
\underline{\text{FIND}}\ \underline{\text{CURRENT}}\ \text{OF}\ \left\{ \begin{array}{l} \text{record-name-1}\ \underline{\text{RECORD}} \\ \text{set-name-1}\ \underline{\text{SET}} \\ \text{realm-name-1}\ \underline{\text{REALM}} \\ \underline{\text{RUN-UNIT}} \end{array} \right\}
$$

Dies wurde in JOD 5 modifiziert zu

$$
\underline{\text{FIND}}\ \underline{\text{CURRENT}}\quad \text{record-name}\ \left[\underline{\text{WITHIN}}\ \left\{ \begin{array}{l} \text{set-name-1} \\ \text{realm-name-1} \end{array} \right\} \right]
$$

Läßt man die WITHIN Option weg, dann entspricht dies dem Auffinden
des Current of Run-Unit oder Current of Record-Name. Somit werden
also beide DBTG Alternativen bedient.

Die Absicht einer zu dieser Klasse gehörenden FIND Anweisung besteht darin, den Current of Run-Unit Indikator auf einen Wert zu setzen, den er früher in dem Prozeß bereits innehatte, bevor anschlies-
sende FIND Anweisungen ihn änderten.

Jede erfolgreiche Ausführung einer FIND oder STORE Anweisung verändert den Current of Run-Unit Indikator; dies trifft auch für die anderen Indikatoren zu, falls der Programmierer dies nicht explizit verhindert.

Bei der Verarbeitung einer aus mehreren Set-Typen bestehenden Netzstruktur kann die Logik eines Programms so beschaffen sein, daß zunächst ein Pfad der Netzstruktur erforscht wird, um dann zu entscheiden, wieder auf einen bereits früher erreichten Punkt zurückzukehren und einen anderen Pfad zu verfolgen. In diesem Fall ist es nützlich, wenn man den Current of Run-Unit Indikator wieder auf einen früheren Wert setzen kann.

In der Praxis sollte nur ein erfahrener DML Programmierer den Versuch unternehmen, die Änderung der anderen Currency Indikatoren zu unterdrücken. Wo eine derartige Unterdrückung stattfindet, hilft die sonst nutzlose Option

FIND CURRENT OF RUN-UNIT

dabei, vorher unterdrückte Indikatoren auf den neuesten Stand zu bringen.

Die auf dem Current of Set Name Indikator basierende Option ist sicher lich die nützlichste dieser Optionen. Diejenigen, die auf dem Current Realm bzw. Current of Record-Name Indikator basieren, dürften nicht so häufig benutzt werden.

15.6.2 FIND auf der Basis des Datenbankschlüssels

Abschließend soll die Option erläutert werden, die sowohl von DBTG als auch von JOD als erstes Format definiert wurde.

DBTG 1 lautet:

<u>FIND</u> [record-name-1] <u>USING</u> identifier-1

Aus Gründen der Lesbarkeit wurde dies in JOD 1 modifiziert zu

<u>FIND</u> [record-name-1] ; <u>DB-KEY</u> IS identifier-1

Eine Zeit lang hatte man den Eindruck, daß dieses Format ausschließlich für Satztypen mit dem location mode DIRECT reserviert sei. In der Tat kann man auf Seite 4o des DBTG Berichts nachlesen:

> 'DIRECT. Der Suchprozeß wird auf der Basis von eindeutigen Identifikatoren durchgeführt, die durch das DBMS jedem Satzexemplar in der Datenbank zugewiesen sind. Um diese Methode zu benutzen, müssen die Identifikatoren des auszuwählenden Satzes dem DBMS durch den Prozeß zur Verfügung gestellt werden. Daher müssen

> sie vorher durch den Prozeß gesichert sein. ...
> Dies ist möglich ...'

Wäre diese Aussage vollständig losgelöst von dem location mode DIRECT, dann könnte man damit sehr gut erläutern, was für Satztypen mit irgendeinem der drei location modes im Format 1 möglich ist.

Gibt der Programmierer record-name nicht an, dann bedeutet dies, daß er den Satztyp nicht kennt oder daß es ihn nicht interessiert, was es für ein Satztyp ist. Wie in Abschnitt 15.5.1 bereits darauf hingewiesen wurde, sollte er in diesen Fällen in seinem Programm eine Testroutine einbauen, die den Satztyp bestimmt. Weiterhin soll darauf hingewiesen werden, daß ein Weglassen von record-name bei diesem oder anderen Formaten das Programm schwieriger lesbar und verständlich macht.

Die Möglichkeit, sich an einen Satz zu erinnern, der zu einem bestimmten Zeitpunkt der Ausführung eines Programms gefunden wurde und ihn später wieder zu finden, ist in der Praxis sehr nützlich. Man könnte diese an der dritten oder vierten Stelle in der Skala der nützlichen FIND Optionen einordnen. Dies kann schnell ausgeführt werden und der Programmierer braucht sich keine Gedanken zu machen um Probleme, die durch eine versteckte Semantik hervorgerufen werden könnten.

15.7 Datenbankausnahmebedingungen

Einige der DBECs, die während der Ausführung einer FIND Anweisung auftreten könnten, sind ganz und gar unabhängig vom Format oder von Optionen. Sie sind im folgenden (nach JOD) aufgelistet:

1. Bereich ist nicht im 'ready' Modus für diesen Prozeß.
2. Der Zugriff auf einen gelöschten Satz ist angegeben.
3. Satztyp oder Set-Typ ist im Subschema nicht definiert.
   (Diesen Fall kann man manchmal als Syntaxfehler und
   manchmal als DBEC behandeln.)
   Die restlichen DBECs im JOD sind abhängig von den
   Optionen.
4. Das Ende eines Set bzw. Bereiches ist erreicht.
5. Ein nicht verfügbarer Bereich wird durch das DBCS angefordert.
6. Kein Set erfüllt das Set-Auswahl Kriterium.
7. Kein Satz erfüllt den Satz-Auswahl Ausdruck.

8. Der Current of Realm, Record Type oder Set Type Indikator
   ist Null.
9. Current of Run-Unit ist Null.
10. Current of Run-Unit ist ein nicht korrekter Satztyp.

In der folgenden Tabelle ist jede der in diesem Kapitel dargestellten
11 FIND-Teilklassen zusammen mit obigen sieben DBECs aufgeführt. Damit soll deutlich gemacht werden, welche DBEC bei welchem FIND wahrscheinlich auftritt.

Abschnittsnr.	Beschreibung	4	5	6	7	8	9	10
15.4	_Zufällig_							
15.4.1	CALC Satz				y			
15.4.2	In einem Set mit Set-Auswahl		y	y	y			
15.4.3	FIRST und LAST im Bereich				y			
15.5	_Relativ_							
15.5.1	Benutzung der Set-Typ Beziehung	y			y	y		y
15.5.2	DUPLICATE calc				y			
15.5.3	OWNER					y	y	
15.5.4	In einem Set unter Benutzung von Current of Set				y	y		
15.5.5	DUPLICATE IN Set	y			y	y		
15.5.6	NEXT oder PRIOR im Bereich	y				y		y
15.6	_Wiederholt_							
15.6.1	Auf der Basis von Currency Indikatoren					y	y	
15.6.2	Auf der Basis von Datenbankschlüsseln				y			y

In der obigen Tabelle wird die DBEC 7 in den Fällen nicht angegeben,
wo es offensichtlich erscheint, daß eine andere, näher bestimmendere
DBEC vorher während der Ausführung der FIND Anweisung auftritt. Die
Tabelle stammt weder von einem CODASYL Bericht noch von der Dokumentation einer bestimmten Implementierung, sondern wurde hier zur Verdeutlichung aufgenommen.

15.8 Einführung in die GET Anweisung

Die GET Anweisung ergänzt das FIND und wird unverändert sofort danach ausgeführt. Einige Implementierungen sehen eine nicht-standard-
mäßige kombinierte Anweisung als Ergänzung zu den zwei getrennten
Anweisungen vor.

15.8.1 Die GET Anweisung

Die Funktionsweise der GET Anweisung kann sehr einfach definiert
werden. Sie bewirkt, daß der Satzidentifikator im Current of Run-Unit
Indikator in den für diesen Satztyp geeigneten Satzbereich im Hauptspeicher übertragen wird. Was bei der Ausführung einer GET Anweisung
geschieht, hängt von den zur Verfügung gestellten und benutzten Eigenschaften ab.

Die Syntax der GET Anweisung wurde durch DBTG in zwei Formaten
definiert.

Format 1

GET [record-name]

Format 2

GET record-name; db-id-1 [, db-id-2] ...

Im JOD ist dafür ein Format angegeben, das genau gleich ist,
jedoch durch

GET identifier-1 [, identifier-2] ...

beschrieben ist. Für identifier kann entweder ein Elementname
oder ein Satzname angegeben werden.

In beiden Fällen gibt es zwei grundsätzliche Optionen. Die erste
wirkt auf den ganzen Subschema Satztyp. Die zweite wirkt nur auf
die in der GET Anweisung benannten Elemente, Gruppen oder Aggregate.
Zunächst soll erstere betrachtet werden.

15.8.2 Einfaches GET

Wird ein GET (im Gegensatz zu GET record-name) ausgeführt, untersucht das DBCS zunächst den Current of Run-Unit Indikator, um den
Satz zu bestimmen, auf den das GET angewandt werden soll. Bei allen
kommerziell verfügbaren Implementierungen befindet sich der Satz im

Hauptspeicher, aber nicht im Satzbereich. Er befindet sich normalerweise tatsächlich im Systempuffer, der durch das Anwendungsprogramm
nicht adressiert werden kann.

Es ist jetzt notwendig, auf die in Abschnitt 12.6.1 besprochene
Abbildung von der Ebene des Schema Satzes auf die Ebene des Subschema
Satzes einzugehen.

Enthält der Schema Satztyp etwa 31 Elemente und der entsprechende
Subschema Satztyp nur 23 Elemente, dann kann der Satzbereich für die-
sen Satztyp nur 23 Elemente aufnehmen. Während der Ausführung der GET
Anweisung müssen die für das Anwendungsprogramm nicht sichtbaren 8
Elemente entfernt werden.

Darüberhinaus muß auch jede Konvertierung auf Aggregat- oder Elementebene durchgeführt werden (siehe Abschnitte 12.6.2 und 12.6.3).
Für die meisten kommerziell verfügbaren Systeme ist dies nahezu schon
das ganze Problem. Berücksichtigt man jedoch die in den Kapiteln 9
und 1o besprochenen etwas außergewöhnlicheren Möglichkeiten, dann kann
die Ausführung einer GET Anweisung ein zeitaufwendiger Prozeß werden.

Beispiele solcher Möglichkeiten sind
    1. Virtuelles Quellenelement (siehe Abschnitt 9.7)
    2. Virtuelles Ergebniselement (siehe Abschnitt 1o.6.2)
    3. Entschlüsselungsklausel (siehe Abschnitt 1o.6.3).

Dabei wurde nicht die offensichtlichere ON Klausel erwähnt, die für
jede DML Anweisung definiert werden kann und jedesmal, wenn eine Anweisung dieses Typs ausgeführt wird, aufgerufen wird.

Der Leser mag sich daran erinnern, daß ein VIRTUAL SOURCE Elementwert nicht so wie ein Satz in der Datenbank gespeichert wird, sondern
aus dem owner Satz während der Ausführung der GET Anweisung für einen
Satz dieses Typs aufgebaut wird. Blickt man hinter die Kulissen, so
bedeutet dies, daß das DBCS auf den owner Satz zugreifen muß. Hoffentlich enthält der in der Schemadeklaration des virtuellen Elements
benannte Set-Typ eine Verkettung zum owner, obwohl es keine Regel
gibt, die dies fordert.

Enthält der Subschema Satztyp virtuelle Quellenelemente (oder für
diesen Zweck virtuelle Ergebniselemente), dann bewirkt dies, daß die
Ausführung des GET zeitaufwendiger ist als ein direktes MOVE im
Hauptspeicher.

Steht GET alleine da (also nicht als GET record-name), dann bewirkt dies, daß der Programmierer nicht weiß (oder es ihm möglicherweise auch egal ist) zu welchem Typ der durch den Current of Run-Unit
Indikator identifizierte Satz gehört.

Das GET wird ausgeführt und der Inhalt eines Satzbereiches im
Hauptspeicher geändert. Es ist dann dem Programmierer überlassen, diesen festzustellen. Dieser Ansatz ist konsistent mit den in den Abschnitten 15.4.3, 15.5.1 und 15.5.6 dargestellten FIND RECORD Optionen,
bei denen das Ergebnis einer erfolgreich ausgeführten FIND Anweisung
den Current of Run-Unit Indikator auf einen Satz unbekannten Typs setzen kann - obwohl sicherlich auf einen der im Subschema bezeichneten.

15.8.3 GET record-name

Benutzt das Programm tatsächlich diese FIND Optionen, dann besteht für
den Programmierer eine Möglichkeit, festzustellen, welcher Satztyp gefunden wurde, darin, eine ganze Reihe von GET record-name Anweisungen
zu benutzen. Dabei wird davon ausgegangen, daß es keine große Anzahl
von Satztypen gibt, denen ein bestimmter Satz angehören kann. Wird ein
record-name in der GET Anweisung mit angegeben, dann muß der Satztyp
des Current of Run-Unit diesem Satztyp entsprechen. Andernfalls tritt
eine Datenbankausnahmebedingung auf. Damit kann der Programmierer in
seinem Programm GET record-name Anweisungen schreiben, wobei nach jeder ein Test erfolgt, durch den überprüft wird, ob eine Ausnahmebedingung eingetreten ist.

15.8.4 GET Elemente

Bezieht sich der Programmierer auf spezielle Elemente im Satztyp, dann
werden nur die Werte dieser Elemente, Gruppen und Aggregate in den
Satzbereich übertragen. Der Leser mag sich fragen, was mit den Werten
der anderen im Satzbereich des Hauptspeichers gespeicherten Elemente
geschieht, auf die man sich in der GET Anweisung nicht bezieht. DBTG
sagte, daß sie unverändert bleiben. Beide Vorstellungen findet man in
der Praxis.

15.8.5 Datenbankausnahmebedingungen

Was das mögliche Auftreten von Datenbankausnahmebedingungen betrifft,
so gibt es einen weiteren Unterschied zwischen DBTG und JOD. In diesem
Fall erscheinen die Überlegungen von DBTG einleuchtender. Trotzdem soll
eine Darstellung der möglichen Bedingungen, die von jedem speziellen
Bericht unabhängig ist, beibehalten werden.

Die Berücksichtigung eines virtuellen Elements bei den durch die
GET Anweisung verarbeiteten Elementen erweitert die Liste möglicher
Bedingungen. Diese Situation wird separat behandelt. Die folgenden
Bedingungen sind unabhängig von virtuellen Elementen.

1. Currency Indikator ist Null.
2. Zugriff auf einen gelöschten Satz
   (das bedeutet, daß der Satz durch einen parallel ab-
   laufenden Prozeß gelöscht wurde, nachdem das FIND in
   dem betrachteten Prozeß seinen Current of Run-Unit
   Indikator setzt).
3. Der Current Record of Run-Unit entspricht nicht dem
   Satztyp in der GET Anweisung (dies ist die in Abschnitt
   15.8.3 besprochene Bedingung).
4. Eine Konvertierung des Elementwertes ist nicht möglich
   (möglicherweise Standard-Konvertierung, möglicherweise
   eine DECODING Prozedur).

Werden in der GET Anweisung virtuelle Elemente angesprochen, dann
können folgende Bedingungen auftreten.

5. Der Satz, der ein Quellenelement beinhaltet (d.h. owner
   Satz), befindet sich in einem Bereich, der noch nicht
   eröffnet wurde.
6. Der Current of Run-Unit ist mit keinem Set eines Typs
   verbunden, der in der virtuellen Quellendeklaration
   benannt wurde.

15.9. Beziehung zwischen FIND und GET

Die Tatsache, daß FIND und GET verschiedene Anweisungen sind, erweckt
bei denen Interesse, die an Systeme wie ISAM gewohnt sind, wo der Satz,
sobald er aus der Datei eingelesen wurde, sofort zur weiteren Verarbeitung zur Verfügung steht. Die bewußte Aufteilung von DBTG in zwei
Anweisungen entspricht der Regelung in IDS. Als Argument für eine Aufteilung wird genannt, daß es häufig nützlich ist, eine FIND Anweisung
lediglich zur Feststellung des Vorhandenseins eines Satzes auszuführen,
ohne eine nachfolgende GET Anweisung. Unterstützt das DBMS einige der
zeitaufwendigen Dinge, die während der Ausführung eines GET auftreten
können, dann wird die Aufteilung noch mehr gerechtfertigt.

Nur wenige Implementierungen bieten jedoch eine Kombination aus FIND und GET an, die dann entweder als FETCH oder OBTAIN bezeichnet werden. Diese Option ist dann eine Ergänzung der separaten FIND und GET Anweisungen. Es ist charakteristisch für das GET Format, daß es sich auf den ganzen Subschema Satztyp bezieht, der mit dem FIND verbunden ist.

Kapitel 16

DML Änderungsanweisungen

16.1 Einführung

Nachdem nun die FIND und GET Anweisungen sehr detailliert behandelt
worden sind, kann man auf die DML Änderungsanweisungen übergehen,
die insgesamt nicht so komplex sind wie die FIND Anweisung. Dabei
soll daran erinnert werden, daß das FIND die Navigationsanweisung
ist. Ihre Hauptaufgabe besteht darin, den Current of Run-Unit Indikator so zu ändern, daß andere DML Anweisungen verschiedene Aktionen
bzgl. des im Indikator identifizierten Satzes durchführen können.
GET, MODIFY und ERASE haben alle eine gemeinsame Eigenschaft. Sie
haben alle Auswirkungen auf den durch den Current of Run-Unit Indikator identifizierten Satz. STORE hat Auswirkungen auf die Abbildung
des Satzes im Satzbereich des benannten Satztyps. Hierdurch unterscheidet sich die STORE Anweisung. Es gibt gewisse Regeln, die für
alle Änderungsanweisungen gelten. Es wäre unsinnig, diese bei jeder
Anweisung zu wiederholen. Es sei kurz erwähnt, daß der betroffene
Bereich oder die betroffenen Bereiche alle vorher erfolgreich für
eine Veränderung eröffnet sein müssen (siehe Abschnitt 14.2.1), bevor eine Änderungsanweisung ausgeführt werden kann. Dies gilt nicht
nur für den Bereich, dem die Sätze des in der Anweisung genannten
Typs zugewiesen wurden (siehe Abschnitt 4.8), sondern auch für alle
indirekt betroffenen Bereiche. Solche Bereiche können Satztypen beinhalten, die in einem hierarchischen Set-Auswahl Kriterium benannt
sind (siehe Abschnitt 8.6) oder aber solche Satztypen, die 'unterhalb' des in der Änderungsanweisung benannten Satztyps sind.

In der Reihenfolge MODIFY, ERASE, STORE, CONNECT und DISCONNECT
sollen nun eine Änderungsanweisung nach der anderen betrachtet werden.

16.2 Die MODIFY Anweisung

Eine MODIFY Anweisung bewirkt, daß der durch den Current of Run-Unit
identifizierte Satz ersetzt wird durch den im Satzbereich des Hauptspeichers gespeicherten Satz. Wie bei der GET Anweisung kann davon
der ganze Satz oder nur einige der Elemente betroffen sein.

Die beiden Formate von DBTG für die MODIFY Anweisung lauten:

Format 1

   $\underline{\text{MODIFY}}$ [record-name] [$\underline{\text{USING}}$ db-id-1 [, db-id-2] ...]

Format 2

   $\underline{\text{MODIFY}}$ record-name; db-id-3 [, db-id-4] ...
                    [$\underline{\text{USING}}$ db-id-5 [, db-id-6] ...]

Die optionale USING Klausel in obigen Formaten soll ermöglichen, daß
der Programmierer den Set, mit dem der Current of Run-Unit verbunden
ist, ändern kann.

   Es ist nicht ganz klar, wann die Option nützlich ist, den Current
of Run-Unit in den Fällen zu ändern, bei denen record-name nicht angegeben ist. Normalerweise enthält ein MODIFY die Angabe eines
Satznamens. Gelegentlich kann es nützlich sein, zur Änderung gewisser
Elemente das Format 2 zu benutzen. Elemente, die im Format 2 nicht
benannt werden, werden in der Datenbank nicht geändert.

   COBOL JOD schlägt eine geänderte Form der MODIFY Anweisung -
wiederum in zwei Formaten - vor.

Format 1

$$\underline{\text{MODIFY}}\ [\text{record-name}]\ \left[\left\{\begin{matrix}\underline{\text{INCLUDING}}\\ \underline{\text{ONLY}}\end{matrix}\right\}\ \left\{\begin{matrix}\underline{\text{ALL}}\\ \{\text{set-name-1}\}\end{matrix}\right\}...\ \text{MEMBERSHIP}\right]$$

Format 2

$$\underline{\text{MODIFY}}\ \{\text{identifier-1}\}\ ...\ \left[\underline{\text{INCLUDING}}\left\{\begin{matrix}\underline{\text{ALL}}\\ \{\text{set-name-1}\}\end{matrix}\right\}...\ \text{MEMBERSHIP}\right]$$

Zusammen sind diese beiden Formate vollständiger als die von DBTG,
weshalb sie für die folgenden Darstellungen benutzt werden sollen.

   Die Absicht dieser MODIFY Anweisung besteht explizit darin, entweder die Werte eines oder mehrerer Elemente in einem Satz zu ändern,
oder einen Satz aus einem Set herauszunehmen und ihn in einen anderen
wieder einzubinden, oder beides zu tun.

In beiden Formaten bewirkt der Ausschluß der Option in den eckigen
Klammern, daß durch ein MODIFY nur die Elementwerte geändert werden.

Es sei erwähnt, daß die Änderung eines Satzes in der Datenbank
ein dreistufiger Prozeß ist:

1. Suche den zu verändernden Satz in der Datenbank.
2. Verändere die Elementwerte im Satzbereich durch
   die Benutzung von MOVE Anweisungen.
3. Ersetze den Satz in der Datenbank durch die geänderte Fassung des Satzes, wie sie in dem Satzbereich vorliegt.

Die MODIFY Anweisung wird nur auf der letzten dieser drei Stufen
benutzt.

Ist INCLUDING oder ONLY in der Anweisung angegeben, dann bedeutet
dies, daß der Satz, der durch die Anweisung angesprochen ist (nämlich der im Current of Run-Unit Indikator bezeichnete), aus einem
Set entfernt wird und in einen anderen eingebunden wird.

Da ein Satztyp member in einem oder mehreren Set-Typen sein kann,
ist es notwendig, daß man die Set-Typen, auf die die Anweisung angewandt wird, bestimmen kann, wobei ALL eine Kurzfassung für die Bestimmung aller solcher Set-Typen ist.

Es ist notwendig, daß der Programmierer das Set-Auswahl Kriterium
jedes explizit genannten Set-Typs berücksichtigt. Das Set-Auswahl
Kriterium kann in der Schema DDL (siehe Kapitel 8) oder in der Subschema DDL (siehe Abschnitt 12.12.3) festgelegt werden. Es sei nochmals erwähnt, daß die Berücksichtigung eines Set-Auswahl Kriteriums
in der Vorbereitungsphase des Programms für jeden betroffenen Set
eine der folgenden Wirkungen haben kann.

1. Gewährleistung, daß der Current of Set Name Indikator
   gesetzt ist.
2. Speicherung eines Datenbankschlüsselwertes in dem durch
   die Auswahlklausel bestimmten Element.
3. Initialisierung der durch die Auswahlklausel bestimmten
   Elemente mit Werten des CALC Schlüssels des Satztyps.
4. Initialisierung eines hierarchischen Pfades entsprechend
   der Festlegung in der Set-Auswahl Klausel.

Im Format 1 unterscheiden sich ONLY und INCLUDING nur darin, daß bei
ONLY nur die Beteiligung am Set geändert wird, d.h. daß die Werte
des Satzes in der Datenbank unverändert bleiben. In diesem Fall ist
der Inhalt des Satzbereiches sehr wahrscheinlich irrelevant. Die Benutzung der INCLUDING Option bedeutet, daß sowohl der Satz als auch
eine oder mehrere seiner Beteiligungen an Sets sich ändern.

Format 2 benennt ein oder mehrere Elemente oder Gruppenelemente im
Satz und damit ist einleuchtend, daß ONLY in diesem Zusammenhang keine
Bedeutung hat.

16.2.1 Mögliche Komplikationen bei einer MODIFY Anweisung

Bei einer MODIFY Anweisung können dann Komplikationen auftreten, wenn
ein geändertes Element eine bestimmte Rolle für den Satztyp in der
Datenbank spielt. Beispiele für solche Rollen sind

> 1. CALC Schlüssel
> 2. Sortierschlüssel (Bereichsschlüssel)
> 3. Suchschlüssel

Es mag Implementierungen geben, wo es nicht erlaubt ist, den Wert von
CALC Schlüsselelementen zu verändern. Das bedeutet, daß das Programm
den Satz erst löschen muß, um ihn dann in seiner neuen Form wieder zu
speichern. Nur so kann dann eine Satzänderung erreicht werden.

Wird der Wert eines Sortierschlüsselelementes geändert, so muß
die Position, an der der Satz in den Set eingebunden wird, durch das
System angepaßt werden.

Wird der Wert eines Suchschlüsselelements geändert, dann muß auch
der Suchschlüsselindex entsprechend angepaßt werden.

Im Fall von CALC Schlüsseln, Sortierschlüsseln und Suchschlüsseln
darf das Ergebnis einer MODIFY Anweisung nicht zu irgendwelchen Restriktionen für identische Werte im Widerspruch stehen.

16.2.2 Datenbankausnahmebedingungen

In der Praxis trifft man auf folgende DBECs:

1. Current of Run-Unit ist Null.
2. Der Satz wurde durch einen konkurrierenden
   Prozeß geändert.
3. Der Current of Run-Unit Satztyp entspricht
   nicht dem Typ in der Anweisung.

4. Das neue Element bewirkt einen identischen CALC Schlüssel-,
   Sortierschlüssel- oder Suchschlüsselwert.
5. Der Typ des neuen Elementwertes ist falsch.
6. Der neue Elementwert erfüllt nicht die CHECK Klausel.
7. Der Bereich ist nicht für Änderungen eröffnet worden
   (d.h. der Bereich ist nicht verfügbar).
8. Der Platz im Bereich ist erschöpft.

Bei einer Änderung von einem Set zum anderen können auch folgende
DBECs auftreten:

9. Kein Set erfüllt das Set-Auswahl Kriterium.
1o. Der Owner des Set befindet sich in einem Bereich,
    der für Änderungen nicht eröffnet wurde.
11. Der Owner des Set ist nicht im Subschema enthalten.
12. Eine Änderung der Beteiligung an einem Set wird not-
    wendig.

16.3 Die ERASE Anweisung

DBTG benutzte das Wort DELETE für die Anweisung, durch die ein Satz
aus der Datenbank entfernt werden sollte. In der Tat wird DELETE in
diesem Zusammenhang sehr häufig in DBTG-artigen und nicht DBTG-artigen DBMS verwendet. DBLTG beschloß, im COBOL JOD statt DELETE das
Wort ERASE zu benutzen, da DELETE bereits in COBOL zur Entfernung
eines Satzes aus einer Massenspeicherdatei benutzt wird.
   Sowohl DBTG als auch JOD beschreiben vier Optionen:
eine sehr häufig benutzte, eine von nur untergeordnetem Wert und
zwei semantisch komplexe Optionen, die hoffentlich im Laufe der Zeit
verschwinden werden.

DBTG beschrieb die Optionen durch

während, in der gleichen Reihenfolge, die JOD Optionen beschrieben
sind durch

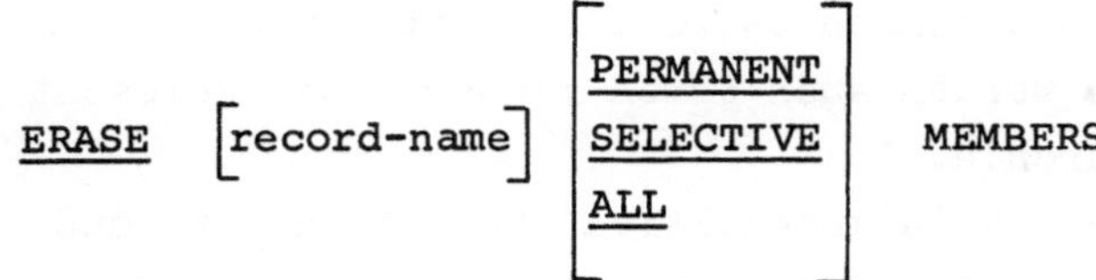

Wie bereits früher darauf hingewiesen wurde, wirkt die ERASE Anweisung auf den durch den Current of Run-Unit Indikator bezeichneten Satz. Wird in der ERASE Anweisung record-name angegeben, dann
muß der Typ des Current of Run-Unit Satzes dem record-name entsprechen. Wird eine record-name Angabe weggelassen, dann spielt dies
keine Rolle.
Wenn die Anweisung erfolgreich durchgeführt wurde, dann wird bei
allen ERASE Optionen der Current of Run-Unit Indikator auf Null gesetzt - die anderen jedoch nicht.

16.3.1 Einfache ERASE Anweisung

Eine ERASE Anweisung ohne eine der drei angehängten Optionen ist
am nützlichsten. Sie bewirkt, daß der Current of Run-Unit genau
dann aus der Datenbank 'verschwindet', wenn es nicht der owner eines
nicht leeren Sets ist. Ist es der owner eines nicht leeren Sets,
dann wird der Satz nicht gelöscht und eine DBEC tritt auf.

Bei der Besprechung der Nachfolgerverkettung in Abschnitt 5.5
bzw. der Nachfolger- und Vorgängerverkettung in Abschnitt 5.6 wurde
bereits darauf hingewiesen, was beim Löschen eines Satzes geschehen
kann. Es wird dem Leser empfohlen, nochmals auf diese Abschnitte
einzugehen.

16.3.2. ERASE ALL

Die ERASE ALL Option ist nur gelegentlich wertvoll. Der Programmierer, der sie jedoch benutzt, muß genau wissen was er tut. Wird diese Anweisung bzgl. des falschen Satzes ausgeführt, so kann die halbe
Datenbank gelöscht werden.

ERASE ALL löscht den Current of Run-Unit unabhängig davon, ob er
owner in einem nicht leeren Set ist oder nicht. In der Tat, ist es
der owner eines nicht leeren Sets, so kommt die Option wirklich zu
ihrer Berechtigung. Alle member, die in den Set eingebunden sind,

werden auch gelöscht. Sind diese member zufällig noch in einen anderen Set eines anderen Typs eingebunden, so macht dies nichts aus. Sind jedoch darüberhinaus diese member Sätze ihrerseits owner in einem nicht leeren Set, dann werden auch deren member Sätze gelöscht - usw. durch die ganze Hierarchie.

Jeder Satz, der von dieser 'Reinigungsaktion' betroffen ist, muß sich in einem Bereich befinden, der für Änderungen eröffnet wurde. Ist dies für einige nicht der Fall, so wird einer gelöscht. Dies verursacht Probleme für den Hersteller, da er mehr oder weniger zunächst einen Testdurchlauf durch die ganze Hierarchie machen muß, um zu überprüfen ob alles in Ordnung ist.

Dann erst kann er die eigentlichen Löschaktionen in einem zweiten Durchlauf durchführen. Wenn ein zu löschender Satz in einen Set eines benannten Typs eingebunden ist, aber andererseits durch das **ERASE ALL** nicht betroffen ist, dann sei darauf hingewiesen, daß der Set trotzdem vollständig in Bereichen enthalten sein muß, die sowohl im Subschema enthalten sein müssen, als auch zur Änderung eröffnet sein müssen. Dies ist besonders wichtig bei multi-member Set-Typen.

16.3.3 ERASE PERMANENT

Die beiden bisher beschriebenen Optionen sind semantisch ziemlich klar. Die beiden anderen hängen von der in Abschnitt 7.3 besprochenen Removal Class ab. Der Leser mag sich daran erinnern, daß jeder member Satz in einem Set-Typ eine Removal Class Angabe 'permanent' oder 'transient' haben muß. (DBTG benutzte dafür 'mandatory' bzw. 'optional'.) Bei der Ausführung einer **ERASE PERMANENT** Anweisung wird die Removal Class berücksichtigt.

Der Current of Run-Unit wird wie bei den anderen Optionen gelöscht. Ist es der owner in einem nicht leeren Set, dann hängt das, was mit den eingebundenen member Sätzen geschieht von der Removal Class ab. Als 'permanent' gekennzeichnete Sätze werden gelöscht; als transient gekennzeichnete Sätze werden lediglich aus dem Set abgehängt, aber in der Datenbank belassen. Es klingt ungewöhnlich, wenn man sagt, 'Sätze, die als 'permanent' gekennzeichnet sind, werden gelöscht', es ist aber die Verkettung, die die Kennzeichnung 'permanent' bestimmt - nicht der Satz.

16.3.4 ERASE SELECTIVE

Grundsätzlich entspricht diese Option dem **ERASE PERMANENT**. Der
Unterschied besteht in der Behandlung des Satzes, wenn er ein tran-
sient member in dem Set ist, dessen owner gelöscht wird. Ist der
Satz noch in einen anderen Set eingebunden (notwendigerweise eines
anderen Typs), dann wird er nicht gelöscht. Ist er in keinem anderen
Set eingebunden, dann wird er gelöscht.

16.3.5 Datenbankausnahmebedingungen

In der Darstellung der Datenbankausnahmebedingungen soll die Praxis
beibehalten werden, zunächst die eher wahrscheinlichen Bedingungen
darzustellen, denen sich dann diejenigen anschließen, die nur bei
den drei letzten Alternativen auftreten können.

1. Current of Run-Unit ist Null.
2. Der Satztyp des Current of Run-Unit entspricht nicht
   dem in der Anweisung.
3. Der Bereich ist nicht für Änderungen freigegeben.
4. Der Current of Run-Unit ist schon durch einen konkurrierenden Current of Run-Unit gelöscht worden.

Werden die Optionen benutzt, die sich auf mehr als einen Satz beziehen, dann können auch die folgenden Bedingungen auftreten.

5. Der Satz, der gelöscht oder aus dem Set entfernt
   werden soll, befindet sich in einem Bereich, der
   nicht für Änderungen eröffnet wurde.
6. Der owner eines zu löschenden oder aus einem Set
   zu entfernenden Satzes befindet sich in einem
   Bereich, der nicht für Änderungen eröffnet wurde.

16.4 Die STORE Anweisung

Die STORE Anweisung sieht einfach aus. Sowohl bei DBTG als auch
im JOD lautet sie:

$$\underline{STORE} \text{ record-name } [\qquad\qquad]$$

Die eckigen Klammern beinhalten die gleiche Art der Syntax zur
Unterdrückung der Änderung von Currency Indikatoren wie das generelle Format der FIND Anweisung.

Der Programmierer baut einen Satz im Satzbereich des Hauptspeichers auf. Danach führt er eine STORE Anweisung unter Berücksichtigung einiger Voraussetzungen aus, wodurch der Satz in der Datenbank gespeichert wird. Die meisten, der im Schema angegebenen Deklarationen werden während der Ausführung der STORE Anweisung getestet.

Die Liste beinhaltet:

1. WITHIN, um die Bereiche zu bestimmen.
2. REALM-ID, um im Falle mehrerer Bereiche für
   einen Satz, einen zu bestimmen.
3. LOCATION MODE, um die Art der Speicherung
   innerhalb eines Bereiches zu bestimmen.
4. Set-Typ Deklaration, um zu bestimmen, ob
   neue Sets aufgebaut werden müssen.
5. Storage class der Set-Typ Deklaration, um zu
   bestimmen, ob der Satz in existierende Sets
   einzubinden ist.
6. Set-Auswahl Kriterien, um die Basis für die
   Auswahl von Sets zu bestimmen, in die der
   Satz eingebunden werden soll.
7. Set-Reihenfolgen, um zu bestimmen, wo in
   jedem Set der Satz eingebunden werden soll.
8. Suchschlüssel, um zu bestimmen, ob der Index
   geändert werden muß.

Zusätzlich müssen die verschiedenen 'duplicates allowed' Klauseln für die Werte von CALC Schlüsseln, Sortierschlüsseln und Suchschlüsseln dahingehend untersucht werden, ob eine 'duplicates not allowed' Restriktion evtl. verletzt werden könnte.

Falls es ein Set-Auswahl Kriterium erfordert, muß schließlich der Current of Set Name Indikator dahingehend untersucht werden, in welchen Set eines bestimmten Typs der Satz einzubinden ist.

Diese Ausführungen vermitteln dem Leser hoffentlich einen Eindruck davon, welche Aktivitäten im Rahmen der Durchführung einer STORE Anweisung anfallen können. Man sollte hier vielleicht erwähnen, daß einige Hersteller eine Gerätekontrollsprache anbieten, die mehr tun als nur das Gerät zu bestimmen, dem der Bereich zugewiesen wurde. Sie bieten zusätzlich eine detaillierte Kontrolle für die Art der Speicherung von Sätzen in Bereichen und möglicherweise sogar innerhalb von Seiten in einem Bereich an.

Solche Deklarationen werden durch das System bei einer STORE Anweisung ebenfalls berücksichtigt. Das bedeutet jedoch normalerweise nicht, daß der Programmierer irgend etwas zusätzlich zu berücksichtigen hat.

Die Auswirkungen der verschiedenen Hauptfaktoren sollen eine nach der anderen betrachtet werden.

16.4.1 Auswirkung der WITHIN Klausel auf STORE

Werden durch das Schema des Datenadministrators alle Sätze eines Typs nur einem Bereich zugewiesen, dann muß der Programmierer lediglich sicherstellen, daß der Bereich vor der Ausführung einer STORE Anweisung für Änderungen eröffnet wurde. Entschied sich der Datenadministrator jedoch für die Einrichtung mehrerer Bereiche zur Speicherung der Sätze eines bestimmten Typs (siehe Abschnitt 4.8.1), dann muß der Programmierer die in der REALM-ID Klausel genannten Datenelemente mit dem Namen des Bereiches initialisieren, den er für die Speicherung des entsprechenden Satzes vorgesehen hat. Natürlich muß er darauf achten, daß der Bereich für Änderungen eröffnet ist.

16.4.2 Auswirkung auf den LOCATION MODE

Der Programmierer muß immer auf den location mode des zu speichernden Satzes achten. Es ist evtl. erforderlich, eine Aktion in Abhängigkeit des location mode zu unternehmen.

Liegt der CALC location mode vor, dann muß er darauf achten, daß die CALC Schlüsselelemente in dem Satzbereich korrekt gesetzt sind. Sind identische Werte für den CALC Schlüssel nicht zugelassen, dann muß er einen Test einer DBEC vorsehen, die besagt, daß die Schlüsselwerte des Satzes übereinstimmen mit denen eines Satzes, der sich bereits in der Datenbank befindet. Auf der anderen Seite sollte sich der Programmierer normalerweise mit den spezifischen Aspekten des CALC Algorithmus (ob er auf der Basis von Zufallszahlen oder Indizes arbeitet) nicht auseinandersetzen müssen.

Wird der location mode VIA SET benutzt, dann muß der Programmierer sicherstellen, daß der Set-Auswahl Algorithmus initialisiert ist. Er muß dies für andere Sets ohnehin tun, wenn der Satz ein automatic member im Set-Typ ist - unabhängig vom location mode des Satztyps.

Hat der Satz als location mode DIRECT, dann gibt es ein Element vom Typ Datenbankschlüssel (nicht notwendigerweise im Satztyp), das er entweder mit Null oder einem gültigen Datenbankschlüsselwert initialisieren muß (siehe Abschnitt 4.6.3). Im letzteren Fall kann er evtl. den Wert eines früher im Programm gelöschten Satzes aufbewahrt haben.

Andererseits mag er evtl. in der Lage sein, seine eigenen Datenbankschlüsselwerte aufzubauen. Dies ist eine mächtige Idee, jedoch nur für diejenigen, die wirklich wissen, was sie tun und sicherlich nicht die Absicht von DBTG. Die sicherste Alternative für den Programmierer besteht darin, ihn mit Null zu initialisieren. Das bedeutet, daß das System den Satz an einem für das System geeigneten Ort speichert. Da es für das System keinen Grund gibt, spätere Suchprozesse zu berücksichtigen, kann man mit Sicherheit davon ausgehen, daß die STORE Anweisung so schnell wie möglich ausgeführt wird. Diese Art der Benutzung des location mode CALC sollte dem location mode SYSTEM entsprechen.

16.4.3 Auswirkung auf Set-Typ und Storage Class Deklarationen

Der zu dem zu speichernden Satz gehörende Typ kann an einer beliebigen Anzahl von Set-Typen entweder als owner oder als member beteiligt sein. Für jeden Set-Typ, an dem er als owner beteiligt ist, muß das System ein neues Set-Exemplar einrichten. Das ist nicht unbedingt ein zeitaufwendiger Prozeß.

Das System muß bei jedem Set-Typ, an dem der Satztyp als member beteiligt ist, die storage class überprüfen. Lautet die storage class Angabe 'manual', dann ist keine weitere Aktion notwendig. Bei jedem Set-Typ, bei dem die storage class Angabe 'automatic' lautet, muß der zu speichernde Satz in ein ausgewähltes Exemplar eingebunden werden. Welches Set Exemplar und wo dort hängt von anderen Faktoren ab.

16.4.4 Auswirkung auf die Set-Auswahl

Das Set-Auswahl Kriterium (siehe Kapitel 8) muß für jeden Set-Typ getestet werden, in dem der betreffende Satztyp als 'automatic' member geführt wird. Die folgende Besprechung gilt für jeden solchen Set-Typ.

Basiert die Set-Auswahl auf dem Current of Set Name Indikator, dann ist die Set-Auswahl ein sehr schneller Prozeß. Der Programmierer muß jedoch sorgfältig darauf achten, daß sichergestellt ist, daß der Indikator vor der Ausführung der STORE Anweisung geeignet besetzt wurde.

Basiert die Set-Auswahl auf dem location mode des owner Satztyps, dann muß der Programmierer die Set-Auswahl Elemente initialisiert haben, bzgl. derer ein implizites FIND auf der Basis von CALC (siehe Abschnitt 15.4.1) für einen owner Satz ausgeführt wird.

Liegt ein hierarchisches Set-Auswahl Kriterium vor (siehe Abschnitt 8.6), dann muß der Programmierer den ganzen Pfad vom Einstiegspunkt bis zum owner Satz in dem Set initialisieren - eine unangenehme und fehleranfällige Arbeit, die man besser vermeidet. Hat der Datenadministrator diese Option jedoch unglücklicherweise ausgewählt, dann muß der Programmierer, der die STORE Anweisung benutzt, damit leben. Dies trifft bei der FIND Option nicht zu, die das Set-Auswahl Kriterium aufruft (siehe Abschnitt 15.4.2). In diesem Fall kann es der Programmierer überschreiben (siehe Abschnitt 15.5.4).

16.4.5 Auswirkung auf die Set-Reihenfolge

Das System muß bei jedem 'automatic' Set-Typ den zu speichernden Satz in ein ausgewähltes Set-Exemplar einbinden. Einer der potentiell am meisten zeitaufwendigen Anteile der STORE Anweisung besteht in dem Auffinden des Ortes durch das System, an dem die Speicherung erfolgen soll.

Wie bereits in Kapitel 6 besprochen, stellt die Set-Reihenfolge eine der komplexesten Schema Deklarationen dar. Dies liegt an den vielen unterschiedlichen Optionen, die einen solch erheblichen Einfluß auf die Ausführungszeiten haben.

Glücklicherweise braucht sich der Programmierer nicht zu sehr mit der Set-Reihenfolge auseinanderzusetzen. Meistens ist keine Aktion vor der Ausführung der STORE Anweisung erforderlich. Es gibt jedoch einige Faktoren, die er ggf. berücksichtigen muß.

In Abschnitt 6.2.2 wurde gezeigt, daß die Set-Reihenfolge entweder vom Datenadministrator oder vom Programmierer bestimmt wird. Überträgt der Datenadministrator das Problem der Set-Reihenfolge dem Programmierer, dann ist dieser natürlich davon betroffen. Die beiden Programmieroptionen bedeuten jedoch, daß der Satz in der Nähe des Current of Set Name Indikator in den Set eingebunden wird.

Es sei erwähnt, daß es für die Set-Reihenfolge Optionen keinen grossen Sinn ergeben würde, die Set-Auswahl bzgl. irgend etwas anderem als dem gleichen Currency Indikator durchzuführen, obwohl ein solcher Unsinn unbeachtet bliebe.

Die Programmieroptionen, INSERTION NEXT und INSERTION PRIOR (siehe Abschnitt 6.4.2) kann der Programmierer oft im gleichen Grad ignorieren, wie er die Optionen des Datenadministrators ignorieren muß. Will er die Vorteile der Übertragung der Möglichkeit ausnutzen, um eine sehr spezielle Reihenfolge zu erhalten, dann muß er sicherstellen, daß der Current of Set Name Indikator so angepaßt wird, daß er auf den geeigneten Satz im Set verweist. Damit erfolgt dann die Einbindung an der Stelle im Set, wo er dies haben möchte.

Ein die Set-Reihenfolge beeinflussender Faktor, auf den der Programmierer achten muß, ist die Möglichkeit der Unterdrückung mehrerer gleicher Werte. Entsprechend DBTG und DDL ist dies ein zweischneidiges Schwert. Der Datenadministrator kann mehrfach identische Werte für Sortierschlüssel in jedem sortierten Set-Typ unterbinden (siehe Abschnitt 6.7). Diese Option trifft man in kommerziell verfügbaren Systemen häufig an, obwohl sie nicht sehr häufig benutzt werden dürfte. DBTG (Seite 131) und DDLC (Seite 37o) ermöglichen auch, daß der Datenadministrator in einem Set-Typ (sortiert oder chronologisch) identische Werte bzgl. bestimmter Elemente in einem member Satztyp verbieten kann. Solche Elemente brauchen nicht Sortierschlüssel zu sein. Diese Option trifft man in der Praxis nicht sehr häufig an.

Sind identische Werte für ein Element (Sortierschlüssel oder sonstiges) verboten, so muß der Programmierer dies beachten, da dies möglicherweise eine DBEC verursacht, die er nach jeder STORE Anweisung testen muß.

16.4.6 Auswirkung auf den Suchschlüssel

Im Abschnitt 6.1o.3 wurde darauf hingewiesen, daß der Suchschlüssel zur Erleichterung der Suche dient, während ein Index für einen sortierten Set zur Erleichterung einer Änderung spezifiziert wird. Der Abschnitt enthielt auch einen Vorschlag, diese beiden zur Unterstützung beider Aspekte zu vermischen.

So wie die Spezifikationen festgelegt wurden, braucht sich der Programmierer um den Index keine Gedanken zu machen. Er braucht einen
Suchschlüssel nur insoweit beachten als wiederum identische Werte
für das Suchschlüsselelement verboten sein können. Es wäre dann notwendig, entsprechende Aktionen bei einer DBEC zu treffen, die beim
Versuch während einer STORE Anweisung, einen Satz in einen Set einzubinden, auftreten könnte.

16.4.7 Auswirkung auf den Set-Modus

Der Set-Modus bildete einen ziemlich grundlegenden Faktor im DBTG
Bericht. Wie im Kapitel 5 erwähnt wurde, entfernte DDLC die Set-Modus
Klausel scheinbar aus der Schema DDL, da der Programmierer den Set -
Modus nicht zu kennen braucht. Soweit man feststellen kann, hilft es
dem Programmierer, der in seinen Programmen die STORE Anweisungen
benutzt, nicht, wenn er den Set-Modus eines bestimmten Set-Typs kennt.
Damit kann er ihn auch völlig ignorieren.

16.4.8 Datenbankausnahmebedingungen

Es gibt wahrscheinlich mehr DBECs während einer STORE Anweisung als
während jeder anderen Anweisung. Um einen Überblick zu erhalten, sollen diese in die drei Klassen Vorbereitung, Set-Auswahl und Einbindung eingeteilt werden. Die zur dritten Klasse gehörenden Bedingungen sind die gleichen, die man während der später in diesem Kapitel
zu besprechenden CONNECT Anweisung antreffen kann.

Die folgenden Bedingungen können während der frühen Phasen der Ausführung der STORE Anweisung auftreten.

1. Der Bereich wurde nicht für Änderungen eröffnet.
2. Im Bereich ist kein Platz verfügbar.
3. Die CALC Schlüsselwerte sind Null.
4. Die CALC Schlüsselwerte widersprechen der Deklaration,
   daß identische Werte nicht zulässig sind.
5. Der vom Benutzer vergebene Datenbankschlüsselwert
   wurde schon benutzt.
6. Der vom Benutzer vergebene Datenbankschlüsselwert
   ist ungültig.
7. Die Werte anderer Elemente im Satz sind vom falschen Typ.
8. Die Werte der Elemente im Satz sind bzgl. einer CHECK
   Klausel ungültig.

Die folgenden DBECs können während der Set-Auswahl auftreten, entweder weil der Satztyp einen location mode VIA SET hat oder weil er in einem Set eingebunden werden muß, in dem der Satztyp 'automatic' member ist.

9. Kein Set erfüllt das Set-Auswahl Kriterium.
1o. Der Current of Set Name Indikator ist Null, wenn er für die Set-Auswahl benötigt wird.
11. Der owner Satz eines Set befindet sich in einem nicht für Änderungen eröffneten Bereich.
12. Das hierarchische Set-Auswahl Kriterium bewirkt einen Zugriff auf einen Satztyp oder Set-Typ, der nicht im Subschema enthalten ist.
13. Das hierarchische Set-Auswahl Kriterium bewirkt einen Zugriff auf einen Satz in einem Bereich, der nicht für Änderungen eröffnet wurde.

Die folgenden DBECs könnten während des Einbindens des Satzes in einen Set (der auf andere Weise ausgewählt wurde) auftreten, in dem der Satztyp 'automatic' member ist.

14. Die Werte des Sortierschlüsselelements im Satz stehen in Konflikt mit der Deklaration, daß identische Werte nicht zulässig sind.
15. Andere Elementwerte im Satz stehen in Konflikt mit der Regel, daß keine identischen Werte erlaubt sind.
16. Ein Satz im Set tritt nicht im Subschema auf.
17. Ein Satz im Set befindet sich in einem Bereich, der nicht für Änderungen eröffnet wurde.
18. Der Current of Set Name Indikator ist Null, wenn er benötigt wird, um den Verkettungspunkt zu bestimmen.
19. Der Satz ist schon in den Set eingebunden.
2o. Set member Sätze können nicht sowohl in permanenten als auch temporären Bereichen gespeichert werden.
21. Die Werte von Suchschlüsselelementen im Satz stehen in Konflikt mit der Deklaration, daß identische Werte nicht zugelassen sind.

16.5 Die CONNECT Anweisung

Nachdem gerade die STORE Anweisung besprochen wurde, kann man die
CONNECT Anweisung als Teil davon bezeichnen. Eine CONNECT Anweisung
wirkt auf einen Satz, der sich schon in der Datenbank befindet. Sie
wirkt genau auf den Satz, der durch das Setzen des Current of Run-
Unit Indikators bestimmt wird.

Die Ausführung der Anweisung bewirkt, daß der Satz an ein Exemplar jedes in der Anweisung genannten Set-Typs angehängt wird. Im
Falle der CONNECT Anweisung wird die Wahl des entsprechenden Sets
in jedem Set-Typ ausschließlich durch das Setzen des geeigneten Current of Set Name Indikators bestimmt.

Die Bedeutung der Syntax von DBLTG ist ziemlich einleuchtend:

$$\underline{CONNECT} \quad \left[record\text{-}name\right] \quad TO \quad \left\{ \begin{array}{l} set\text{-}name\text{-}1 \quad \left[, \ set\text{-}name\text{-}2\right] \ \ldots \\ \underline{ALL} \end{array} \right\}$$

Die Option, den Namen eines Satztyps anzugeben, folgt der bereits
besprochenen Praxis bei FIND und GET. Die DBEC, die auftreten kann,
ist die einzige, die bei einer CONNECT Anweisung aber nicht bei einer
STORE Anweisung möglich ist. Ansonsten gelten die für STORE als Nummer 14 bis 21 aufgelisteten DBECs.

Die Wirkung gewisser im Schema deklarierter Faktoren entspricht
dem was bei der Ausführung einer STORE Anweisung geschieht. Nach-
folgend sind die speziellen Faktoren, die für die Ausführung einer
CONNECT Anweisung von Bedeutung sind, aufgeführt:

1. Set-Reihenfolge (siehe Abschnitt 16.4.5)
2. Suchschlüssel   (siehe Abschnitt 16.4.6)

Eine weitere DBEC gilt speziell für die CONNECT Anweisung und dies
ist der Versuch, einen Satz in ein Set-Exemplar einzubinden, in das
er bereits eingebunden ist. Das kann bei einer STORE Anweisung nicht
geschehen, da der entsprechende Satz dort als 'brandneu' betrachtet
wird.

Eine wichtige Auswirkung einer erfolgreichen CONNECT Anweisung besteht darin, daß der Current of Set Name Indikator für jeden Set-Typ
der Anweisung dahingehend abgeändert wird, daß er auf den Current of
Run-Unit verweist.

16.5.1 Datenbankausnahmebedingungen

Die folgenden DBECs können während der Ausführung einer CONNECT Anweisung auftreten. Die erste Gruppe enthält nur solche Bedingungen, die vor der Set-Auswahl auftreten können.

1. Der Current of Run-Unit ist Null.
2. Der Current of Run-Unit wurde durch einen
   konkurrierenden Prozeß gelöscht.
3. Der Current of Run-Unit Satztyp entspricht
   nicht dem Typ in der Anweisung.
4. Der Bereich ist nicht für Änderungen freigegeben.

Die zweite Gruppe von Bedingungen kann während des Prozesses der Set-Auswahl auftreten (für jeden in der Anweisung genannten Set-Typ).

5. Der Current of Set Name ist Null.
6. Der owner des ausgewählten Sets befindet sich in
   einem nicht für Änderungen eröffneten Bereich.
7. Der owner des ausgewählten Sets ist nicht
   im Subschema enthalten.

Die letzte Gruppe von Bedingungen kann während des Einbindungsprozesses (für jeden in der Anweisung genannten Set-Typ) auftreten.

8. Der Satz ist bereits in den ausgewählten Set
   eingebunden.
9. Die Sortierschlüsselelemente im Satz stehen in
   Konflikt mit den Deklarationen, daß identische Werte
   nicht zulässig sind.
1o. Andere Elemente im Satz stehen mit der Regel, daß
   identische Werte nicht zulässig sind, in Konflikt.
11. Der Satz, der sich schon im Set befindet, tritt im
   Subschema nicht auf.
12. Der Satz, der sich schon im Set befindet, ist in
   einem Bereich, der nicht für Änderungen eröffnet wurde.
13. Set Nummern dürfen nicht sowohl in permanenten als
   auch temporären Bereichen speichert werden.
14. Die Suchschlüsselelemente stehen in Konflikt mit
   der Deklaration, daß identische Werte nicht zulässig sind.

16.6 Die DISCONNECT Anweisung

Eine DISCONNECT Anweisung folgt einer CONNECT Anweisung, indem sie
auf den Current Record of Run-Unit wirkt und die Möglichkeit zuläßt, diesen aus mehreren in einer Anweisung genannten Sets zu entfernen, wobei jeder Set durch den Current of Set Name Indikator ausgewählt wird.

Die Syntax von DBLTG lautet:

$$\underline{\text{DISCONNECT}} \quad \left[\text{record-name}\right] \quad \underline{\text{FROM}} \quad \left\{ \begin{array}{l} \text{set-name-1} \quad \left[, \; \text{set-name-2}\right] \; ... \\ \underline{\text{ALL}} \end{array} \right\}$$

Ist der durch den Current of Run-Unit Indikator identifizierte Satz
tatsächlich an einen ausgewählten Set angekettet, dessen Typ in der
Anweisung erscheint, dann bewirkt DISCONNECT, daß dieser Satz wieder
abgehängt wird. Der Satz verbleibt in der Datenbank; man kann jedoch
nicht mehr über die Set-Typ Beziehung, an der sein Satztyp beteiligt
ist, auf ihn zugreifen.

Im Gegensatz zu der CONNECT Anweisung beeinflußt die erfolgreiche
Ausführung einer DISCONNECT Anweisung keinen der Currency Indikatoren. Dies kann Probleme aufwerfen. Ist der Current of Set Name Indikator zufällig der gleiche wie der Current of Run-Unit, dann wird,
nachdem der Current of Run-Unit entfernt wurde, der Current of Set
Name Indikator des gerade betroffenen Sets nach seiner Neubearbei-
tung auf einen Satz verweisen, der in keinen Set eingebunden ist.

16.6.1 Datenbankausnahmebedingungen

Die folgenden DBECs können während der Ausführung einer DISCONNECT
Anweisung auftreten. Die erste Gruppe enthält nur Bedingungen, die
vor der Set-Auswahl auftreten können.

1. Der Current of Run-Unit ist Null.
2. Der Current of Run-Unit wurde durch
   einen konkurrierenden Prozeß gelöscht.
3. Der Current of Run-Unit Satztyp entspricht
   nicht dem Typ in der Anweisung.
4. Der Bereich ist für Änderungen nicht
   eröffnet worden.

Die zweite Gruppe von Bedingungen kann während des Prozesses der Set-Auswahl (für jeden in der Anweisung genannten Set-Typ) auftreten.

5. Der Current of Set Name ist Null.
6. Der owner des ausgewählten Sets befindet sich in einem Bereich, der nicht für Änderungen eröffnet wurde.
7. Der owner des ausgewählten Sets ist nicht im Subschema enthalten.

Die letzte Bedingung tritt während des Prozesses der Entfernung des Satzes aus dem Set auf (dies gilt für einen Set jedes in der Anweisung genannten Typs).

8. Der Current of Run-Unit ist nicht in den ausgewählten Set eingebunden.

Kapitel 17

Andere DML Anweisungen

17.1 Einführung

Dies ist das letzte Kapitel, das sich mit DML Anweisungen beschäftigt. Hier werden alle die bis jetzt noch nicht behandelten Anweisungen betrachtet. Sie stellen eine ziemlich vielseitige Sammlung dar. Sie sollen, zu Klassen zusammengefaßt, wie folgt dargestellt werden:

Kontrolle des Parallelbetriebs	KEEP, FREE, REMONOTOR
Set Ebene	ORDER
Übertragung aus einer System-position	ACCEPT
Bedingt	IF
Prüfung von Ausnahmebe-dingungen	USE

Nach der Betrachtung dieser sechs Anweisungen ist die Darstellung der DML abgeschlossen.

17.2. Kontrolle des Parallelbetriebs

Es wird häufig behauptet, daß der Programmierer nichts darüber wissen sollte, in welcher Umgebung sein Programm ausgeführt wird. DBTG und später auch JOD vertraten den Standpunkt, daß er dies sehr wohl wissen sollte, besonders dann, wenn sein Programm in einer Umgebung ausgeführt wird, in der ein oder mehrere Prozesse (einschließlich der gerade betrachteten) Sätze verändern.

Die Probleme des Parallelbetriebs in einer multi-programming Umgebung, bei der alle Prozesse nur lesen unterscheiden sich nicht von denen in einer uni-programming Stapelumgebung. Sobald jedoch ein Prozeß als Änderungsprozeß zulässig ist treten Probleme auf. Es sei erwähnt, daß das CODASYL Konzept das Konzept eines lesenden Prozesses oder eines ändernden Prozesses explizit zuläßt. Die Bedeutung dieser Begriffe ist hoffentlich auch im Zusammenhang mit CODASYL eindeutig.

DBTG führte zwei Anweisungstypen für Programmierer ein, die Änderungsprogramme schreiben. Es sind dies KEEP und FREE. JOD fügte später noch REMONITOR hinzu. Es soll nun eine Anweisung nach der anderen betrachtet werden.

17.2.1 Die KEEP Anweisung

Im DBTG Bericht (Seite 237) wurde die Funktion der KEEP Anweisung
einfach beschrieben als 'dem DBMS (d.h. DBCS) mitzuteilen, daß der
Prozeß noch einmal auf das entsprechende Satzexemplar zugreifen
möchte'.
Mit anderen Worten besteht für den Programmierer die Möglichkeit,
explizit zum Ausdruck zu bringen, daß er auf einen Satz noch einmal zugreifen möchte. Normalerweise ist ein erneuter Zugriff eine
der Änderungsanweisungen MODIFY, ERASE, CONNECT oder DISCONNECT.
In der Situation, in der ein Satz zweimal oder häufiger während
der Ausführung eines Prozesses verarbeitet wird, erhält der Programmierer die Möglichkeit sicherzustellen, daß der Satz nicht durch
einen konkurrierenden Änderungsprozeß zwischen seinen eigenen beiden
Leseprozessen verändert wird.

Die KEEP Anweisung wirkt auf den Satz, der durch den Current of
Run-Unit zur Zeit der Ausführung der KEEP Anweisung identifiziert
wird. Es ist wichtig darauf hinzuweisen, daß ein implizites KEEP
wirksam ist für einen Satz während der Zeit, zu der er im Current
of Run-Unit ist.

Die wichtige Regel, die die Wirkung von KEEP bestimmt, lautet
bei DBTG (Seite 237, Regel 5) wie folgt:

> ' Solange eine KEEP Anweisung, die durch den Current of Run-
> Unit bzgl. eines Satzexemplares ausgeführt wurde, noch wirk-
> sam ist, ist der Versuch dieses Current of Run-Unit, den Satz
> zu ändern, nur dann erfolgreich, wenn kein konkurrierender
> Prozeß den Satz seit der Ausführung oder KEEP Anweisung ge-
> ändert hat.'

DBTG schlägt damit hauptsächlich ein Warnsystem für den Programmierer vor (in Form einer Datenbankausnahmebedingung), durch das
angezeigt wird, daß der Satz durch einen anderen Prozeß geändert
wurde und zwar zwischen dem Zeitpunkt, zu dem der betrachtete Prozeß die KEEP Anweisung ausgeführt hat und dem Zeitpunkt, zu dem er
versuchte, seine Änderungsanweisung auszuführen.

Diese Vorgehensweise wurde später modifiziert. Um die Ideen
im COBOL JOD richtig zu würdigen ist es notwendig, daß man versteht, was mit einem überwachten Modus (monitored mode) und einem
erweiterten überwachten Modus (extended monitored mode) gemeint
ist.

Die Modifikation bewirkt, daß anstatt der zwei Zustände bei DBTG
nun drei Zustände eines Satzes bzgl. eines Prozesses existieren
können. Es sind dies:

> Normal
>
> Überwachter Modus
>
> Erweiterter überwachter Modus

Ein Satz geht automatisch vom normalen Modus in den überwachten
Modus über, wenn er zum Current of Run-Unit wird. Die Wirkung der
Ausführung eines JOD KEEP besteht darin, den Status des Satzes vom
überwachten Modus in den erweiterten überwachten Modus zu ändern.
(Die DBTG Spezifikation machte keine Unterscheidung zwischen diesen
beiden Zuständen.)

Ein wichtiger Aspekt des überwachten bzw. erweiterten überwachten Modus besteht darin, daß sich nur ein Satz zu einem Zeitpunkt
im überwachten Modus befinden kann, während sich mehrere im erweiterten überwachten Modus befinden können.

Abgesehen von der Einführung dieser beiden Zustände eines Satzes
und der sie beschreibenden Terminologie, folgt JOD in seiner Denkweise der von DBTG. Mit anderen Worten, wenn der betrachtete Prozeß
versucht, einen Satz zu ändern, der sich in einem der beiden Zustände befindet, dann kann eine Datenbankausnahmebedingung auftreten, falls ein konkurrierender Prozeß den Satz geändert hat seit
dieser das letzte Mal im überwachten Modus oder erweiterten überwachten Modus war.

17.2.2 Die FREE Anweisung

Die Absicht der FREE Anweisung besteht darin, die Auswirkungen einer KEEP Anweisung zu löschen. Da es aber häufig nützlich ist,
mehrere Sätze durch die Ausführung einer Anweisung frei zu geben,
wurde eine ganze Anzahl von Formaten vorgeschlagen. DBTG und JOD
unterscheiden sich bzgl. der angebotenen Option.

DBTG schlägt die beiden folgenden Formate vor:

FREE

FREE ALL

Die einfache FREE Anweisung wirkt auf den Current of Run-Unit.
Das bedeutet, daß der Satz oft durch die Programmierlogik gefunden
werden muß, bevor er freigegeben werden kann.

FREE ALL hat die ziemlich offensichtliche Bedeutung, daß alle Sätze, für die ein explizites KEEP zutrifft, freigegeben werden. Dies bedeutet, den Current of Run-Unit auszuschließen.

JOD entfernte die einfache FREE Option und ersetzte sie durch die nützlichere Option

$$\text{\underline{FREE}} \quad \left\{ \begin{array}{l} \text{\underline{ALL}} \\ \text{record-name-1} \quad \left[, \text{ record-name-2} \right] \ \ldots \end{array} \right\}$$

Diese Anweisung bewirkt, daß alle Sätze der genannten Typen ausgewählt werden, die sich im erweiterten überwachten Modus befinden, und in den normalen Zustand bzgl. des Prozesses zurückgebracht werden. Wie bei FREE ALL ist der Current Record of Run-Unit davon nicht betroffen.

Mit beiden DBLTG FREE Optionen muß es möglich sein, alle ausgewählten Sätze frei zu geben, sonst wird keiner freigegeben. Die Spezifikationen schweigen sich jedoch seltsamerweise darüber aus, welche Situationen es unmöglich machen würden, alle ausgewählten Sätze frei zu geben. Zusätzlich wird keine Datenbankausnahmebedingung angegeben, durch die festgestellt wird, was mit dem in Ausführung befindlichen Programm geschehen ist.

17.2.3 Die REMONITOR Anweisung

Die REMONITOR Anweisung wurde im JOD zur Liste der DBTG DML Anweisungen hinzugefügt. Sie hat folgende Funktion (siehe Seite III-12-42):

' Die REMONITOR Anweisung bewirkt die Beendigung eines überwachten oder erweiterten überwachten Modus, an die sich unmittelbar die Einrichtung eines neuen überwachten Modus oder erweiterten überwachten Modus für den gleichen Satz anschließt.'

Das generelle Format dieser Anweisung lautet:

$$\text{\underline{REMONITOR}} \quad \left[\begin{array}{l} \text{\underline{ALL}} \\ \text{record-name-1} \quad \left[, \text{ record-name-2} \right] \ \ldots \end{array} \right]$$

Dies bewirkt drei Alternativen, die den kombinierten Set-Auswahl Optionen in den DBTG und JOD FREE Optionen entsprechen.

Die einfache REMONITOR Anweisung wirkt auf den Current Record of
Run-Unit. Die REMONITOR ALL und REMONITOR record-name-1 Anweisungen
wirken auf alle Sätze aller Typen oder auf alle Sätze genannter
Typen. In beiden Fällen ist der Current of Run-Unit ausgeschlossen.

Die wirkliche Absicht dieser REMONITOR Anweisung wird nicht klar
zum Ausdruck gebracht. Sie hat keine Auswirkung auf den Status eines
ausgewählten Satzes (oder eines nicht ausgewählten Satzes). Es ist
nicht ganz klar, wann es notwendig oder gar wünschenswert sein könnte, diese Anweisung zu benutzen.

17.2.4 Zusammenfassung der Anweisungen für den Parallelbetrieb

Die DBTG und JOD Vorschläge, durch die es dem Programmierer möglich
ist, die Interaktion der Prozesse seines Programms mit anderen Prozessen zu kontrollieren, fand keine Zustimmung durch die Hersteller.
Dies ist nicht überraschend. Der Ansatz geht davon aus, Sätze in einen Status (überwachter Modus) zu versetzen, so daß jede Änderung
des Satzes durch einen anderen Prozeß entdeckt werden kann, dadurch
daß eine Ausnahmebedingung bei der Verarbeitung des Satzes zum nächsten Zeitpunkt getestet wird. Die Ideen sind für einen Programmierer
schwierig und das Fehlerrisiko, daß die Bedingungen nicht geprüft
werden, ist hoch.

Es mag interessant sein, darauf hinzuweisen, daß das DMS 11oo von
UNIVAC KEEP und FREE Anweisungen anbietet, die sich aber semantisch
von denen, die durch CODASYL vorgeschlagen wurden, unterscheiden.
Dem Programmierer muß bewußt sein, daß die Sätze in Seiten gespeichert werden, wobei ein Bereich aus einer Anzahl Seiten gleicher
Größe besteht. In der Tat stellt ein KEEP auf den Current of Run-
Unit eine Möglichkeit dar, das DBCS davon zu unterrichten, daß der
Prozeß noch einmal auf den Current of Run-Unit zugreifen möchte
(normalerweise Änderung). Dadurch wird sichergestellt, daß kein
anderer Prozeß auf den Satz in irgend einer Weise zugreifen kann,
indem die Seite, in der der Satz gespeichert ist, gesperrt wird.

Es sei darauf hingewiesen, daß eine KEEP Anweisung dann unnötig
ist, wenn der Bereich mit einem Benutzungsmodus EXCLUSIVE oder PRO-
TECTED eröffnet wurde (siehe Abschnitt 14.2.1). Das UNIVAC Konzept
kann eine geringfügige Verlangsamung der Verarbeitung bewirken, es
ist jedoch weitaus sicherer als das von CODASYL vorgeschlagene Konzept.

17.3 Die Anweisung auf Set-Ebene

Die einzige Anweisung, die auf den ganzen Set wirkt, ist die ORDER Anweisung. Soweit man feststellen kann, wurde sie nicht implementiert. Sie stellt aber trotzdem ein wichtiges Konzept dar und verdient einige Aufmerksamkeit.

Die ORDER Anweisung muß unter dem gleichen Licht wie das COBOL Verb SORT betrachtet werden. Der Unterschied besteht lediglich darin, daß SORT auf eine Datei wirkt, während ORDER auf ein einzelnes Exemplar eines benannten Set-Typs wirkt. Der Grund, warum die Hersteller ORDER vermieden, besteht sicherlich darin, daß der Programmierer die gewünschte Wirkung auch mit einer SORT Anweisung erreichen kann. Zwischen den Ideen von DBTG 1971 und den Vorstellungen von JOD 1976 gab es einige kleine Änderungen der Syntax und der Semantik. Um nicht Verwirrung über die Konsequenzen einer nicht sehr weit verbreiteten Eigenschaft zu stiften, soll sich die Betrachtung hier auf die neueren Vorschläge beschränken.

Die vollständige Syntax lautet wie folgt (siehe Seite III-12-37):

$$
\underline{\text{ORDER}}\ \text{set-name}\ [\underline{\text{LOCALLY}}]\ \left\{ \text{ON}\ \left\{ \begin{array}{l} \underline{\text{DESCENDING}} \\ \underline{\text{ASCENDING}} \end{array} \right\}\ \text{KEY}\ \left\{ \begin{array}{ll} [\text{record-name-1}]\ \dots & \underline{\text{RECORD-NAME}} \\ [\text{record-name-1}]\ \dots & \underline{\text{DB-KEY}} \\ [\text{data-name-1}]\ \dots & \end{array} \right\}\ \dots \right\}\ \dots
$$

Die Ausführung der ORDER Anweisung bewirkt die Auswahl eines Set aus einem benannten Set-Typ mit Hilfe des Current of Set Name Indikators und sortiert die in den Set eingebundenen member Sätze auf irgend eine Art und Weise. Je nachdem ob man das Wort LOCALLY benutzt oder nicht, ist die Sortierreihenfolge entweder nur für die Dauer des Prozesses gültig oder nicht.

Ist der benannte Set-Typ sortiert (siehe Abschnitt 6.3), dann ist es einleuchtend, daß die LOCALLY Option benutzt werden muß. Der Grund dafür ist, daß es nicht sinnvoll sein kann, eine durch den Datenadministrator deklarierte Set-Reihenfolge durch das Programm eines

Programmierers zu ändern. Wünscht sich der· Programmierer jedoch den Set
eines bestimmten Typs in einer gewissen logischen Reihenfolge, um dessen Verarbeitung später in seinem Programm zu optimieren, dann ist
dies durchaus sinnvoll.

Liegt jedoch ein chronologischer Set-Typ vor (siehe Abschnitt 6.4)
oder wurde für die Set-Reihenfolge IMMATERIAL angegeben (siehe Abschnitt 6.5), dann ist es akzeptabel, daß der Programmierer eine Reihenfolge für diesen Set-Typ festlegt, so daß nachfolgende Suchprogramme die Reihenfolge ausnutzen können. Jedes Änderungsprogramm, inclusive des Programms, das die ORDER Anweisung enthält, wird aber die Sätze in dem neugeordneten Set entsprechend der in der Schema DDL festgelegten Kriterien einbinden und nicht entsprechend der durch die
ORDER Anweisung deklarierten Reihenfolge.

Die ON Klausel, die im Format der ORDER Anweisung auftritt, ermöglicht es dem Programmierer, Sortierschlüssel mit dem gleichen Flexi-
bilitätsgrad zu spezifizieren wie für die sortierten Typen in der SET
ORDER Klausel (siehe Abschnitte 6.3 und 6.7). Multi-member Set-Typen
bilden wie in der Schema DDL einen erschwerenden Faktor, den man klugerweise vermeiden sollte. Davon abgesehen kann der Sortierschlüssel
sein:

    1. ein Satzname

    2. ein Datenbankschlüssel für Sätze eines benannten Typs

    3. ein Datenelement.

Die Benutzung eines Satznamens dürfte in einem single member Set-Typ
bedeutungslos sein. Die Benutzung von Datanbankschlüsseln als Sortierschlüssel ist nur beschränkt wertvoll. Bei multi-member Set-Typen
kann es sinnvoll sein, einen Elementnamen durch einen Satznamen qualifizieren zu können.

Betrachtet man die JOD Syntax, so geht diese einen Schritt weiter
als DBTG. Sie läßt zu, daß der Programmierer die Sortierschlüssel
zusammenmixt aus allen drei oben genannten Schlüsselklassen. Ob diese
Möglichkeit je implementiert wird, ist eine andere Frage.

17.4 Übertragung aus einer Systemposition

Bei der Entwicklung eines COBOL Programms ist es manchmal notwendig,
daß man eine Größe wie einen Datenbankschlüsselwert an einen im Programm deklarierten Ort kopieren kann. DBTG erkannte diese Notwendigkeit und schlug Erweiterungen für die bestehende COBOL MOVE Anweisung
vor.

Durch die COBOL MOVE Anweisung beabsichtigt man eine Übertragung von
Datenelementwerten von einem durch den Programmierer deklarierten Bereich im Hauptspeicher in einen anderen, wobei möglicherweise noch
eine Formattransformation stattfindet. Im COBOL JOD, das konsistenter
ist mit der Philosophie von COBOL, wird statt MOVE geeigneterweise
ACCEPT verwendet. Mit ACCEPT beabsichtigte man früher in COBOL, Daten
wie das Datum und die Zeit aus Systempositionen zu transformieren.

17.4.1 ACCEPT CURRENCY

Die beiden Datenbankgrößen, die man mit Hilfe von ACCEPT übertragen
kann, sind die Currency Indikatoren und die Bereichsnamen. Das Format
für erstere lautet:

$$
\underline{\text{ACCEPT}} \ \text{identifier-1} \ \underline{\text{FROM}}
\begin{bmatrix} \text{record-name} \\ \text{set-name} \\ \text{realm-name} \end{bmatrix}
\underline{\text{CURRENCY}}
$$

Da der im Datenelement identifier-1 gespeicherte Wert das Format eines Datenbankschlüssel hat, muß identifier-1 in der Subschema DDL als
DB-KEY Typ (siehe Abschnitt 12.12.2) deklariert sein. Es sei erwähnt,
daß es nützlich sein kann, Elemente des Typs DB-KEY im Arbeitsspeicherbereich deklarieren zu dürfen (wie dies bereits im Abschnitt
12.12.2 besprochen wurde).

Wird kein Satzname, Setname oder Bereichsname im ACCEPT Format angegeben, dann wird der Inhalt des Current of Run-Unit Indikators nach
identifier-1 kopiert. Wird entweder ein Satzname, ein Setname oder
ein Bereichsname angegeben, dann wird stattdessen der Inhalt des zugehörigen Currency Indikators kopiert.

Die ACCEPT Option kann nützlich sein, um sich an Sätze zu erinnern,
die während der Ausführung eines Programms einmal gefunden wurden und
die später erneut zu finden sind. Der Nutzen dieser Möglichkeit muß
zusammen mit dem FIND Format 1 (siehe Abschnitt 15.6.2) beurteilt werden, da die beiden Eigenschaften normalerweise zusammen benutzt werden

Das Problem von ACCEPT CURRENCY zusammen mit der Eigenschaft, Elemente des Typs DB-KEY in Datenbanksätzen zu definieren besteht darin, daß hiermit die Möglichkeit geschaffen wird, Datenbankschlüsselwerte in der Datenbank selbst zu speichern. Während man durch diese Praxis oft eine bessere Performance erreicht, so ist damit doch ein Risiko verbunden, und man sollte dies deshalb so weit wie möglich vermeiden.

17.4.2 ACCEPT REALM-NAME

Die zweite datenbankbezogene ACCEPT Option lautet wie folgt:

$$\underline{\text{ACCEPT}} \text{ identifier-2 } \underline{\text{FROM}} \begin{bmatrix} \text{record-name} \\ \text{set-name} \\ \text{identifier-3} \end{bmatrix} \underline{\text{REALM-NAME}}$$

Die Funktion dieser Anweisung besteht darin, daß der Programmierer hiermit den Namen eines Bereiches an eine in seinem Programm deklarierte Stelle kopieren kann. Es hängt von der Besetzung der Currency Indikatoren ab, welcher Bereichsname kopiert wird. Der Name wird an die durch identifier-2 bestimmte Stelle kopiert, die in der Data Division des Programms oder in irgendeinem Datenbanksatztyp deklariert sein könnte. Die Angabe identifier-2 muß ein alphanumerisches elementares Datenelement bezeichnen.

Wird record-name angegeben, dann ist es der Bereichsname, in den der durch den Current of Record-Name Indikator bezeichnete Satz gespeichert wird. Wird set-name angegeben, dann ist es der Bereichsname, in den der durch den Current of Set-Name Indikator bezeichnete Satz gespeichert wird.

Wird identifier-3 angegeben, so muß dieser ein Datenbankschlüsselelement bezeichnen, und der Inhalt dieses Elements muß wiederum einen Satz in der Datenbank bestimmen. Der Satz wird in dem Bereich gespeichert, dessen Name nach identifier-2 übertragen wurde.

Die ACCEPT REALM-NAME Option stellt eine weitere Möglichkeit dar, die nicht sehr häufig benutzt wird. Es sei nochmals daran erinnert, daß es möglich ist, Sätze eines bestimmten Typs zwei oder mehreren Bereichen zuzuweisen (siehe Abschnitt 4.8.1). Wird ein Satztyp nur einem Bereich zugeordnet, dann dürfte diese ACCEPT REALM-NAME Option nicht benutzt werden. Befindet sich ein Satztyp in mehreren Bereichen, so kann es sein, daß ein Satz als Ergebnis einer FIND Option gefunden wird und der Programmierer dann wissen muß, aus welchem Bereich er

stammt. Er müßte dazu dann auf den Bereichsnamen zugreifen, was ihm
durch die ACCEPT REALM-NAME ermöglicht wird.

17.5 Datenbankbedingungen

Die IF Anweisung stellt in jeder Programmiersprache eine sehr grundlegende und wichtige Anweisung dar. Sie ermöglicht dem Programmierer,
den Kontrollfluß während der Ausführung seines Programms von der Auswertung einer Bedingung abhängig zu machen, die entweder zutrifft
oder nicht.

Die Einführung von Datenbankaspekten in COBOL erfordert eine Erweiterung der existierenden IF Anweisung dahingehend, daß durch sie
drei Klassen von Datenbankbedingungen getestet werden können. Diese
drei Klassen sind:

       1. 'Miete'
       2. Member
       3. Null

Im folgenden wird eine nach der anderen besprochen.

17.5.1 Mietbedingungen

Ist ein Satz als member in einem Set eingebunden, oder ist er owner
eines ausgewählten Sets eines bestimmten Typs, dann wird er als
'Mieter' in dem Set bezeichnet. Es ist manchmal nützlich, wenn man
die Beteiligung eines Satzes in einem Set-Typ überprüfen kann. In
Wirklichkeit läßt die vorgeschlagene Möglichkeit mehr zu, als nur
eine einfache Überprüfung des 'Mietverhältnisses', wie man aus ihrem
Format erkennen kann.

$$
\text{IF} \quad \left[\underline{\text{NOT}}\right] \quad \left[\text{set-name}\right] \quad \left\{ \begin{array}{l} \underline{\text{OWNER}} \\ \underline{\text{MEMBER}} \\ \underline{\text{TENANT}} \end{array} \right\}
$$

In den DBTG Spezifikationen ist festgelegt:
  'Ist set-name angegeben, dann wird nur der entsprechende Set-Typ
  bei der Bestimmung des Wahrheitswertes der Bedingung berücksichtigt. Erfolgte keine Angabe für set-name, dann werden alle
  Set-Typen bei der Bestimmung des Wahrheitswertes der Bedingung
  berücksichtigt.'

Es sei darauf hingewiesen, daß die DBLTG Spezifikationen (Seite III-12-1o) nicht erwähnen, daß der Current of Set Type Indikator für set-name dazu benutzt wird, um zu bestimmen, welcher Set dieses Namens untersucht wird. Der Satz wird jedoch durch den Current of Run-Unit Indikator bestimmt.

In der Erweiterung wurde nichts vorgesehen, um den Kontrollfluß abhängig vom Satznamen eines Satzes zu bestimmen. Zwei der FIND Optionen lassen es zu, daß man einen Satz ohne Angabe des Satztyps in der FIND Anweisung finden kann (siehe Abschnitte 15.4.3 und 15.5.1). Berücksichtigt man dies, dann könnte es nützlich sein, wenn man den Satztyp des gefundenen Satzes durch eine IF Anweisung überprüfen könnte. Dies ist bis zu einem gewissen Grade durch die Mietbedingung möglich. Diese Methode erscheint jedoch sehr umständlich.

17.5.2 Member Bedingungen

Der im JOD für diese Bedingungsklasse vergebene Name (Seite III-12-1o) sollte nicht mit einer der Optionen verwechselt werden, die in der Klasse Mietbedingungen genannt wurde.

Eine member Bedingung überprüft ein ausgewähltes Set-Exemplar dahingehend, ob member Sätze (irgendeines Typs) eingebunden sind.

Das Format lautet

IF set-name   IS   [<u>NOT</u>]   <u>EMPTY</u>

Wird NOT weggelassen, dann trifft die Bedingung zu, wenn in den Set (der durch den Current of Set Indikator ausgewählt wurde) keine member Sätze eingebunden sind. Bezieht sich set-name zufällig auf einen singular Set-Typ (siehe Abschnitt 3.4), dann gibt es nur ein Set-Exemplar und das System braucht sich nicht auf den Current of Set-Type Indikator beziehen.

17.5.3 Null Bedingungen

Bis jetzt wurde es in diesem Text vermieden, auf die komplexe Fragestellung von Nullwerten einzugehen. Dies geschah hauptsächlich deshalb, weil dieser ganze Aspekt sowohl von DDLC als auch von DBLTG etwas vertuscht wurde. DDLC legte die externe Form einer Null-Konstanten, nämlich NULL, fest (siehe Seite 3.8). In den verschiedenen generellen Regeln wird häufig darauf Bezug genommen, daß der Wert eines Datenelements Null sein kann oder sogar auf Null gesetzt werden kann.

Das Problem besteht darin, daß die existierenden Programmiersprachen wie COBOL und PL/1 keine Möglichkeit bieten, Nullwerte implizit zu behandeln.

Damit hängt es vom Programmierer ab, wie er das Problem lösen will. In einer Datenbankumgebung, in der mehrere Programmierer Programme erstellen, die die gleichen Daten verarbeiten, ist eine konsistente Lösung erforderlich.

Die Null-Bedingung in JOD (Seite III-12-11) kann dazu benutzt werden zu bestimmen, ob ein Datenelement einen Nullwert enthält oder nicht. Das Format lautet einfach

IF identifier-1 IS   [NOT]   NULL

Das Datenelement identifier-1 muß im Subschema definiert sein.

17.5.4 Andere nützliche Bedingungen

Bevor die USE Anweisung besprochen wird, soll noch eine Benutzungsart der IF Anweisung erwähnt werden, durch die man überprüfen kann, ob eine DML Anweisung erfolgreich ausgeführt wurde. Dieses Thema wurde schon früher angesprochen (siehe Abschnitt 13.5).

Diese Situation behandelt man am besten durch eine USE Deklaration, die im nächsten Abschnitt besprochen werden soll. Die meisten Implementierungen unterstützen jedoch die USE Anweisung nicht. Das bedeutet, daß es ratsam ist, eine IF Anweisung nach jeder DML Anweisung anzugeben. Ein Beispiel könnte sein

IF DB-STATUS NE O

wodurch die Kontrolle dann an eine detaillierte Fehlerprüfroutine übergeben würde, wenn das DB-STATUS Register (siehe Abschnitt 13.5) einen anderen Wert als Null beinhalten würde.

17.6 Überprüfen von Ausnahmebedingungen

Eine USE Anweisung existierte bereits in COBOL bevor der Datenbankansatz aufkam. Ihre Aufgabe bestand in der Festlegung von Prozeduren zur Behandlung von Eingabe/Ausgabe Kennsätzen und Fehlern. Use Prozeduren können in einem COBOL Programm aber auch für andere Zwecke definiert werden.

JOD schlug nun zusätzlich zwei weitere Klassen von USE Prozeduren vor
(siehe III-7-158). Die eine dient zur Behandlung von Datenbankausnahmebedingungen, die andere zur Spezifikation von Prozeduren zur
Generierung von Schutzschlüsseln. Da der Datenschutz bisher noch nicht
dargestellt wurde, soll die Besprechung dieses Aspektes bis Kapital 18
aufgeschoben werden.

Die Syntax der USE Anweisung zur Behandlung von Datenbankausnahmebedingungen lautet wie folgt:

$$
\underline{USE} \quad FOR \quad \underline{DB\text{-}EXCEPTION} \quad \left[ON \left\{ \begin{array}{l} \underline{OTHER} \\ literal\text{-}1 \ldots \end{array} \right\} \right]
$$

Eine USE Anweisung muß immer im Anschluß einer Abschnittsüber-
schrift im Deklarationsteil der Procedure Division angegeben werden.
Daran schließen sich ein oder mehrere prozedurale Programmteile an,
die beim Auftreten bestimmter Bedingungen ausgeführt werden. In einem
Programm kann es mehrere USE Anweisungen geben, jede mit der dazuge-
hörigen USE Prozedur. Dies sei am besten anhand eines Beispiels dargestellt.

Die meisten Ausnahmebedingungen sind echte Fehler. Mit anderen
Worten, wenn sie auftreten ist irgendetwas falsch und die einzig
sinnvolle Programmiermaßnahme besteht im Abbruch des Prozesses. Andere
Bedingungen stellen sicherlich nicht Fehler dar. Unternimmt man beispielsweise einen Versuch, auf der Basis eines CALC Schlüsselwertes,
auf einen Satz zuzugreifen (siehe Abschnitt 15.4.1), so ist es durchaus möglich, daß die FIND Anweisung nicht erfolgreich ist, da sich
kein Satz mit dem gewünschten Schlüsselwert in der Datenbank befindet.
Der Programmierer will in diesem Fall bestimmt nicht, daß der Prozeß
deshalb abbricht. Nach JOD (Seite III-12-6) würde in diesem Fall die
Datenbankausnahmebedingung o5o24oo auftreten. (Die beiden ersten Ziffern bezeichnen den Anweisungstyp FIND, die anderen die Bedingung.)
Ist dies die einzige Bedingung, die eine spezielle Behandlung erforderlich macht, dann könnten die USE Anweisungen folgendermaßen
aussehen:

```
USE FOR DATABASE-EXCEPTION ON o5o21oo, o5o24oo
        do nothing

USE FOR DATABASE-EXCEPTION ON OTHER
        PRINT DATABASE-STATUS, DATABASE-RECORD-NAME,
        DATABASE-REALM-NAME, DATABASE-SET-NAME

END
```

Der Programmierer muß darauf achten, daß alle Datenbankausnahmebedingungen die auftreten können, im Programm berücksichtigt werden.
Normalerweise gibt es nur wenige, die eine spezielle Behandlung wie
bei den beiden im obigen Beispiel erforderlich machen. Die anderen
erfordern, daß man den Inhalt der Datenbankregister (siehe Abschnitt
13.5) ausdruckt.

Es erfordert Einfallsreichtum, um eine Prozedur zu schreiben, die
nichts tut. JOD betrachtet dies nicht als neue Anforderung. Das Problem besteht darin, daß das DBCS automatisch die Kontrolle der Ausführung der USE Prozedur überträgt, bevor es dann die Anweisung nach
der DML Anweisung ausführt. Es besteht zur Zeit keine Möglichkeit,
USE Prozeduren zu ignorieren, da der DML Anweisung eine IF Anweisung
folgt.

Die Lösung dieses Problems wäre eine Trennung der Ausnahmebedingungen von den Fehlerbedingungen. In Kombination verursachen sie
offensichtlich Probleme.

Kapitel 18

Datenschutzsystem

18.1 Einführung

Bis jetzt wurde nahezu jeder Aspekt der DBTG und DDLC Berichte betrachtet, der von den verschiedenen Gremien und Arbeitsgruppen hinsichtlich möglicher syntaktischer und semantischer Spezifikationen
durchdacht wurde.

Die einzige Ausnahme bildet das Schutzsystem oder genauer das
Schutz-Subsystem. Datenschutz ist kein Thema, das man sinnvoll im
Rahmen der Schema DDL, der Subschema DDL oder der DML angehen kann.
Das Problem, einen Gesamteindruck hierzu etwa aus dem DBTG Bericht
zu erhalten, besteht darin, daß die Überlegungen und Spezifikationen
zum Datenschutz über den ganzen Bericht verstreut sind.

Das Ziel dieses Kapitels besteht zunächst darin, diese Teile zusammenzufassen und deren Absicht zu erläutern. Danach soll untersucht werden, ob der gewählte Ansatz geeignet ist, um dann einen
modifizierten Ansatz vorzuschlagen, der die verschiedenen Anforderungen hoffentlich vollständiger erfüllt.

18.2 Komponenten eines Datenschutz-Subsystems

Vor der Darstellung des Details der CODASYL Ansatzes ist es nützlich,
die drei Bestandteile jedes Datenschutz-Subsystems zu bestimmen.

1. Möglichkeiten zur Definition von Schutzsperren
2. Möglichkeiten zur Definition von Schutzschlüsseln
3. Möglichkeiten zum Vergleich von Schlüsseln mit Sperren

Darüberhinaus sollen folgende Begriffe benutzt werden:

1. Zeitpunkt der Definition von Schutzsperren
2. Zeitpunkt der Definition von Schutzschlüsseln
3. Vergleichszeitpunkt.

Damit kann man sich auf die Zeitpunkte beziehen, zu denen die verschiedenen Aufgaben durchgeführt werden.

Es sei darauf hingewiesen, daß es Sperren und Schlüssel in verschiedenen Formen geben kann. Die Form des Schlüssels muß nicht notwendigerweise der Form der Sperre, auf die er paßt, entsprechen.

Darüberhinaus besitzen jede Sperre und jeder Schlüssel einen sogenannten 'Anwendungsbereich', der nichts mit der jeweiligen Form
zu tun hat.

Der Anwendungsbereich einer Sperre gibt lediglich an, welcher
Teil der Datenbank hiermit abgedeckt wird. Es kann ein einzelner
Wert sein (d.h. ein Elementexemplar) oder es kann die ganze Daten-
bank sein. Er kann alle Sätze eines bestimmten Typs oder sogar alle
Sets eines bestimmten Typs umfassen.

Die am besten verstandene Form einer Schutzsperre ist das Passwort. Die Einrichtungen in den heute existierenden Betriebssystemen
scheinen auf diese Passworte begrenzt zu sein. DBTG führte ein inte-
ressantes Konzept mit sehr viel mächtigeren Formen ein. Diese Vorstellungen wurden jedoch von den Herstellern noch nicht implementiert,
zum Teil deshalb, weil eine der neuen Formen auf Datenbankprozeduren
basiert, die ihrerseits, wie bereits gezeigt, noch von den Herstellern zu implementieren wären.

18.3 Die DBTG Vorstellungen zum Datenschutz

Der DBTG Ansatz zum Datenschutz wurde im DDLC und im JOD modifiziert,
jedoch nur geringfügig. Das ist eigentlich schade, da es einen guten
Grund zu geben scheint, das Problem vollkommen neu anzugehen. Das
heißt nicht, daß die DBTG Ideen schlecht waren, sondern sie wurden
nur unvollständig zum Ausdruck gebracht. Gleichzeitig wirkten deren
Überlegungen stimulierend und müßten deshalb als wichtiges Sprung-
brett angesehen werden.

18.3.1 Im Schema definierte Sperren

Jeder Eintrag in der Schema DDL, d.h. der Bereich Eintrag, der Satz
Eintrag und Set Eintrag (siehe Abschnitt 11.2) kann auch eine
PRIVACY Sperrklausel haben. Die standardmäßige Form dieser Klausel
sieht wie folgt aus:

$$
\left[\text{PRIVACY} \ \underline{\text{LOCK}} \ \left[\text{FOR} \ \| \ \| \ \text{IS} \right] \left\{ \begin{array}{l} \text{literal-1} \\ \text{lock-name-1} \\ \underline{\text{PROCEDURE}} \ \text{db-proc-1} \end{array} \right\} \left[\underline{\text{OR}} \ \left\{ \begin{array}{l} \text{literal-2} \\ \text{lock-name-2} \\ \underline{\text{PROCEDURE}} \ \text{db-proc-2} \end{array} \right\} \right] \ldots \right] \ldots
$$

Die Klausel ist immer optional. Außerdem ist es auch immer möglich, mehr als eine Sperre für einen bestimmten Bereich, Satztyp
oder Set-Typ zu definieren.

Die vertikalen parallelen Linien umfassen eine Liste von DML
Anweisungen, die bzgl. der beschriebenen Datenart durchgeführt werden können, z.B. READY und FINISH für Bereiche bzw. ORDER, CONNECT
und DISCONNECT für Set-Typen.

Wird die FOR Option, das ist der Teil zwischen den inneren
eckigen Klammern, weggelassen, dann erfolgt die Anwendung der Sperre
bei jeder Operation, die bzgl. des Bereiches, Set-Typs, Satztyps
oder Elements durchgeführt wird.

Man kann die DBTG Schutzsperren für Daten in der Schema DDL wie
folgt zusammenfassen:

1. Bereichsname - READY FOR $\begin{bmatrix} \text{EXCLUSIVE} \\ \text{PROTECTED} \end{bmatrix}$ $\begin{bmatrix} \text{RETRIEVAL} \\ \text{UPDATE} \end{bmatrix}$

und unterstützt die Funktionen

2. Satzebene   - CONNECT, DISCONNECT, STORE, MODIFY, FIND,
GET, ERASE, ERASE ONLY, ERASE SELECTIVE,
ERASE ALL

3. Elementebene - STORE, GET, MODIFY

4. Setebene   - ORDER, CONNECT, DISCONNECT, FIND

Es liegt hier eine interessante Inkonsistenz vor - möglicherweise dadurch, daß die verschiedenen Ebenen zu verschiedenen Zeiten
während der Erstellung des Berichtes durch verschiedene Gruppenmit-
glieder behandelt wurden. Die generelle Form der Schutzsperre ist
tatsächlich für die ganze Schema DDL standardisiert. Für die beiden
Anweisungen READY und ERASE ist es möglich, die Schutzsperre auf der
Optionsebene statt auf der Anweisungsebene zu definieren. Bevor die
Konsequenzen hierzu besprochen werden, mag es geeignet sein, darauf
hinzuweisen, daß die geringfügigen Modifikationen von DDLC in deren
Bericht von 1973 darin bestanden, die Möglichkeit der Definition von
Sperren auf Optionsebene für die ERASE Anweisung (DELETE) zu ent-
fernen.

Zusätzlich zu den Schutzsperren für Daten in der Schema DDL, sah
DBTG auch die Definition von vier Sperren auf Schemaebene vor:

$$\text{PRIVACY LOCK} \left[\text{FOR} \left\| \begin{matrix} \underline{\text{LOCKS}} \\ \underline{\text{DISPLAY}} \\ \underline{\text{COPY}} \\ \underline{\text{ALTER}} \end{matrix} \right\| \right] \text{IS} \left\{ \begin{matrix} \\ \end{matrix} \right\} \left[\text{OR} \left\{ \begin{matrix} \\ \end{matrix} \right\} \right] \ldots$$

Die Formen der Sperren in den geschweiften Klammern können denen
auf Datenebene entsprechen.

ALTER, COPY, DISPLAY und LOCKS werden als 'Unterstützungsfunktionen' ('support functions') bezeichnet. (Dies ist ein neuer und
möglicherweise würdigerer Begriff für 'Hilfsmittel' ('utilities').)
ALTER ist eine Funktion zur Änderung eines Schemas nach dessen Definition. Dies ist nicht möglich für Schutzsperren. DISPLAY stellt eine
Funktion dar, um das ganze Schema, außer den Schutzsperren, auszu-
drucken (oder möglicherweise über ein Terminal auszugeben). Die
Sperre für COPY ist wichtig, da diese Sperre es dem Datenadministrator ermöglicht, die Benutzung des Schemas zu unterbinden - oder genauer, sie ermöglicht ihm, den Prozeß der Übersetzung von Subschemata zu kontrollieren.

Die Schutzsperre für LOCKS stellt ein sehr wichtiges Konzept dar.
Die Sperren erfordern ihrerseits eine Sperre. Deshalb stellte sich
DBTG konsequenterweise eine Unterstützungsfunktion vor, die in deren
Worten 'die Betrachtung, die Einrichtung oder die Änderung von
Schutzsperren zuläßt'.

Der Inhaber des Schlüssels für die Schutzsperre für Sperren hat
in der Tat eine mächtige Stellung inne.

18.3.2 Im Subschema definierte Sperren

Zusätzlich zu den im Schema definierten Sperren, ließ DBTG auch die
Definition von Sperren im Subschema zu. Es ist äußerst notwendig,
darauf hinzuweisen, daß eine im Subschema definierte Sperre für die
gleiche Dateneinheit (Bereich, Satztyp etc.), für die auch im Schema
eine Sperre definiert wurde, die entsprechende Sperre im Schema
überschreibt.

Das bedeutet nicht, daß die Schemasperre auf irgendeine Weise gelöscht wird, sondern die Programme, die dieses Subschema benutzen, müssen den Schlüssel für die Subschemasperre anstatt den Schlüssel für die Schemasperren angeben. Das bedeutet wiederum, daß die 'Schutzsperre für COPY' in der Schema DDL wichtig ist. Es ist die einzige Sperre, die von jedem berücksichtigt werden muß, der ein Subschema definiert.

Die DBLTG Syntax zur Definition des Schutzschlüssels lautet:

$$\underline{\text{PRIVACY}}\ \underline{\text{KEY}}\ \text{IS}\ \left\{\begin{array}{l} \text{literal-1} \\ \text{implementor-name-1} \\ \text{routine-name-2} \end{array}\right\}$$

Die Form des Schlüssels soll dann besprochen werden, wenn auch die Form der Sperren besprochen wird.

Außerdem kann die Person, die das Subschema definiert, auch die Schutzsperren der Subschemaebene definieren. Da DBLTG den Ansatz von DBTG doch beträchtlich modifizierte, sollen beide angegeben werden. Die Subschema DDL Syntax von DBTG für das, was man als Identification Division bezeichnete (Seite 155), lautet:

SUB-SCHEMA NAME IS sub-schema-name of SCHEMA NAME schema-name

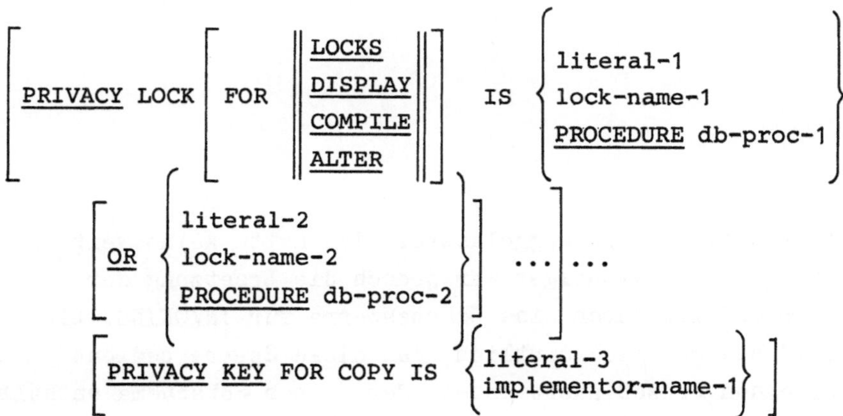

Man erkennt, daß das Format der Deklaration der Schutzsperre dem
der Schema DDL entspricht, mit Ausnahme der Tatsache, daß das Wort
COPY durch COMPILE ersetzt wurde.

Eine Schutzsperre für COMPILE im Subschema müßte durch einen
Schlüssel im Anwendungsquellprogramm bedient werden, um eine Kompilierung des Programms zu ermöglichen.

Andererseits haben die Funktionen ALTER, DISPLAY und LOCKS die
gleiche Bedeutung auf der Subschemaebene wie die entsprechenden Funktionen auf Schemaebene.

Im JOD (siehe Seite IV-4-4) wurden eine Reihe von Modifikationen
an den DBTG Ideen vorgenommen. Man hat nun eine Title Division anstatt der Identification Division.

<u>TITLE</u> <u>DIVISION</u>

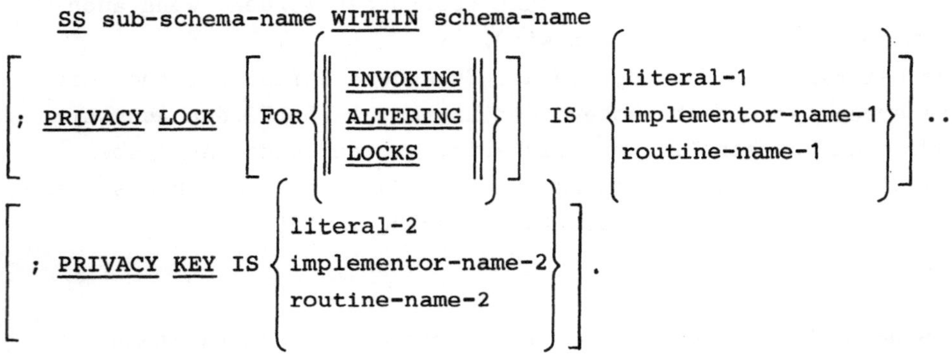

Die DISPLAY Funktion wurde weggelassen. Dies hatte keine weit-
reichenden Konsequenzen. Wichtiger war jedoch die Ersetzung der
Schutzsperre für COMPILE durch eine Schutzsperre für INVOKING. Die
Regeln von DBLTG besagen ganz deutlich, daß diese Sperre bedient
werden muß 'um einen Prozeß auszuführen, der dieses Subschema enthält'.

Beide Sperren, für COMPILE und für INVOKING scheinen ihre Bedeutung zu haben. Es wird nicht ganz klar, warum DBTG letztere weggelassen hat und DBLTG erstere absichtlich enfernt hat.

18.3.3 Im Programm definierte Schlüssel

Wie oben darauf hingewiesen wurde, gibt es einen Schutzschlüssel,
der in der Subschema DDL definiert werden kann. Schutzsperren können
sowohl in der Schema DDL als auch in der Subschema DDL definiert werden.
DBTG schlug vor, alle anderen Schlüssel in einem neuen Abschnitt der
Identification Division des COBOL Programms, dem Schutz-Abschnitt,
zu definieren, der vor den anderen Standard COBOL Anweisungen für
diese Division liegen sollte. Die Funktion des Schutz Abschnittes
besteht darin

> 'die Programm- und Prozeß-Berechtigung einzurichten,
> um klassifizierte notwendige DML Anweisungen in Ab-
> stimmung mit den im Schema oder Subschema deklarierten
> Sperren auszuführen'.

Die Syntax der Schutzschlüssel Klauseln sieht wie folgt aus:

```
┌                                    ┌                      ┐ ┐
│ PRIVACY KEY FOR COMPILE IS         │ literal-1            │ │
│                                    │ implementor-name-1   │ │
└                                    └                      ┘ ┘


                    ┌          ‖┌EXCLUSIVE┐              ‖┐
                    │          ‖│PROTECTED│  RETRIEVAL   ‖│
PRIVACY   KEY  │ FOR │          ‖└─────────┘             ‖│    OF
                    │          ‖┌EXCLUSIVE┐              ‖│
                    │          ‖│PROTECTED│  UPDATE      ‖│
                    └          ‖└─────────┘              ‖┘


┌                                ┐     ┌                 ‖proc-name-1 ‖┐ ┐
│ realm-1  , [realm-2] ... REALM │     │ PROCEDURE       ‖literal-2   ‖│ │
│ ALL  REALMS                    │ IS  │                 ‖identifier-1‖│ │  ...
└                                ┘     │ literal-3                     │ │
                                       │ identifier-2                  ┘ ┘
```

Dem folgen ähnliche PRIVACY KEY Klauseln für Satztypen, Elemente
und Set-Typen.

Diese Syntax erfordert eine Erläuterung. Einiges kann dabei den verschiedenen Syntax- und generellen Regeln entnommen werden. Zunächst ist es interessant, darauf hinzuweisen, daß es notwendig ist, für jeden Satztyp im Satz Eintrag eine identische Schutzsperrenanweisung anzugeben, wenn die gleiche Sperre für eine Reihe von verschiedenen Satztypen (oder sogar für alle Satztypen) gelten soll. Wenn jedoch der gleiche Schlüssel für mehrere Satztypen gilt, dann kann dies in der Tat geeigneterweise in einer Schutzschlüssel Klausel festgelegt werden. Es gibt hierzu eine ziemlich interessante Syntaxregel:

'Mehrfache PRIVACY Klauseln, die sich nur in der Spezifikation des Schlüssels unterscheiden, sind nicht zulässig.'

Man kann dies als Vorsichtsmaßnahme gegenüber dem unredlichen Programmierer ansehen, der eine Reihe von Schlüsselspezifikationsklauseln in sein Programm in der Hoffnung einbaut, daß eine auf die Sperre paßt.

Die Vorstellung von einem Schlüssel als Prozedur ist ebenfalls interessant. Es muß darauf hingewiesen werden, daß dies ein benannter Teil im Quellprogramm des Programmierers sein müßte. Eine Schutzsperre könnte eine Datenbankprozedur sein. Es gibt drei unterschiedliche Möglichkeiten, einen 'Prozedurschlüssel' zu bestimmen. Die eine ist eine explizite Benutzung eines Literals in der Schlüssel Klausel (z.B. literal-2). Das bedeutet, daß das Literal ein alphanumerischer Wert ist, der einem Prozedurnamen entspricht. Die zweite besteht in der Weitergabe des Namens der Prozedur durch den Inhalt eines Elements im Programm. Die dritte besteht in der expliziten Angabe des Namens der Prozedur in der Schlüssel Klausel.

Im JOD wurde die Definition aller Schutzschlüssel Klauseln beträchtlich modifiziert mit Ausnahme der PRIVACY KEY FOR INVOKE. Dies wird in dem sogenannten Subschema Eintrag der COBOL Data Division spezifiziert. Der Subschema Eintrag stellt die Möglichkeit dar, das Subschema zu bestimmen, das in einem COBOL Programm benutzt werden soll.

Die Syntax lautet

<u>DB</u> sub-schema-name <u>WITHIN</u> schema-name

[; <u>PRIVACY</u> KEY IS literal].

Ein PRIVACY KEY muß angegeben werden, wenn sub-schema-name eine INVOKING Schutzsperre besitzt. Außerdem muß der Schlüssel auf die Sperre passen.

Der Ansatz von JOD bzgl. der anderen Schutzschlüssel besteht in der Erweiterung des existierenden Mechanismus für deklarative Prozeduren, nämlich der USE Klausel (siehe Seite III-7-159).

Das neue Format ist sehr komplex und sieht wie folgt aus:

```
USE  FOR  PRIVACY  [[ ON  [EXCLUSIVE ]  {RETRIEVAL}  ... ]
                        [PROTECTED ]  {UPDATE   }          ]

              FOR  {realm-name-1  [, realm-name-2]... } ] ...
                   {REALMS                            }


    [ ON  ‖CONNECT          ‖ ]  FOR  {record-name-1  [, record-name-2]...}] ...
          ‖DISCONNECT       ‖              {RECORDS                             }
          ‖STORE            ‖
          ‖ERASE            ‖
          ‖ERASE PERMANENT  ‖
          ‖ERASE SELECTIV   ‖
          ‖ERASE ALL        ‖
          ‖GET              ‖
          ‖MODIFY           ‖
          ‖FIND             ‖


      [ ON  ‖FIND       ‖ ]  FOR  {set-name-1  [, set-name-2] ...}]  ...
            ‖ORDER      ‖              {SETS                           }
            ‖CONNECT    ‖
            ‖DISCONNECT ‖


      [ ON  ‖GET    ‖ ] FOR  identifier-1  [, identifier-2] ... ] ...
            ‖MODIFY ‖
            ‖STORE  ‖
```

Es ist ziemlich einleuchtend, daß eine der optionalen FOR Angaben benutzt werden muß, wenn die USE FOR PRIVACY Klausel benutzt wird. Darüberhinaus stellt eine USE FOR PRIVACY Klausel den Ort dar, an dem Schutzschlüssel für Daten zu spezifizieren sind.

Es scheint so, als ob in den DBTG Vorstellungen die Frage, wann die Schlüssel mit den Sperren verglichen werden, offengelassen wurde. Der Ansatz von DBLTG ist viel bestimmter. Deren Regel besagt:

' Die Ausführung einer bestimmten Schutzprozedur wird durch die Ausführung einer READY Anweisung verursacht, die sich auswirkt auf jeden Bereich, Satztyp, Set-Typ oder jedes Datenelement mit dem diese Schutzprozedur assoziiert ist'.

JOD führte auch ein spezielles Register ein, das DB-PRIVACY-KEY Register (siehe Seite III-12-3). Es ist die Aufgabe der deklarativen Prozedur, die der USE Anweisung folgt, den Wert eines Schlüssels in dieses Register zu übertragen. Das DBCS führt dann automatisch den notwendigen Vergleich durch. Paßt der Schlüssel nicht zu der Sperre, dann wird die READY Anweisung nicht ausgeführt. Es tritt eine Datenbankausnahmebedingung auf (siehe Abschnitt 13.5).

Die deklarative Prozedur kann natürlich sehr einfach sein. Lautet die Schema Schutzsperre für einen Satztyp etwa

RECORD-A PRIVACY LOCK IS "SESAME"

dann bedeutet dies, daß die Sperre die einfachste Form besitzt, nämlich ein Literal oder 'Passwort SESAME. Der Programmierer könnte dann schreiben:

USE FOR PRIVACY FOR RECORD-A

MOVE "SESAME" TO DATABASE-PRIVACY-KEY.

Wenn der Bereich, der den Satztyp RECORD-A enthält, eröffnet wird, dann wird die USE Prozedur automatisch aufgerufen und der Wert des speziellen Registers gesetzt.

Man sollte erkennen, daß dies ein Beispiel für eine wenig komplizierte Schutzkontrolle ist. Jeder der einen Schemaausdruck oder einen Ausdruck des Quellprogramms liest, wird die Schutzsperre erkennen. Dies ist die generelle Schwachstelle bei Literalen. Ein unmittelbarer Vorteil von Literalen ist, daß sie einfach darzustellen und leicht zu verstehen sind. Es sollen nun die anderen Formen betrachtet werden.

18.4 Sperr- und Schlüsselformen

Anhand der Syntax für die Standardform einer Schutzsperre in Abschnitt 18.3.1 erkennt man, daß DBTG drei verschiedene mögliche Formen für jede Sperre vorsah.

Es sind dies:

1. Literal
2. Name einer Sperre
3. Datenbankprozedur

18.4.1 Literale als Sperren

Ein Literal ist genau das gleiche wie das weit verbreitete Passwort. So könnte der Datenadministrator etwa auf der Elementebene folgendes angeben:

SALARY PRIVACY LOCK FOR STORE MODIFY IS "BETSY"

PRIVACY LOCK FOR GET IS "CAMERA".

Das bedeutet, daß der Programmierer, der einen Wert des Datenelements SALARY in dem einen oder anderen Satz ändern möchte, zwei DBLTG USE Prozeduren, wie etwa die beiden folgenden, angeben muß.

USE FOR PRIVACY ON STORE MODIFY SALARY

MOVE "BETSY" TO DATABASE-PRIVACY-KEY

USE FOR PRIVACY ON GET SALARY

MOVE "CAMERA" TO DATABASE-PRIVACY-KEY.

Es sei hier angenommen, daß man zur Veränderung des Satzes, in dem das Element SALARY enthalten ist, zunächst in der Lage sein muß einen Zugriff auf Sätze dieses Typs überhaupt zu erhalten und dann den Schutzschlüssel auch für das GET benötigt.

Im JOD (Seite IV-4-15) gibt es kein Konzept für spezielle Schlüsselformen (dies trifft auch für Sperren zu). Die Tatsache, daß eine Sperre die Form eines Literals hat, bedeutet nicht, daß der Schlüssel in der oben dargestellten Art deklariert werden muß. In einem online System wird eine USE Prozedur sehr wahrscheinlich Anweisungen für eine Kommunikation mit dem Terminal enthalten, über das der Wert des Schutzschlüssels dann angefordert werden kann. Die USE Prozedur kann diesen Wert dann in das spezielle Register übertragen.

18.4.2 Variable Sperrformen

Enthält die Schema DDL eine Schutzsperren Deklaration der Form

      PRIVACY LOCK IS ITEM NAME

dann ist ITEM-NAME der Name eines Elements, in dem der Wert der Sperre enthalten sein muß. Da nun die Konzepte angesprochen werden, die noch nicht implementiert wurden, wird man nur Spekulationen darüber anstellen können, was die Spezifikationen bedeuten könnten und wie man sie etwa interpretieren könnte.

Es sei daran erinnert, daß DBTG und DDLC vorschlugen, daß folgendes geschrieben werden könnte:

$$\text{PRIVACY} \quad \text{LOCK} \left[\text{FOR} \; \| \; \| \; \right] \text{IS LOCK-NAME-1} \left[\text{OR} \quad \text{lock-name-2} \right]$$

Weiterhin wird dort (Seite 87) als Syntaxregel angegeben, daß

> 'lock-name-1 und lock-name-2 durch ihr Erscheinen in einer PRIVACY Klausel implizit als Datenelemente mit Charakteristika deklariert werden, die vom Hersteller festgelegt wurden.'

Die einzige Änderung von DDLC bestand in einer geringfügigen Modifikation des Wortlauts. Sie lautet nun dort als generelle Regel (Seite 3.15):

> 'Die Namen von Sperren werden bei ihrem Erscheinen in einer PRIVACY Klausel als Datenelemente behandelt, deren Charakteristika vom Hersteller definiert wurden.'

Unter dem Gesichtspunkt des Schutzes liegt hier die gleiche Absicht vor. Anstatt eine als Teil des Schemas explizit deklarierte Konstante oder Literal zu benutzen, wird die Schema DDL nun dazu benutzt, einen Ort zu deklarieren, möglicherweise in der Datenbank oder im Hauptspeicher, an dem der Wert der Sperre zu dem Zeitpunkt gefunden werden kann, zu dem ein Programm, welches die relevanten Daten verarbeiten möchte, ausgeführt wird.

Es stellen sich nun hauptsächlich die Fragen, wo sich das Element befindet und wie der Wert der Sperre vor der Initialisierung von Prozessen, die die geschützten Daten verarbeiten, eingegeben wird.

Die Antwort auf die erste Frage ist, daß das Element Teil des angesprochenen Schemas ist und damit eine permanente Adresse auf einem Direktzugriffsspeicher hat. Von da an hängt die weitere Bearbeitung davon ab, ob die Sperre für die Schemaebene gilt oder ob es eine Sperre für Daten in der Datenbank ist. Der zweite Fall soll zunächst betrachtet werden. Dieser Fall ist allgemeiner, da es eine Sperre ist, die zur Ausführungszeit durch ein Programm bedient werden muß.

Der Wert einer solchen Sperre muß eindeutig durch ein geeignetes Hilfsprogramm zur Besetzung von Sperren, gesetzt werden, welches vom Datenadministrator immer dann ausgeführt werden kann, wenn eine Sperre dieser Form im Schema gesetzt oder aufgelöst werden soll. Liegt ein Literal vor, dann dürfte es notwendig sein, die Anweisung im Schema zu ändern und den Prozeß der Schemaübersetzung zu wiederholen, um den Wert der Sperre zu verändern.

Im Falle einer variablen Sperre muß dann der Wert im benötigten Schema gespeichert werden. Er kann durch ein spezielles Hilfsprogramm gesetzt oder wieder geändert werden. Enthält ein Subschema Daten, die durch eine Schutzsperre dieser Art geschützt sind, dann muß immer, wenn ein Programm, das die Daten in dem Subschema verarbeitet, initiiert wird, der Wert der Sperre im Hauptspeicher verfügbar sein und für den Teil des Schutz Subsystems, das den Vergleich zwischen Sperre und Schlüssel durchführt, zugreifbar sein.

Im Falle einer Schutzsperre auf Schemaebene findet der gleiche Prozeß statt, außer daß der Vergleich zwischen Sperre und Schlüssel vor Beginn der Funktion durchgeführt werden muß.

Es ist interessant, darauf hinzuweisen, daß eine Definition der Unterstützung von LOCKS hier fehlt. In der obigen Besprechung wurde ein 'Hilfsprogramm zum Setzen von Sperren' angegeben. Es ist nicht ganz klar, ob diese beiden gleich sind. Man muß genau unterscheiden zwischen der Tatsache, daß ein bestimmter Teil der Datenbank geschützt ist - dies, so schlägt DBTG vor, sollte in einer Schutzsperren Klausel im Schema geschehen - und dem Vergeben eines Wertes an diese Sperre, falls eine variable Sperrform vorliegt.

18.4.3 Schutzsperren durch Prozeduren

Die letzte Form einer Schutzsperre ist eine Datenbankprozedur. Wie bereits im Kapitel 1o darauf hingewiesen wurde, stellen Datenbankprozeduren ihrerseits eine Einrichtung dar, die unterschiedlich interpretiert werden kann. Soll eine Datenbankprozedur für ein Schutz Subsystem in Frage kommen, so begibt man sich sehr stark in den Bereich von Spekulationen.

Während eine variable Form einer Schutzsperre durch ein spezielles Hilfsprogramm gesetzt werden muß, so muß die Schutzsperre, die die Form einer Datenbankprozedur hat, wahrscheinlich durch die Ausführung der Prozedur gesetzt werden. Wann wird sie aber definiert und wann wird sie ausgeführt? Da der Ausgabeparameter der Prozedur wahrscheinlich ein Wert einer Sperre ist, wie weiß dann derjenige, der die Prozedur schreibt, wo dieser Wert gespeichert werden soll? Enthält die Prozedur irgendwelche Eingabeparameter und, falls dies zutrifft, wie werden ihre Werte initialisiert? Wird der Wert einer Sperre im Hintergrund prozedural generiert, wie kann dann der Programmierer oder der parametrische Benutzer wissen, welchen Schlüssel er einzugeben hat?

Der realistischere Ansatz für das Konzept einer Schutzsperre in Form einer Datenbankprozedur besteht darin, die Prozedur als einen Mechanismus zu betrachten, der selbst die Gültigkeit des Schlüssels tested und nicht den Wert einer Sperre generiert, der dann durch eine zentrale Vergleichsroutine überprüft wird. In diesem Fall erkennt man, daß der Wert der Schutzsperre als Eingabe für die Schutzsperre Prozedur dient. Die Prozedur benötigt eine zusätzliche Eingabe, wie etwa die Identifikation einer Person, die auf die Datenbank zugreifen möchte.

Dieser Ansatz ist kompatibel mit den Vorstellungen im JOD für eine USE FOR PRIVACY Klausel, wie im Abschnitt 18.3.3 besprochen. Das DBCS kann sehr leicht überprüfen, ob als Sperre ein Literal, Variable oder Prozedur vorliegt und kann dann eine geeignete Aktion durchführen. Liegt jedoch eine Prozedur für eine Schutzsperre vor, dann ist zu berücksichtigen, daß evtl. sowohl die Prozedur für die Sperre als auch die Prozedur für den Schlüssel weitere Eingaben vom parametrischen Benutzer am Bildschirm anfordern können. Es muß darauf geachtet werden, daß sichergestellt ist, daß nicht beide Prozeduren von dem weniger geübten Programmierer die gleiche Eingabe, wie etwa den Schlüsselwert, erwarten.

Als abschließende Bemerkung sei darauf hingewiesen, daß die Prozedur zur Schutzsperre dem DBMS als eine spezielle Art von Datenbankprozedur zur Kenntnis gebracht wird. Zum einen muß der Quellcode für eine derartige Prozedur selbst geschützt werden, sonst wird ein geschickter Programmierer sehr bald herausfinden, wie man Schlüssel generiert, um auf vertrauliche Daten zugreifen zu können. Ein anderer Aspekt ist der, daß der Prozeß zur Definition einer Schutzsperre getrennt ist von dem Prozeß der Definition der Prozedur. Es ist sicherlich hilfreich, wenn alle Prozeduren für eine Schutzsperre getrennt von anderen Datenbankprozeduren gehalten werden.

18.5 Überblick über das CODASYL Konzept

Nach Abschluß der Darstellung der CODASYL Ideen zum Schutzsystem und der etwas spekulativen Besprechung der Konsequenzen ist es nun angebracht einen Überblick über das Gesamtkonzept zu geben und auf die Schwächen hinzuweisen.

Die Tatsache, daß das von DBTG vorgeschlagene Schutzkonzept nicht implementiert wurde, zeigt einen von mehreren Aspekten der Reaktionen der Hersteller.

1. Datenschutz ist nicht notwendig, um ein DBMS kommerziell lebensfähig zu machen.
2. Es ist nicht klar, wie man den CODASYL Ansatz implementieren soll.
3. Datenschutz kann man leicht auf eine spätere Version verschieben.
4. Das jeweilige Betriebssystem hat schon gewisse Schutzkontrollen.
5. Man ist mit dem CODASYL Vorschlag nicht einverstanden.

Aus welchem Grund auch immer haben die zur Zeit verfügbaren Systeme auf der Grundlage von CODASYL nur mäßige Schutzeinrichtungen. Nirgends ist der volle Umfang der DBTG Überlegungen zum Ausdruck gebracht.

Für den Rest dieses Kapitels sollen vier Probleme dieses Ansatzes kurz dargestellt werden. Danach soll ein Vorschlag für einen alternativen und hoffentlich besseren Weg zur Behandlung des Problems aufgezeigt werden.

Die vier Probleme sind:

1. Verwechslung von Schutz und Berechtigung.
2. Verwirrung darüber, wer kontrolliert wird.
3. Verflechten von Schutzsperren mit Schema DDL
   Anweisungen.
4. Die Schutzsperre für COPY als kritische Verbindung.

18.5.1 Schutz und Berechtigung

Der DBTG Ansatz für ein Schutzsystem vermischt zwei getrennte Konzepte, die als Schutz und Berechtigung bezeichnet werden sollen. Liegen private Daten vor, dann bedeutet dies, daß eine Kontrolle der Authorisierung zum Lesen bzw. Ändern der Daten erfolgt. Das hat nichts damit zu tun, wie die Daten aufgesucht werden oder wie sie geändert werden - sondern ob sie aufgesucht werden und ob sie geändert werden. Der wichtige Unterschied besteht zwischen 'ob' und 'wie'.

Ist es beispielsweise einer Person erlaubt, einen Satz eines bestimmten Typs zu ändern, dann ist dies weniger eine Frage, ob diese Person hierzu in der Lage ist als ob sie hierzu berechtigt ist. Wie im nächsten Abschnitt noch besprochen wird, können die Änderungen durchaus durch einen parametrischen Benutzer bewirkt werden, der über ein Terminal Datenelementwerte eingibt, ohne das Anwendungsprogramm zu kennen (oder sogar überhaupt etwas von der Programmierung zu verstehen).

Die Tatsache, daß es einen guten Grund gibt, deutlich zwischen den Programmierern, die nur Suchprogramme schreiben und denen, die Änderungsprogramme schreiben, zu unterscheiden, paßt gut zu zwei Schutzauthorisierungsklassen - authorisiert für Suchen und authorisiert für Ändern.

Auf der anderen Seite haben einige Programmierer, unabhängig davon ob sie Änderungsprogramme oder Suchprogramme schreiben, mehr Fähigkeiten als andere, weshalb man denen mehr der schwierigeren Möglichkeiten der DML zur korrekten Benutzung anvertrauen kann. Es scheint so, als hätte DBTG dies durch die Identifikation der verschiedenen Optionen in den Schutzsperren auf jeder Ebene - besonders der Satzebene - erkannt, indem sie dem Datenadministrator ein Mittel in die Hand gegeben hat, die Benutzung verschiedener DML Anweisungsoptionen durch Schutzsperren zu unterbinden. Dieser Aspekt der DBTG Schutzsperre hat sehr wenig damit zu tun, ob jemand die Daten sehen

oder ändern darf. Um sich leichter darauf beziehen zu können, soll
der Begriff 'Schutz' beschränkt werden auf die Kontrolle der Authorisierung, die Daten zu sehen oder zu ändern, und der neue Begriff
'Berechtigung' eingeführt werden, unter dem die Kontrolle verstanden
werden soll, die vom Datenadministrator bzgl. der Benutzung verschiedener DML Optionen durch den Programmierer durchgeführt wird.

Es muß erwähnt werden, daß es für eine vollständige Ausübung der
Berechtigungskontrolle notwendig ist, eine ähnliche Art von Klausel
für jeden Bereich, Set-Typ und Satztyp in Abhängigkeit der Stufe, auf
der die Berechtigungskontrolle ausgeübt wird, festzulegen. Möchte der
Datenadministrator etwa die Benutzung der ERASE ALL Anweisung verbieten, so muß er bei 13 Satztypen im Schema 13 Anweisungen wie

PRIVACY LOCK FOR ERASE ALL IS lock-name-7

schreiben, obwohl alle Sperren identisch sein können.

Die Kritik des DBTG Ansatzes in diesem Abschnitt richtet sich mehr
an die Art der Darstellung der Eigenschaft als an den Grundgedanken
der Eigenschaft. Dies bewirkt, daß die Eigenschaften zur Kontrolle
des Schutzes von Daten in den Eigenschaften zur Kontrolle der Benutzung der verschiedenen Optionen untergebracht sind. Beide sind sicherlich wichtig. Man hat aber das Gefühl, daß man eine effektivere Möglichkeit zur Unterstützung der beiden erreichen kann, wenn sie getrennt werden.

18.5.2 Wer wird durch den Schutz kontrolliert?

Dadurch daß DBTG forderte, die Schutzschlüssel in einem Programmab-
schnitt zu spezifizieren und zur Kompilierungszeit zu prüfen wird der
Eindruck erweckt, daß man den Programmierer als die potentielle Be-
drohung des Schutzes der Datenbank ansieht. Die JOD Modifikationen
machten es wenigstens deutlicher, daß dies auch für den parametrischen Benutzer gilt. In einem gewissen Sinne ist eine Kontrolle
der Programmierer schwieriger zu erreichen, da diese in der Lage
sind, Programme zu schreiben, die auf Daten in der Datenbank zugreifen. Trotzdem steckt implizit in dem Gesamtkonzept für das DBMS, daß
das Programm eines Programmierers für die Benutzung durch eine potentiell große Menge individueller Personen geschrieben wird, die lediglich das Programm aufrufen (in seiner Endfassung nachdem es von allen
Fehlern bereinigt ist) und Werte für irgendwelche Parameter zur Verfügung stellen, die das Programm haben kann. Die Tatsache, daß die

Ausgabe dieses Programms sensitive Informationen beinhalten kann bedeutet, daß der Aufruf des Programms selbst kontrolliert werden muß.

Die Frage der Berechtigung, wie sie im vorigen Abschnitt diskutiert wurde, bezieht sich eindeutig auf den Programmierer und nicht auf den parametrischen Benutzer, während sich die Frage des Schutzes auf beide bezieht.

Es gibt jedoch noch einen anderen Aspekt dieser Fragestellung, der berücksichtigt werden muß. Neben den Programmierern und den parametrischen Benutzern kann es Mitarbeiter in der Datenadministrationsgruppe geben, die für die Benutzung des Subschema DDL Übersetzers und verschiedener Hilfsprogramme und Unterstützungsfunktionen, die das DBMS vervollständigen, verantwortlich sein können. Es ist wichtig, daß Einrichtungen vorgesehen sind, die eine Kontrolle der Benutzung solcher Funktionen zulassen. DBTG erkannte dies durch die Bereitstellung von Sperren auf Schemaebene. Es ist jedoch nicht klar, daß die Schema DDL der richtige Ort für die Definition solcher Sperren ist.

18.5.3 Verflechtung von Schutzsperrendeklarationen

Wie bereits früher in diesem Kapitel darauf hingewiesen wurde legte DBTG fest, daß die Schutzsperren in die Einträge der Schema DDL aufgenommen werden sollten. Dies ist nützlich, um einen Überblick über alle Eigenschaften eines bestimmten Bereiches, Satztyps, Elements oder Set-Typs zu geben. Die Frage stellt sich, ob dies am nützlichsten für eine flexible Verarbeitung und einen geeigneten Schutz ist.

Es ist sehr wahrscheinlich, daß sich die Sperren häufiger ändern werden als die anderen Schema Deklarationen. Wie bei der Besprechung von variablen Schutzsperren im Abschnitt 18.4.2 bereits darauf hingewiesen wurde, wird sich der Wert einer deklarierten Sperre wahrscheinlich noch häufiger ändern. Die Tatsache, daß sich die Sperren häufiger als die an der Struktur orientierten Schemadeklarationen ändern, ist ein Argument für die Herausnahme der Deklarationen zur Schutzsperre aus der Schema DDL. Die Tatsache, daß die Werte einer bestimmten Sperre sich ändern sollten ist ein Argument für die Benutzung von Variablen statt Literalen, obwohl letzteres Argument dann abgeschwächt wird, wenn sich die Deklaration der Sperre nicht in der Schema DDL befindet.

Bzgl. der Frage des Schutzes von Deklarationen von Schutzsperren muß man akzeptieren, daß der Ausdruck des Quellformates des Schemas an die Programmierer weitergegeben werden muß. Das ist die einfachste Art, den Programmierern die Namen der Satztypen, Set-Typen und Bereiche sowie deren kommunizierende Eigenschaften mitzuteilen, die der Programmierer kennen muß (wie z.B. location mode eines Satztypes, der den Sätzen zugewiesene Bereich, usw.). Sicherlich kann man sich Schema DDL Übersetzer vorstellen, bei denen man wahlweise das Ausdrucken von Anweisungen zur Schutzsperre unterdrücken kann, man muß jedoch immer noch die Eingabe für den Schema DDL Übersetzer kontrollieren.

Die neuesten Überlegungen von DDLC befürworten eine Zusammenfassung der Schutzsperren-Anweisungen in einer separaten 'Kategorie' der Schema DDL. Um die Probleme der Flexibilität und des Schutzes zu lösen, sollten die Deklarationen zur Schutzsperre durch eine separate Sprache behandelt werden; d.h. separat von der Schema DDL, die ihren eigenen Übersetzer hat. Eine solche Sprache soll als Schutzsprache bezeichnet werden. Dies wird später in diesem Kapitel besprochen.

18.5.4 Schutzsperre für COPY

Benutzt der Entwickler des Schemas eine 'Schutzsperre für COPY' im Schema, dann muß jeder, der ein Subschema von dem Schema definieren möchte, in der Lage sein, die Schutzsperre für COPY zu bedienen. Kann er diese Schutzsperre bedienen, dann hat er die Möglichkeit, die Daten der Datenbank zu bestimmen, die er verarbeiten möchte, und seine eigenen Schutzsperren zu definieren - für die er sehr wahrscheinlich die Schlüssel besitzt. Für den Fall, daß es für bestimmte Daten im Schema eine Sperre gibt und für die gleichen Daten im Subschema ebenfalls eine Sperre gibt, beschloß DBTG, daß dann die Subschema Sperre die entsprechende Schema Sperre in den Programmen ersetzt, die das Subschema benutzen.

Das Ergebnis ist, daß die Schutzsperre für COPY ohne Frage dann die Achillesferse des ganzen Schutzsystems darstellt, wenn ein 'Datendieb' in die Datenbank einbrechen möchte. Er muß lediglich diese eine Sperre aufbrechen und dann seine eigenen Sperren definieren, um alles abzudecken und die ganze Datenbank ist weit offen.

Einige Kommentatoren haben das Gefühl , daß die im Schema deklarierten Schutzsperren als Grunddeklarationen betrachtet werden sollten, während die wichtigeren Sperren im Subschema definiert werden sollten. Dies bewirkt, daß der Datenadministrator dann für die Definition von Subschemata verantwortlich sein muß. Trotzdem gewinnt man den Eindruck, daß dies das Schutzsystem unnötigerweise kompliziert, ohne einen erkennbaren zusätzlichen Schutz der Datenbank zu liefern.

18.6 Ein neues Schutzkonzept

Um die in diesem Kapitel besprochenen verschiedenartigen Probleme zu lösen, sei eine Anzahl von Änderungen vorgeschlagen, die man wie folgt zusammenfassen kann:

1. Trennung der folgenden drei Rollen einer 'Schutzsperre'
   - Berechtigung der Mitarbeiter der Datenadministration
   - Berechtigung der Programmierer
   - Datenschutz
   und Angebot einer jeweils eigenen Sprache mit zugehörigem Prozessor.

2. Entfernung aller Deklarationen für Schutzsperren aus der Schema DDL und der Subschema DDL.

3. Verdeutlichung der Benutzung der variablen Form für eine Sperre und der Prozedurform.

18.6.1 Ein Hilfsprogramm zur Kontrolle der Berechtigung

Man geht davon aus, daß die allererste Komponente eines DBMS, die bei einer Installation benutzt wird, das Hilfsprogramm zur Kontrolle der Berechtigung sein könnte, durch das der Datenadministrator Sperren bzgl. verschiedener anderer Komponenten definieren könnte, wie z.B. 1. Schema DDL Übersetzer
   2. Übersetzer für eine Datenstrategiebeschreibungssprache
      (Data Strategy Description Language Translator)
   3. Übersetzer für eine Datenschutzsprache
      (Data Privacy Language Translator)
   4. Hilfsprogramm zur Vergabe von Sperrwerten
   5. Subschema DDL Übersetzer

6. Übersetzer für eine Sprache zur Erteilung von
   Berechtigungen an Programmierer
   (Programmer Privilege Language Translator)
7. Restrukturierungssprache
   (ALTER Funktion bei DBTG)

Diese Liste enthält zum einen einige Komponenten, die im Laufe dieses Buches schon dargestellt wurden und zum anderen zwei Komponenten (die Datenstrategiebeschreibungssprache und die Restrukturierungssprache), die erst in den nächsten beiden Kapiteln vorgestellt werden. Das Hilfsprogramm zur Kontrolle der Berechtigung (Privilege Control Utility) stellt das wichtige Konzept dar, durch das die Komponenten des DBMS kontrolliert werden. Es ist nicht bedeutungsvoll, die Benutzung von Sprachen wie die Schema DDL kontrollieren zu können, es ist aber wichtig die Benutzung der Prozessoren zu kontrollieren, die die in der Sprache geschriebenen Spezifikationen übersetzen.

Die Sperren, die unter der Benutzung des Privilege Control Utilities definiert werden, welches die Benutzung des Data Privacy Language Translators und des Programmer Privilege Language Translators kontrolliert, entsprechen zusammen der Schutzsperre von DBTG für Sperren, die angeblich in der Schema DDL definiert werden sollen.

Es muß erwähnt werden, daß die Form der in diesem ersten Hilfsprogramm definierten Berechtigungssperren notwendigerweise Literale sein müssen. Die Schlüssel für die Berechtigungssperren müssen ebenfalls notwendigerweise Literale sein, die unmittelbar nach der Zeichenkette einzugeben sind, die dem DBMS mitteilt, daß eine aus der Klasse der privilegierten Komponenten, wie etwa die in der obigen Liste, aufzurufen sei.

18.6.2 Datenschutzsprache

Entfernt man jede Eigenschaft bzgl. der Art und Weise wie Daten verändert oder aufgesucht werden, so bleibt eine relativ einfache Menge von Anweisungen übrig, die folgende Formate benutzen könnten:

Format 1

```
SCHEMA NAME IS schema-name

PRIVACY LOCK  [ON  sub-schema-name]  TO  { UPDATE    }
                                         { RETRIEVAL }

                    { literal-1            }
              IS    { lock-name-1          }
                    { PROCEDURE db-proc-1  }
```

Läßt man die ON Angabe weg, dann gilt die Sperre für alle Daten der durch schema-name definierten Datenbank.

Format 2

```
SCHEMA NAME IS schema-name

{                   { realm-name-1   [, realm-name-2]  ...  }       { UPDATE   }
{ PRIVACY LOCK ON   { set-name-1     [, set-name-2]    ...  }  TO   { RETRIEVE }
{                   { record-name-1  [, record-name-2] ...  }
{                   { item-name-1    [, item-name-2]   ...  }

                          { literal-1           } }
                    IS    { lock-name-1         } }  ...
                          { PROCEDURE db-proc-1 } }
```

Zu diesen Formaten ist eine Erläuterung erforderlich. Ein Hauptproblem, das hier auftritt, ist die Frage, ob ein Set-Typ tatsächlich andere Daten als der owner Satztyp und die member Satztypen enthalten soll. Unglücklicherweise (aus anderen Gründen), kann die Tatsache, daß ein Exemplar eines member Satztyps an ein Exemplar des owners angehängt ist, selbst eine Information darstellen, die in keinem der Sätze enthalten ist. Was bedeutet es, wenn es eine Sperre für das Aufsuchen sowohl des owners als auch der member Sätze gibt, wofür der Benutzer einen Schlüssel hat, es aber eine Sperre für den Set-Typ gibt, für den er keinen Schlüssel hat?

Die Vorgehensweise bzgl. dieser Art von Problemen sollte immer genügend Maßnahmen zulassen, durch die jede Art von Kontrolle durchgeführt werden kann, gleichzeitig aber einen überflüssigen Entwurf vermeidet, der dann dazu führt, daß es schwierig wird, das System zu verstehen und damit zu benutzen. Die Antwort auf die oben aufgeworfene spezielle Frage wäre dann, die Schutzsperre für einen Set-Typ als Schutzsperre für alle beteiligten Satztypen zu betrachten - eine einfache Regel, an die man sich leicht erinnern könnte. Der Set-Name ist dann nichts mehr als eine Kurzform für die Namen der beteiligten Satztypen. Hat der Benutzer jedoch die Authorisierung, um auf alle beteiligten Satztypen in einem Set-Typ zuzugreifen, dann hat er nicht auch automatisch Zugriff auf den Set-Typ.

Dies ist konsistent mit der für die Subschema DDL benutzten Interpretation (siehe Abschnitt 12.8.6). Jeder andere Ansatz bleibt sehr schnell in unverständlicher Semnatik stecken.

Ein anderes Problem mit Set-Typen kommt von den Anforderungen, member Sätze zu ändern. Ist ein Satztyp member in einem bestimmten Set-Typ, dann genügt es nicht, auf den Satz zugreifen zu können und die Authorisierung für eine Änderung des member Satztyps zu haben; der Benutzer muß authorisiert sein, den ganzen Set-Typ zu ändern.

Um genau zu sein, der Bereichsname ist eine Kurzform für alle Satztypen in dem Bereich, und es wurde bereits vollständig akzeptiert, daß ein Satzname die Kurzform für alle Datenelemente in dem Satztyp darstellt.

In der Datenschutzsprache sollte man entweder Format 1 oder Format 2 benutzen, jedoch nicht beide. Wird Format 1 benutzt, dann müssen alle Subschemata zum gleichen Schema gehören und die Datenbankprozeduren müssen ebenfalls für diese Datenbank definiert sein. Wird Format 2 benutzt, dann kann jedes Element, jeder Satztyp oder jeder

Set-Typ nur einmal 'abgedeckt' sein, unabhängig davon wie er abgedeckt ist (d.h. durch Nennung des Bereiches, Set-Typs oder Satztyps).

Probleme entstehen dann, wenn es zulässig ist, daß ein Teil der
Datenbank doppelt durch verschiedene Sperren abgedeckt werden kann.
Welche Sperre muß dann bedient werden, um die Daten verarbeiten zu
können? Der DBTG Ansatz würde die Sperren in disjunktiver Beziehung
zueinander betrachten. Mit anderen Worten, der Benutzer müßte nur
eine der Sperren öffnen. Damit schwächt eine doppelte Abdeckung in
der Tat den Schutz, statt ihn zu verstärken. Es ist sicherlich ziemlich schwerfällig einen mehrfachen Schutz zuzulassen und dann für
jede Sperre einen Schlüssel zu fordern. Dies wirft Probleme für alle
Betroffenen auf.

18.6.3 Eine Berechtigungssprache für Programmierer

Die Gründe, warum man die Berechtigung der Benutzung von DML Optionen
kontrollieren möchte sind folgende:

1. Wenig Praxis, eine bestimmte Option zu benutzen.
2. Die Option ist nicht erforderlich wegen der Art
   wie das Schema definiert wurde.
3. Der Programmierer ist nicht gut genug in der Lage,
   die Option zu benutzen.
4. Kontrolle der Datenunabhängigkeit.

Der letzte genannte Grund führt das Hauptthema der Kontrolle der
Datenunabhängigkeit durch den Benutzer an, das später in diesem
Kapitel behandelt werden soll. Der wichtige Aspekt der Liste be-
steht darin, daß wahrscheinlich keines der Ziele etwa nur für einen
Satztyp in der Datenbank gehalten werden kann und für die anderen
nicht.
Damit stellt die Berechtigung eine Eigenschaft auf der Ebene der
Datenstruktur dar, anstatt eine Eigenschaft der Typen auf jeder
Ebene. Wie bereits gezeigt wurde, stellt dies ein Problem des DBTG
Ansatzes dar. Für die Programmer Privilege Language wird folgende
Syntax vorgeschlagen:

Format 1

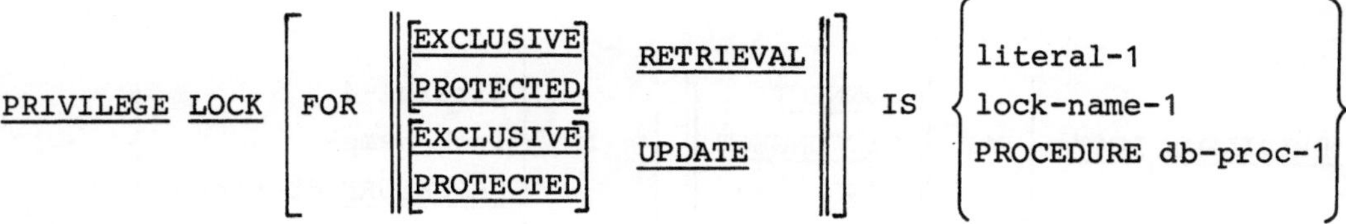

Format 2

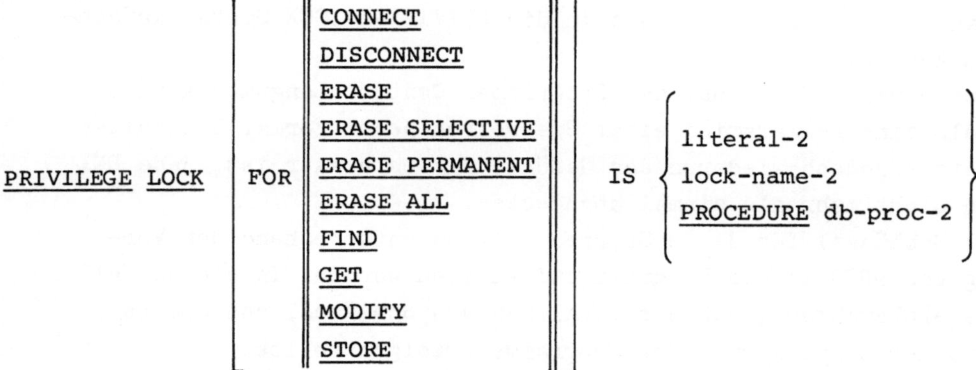

Format 3

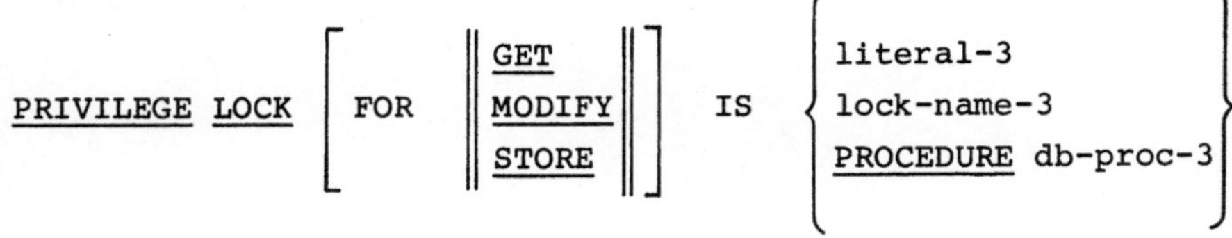

Format 4

$$\underline{\text{PRIVILEGE}} \ \underline{\text{LOCK}} \ \left[\text{FOR} \ \left\| \begin{array}{l} \underline{\text{CONNECT}} \\ \underline{\text{DISCONNECT}} \\ \underline{\text{FIND}} \end{array} \right\| \right] \ \text{IS} \ \left\{ \begin{array}{l} \text{literal-4} \\ \text{lock-name-4} \\ \underline{\text{PROCEDURE}} \ \text{db-proc-4} \end{array} \right\}$$

Es sollte ziemlich klar sein, daß Format 1 für Anweisungen auf Bereichsebene geeignet ist, Format 2 für Anweisungen auf Satzebene
usw. Die Entscheidung von DBTG, alle ERASE Optionen mit einzubezie-
hen wurde aufgenommen, und es gibt auch einen guten Grund, alle FIND
Optionen aufzunehmen. Das bedeutet, daß jede FIND Option einen kurzen Namen erhalten muß, um sie in die PRIVILEGE LOCK Syntax aufnehmen zu können.

Eine einzige Benutzung der Programmer Control Language könnte
mehr als eine Deklaration einer Sperre von jedem Format beinhalten.
Es besteht jedoch wiederum das Gefühl, daß es besser ist, jede DML
Option nicht mehr als einmal abzudecken.

Die Schlüssel für diese Sperren sollten entsprechend dem Vorschlag von DBTG in das Programm aufgenommen werden. In diesem Fall
ist es einleuchtend, daß der Vergleich von Schlüssel und Sperre
während der Kompilierung des Programms erfolgen sollte.

Kapitel 19

Gerätekontrollsprache

19.1 Einführung

Es ist nun der Teil des Buches abgeschlossen, der sich mit den Eigenschaften befaßte, die durch die CODASYL Gremien ziemlich detailliert definiert wurden, so daß es jetzt an der Zeit ist, die Eigenschaften zu besprechen, die dem 'Hersteller überlassen wurden'.

Der Begriff Gerätekontrollsprache (device media control language) kommt sowohl in den DBTG Berichten als auch in den DDLC Berichten recht häufig vor. 'Device' bezeichnet eine Platteneinheit während 'media' sich auf einen Plattenstapel bezieht. Damit war die Gerätekontrollsprache ursprünglich eine Sprache, durch die die Zuordnung der Datenbank zu den Speichermedien (i.d.R. Platten) erfolgte, die auf den verschiedenen Einheiten zur Verfügung standen.

Der DBTG Bericht (Seiten 21-22) bezeichnete die Rolle der Gerätekontrollsprache als 'die Zuordnung von Bereichen zu Geräteeinheiten und Speicherbereichen und die Spezifikation und Kontrolle der Pufferung, 'paging' und des Überlaufs'.

Diese Definition wurde durch DDLC wiederholt, fügte dann jedoch einen nützlichen, zweiseitigen Abschnitt über 'Facilities for Data Administration' (Seiten 2.13 - 2.14) hinzu, der einen guten Eindruck darüber gibt, welchen Eindruck der Ausschuß davon hatte, wie die DMCL zu den anderen Hilfsmitteln für den Datenadministrator paßt.

Hier sollen zwei Kapitel, dieses und das folgende, den Hilfsmitteln für die Datenbankadministration gewidmet werden, wobei die Darstellungen stark an die Überlegungen der Arbeitsgruppe zur Datenbankadministration (DBAWG) angelehnt sein werden, die gemeinsam von CODASYL und der British Computer Society unterstützt wurde. Deren Bericht von 1975 an CODASYL DDLC hatte ungefähr die gleiche Bedeutung wie der allererste DBTG Bericht von 1968 an den zuständigen Ausschuß.

Der Bericht bewegte sich auf der Ebene der Definition von Konzepten, vermied jedoch die Spezifikation einer Sprache.

DBAWG hielt den Begriff Gerätekontrollsprache für etwas zu sehr einschränkend und er fand auch tatsächlich keine Zustimmung bei den Herstellern von CODASYL Systemen.

DBAWG führte den Begriff Datenstrategie Beschreibungssprache (Data
Strategy Description Language, DSDL) ein, mit der man beabsichtigte, die alte DMCL sowie viele andere Aspekte der Zuordnung von
Datenbanken zum physischen Speicher (ganz oder teilweise) abdecken
zu können.

19.2 Beziehung der DSDL zur Schema DDL

Man muß die DSDL in einem gewissen Sinn als Erweiterung der existierenden Schema DDL betrachten. Es gibt zwei Möglichkeiten, auf die
diese Erweiterung erfolgen kann. So kann man beispielsweise die existierenden Bereichs-, Satztyp- und Set-Typ Einträge dahingehend erweitern, daß man die Syntax der DSDL hierzu aufnimmt. Alternativ
könnte man sich eine separate Sprache mit eigenem Übersetzer vorstellen, wodurch man eine Vermischung von DSDL Anweisungen mit Schema DDL
Anweisungen vermeiden könnte.

Die vermischte Vorgehensweise hat den Vorteil, daß man beim Lesen
des Quellcodes auf einen Blick alle Deklarationen eines Bereiches,
Satztyps oder Set-Typs erkennen kann und sich nicht auf zwei Quell-
ausdrucke für einen derartigen Überblick beziehen muß. Der erste
Vorteil der separaten Vorgehensweise besteht darin, daß der Anwendungsprogrammierer normalerweise die DSDL Deklarationen nicht zu
sehen braucht; genauer gesagt, daß er nur in bestimmten Situationen
(z.B. beim Schreiben besserer Programme) von der Kenntnis dieser
Deklarationen profitieren kann. Ein weiterer Vorteil der separaten
Vorgehensweise besteht darin, daß es möglich sein sollte, DSDL Deklarationen zu modifizieren, ohne diejenigen modifizieren zu müssen,
die zu der Schema DDL gehören. Dies ist bereits ein Vorgriff auf die
Restrukturierungsmöglichkeiten im folgenden Kapitel.

Die Idee der zwei separaten Sprachen, jede mit ihrem eigenen Prozessor, sollte bevorzugt werden, obwohl man in der Praxis beide Ansätze findet. Geht man von einer solchen Trennung aus, dann ist es
wichtig, die Trennlinie zwischen Schema DDL und DSDL zu betrachten.
Die Schema DDL als logisch und die DSDL als physisch zu bezeichnen
ist keine zufriedenstellende Definition der Trennlinie, insbesondere,
da die Begriffe logisch und physisch ihrerseits schlecht definiert
sind. Trotzdem läßt sich sicherlich behaupten, daß die DSDL 'physischer' ist als die Schema DDL.

Es besteht der Eindruck, daß die tatsächliche Trennlinie nur als
Kenntnis des Programmierers definiert werden kann. Der Schlüssel
hierzu kommt von der DDLC Entscheidung, die DBTG Set-Modus Klausel
aus der Schema DDL zu entfernen (wie in Abschnitt 5.5.2 besprochen).
(Da man bei DDLC nicht wußte, wohin man diese Klausel tun sollte,
hat man sie einfach entfernt.) Das Argument für diese ziemlich radi-
kale Entscheidung war, daß der Programmierer nicht zu wissen brauch-
te, ob ein Set-Typ als Kette oder als Zeigerbereich dargestellt ist.
Noch wichtiger, selbst dann wenn er dies wußte, stellte ihm die DML
keine Möglichkeit explizit zur Verfügung, um aus dieser Kenntnis Vorteile zu ziehen - im Sinne von effizienteren Programmen. Verfolgt man
dieses Argument weiter, so braucht der Programmierer nicht zu wissen,
ob eine Vorgängerverkettung für einen Set-Typ vorliegt oder nicht.
Er könnte jedoch von dieser Kenntnis profitieren, indem er etwa eine
FIND PRIOR Anweisung vermeidet, wenn der Set nicht in Vorgängerrichtung verarbeitbar ist (siehe Abschnitt 15.5.1). Damit beließ DDLC
das Konzept der Verarbeitung in Vorgängerrichtung in der Schema DDL.

Diese Situation bewirkt den Vorschlag für die folgende Klassifikation von Schema DDL und DSDL Anweisungen.

1. Muß der Programmierer kennen.
2. Braucht der Programmierer nicht zu kennen,
   könnte jedoch davon profitieren.
3. Braucht der Programmierer nicht zu kennen
   und kann auch von der Kenntnis nicht profitieren.

Jede Anweisung oder Option der Klasse 1 sollte in der Schema DDL
enthalten sein. Jede Anweisung oder Option der Klasse 3 sollte in
der DSDL enthalten sein.

Somit bleibt nur das Problem mit der Klasse 2 übrig. Es nützt,
wenn man darauf hinweist, daß folgende Beispiele von Anweisungen
oder Optionen in dieser Klasse enthalten sind:

1. Set-Typ   - verarbeitbar in Vorgängerrichtung und
                    ob Verkettung zum owner
2. Set-Typ   - Set-Reihenfolge
                    (wenn eine andere als NEXT oder PRIOR)
3. Set-Typ   - Suchschlüssel
4. Datenelement   - ob virtuell oder real

5. Satztyp   - Abbildung innerhalb jedes Bereiches
6. Satztyp   - location mode falls nicht CALC, dann
                    ob DIRECT oder VIA SET

Um eines der Beispiele zu rechtfertigen und zu erläutern, sei das fünfte Beispiel in der Liste herausgegriffen, das in eine DSDL Option eingebaut ist, die in diesem Kapitel dargestellt werden soll. Die im Abschnitt 15.5.6 besprochene relevante DML Anweisung lautet:

$$\text{FIND} \begin{Bmatrix} \underline{\text{NEXT}} \\ \underline{\text{PRIOR}} \end{Bmatrix} \begin{Bmatrix} \underline{\text{RECORD}} \\ \text{record-name} \end{Bmatrix} \underline{\text{IN}} \text{ realm}$$

Kennt der Programmierer nicht die DSDL bereichsinterne Abbildung von Sätzen, dann kann er diese sinnvoll nur nutzen, wenn er alle Sätze (möglicherweise eines bestimmten Typs) in dem Bereich verarbeiten möchte, kennt er die bereichsinterne Abbildung von Sätzen, dann braucht er diese FIND Option, um Vorteile aus seiner Kenntnis ziehen zu können.

Das Ergebnis dieser Besprechung ist hoffentlich eine Basis zur Rechtfertigung, ob man einen Anweisungstyp der Schema DDL oder der DSDL zuordnen kann - diese Entscheidung ist noch kritischer, wenn man die beiden Definitionen in ihre interne Form durch separate Prozessoren zu verschiedenen Zeiten übersetzt. Die Schema DDL Übersetzung sollte immer der DSDL Übersetzung vorausgehen, obwohl die zweite und die nachfolgenden Benutzungen des DSDL Übersetzers möglicherweise die vorausgegangene Benutzung des DSDL Übersetzers für das benannte Schema für nichtig erklären können.

Für diese Besprechung dient die Schema DDL als Bezugspunkt und es soll kein weiterer Versuch unternommen werden, Anweisungen vorzuschlagen, die man besser von der Schema DDL in die DSDL übertragen sollte.

19.3 DSDL Eigenschaften

Die folgenden Eigenschaften werden in der gleichen Folge dargestellt, wie sie bei einer Vermischung mit den Schema DDL Anweisungen
erscheinen würden, d.h. Bereich, Satztyp, Set-Typ. Es sei betont,
daß diese Eigenschaften nur aus Darstellungsgründen aufgelistet
sind. Ein bestimmtes DBMS kann entweder alle oder keine anbieten,
wie noch besprochen werden soll.

19.3.1 Eigenschaften auf Bereichsebene

Folgende können darunter fallen:

1. Aufteilung eines Bereiches in eine Anzahl von Seiten
   gleicher Größe, wobei die Seitengröße entweder

   - fest ist für das DBMS,
   - ausgewählt werden kann für die ganze Datenbank aus
     einer begrenzten Anzahl von alternativen Seitengrößen,
     die im DBMS vorgesehen sind,
   - für jeden Bereich aus einer begrenzten Anzahl von
     Seitengrößen, die im DBMS vorgesehen sind, ausge-
     wählt werden kann.

2. Aufteilung eines Bereiches in eine Anzahl von Seitenbereichen (nicht notwendigerweise gleicher Größe).

3. Ordne einen Bereich oder Seitenbereich einem bestimmten
   Gerätetyp, unter Beachtung einer der folgenden Optionen,
   zu:
   - Den ganzen Bereich oder Seitenbereich einem bestimmten
     Platz einer bestimmten Einheit.
   - Den ganzen Bereich oder Seitenbereich irgendeinem Platz
     auf einer bestimmten Einheit (etwa in Abhängigkeit einer
     Entscheidung durch das System).
   - Den ganzen Bereich oder Seitenbereich einem bestimmten
     Gerät(etyp). (Weitere Details sind dann dem System
     überlassen.)
   - Den Bereich in der Nähe anderer Bereiche.
   - Den Bereich nicht in der Nähe anderer Bereiche.

Das Problem der Kontrolle der Verschwendung von physischem
Speicherplatz, hervorgerufen durch eine ungünstige Abbildung der
gewählten Seitengröße und des Gerätetyps, steckt in den Deklarationen für diese beiden. Fragen des Überlaufs werden als Eigenschaften
der Satzebene angesehen.

Darüberhinaus ist es durchaus üblich, die Probleme der Protokollierung und der periodischen Erzeugung von Kopien als eine Eigenschaft
jedes Bereiches zu betrachten. Das bedeutet, daß jede Spezifikation
auf Bereichsebene eine Angabe enthalten kann, ob Satzänderungen protokolliert werden sollen und wo die Protokolldatei ggf. gespeichert
werden soll. Wird die Protokolldatei zu einem späteren Zeitpunkt für
die Rekonstruktion des Bereiches in einen **korrekten** Zustand benötigt,
dann dürfte das Hilfsprogramm zur Durchführung der Rekonstruktion
eine separate Komponente zusätzlich zu der DSDL bilden.

19.3.2 Eigenschaften der Satzebene

Diese könnten die folgenden sein:

1. Packen der Sätze des gleichen oder verschiedener
   Typen in eine Seite.
2. Kontrolle der physischen Zusammengehörigkeit der
   benötigten Seiten dort, wo die Länge eines Satzes
   die Seitengröße überschreitet.
3. Zuordnung einer Anzahl von Seiten, die verschiedene
   Mischungen von Satztypen (aus 1.) enthalten, zu
   speziellen Seitenbereichen.
4. Auswahl oder Spezifikation des benutzten Algorithmus
   (siehe Abschnitt 4.5.3) für Satztypen mit einem
   location mode CALC.
5. Bestimmung des Seitenbereiches für CALC Sätze
   (falls nicht in 1. geschehen) und Angabe spezieller
   Seiten oder eines Prozentsatzes von Seiten, die zur
   Behandlung des Überlaufes benutzt werden.
6. Auswahl aller oder einiger Elemente im Satztyp als
   kompakt zu speichernde Elemente. (Der Verdichtungsal-
   gorithmus kann eine Datenbankprozedur sein, ähnlich wie
   die in Abschnitt 1o.6.3 besprochene ENCODING Klausel.)
7. Minimum, Durchschnitt und Maximum der erwarteten Anzahl von Sätzen eines bestimmten Typs.

8. Deklaration einer Prozedur, von der die Zuordnung
   von Sätzen eines bestimmten Typs zu zwei oder mehreren
   Bereichen abhängt (siehe Abschnitt 4.8.1).

19.3.3 Eigenschaften auf der Set-Typ Ebene

Diese könnten folgende sein:

1. Bestimmung des Speicherungsmodus eines Set-Typs
   als Verkettung oder Zeigerbereich (siehe Abschnitt 5.3).
2. Bestimmung des Minimums, Durchschnitts und Maximums
   der erwarteten Anzahl von Sätzen, die in einen Set
   eines bestimmten Typs einzubinden sind. Bei multi-
   member Set-Typen gilt diese Deklaration für jeden
   member Satztyp.
3. Bestimmung eines Bereiches oder Seitenbereiches, dem
   der Index für einen sortierten Set-Typ zugewiesen ist
   (siehe Abschnitt 6.3.2).
4. Bestimmung eines Bereiches oder Seitenbereiches, dem
   ein bestimmter Suchschlüssel für einen Set-Typ zugewiesen ist (siehe Abschnitt 6.1o).

19.4 Möglichkeiten zur Bereitstellung der DSDL Eigenschaften

Die oben aufgelisteten Eigenschaften sollten beim heutigen Wissens-
stand einem Datenadministrator zur Verfügung gestellt werden. Jede
der Eigenschaften muß im Zusammenhang mit den folgenden Möglichkeiten ihrer Bereitstellung untersucht werden:

1. Für Hersteller und Datenadministrator nicht notwendig.
   (Dies bewirkt, daß keine Kompromißlösung sinnvollerweise durch die Eigenschaft kontrolliert werden kann.)
2. Vom Hersteller definiert; es ist keine Entscheidung
   des Datenadministrators möglich.
   (Das heißt, daß entweder der Hersteller glaubt, daß
   er es am besten weiß oder er andererseits Implemen-
   tierungskosten sparen will.)

3. Vorgabe eines Grundwertes durch den Hersteller, den der
   Datenadministrator jedoch mit einer Datenbankprozedur
   überschreiben kann.
   (Das bedeutet, daß der Hersteller eine Möglichkeit für
   den Datenadministrator schaffen muß, Datenbankprozeduren
   zu definieren.)
4. Vorgabe eines vom Hersteller definierten Grundwertes,
   den der Datenadministrator mit DSDL Anweisungen überschreiben kann.
5. Der Datenadministrator muß entscheiden; er kann DSDL
   Deklarationen zur Auswahl einer Option wählen oder
   seine eigene Datenbankprozedur definieren.
6. Spezifikation des Datenadministrators durch DSDL
   Deklarationen
7. Spezifikation des Datenadministrators durch Datenbankprozeduren.
8. Der Datenadministrator muß die Entscheidung an einen
   Programmierer delegieren.

Ein DBMS kann die verschiedenen DSDL Eigenschaften auf folgende
Arten behandeln. Jede Eigenschaft jeder Ebene wird in der linken
Spalte durch die Nummer in der obigen Liste identifiziert. Jede
Spalte kennzeichnet eine von acht Möglichkeiten, auf die man sie
erreichen kann. Ein J (für Ja) in der Spalte kennzeichnet, daß die
Eigenschaft in dieser Reihe durch die Möglichkeit (gekennzeichnet
durch die Zahl oben an der Spalte) geeignet angeboten werden kann.

Ein Stern vor dem J kennzeichnet, daß diese Möglichkeit in den
DDLC Spezifikationen bevorzugt ist. Nur die Eigenschaften, die im
Rahmen der DBTG oder DDLC Spezifikationen vorkommen, besitzen eine
derartige Alternative.

Alternative Möglichkeiten Ebene und Nummer	1	2	3	4	5	6	7	8
Bereichsebene (Abschnitt 19.3.1)								
1		J		J		J		
2	J					J		
3 (alle)		J				J		
Satzebene (Abschnitt 19.3.2)								
1		J		J		J		
2		J		J		J		
3	J					J		
4		J	*J		J		J	
5		J		J		J		
6	J	J		J	J	J	*J	
7	J					J		
8		J					J	*J
Set-Typ Ebene (Abschnitt 19.3.3)								
1		J		J		*J		
2	J					*J		
3		J		J		*J		
4		J		J		*J		

Literaturhinweis

1. Data Base Administration Working Group, June 1975 report. Erhältlich bei British Computer Society.

Kapitel 20

Restrukturierung

2o.1 Überlegungen von DBTG zur Restrukturierung

Das Thema Restrukturierung wurde sowohl bei DBTG als auch bei DDLC
nur beiläufig erwähnt. An drei verschiedenen Stellen wurde es im
DBTG Bericht von 1971 kommentiert. Das erste Mal unter der Überschrift 'System Support Functions' auf Seite 21. Dort wurde gesagt,
daß

> '... die Spezifikationen eines vollständigen DBMS die Beschrei-
> bung und Spezifikation einer Sprache beinhalten sollten für ...
> ... eine Sprache, die die Modifikation eines Schemas oder Sub-
> schemas zuläßt und bewirkt, daß diese Änderungen in der Daten-
> bank selbst vorgenommen werden. Ohne eine derartige Sprache
> können Änderungen an dem Schema nur dann erfolgen, wenn ein
> vollkommen neues Schema entwickelt wird und die Datenbank ent-
> sprechend dem neuen Schema restrukturiert wird.'

Es ist notwendig, hier auf einige Punkte einzugehen. Zunächst erscheint es nicht relevant, die Möglichkeit der Veränderung eines Subschemas im Zusammenhang mit der Restrukturierung zu erwähnen. Zweitens erfordert die Idee der 'Restrukturierung einer Datenbank entsprechend dem neuen Schema' eine gründliche Interpretation. Stellt
ein DBMS keine Restrukturierungsmöglichkeit zur Verfügung, dann muß
der Datenadministrator eine umfassende Restrukturierung durchführen.
Er müßte dann die alte Datenbank auf einen sequentiellen Speicher
kopieren. Dann übersetzt er sein neues Schema. Schließlich muß er
die Daten so neu laden, daß eine Datenbank entsprechend dem neuen
Schema entsteht. Für den letzten Schritt benötigt er vermutlich ein
Anwendungsprogramm, das sich von dem unterscheidet, das er zum ersten Laden der Datenbank mit dem alten Schema benutzte.

Den nächsten DBTG Kommentar zum Thema Restrukturierung findet man
auf Seite 23 unter der Überschrift 'Reorganizing'. (Eine Diskussion
des Unterschiedes zwischen restrukturieren und reorganisieren sei
zunächst aufgeschoben.) Der Kommentar lautet:

> 'Aufgrund von Informationen aus seiner Überwachungstätigkeit
> oder wegen neuer Informationsanforderungen an die Datenbank
> kann es notwendig werden, daß der Datenadministrator die Daten-
> bank reorganisieren muß.

Er könnte:
. Die Bereiche anderen Geräteeinheiten neu zuordnen
  (Teil der Gerätekontrollsprache).
. Das Schema und/oder Attribute von Elementen
  des Schemas ändern.
. Die Datenbank verändern, um die Änderungen im Schema
  wiederzugeben (Restrukturierung).
. Gelöschte Sätze entfernen und den Speicherplatz
  zusammenfassen ('garbage collection').

Im dritten Punkt ist der Hinweis von DBTG in der Klammer auf Restrukturierung konsistent mit der Benutzung dieses Begriffes im ersten Zitat von Seite 21. Mit anderen Worten, 'Veränderung des Schemas' ist eine Aktion, 'Restrukturierung der Datenbank' eine andere. Die beiden schließen sich wechselseitig aus. Es ist jedoch nicht sinnvoll, die eine ohne die andere durchzuführen. Deshalb soll in diesem Kapitel der Begriff Restrukturierung die Wirkung der Kombination beider Aktionen bezeichnen. Wo es notwendig ist, getrennt auf die beiden Aktionen einzugehen, sollen die Begriffe 'Verändern des Schemas' und 'neu-laden der Datei' oder 'hinzufügen der neuen Daten' verwendet werden. Dies soll noch detaillierter besprochen werden.

Der letzte Kommentar von DBTG erfolgt auf Seite 75 bei der Einführung der ALTER Operation. Dort liest man:

'Diese Operation ermöglicht eine Änderung des ganzen Schemas
mit Ausnahme der Schutzsperren Klauseln.'

Wie im Abschnitt 18.3.1 erwähnt wurde, schlagen sowohl DBTG als auch DDLC vor, daß es in der Schema DDL möglich sein sollte, eine Schutzsperre für diese Operation zu definieren.

2o.2 Überlegungen von DDLC zur Restrukturierung

DDLC fügte den Überlegungen von DBTG zur Restrukturierung nur wenig hinzu. Es ist beachtenswert, daß obige Aussage von Seite 23 des DBTG Berichts folgendermaßen verbessert wurde (Seite 2.14):

'Dies macht erforderlich, daß der Datenadministrator
. das Schema modifiziert und die Veränderungen in die neue
  Version des Schemas kompiliert,
. die Datenbank entsprechend der Änderungen im Schema
  modifiziert,

. nicht mehr zugreifbare Sätze entfernt und den erneut
  benutzbaren Speicherplatz zusammenfaßt (garbage collecting),
. Daten anderen Geräten und Speichermedien auf der Grundlage
  von Zeit-/Platz-Anforderungen zuordnet,
. Teile der Datenbank aufbereitet.'

Dies stellt eine nützliche Bereinigung des DBTG Wortlautes dar,
ohne einen neuen, tieferen Einblick in das Problem zu geben.

2o.3 Restrukturierung und Reorganisation

Zunächst ist es wichtig, von der Betrachtung der Restrukturierung
jede Aktion auszuschließen, die man normalerweise als Änderung betrachtet. Änderung heißt verändern von Elementwerten, Sätzen oder
Sets in einer Datenbank, die unter der Benutzung von Anweisungen
wie STORE, MODIFY, ERASE, CONNECT, DISCONNECT (siehe Kapitel 16)
in einem Anwendungsprogramm spezifiziert werden.

Wird jedoch ein Schema geändert, dann kann es notwendig sein, ein
Änderungs- oder Ladeprogramm zur Durchführung der Arbeit zu schreiben. (Ein Ladeprogramm ist lediglich eine spezielle Form eines Änderungsprogramms.) Es hängt sehr stark von der Art der Schemaänderung
ab.
Nicht nur das Schema kann geändert werden. Im vorigen Kapitel wurde
die Data Strategy Description Language erwähnt. Es ist auch möglich,
daß die bzgl. einer bestimmten Datenbank gemachten Deklarationen modifiziert werden müssen.

Schließlich gibt es eine Restrukturierungsklasse, die keine Modifikation von Deklarationen bewirkt, die vorher vom Datenadministrator festgelegt wurden, aber trotzdem Anpassungen der physischen Plazierung der Daten in der Datenbank bewirkt. Das klassische, und möglicherweise einzige Beispiel dieser Klasse, ist das bekannte 'garbage
collection', das in der einen Aussage im DBTG Bericht erwähnt wurde.

Zur Erleichterung seien die Restrukturierungsmöglichkeiten in die
folgenden drei Klassen eingeteilt:

1. Restrukturierung auf Schemaebene
2. DSDL Restrukturierung
3. Reorganisation.

Damit fällt eine Änderung bzgl. einer in der Schema DDL geschriebenen Deklaration in die erste Klasse. Erfolgt eine Änderung bzgl.
einer Kontrolldeklaration durch die DSDL, so fällt dies in die zweite Klasse. Andere Arten der Veränderung der Plazierung von Daten
wurden einfach als Reorganisation bezeichnet und fallen damit in
die dritte Klasse.

Das bedeutet, daß eine Änderung, die in einem DBMS als DSDL Restrukturierung bezeichnet wird, in einem anderen DBMS als Reorganisation bezeichnet werden kann, einfach weil das zweite DBMS keine
Kontrollmöglichkeiten auf DSDL Ebene für den Datenadministrator vorsieht (siehe Abschnitt 19.4).

2o.4 Spezifikation der Schema und DSDL
Restrukturierung

Es gibt zwei Hauptansätze zur Spezifikation einer Schema und DSDL
Restrukturierung. Diese können als Ersetzungsansatz und als Zuwachsansatz bezeichnet werden.

Beim Ersetzungsansatz spezifiziert der Datenadministrator das
ganze Schema neu. Die DBMS Komponente, die das neue Schema verarbeitet, muß das neue Schema mit dem alten vergleichen, um die Unterschiede zu erkennen und **entscheiden**, ob sie gültig sind, um dann
die Restrukturierung entsprechend durchzuführen,

Beim Zuwachsansatz kann der Datenadministrator die Änderungen am
alten Schema unter Zuhilfenahme einer Sprache, der Schema Restrukturierungssprache (bei DBTG sonst als ALTER Unterstützungsfunktion bezeichnet) spezifizieren. Der Übersetzer für diese Sprache muß lediglich beurteilen, ob die Änderungen bzgl. des alten Schemas gültig
sind; trifft dies zu, dann können sie entsprechend durchgeführt werden. Diese beiden Ansätze gelten gleichermaßen für die DSDL Restrukturierung.

2o.4.1 Spezifikation der Reorganisation

Bei einer physischen Reorganisation unterscheiden sich die beiden
möglichen Ansätze von denen für die beiden anderen. Entweder steht
dem Datenadministrator ein Hilfsprogramm mit sehr deklarativen
Sprachmitteln zur Verfügung, z.B.

```
COLLECT GARBAGE IN area-7
COAGULATE record-name-5 IN area-3,
```

oder man könnte sich als Alternative die Benutzung einer speziellen
Manipulationssprache auf der physischen Ebene vorstellen, die es den
Mitarbeitern der Datenadministration ermöglicht, spezielle prozedurale Programme zur Durchführung der physischen Reorganisation zu
schreiben.

2o.5 Durchführung der Restrukturierung

Eine Restrukturierung oder Reorganisation kann dann am besten durchgeführt werden, wenn die Anlage oder wenigstens die Datenbank dem
durchzuführenden Prozeß vollständig dediziert zugeordnet werden kann
(exclusiver Änderungsmodus). Ist es nie möglich , die Datenbank dediziert der Restrukturierung oder Reorganisation zuzuordnen, dann
muß eine andere Vorgehensweise gefunden werden. Ist die Datenbank
bzgl. des verfügbaren Speicherplatzes klein genug, dann kann die Restrukturierung auf einer dedizierten Kopie erfolgen, die restruktu-
rierte Kopie auf den neuesten Stand gebracht werden ('roll forward')
und dann schließlich die Verarbeitung auf die neue Kopie ausgerichtet werden. Ist dies nicht möglich, dann muß die Restrukturierung
am Ort erfolgen, möglicherweise mit einer Sperre auf Bereichsebene.
Es kann dann hilfreich sein, kleine Bereiche zu haben.

2o.5.1 Auswirkungen der Restrukturierung

Die möglichen Auswirkungen der Durchführung einer Restrukturierung
können irgendeine Kombination der folgenden vier sein:

1. Modifiziere nur das zugrunde liegende Schema.
2. Verursache Veränderungen an den internen Tabellen,
   die als Ergebnis der Übersetzung der DSDL aufgebaut
   wurden.
3. Modifiziere den wertmäßigen Inhalt der Datenbank.
4. Modifiziere die physische Plazierung der Sätze in
   der Datenbank.

2o.6 Schema Restrukturierung

Es ist nützlich, die Veränderungen am Schema als additiv, subtraktiv und modifizierend zu klassifizieren. Die Schemaänderungen sollen hier in dieser Reihenfolge dargestellt werden, wobei der 'kleinere Sortierschlüssel' die Folge festlegt, in der sie in die Schema DDL aufgenommen würden.

2o.6.1 Additive Restrukturierung

Für jede angegebene Änderung wird der Abschnitt in diesem Buch erwähnt, in dem die ursprüngliche Schema DDL Definition besprochen wird. Darüberhinaus werden die möglichen Einflüsse angegeben, wobei die oben im Abschnitt 2o.5.1 dargestellten vier Alternativen benutzt werden.

Nr.	Additive Änderungen	Abschnitt	Mögliche Auswirkungen			
			1	2	3	4
1	Neuer Bereich	11.4	J	J		
2	Neuer Satztyp	11.8	J			
3	Neues Element im existierenden Satztyp	9.9	J			J
4	Neues reales Quellelement im existierenden Satztyp	9.7	J			J
5	Neues virtuelles Quellelement im existierenden Satztyp	9.7	J			
6	Neues reales 'result' Element im existierenden Satztyp	1o.6.2	J			J
7	Neues virtuelles 'result' Element im existierenden Satztyp	1o.6.2	J			
8	Neuer Set-Typ der existierende Satztypen enthält	11.6	J			J
9	Füge Index zu sortiertem Set-Typ hinzu	6.3.2	J			
1o	Neuer Suchschlüssel für jeden Set-Typ	6.1o	J			

Man kann beobachten, daß in bestimmten Fällen eine additive Restrukturierung die physische Plazierung von Daten in der Datenbank beeinflussen kann. Dies geschieht dann, wenn die Sätze erweitert werden, um Platz für neue Elemente oder die physische Darstellung zu schaffen, um die Beteiligung an einem neuen Set-Typ zu berücksichtigen.

Nur die Hinzunahme eines neuen Bereiches würde die DSDL Tabellen
beeinflussen und keine additive Änderung würde den wertmäßigen Inhalt der Datenbank beeinflussen.

2o.6.2 Subtraktive Restrukturierung

Das Darstellungskonzept entspricht dem im vorigen Teilabschnitt.

Nr.	Subtraktive Änderungen	Abschnitt	Mögliche Auswirkungen			
			1	2	3	4
1	Entferne Bereich	11.4	J	J	J	
2	Entferne Satztyp	11.8	J		J	
3	Entferne Element aus existierendem Satztyp	9.9	J		J	
4	Entferne reales Quellelement aus existierendem Satztyp	9.7	J		J	
5	Entferne virtuelles Quellelement aus existierendem Satztyp	1o.6.2	J			
6	Entferne reales 'result' Element aus existierendem Satztyp	1o.6.2	J		J	
7	Entferne virtuelles 'result' Element aus existierendem Satztyp	1o.6.2	J			
8	Entferne Set-Typ unter Beibehaltung des enthaltenen Satztypen	11.6	J			J
9	Entferne Index aus sortiertem Set-Typ	6.3.2	J			
1o	Entferne Suchschlüssel aus jedem Set-Typ	6.1o	J			

Die Analyse der obigen Tabelle zeigt, daß eine subtraktive Schema
Restrukturierung manchmal den wertmäßigen Inhalt beeinflußt und manchmal nicht. Die Entfernung eines Bereiches würde sowohl das zugrunde-
liegende Schema als auch die DSDL internen Tabellen beeinflussen.
Der wertmäßige Inhalt würde nur dann beeinflußt, wenn die Sätze noch
im Bereich wären.

Dies wirft eine dieser philosophischen Fragen auf, die sich durch
das ganze Thema der Restrukturierung hindurchziehen. Ist es sinnvoll,
die Entfernung eines Bereiches als geeignete Kurzform der Entfernung
aller enthaltenen Sätze zuzulassen, oder wäre dies eine gefährliche

Praxis? Die meisten DBMS würden es sicherlich vorziehen, den sicheren Weg einzuschlagen und fordern, daß ein Bereich erst dann entfernt werden kann, wenn er vollständig leer ist.

Andere Argumente würden im Falle der Entfernung eines Set-Typs unter Beibehaltung der beteiligten Satztypen zutreffen. Ob der wertmäßige Inhalt der Datenbank beeinflußt ist oder nicht hängt von der gewählten Set-Auswahl Option ab. Im Falle eines Set Element Ansatzes (siehe Abschnitt 8.8) wird der wertmäßige Inhalt der Datenbank nicht beeinflußt. Im Fall der älteren und bewährteren CODASYL Optionen, wie etwa denen, die auf dem 'Current of Set' basieren, vermittelt die Tatsache, daß ein member Exemplar in einen Set eingebunden ist Informationen und stellt einen wertmäßigen Inhalt dar. Wird die Set-Typ Beziehung entfernt, dann würde auch die Einbindung der Sätze entfernt werden. Dies stellt sicherlich eine Modifikation des wertmäßigen Inhalts der Datenbank dar.

Führt man den interessanten Fall der Entfernung eines Set-Typs aus der Datenbank weiter, dann ist die vierte mögliche Auswirkung die, daß man eine Modifikation der physischen Plazierung von Sätzen in der Datenbank bewirken kann. Dies ist sowohl beim Verkettungsmodus als auch bei der Zeigerbereichsdarstellung für einen Set-Typ möglich. In der Tat gibt es nur zwei Gründe, weshalb man die Entfernung eines Set-Typs ohne gleichzeitige Entfernung der beteiligten Sätze wünscht. Der eine ist die Einsparung von Speicherplatz, der andere die Einsparung von Änderungszeit. Im ersten Fall wäre es sinnlos, den Set-Typ zu entfernen, wenn damit nicht gleichzeitig eine Einsparung von Speicherplatz verbunden wäre.

Zusammenfassend kann man sagen, daß die subtraktive Restrukturierung wahrscheinlich weniger allgemein gilt wie die additive oder modifizierende Restrukturierung. Datenbankstrukturen tendieren eher zu einer Erweiterung als zu einer Verringerung und der tuning Prozeß resultiert in den meisten Fällen in einer Modifikation der verschiedenen Aspekte der Datendefinition.

2o.6.3 Modifizierende Restrukturierung

Eine modifizierende Restrukturierung enthält die folgenden Möglich-keiten:

Nr.	Modifizierende Änderungen	Abschnitt	Mögliche Auswirkungen			
			1	2	3	4
1	Ändere Namen des Bereiches	11.4	J	J		
2	Ändere Name des Satztyps	11.5	J	J		
3	Ändere Name des Elements	9.9	J			
4	Ändere Name des Set-Typs	11.6	J			
5	Ändere Name des Index	6.1o.1	J	J		
6	Ändere Zuordnung von Satz zum Bereich	4.5.1	J	J		J
7	Ändere CALC Schlüssel unter Beibe-haltung des location mode	4.4.1	J			J
8	Ändere location mode für Satztyp	4.3	J			J
9	Ändere Element von real nach virtuell	9.7 1o.6.2	J			J
1o	Ändere Element von virtuell nach real	9.7 1o.6.2	J			J
11	Ändere Set-Reihenfolge für einen Set-Typ	6.7	J			J
12	Ändere Set-Modus für einen Set-Typ	5.6	J	J		J
13	Ändere Set-Auswahl Kriterium für ein member	8.6	J		J	
14	Ändere storage class für ein member	7.4	J		J	
15	Ändere removal class für ein member	7.4	J			

Die Änderungen 1 bis 5 sind alle Namensänderungen. Es ist unwahr-scheinlich, daß solche Änderungen nach dem Laden einer Datenbank häufig auftreten. Besitzt die Subschema DDL eine Umbenennungsein-richtung (siehe Abschnitt 12.8.3), dann dürfte es unnötig sein, Pro-gramme durch Namensänderungen im Schema zu modifizieren. Es wäre je-doch notwendig, die Subschemata zu ändern, die die alten Namen be-nutzten und sie dann neu zu übersetzen. Änderungen des location mode werfen interessante Probleme auf. Die bedeutendste Änderungsart tritt bei dem CALC location mode auf, da dies wahrscheinlich Pro-grammmodifikationen notwendig macht. Eine Änderung des CALC location mode würde wahrscheinlich Programmmodifikationen bewirken, um die

Vorteile aus dem CALC Schlüssel ziehen zu können - warum sollte sonst die Änderung durchgeführt werden? Die Änderung eines CALC Schlüssels (Nr. 7 in der obigen Liste) stellt ein unwahrscheinliches Ereignis dar; es würde jedoch mit ziemlicher Sicherheit Programmänderungen bewirken.

Die Veränderung der Set-Reihenfolge eines Set-Typs beeinflußt wahrscheinlich nicht die physische Plazierung von Sätzen in der Datenbank, es wurde jedoch als Möglichkeit genannt. Eine interessante Frage ist wiederum die Auswirkung auf Programme, die die Datenbank unter ihrem früheren Schema verarbeiten. Damit ein Programm Vorteile aus der Kenntnis der Set-Reihenfolge ziehen kann, genügt es nicht, eine FIND Anweisung zu benutzen, die einen Hinweis auf den Set-Typ enthält (siehe Abschnitte 15.5.1 und 15.5.4). Es hängt davon ab, wie die Anweisung benutzt wird. Es ist durchaus möglich, diese Anweisungen in einer Art zu benutzen, die unabhängig von der Reihenfolge ist, so daß Änderungen der Set-Reihenfolge die Semantik des Programms nicht beeinflußt.

Die Veränderung eines Set-Auswahl Kriteriums stellt einen weiteren interessanten Fall dar, der eine tiefergehende Analyse in einem eigenen Kapitel verdient hätte. Es sei hier ausreichend, wenn man zum Ausdruck bringt, daß die Auswirkung einer Änderung mit der storage class eines member Satztyps in Beziehung steht, die in der gleichen Restrukturierungsklasse geändert werden kann. Dies trifft insbesondere dann zu, wenn die storage class Angabe schon 'automatic' lautet oder 'automatic' wird, was bedeutet, daß nach der Durchführung der Restrukturierung jedes Exemplar des member Satztyps, dessen Set-Auswahl geändert wird, in ein Set-Exemplar eingebunden werden muß. Erfolgt die Änderung in eine der Set-Auswahl Optionen, bei denen die Semantik des Änderungsprogramms bestimmt, welcher Set ausgewählt wird, dann kann die Restrukturierung nicht durch eine einfache nicht-prozedurale Deklaration erreicht werden. Dies stellt vermutlich eines der kompliziertesten Probleme in der Restrukturierung dar. Bezieht man sich auf die Besprechung der Set-Auswahl (siehe Abschnitt 8.9), so lautet der beste Rat, den man geben kann: wähle einen Set Element Ansatz für so viele Set-Typen wie möglich und vermeide, dies jemals zu ändern.

2o.7 Schlußfolgerungen

Die vorangegangenen Diskussionen der Restrukturierung haben hoffentlich etwas Licht auf ein Problem geworfen, das häufig erwähnt wird,
jedoch nie im Detail analysiert wird. Die Arbeiten von CODASYL beschränken sich bis zu der Veröffentlichung des DBAWG Berichts von
1975 auf ein bloßes Erwähnen des Problems.

Unglücklicherweise hat man zu viele Argumente und Hypothesen zur
Zielsetzung Datenunabhängigkeit von der Art der Restrukturierung abhängig gemacht, die man höchst unwahrscheinlich durchführt.

Kapitel 21

Das TOTAL Konzept

21.1 Die Hauptkomponenten

Das Konzept von CODASYL zur Datenbankverwaltung soll nun verlassen
werden, um zwei andere, weit verbreitete Konzepte zu betrachten. Das
erste wird dargestellt durch TOTAL der Firma Cincom, ein auf dem
Markt verfügbares System für eine beeindruckende Anzahl von Hardware-
typen. TOTAL ist die rechtlich geschützte Bezeichnung dieses Systems.

Wie im Falle des CODASYL Konzeptes sollen Details spezieller
Implementierungen vermieden werden. Das Ziel dieses Buches besteht
in der Darstellung der durch jedes Konzept angebotenen grundsätzlichen
Datenbankverwaltung. Um jedoch einen Überblick zu geben: Implementierungen
existieren für Burroughs, Siemens, Univac und Varian Anlagen.

Zur Darstellung des Systems soll, dort wo es möglich ist, auf die
Reihenfolge zurückgegriffen werden, die in diesem Buch gewählt wurde,
wobei Hinweise gegeben werden sollen, wo die entsprechende Eigenschaft
des DBTG Konzeptes besprochen wurde. Die Beschreibung einer Eigenschaft
in diesem Kapitel bedeutet nicht, daß diese in jeder Implementierung
verfügbar ist.

Die TOTAL Komponenten, die den im Kapitel 2 besprochenen Komponenten entsprechen, sind folgende:

SCHEMA DDL	Datenbank Definitionssprache, DBDL
Datenmanipulationssprache	Datenmanipulationssprache, DML
Datenbank Kontrollsystem	DATBAS (nur für IBM OS Benutzer)

DATBAS ist der Name eines kleinen Schnittstellenmoduls, das aufgerufen wird. Das Hauptmodul zur Ausführungszeit wird normalerweise als
TOTAL bezeichnet. Es gibt keine Subschema DDL, obwohl man dieses
bis zu einem gewissen Grade erreichen kann. Es gibt keine Gerätekontrollsprache (siehe Kapitel 18), obwohl die sogenannten Physical
Environment Entries etwas ähnliches anbieten.

21.2 Implementierung der DML

Die DML in TOTAL ist ebenfalls eine Erweiterung existierender Programmiersprachen, bestehend aus einer Reihe von CALL Anweisungen, von denen jede ihre eigene Parameterliste hat. Die meisten CALL Anweisungen haben folgende Form:

    CALL 'DATBAS' USING Operation, status, file, reference,
    linkage path, controlled field, element list, record-area,
    end-of-parameter list.

Der erste Parameter der Liste, nämlich 'operation' ist der Name des durchzuführenden Anwendungstyps. Gewisse Parameter wie 'reference' und 'linkage path' werden nur in bestimmten Situationen benutzt.

Mit dieser CALL Schnittstelle kann man mehr als eine Wirtssprache unterstützen (siehe Abschnitt 2.5.2). In der Tat kann man hierfür COBOL, PL/1, FORTRAN und Assembler gleichermaßen gut benutzen.

21.3 Grundlegende Strukturierungskonzepte

Die Struktur einer TOTAL Datenbank baut zum größten Teil auf Strukturen zwischen Sätzen (siehe Abschnitt 3.3) mit Set-Typen (siehe Abschnitt 3.4) auf, die entweder als 'relationship' oder als 'linkage path' bezeichnet werden. Es ist wichtig, darauf hinzuweisen, daß alle Set-Typen in TOTAL single member Set-Typen sind, und viele Probleme sowohl für den Hersteller als auch für den Benutzer dadurch vermieden werden, daß man auf den nur sehr beschränkten Wert von multiple member Set-Typen verzichtet (siehe Abschnitt 3.4). Es gibt jedoch in TOTAL eine spezielle Einrichtung, die es dem Benutzer tatsächlich ermöglicht, multiple member Set-Typen durch die Benutzung einer satzinternen Strukturierungstechnik zu definieren. Dies soll später beschrieben werden.

21.3.1 Strukturen zwischen Satztypen

Die Art und Weise, wie man die Set-Typ Beziehung zum Aufbau einer Datenbankstruktur in TOTAL benutzt, ist der Vorgehensweise bei CODASYL sehr ähnlich. Es gibt jedoch eine wichtige Restriktion. In TOTAL ist es nicht möglich, daß ein Satztyp sowohl owner in einem Set-Typ und member in einem anderen Set-Typ ist. Glücklicherweise kann ein Satztyp member in mehreren Set-Typen sein. Damit gibt es für denjenigen, der eine TOTAL Datenbank entwirft, eine Möglichkeit, mit diesem etwas unangenehmen Problem fertig zu werden. In Abbildung 21.1 (eine Wiederholung der Abbildung 3.11) ist eine einfache dreistufige Hierarchie dargestellt.

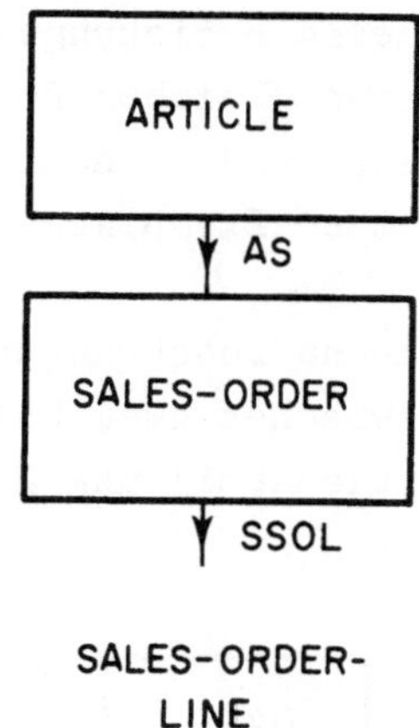

Abb. 21.1 Hierarchische Struktur

Eine derartige Struktur würde sowohl in CODASYL oder, wie man noch sehen wird, in IMS keine Probleme verursachen, während es in TOTAL notwendig ist, einen vierten Satztyp einzuführen, wodurch man folgende, in Abbildung 21.2 dargestellte, Struktur erhalten würde.

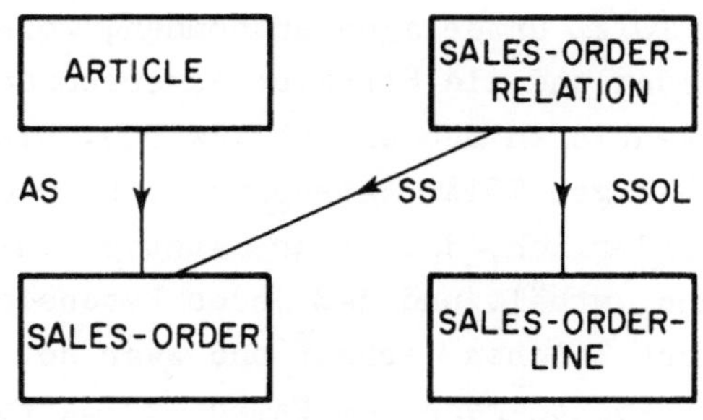

Abb. 21.2 Typische zweistufige TOTAL Struktur

Jedesmal, wenn ein neues Exemplar von SALES-ORDER zu der Datenbank
hinzugefügt wird, muß der Programmierer sicherstellen, daß auch ein
SALES-ORDER-Relation Exemplar erzeugt und gespeichert wird. Dieser
vierte Satztyp würde normalerweise nur sehr klein sein. Darüberhinaus
ist die zusätzliche Set-Typ Beziehung SS in der Tat eine eins-zu-eins
Beziehung. Mit anderen Worten, es gibt genau ein SALES-ORDER Exemplar.
Dies sollte mit den beiden anderen Beziehungen in Abbildung 21.2 verglichen werden, die denen mit den gleichen Bezeichnungen in Abbildung 21.1 entsprechen. Für diese beiden, nämlich AS und SSOL, kann
es null, eines oder mehrere member Exemplare für jedes owner Exemplare geben.

Es sei erwähnt, daß TOTAL keine Beschränkungen bzgl. der Anzahl
von Set-Typ Beziehungen, die zwischen zwei beliebigen Satztypen definiert werden können, kennt. Die Abbildung 21.3

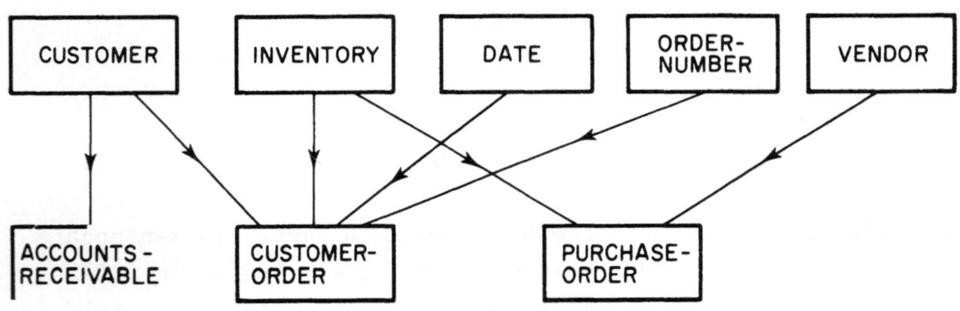

Abb. 21.3 TOTAL Datenbank

veranschaulicht eine typische TOTAL Datenbankstruktur. Sie ist dem
Problembeispiel in den TOTAL Unterlagen entnommen, wobei jedoch die
Satztypen umbenannt wurden und die Struktur entsprechend der in die-
sem Buch benutzten Konventionen neu erstellt wurde. Dies macht die
Zweistufigkeit der zulässigen TOTAL Datenbankstruktur deutlicher.

Es ist in TOTAL erforderlich, daß jeder Satztyp einen Namen, bestehend aus vier Zeichen, erhält und daß jedes Datenelement einen
Namen, bestehend aus acht Zeichen, erhält und zwar so, daß die ersten vier Zeichen des Elementnamens dem Namen des Satztyps entsprechen, der das Element enthält. Jeder Set-Typ muß einen Namen, bestehend aus acht Zeichen, mit dem Format mmmmLKxx erhalten.

Zur graphischen Darstellung der Struktur einer Datenbank benutzt TOTAL üblicherweise ein anderes Symbol, nämlich ein Sechseck, zur Darstellung eines member Satztyps. Es ist Grundlage der ganzen Idee von TOTAL, daß ein Satztyp in der Datenbank entweder die Funktion eines owners oder die eines members haben kann, aber niemals beide. Der für den owner benutzte Begriff ist 'single entry' oder 'master', während man einen member Satztyp als 'variable entry' bezeichnet. Die Menge aller Sätze eines bestimmten Typs nennt man entweder 'single entry data set' oder 'variable entry data set'. Der Begriff 'data set' ist ein verbreiteter Begriff in IBM Betriebssystemen. An einigen Stellen benutzt die Literatur zu TOTAL das Wort 'file' statt 'data set'.

21.3.2 Satzinterne Strukturen

Es gibt in TOTAL eine spezielle satzinterne Eigenschaft, die keiner Einrichtung in CODASYL entspricht. Sie wird als 'record code concept' bezeichnet und stellt in Wirklichkeit die Formalisierung eines Tricks für sequentielle Dateien dar, der manchmal von COBOL Programmierern benutzt wird.

Ist die Datenbank definiert, dann kann jeder member Satztyp in zwei Teile aufgeteilt werden, die als Grunddaten und redefinierte Daten bezeichnet werden. Die Grunddaten müssen den ersten Teil des Satztyps bilden. Es gibt eindeutige Regeln, welche Elemente in diesen ersten Teil übernommen werden müssen. Der redefinierte Teil kann zwei oder mehrere vollständig unterschiedliche Definitionen haben, wobei jede Definition durch einen Satzcode, bestehend aus zwei Zeichen, unterschieden werden kann. Darüberhinaus kann jeder codierte Satz (in Wirklichkeit ein 'Satz-Subtyp') an Set-Typ Beziehungen beteiligt sein, die sich von anderen codierten Sätzen in der gleichen Datei unterscheiden.

Die Länge aller Sätze des member Satztyps ist gleich, unabhängig davon, welche Satzdefinition einem redefinierten Teil folgt. Daraus folgt eindeutig, daß alle Satzexemplare so viel Speicherplatz erfordern, wie die längste Definition in einem bestimmten Satztyp. Die Sätze, die einer der kürzeren Definition entsprechen, enthalten leeren, unbenutzten Speicherplatz. Weichen die Längen stark voneinander ab, dann dürfte es ratsam sein, unterschiedliche Satztypen zu definieren (d.h. unterschiedliche TOTAL 'variable entry files').

21.4 Abbildung von Satztypen auf den Speicher

Die einzige Kontrolle, die man beim Datenbank-Entwurf über die Abbildung eines Satztyps auf den Speicher ausüben kann, ist die Entscheidung, ob er owner oder member sein soll. Es gibt in TOTAL kein explizites location mode Konzept (siehe Abschnitt 4.3). Es ist jedoch nützlich, wenn man davon ausgeht, daß alle owner Satztypen einen location mode CALC haben (siehe Abschnitt 4.5), wobei jedoch identische Werte nicht zugelassen sind (siehe Abschnitt 4.5.1). Mit anderen Worten, jeder owner Satztyp muß ein eindeutiges Primärschlüsselelement enthalten, dessen Wert als Grundlage für die interne Technik zur Erzeugung von Zufallszahlen benutzt wird, die dazu dient, die Exemplare des Satztyps zu speichern.

Alle owner Satztypen in jeder TOTAL Datenbank benutzen den gleichen Algorithmus. Konflikte (siehe Abschnitt 4.5.2) werden automatisch behandelt. Während man vorschlagen kann, daß owner Satztypen einen location mode CALC haben, so ist der für member Satztypen geeignete location mode SYSTEM (siehe Abschnitt 4.6.2), woraus folgt, daß das System darüber entscheidet wie die Sätze dieses Typs gespeichert werden sollen. Es gibt keine Möglichkeit, diesen Prozeß beim Datenbank-Entwurf zu beeinflussen. Ein member Satztyp kann keinen Primärschlüssel haben, ohne die Definition eines zusätzlichen Satztyps speziell für diesen Zweck.

In der Tat werden einige Probleme dadurch gelöst, daß ein member Satztyp eine unbegrenzte Anzahl von owner Satztypen haben kann (wie bei CODASYL, jedoch nicht bei IMS). Ein member Satztyp kann einfach dadurch beim Datenbank-Entwurf mehrere Schlüssel erhalten, indem man einen **owner** Satztyp definiert, der das Element aus dem member Satztyp enthält, das Schlüssel sein soll. Es wird immer nur so viele Exemplare dieses owner Satztyps geben, wie es unterschiedliche Werte für das Schlüsselelement gibt. Das Schlüsselelement ist für den owner Satztyp eindeutig, es ist jedoch für den member Satztyp ein nichteindeutiger Zugriffsschlüssel. Der Anwendungsprogrammierer, der Programme zur Verarbeitung dieses Teiles der Datenbank schreibt, muß vollständig darüber informiert sein, daß die Schlüssel für den member Satztyp auf diese Weise zur Verfügung stehen und er zunächst einen owner Satz aufsuchen muß, bevor er den member Satz sucht.

Das Bereichskonzept in einem CODASYL System (siehe Abschnitt
4.8.1) bewirkt, daß Sätze unterschiedlichen Typs nahe beieinander
gespeichert werden, wobei 'nahe' in diesem Fall vermutlich bedeutet, auf dem gleichen Plattenstapel. Der location mode VIA SET
(siehe Abschnitt 4.7) ermöglicht es, daß member Sätze im gleichen
Set so nahe wie möglich bei den anderen und dem zugehörigen owner
Satz plaziert werden. Eine derartige Kontrolle über die physische
Plazierung von Sätzen ist in TOTAL nicht möglich außer einer Kontrolle der Anzahl von logischen Sätzen je Block und damit je Spur.
Das 'coded record' Konzept läßt jedoch eine Kontrolle der physischen Zusammengehörigkeit von zwei oder mehreren Dateitypen zu.

21.5 Abbildung von Set-Typen auf den Speicher

Alle Set-Typen in TOTAL werden im Speicher als Nachfolger- und Vorgängerverkettungen dargestellt (siehe Abschnitt 5.6). Es steht keine
andere Option für denjènigen zur Verfügung, der die Datenbank entwirft. Dies hat, wie bei einem CODASYL System, zur Folge, daß es sowohl in jedem owner Satz als auch in jedem member Satz zwei Zeiger
gibt (siehe Abbildung 5.4). Derjenige, der in TOTAL die Datenbank-
definition erstellt, muß in einem Satztyp für jede Beziehung, an der
er beteiligt ist, einen Bereich von acht Bytes vorsehen, unabhängig
davon ob ein owner oder member vorliegt. (In einem CODASYL System
ist diese Speicherzuordnung, implizit in der Definition des Set-Typs
enthalten und dort, wo es angebracht ist, auch in der des Set-Modus
(siehe Abschnitt 5.3).)
    Diese Restriktion auf nur einen Set-Modus ist keine schlechte Ent-
scheidung aus der Sicht desjenigen, der die Datenbank entwirft. Der
Kompromiß zwischen den verschiedenen CODASYL Optionen betrifft vor
allem die übliche Verarbeitungszeit und den Speicherplatz und ist
nicht immer einfach, exakt zu bewerten. Indem man nur eine Möglichkeit zuläßt, erspart man sich u.U. sehr umfangreiche Überlegungen,
welche Alternative im Falle jedes Satztyps die richtige ist.

21.6 Set-Reihenfolge

Man kann in einer TOTAL Datenbank keine Reihenfolge für einen Set-
Typ (siehe Abschnitt 6.2) festlegen. Um herauszufinden, was mit einem Satz bei seinem Einbinden in einen Set geschieht, ist es notwendig, die Semantik der TOTAL Anweisung zu untersuchen, die äqui-

valent ist zu der STORE Anweisung (siehe Abschnitt 16.4). Diese wird
in TOTAL als ADD Anweisung bezeichnet (siehe Abschnitt 21.12.3). Obwohl es etwas zu früh ist, die DML im Detail zu betrachten, ist es
an dieser Stelle notwendig, darauf hinzuweisen, daß man unterschiedliche Anweisungen zur Speicherung eines owner Satzes bzw. eines
member Satzes benutzen muß. Darüberhinaus gibt es drei unterschiedliche Optionen, die für eine Speicherung eines member Satzes zur Verfügung stehen.

Daraus folgt, daß die Reihenfolge eines Set-Typs voll und ganz in
den Händen des Programmierers liegt, der die Änderungsprogramme
schreibt. Gibt es mehrere dieser Programmierer, dann sollte es ihnen
hoffentlich gelingen, sich auf eine Reihenfolge zu einigen. Es sei
daran erinnert, daß der Datenadministrator in einem CODASYL System
(siehe Abschnitt 6.2.2) die Entscheidung über eine Set-Reihenfolge
dem Programmierer übertragen kann. Das TOTAL Konzept kommt dieser
CODASYL Option sehr nahe, ist jedoch nicht identisch mit ihr.

21.7 Suchschlüssel

TOTAL unterstützt nicht die ältere Form des von CODASYL vorgeschlagenen Set-Typ internen Suchschlüssels (siehe Abschnitt 6.1o). Dies
kann man wiederum nicht als Weglassen eines bedeutenden Aspektes bezeichnen. Eine interessante Art stellt der als globaler Suchschlüssel bezeichnete Suchschlüssel dar (siehe Abschnitt 6.1o.3). Dieser
stellt eine Eigenschaft für einen Satztyp dar, genauso wie der location mode, und ermöglicht die Definition von Sekundärschlüsseln
(secondary keys).

Bei einem member Satztyp in TOTAL kann die gleiche Technik der
Benutzung eines zusätzlichen owner Satztyps zum Aufbau eines Primärschlüssels auch für andere Suchschlüssel benutzt werden. Die Benutzung eines zusätzlichen Set-Typs zur Simulation eines Sekundär-
schlüssels war schon lange bei CODASYL bekannt. DBTG hatte vermutlich den Eindruck, daß dies Rechtfertigung genug dafür war, zunächst keine globalen Suchschlüssel anzubieten.

21.8 Storage Class und Removal Class

In TOTAL werden für diese beiden Konzepte keine Optionen angeboten. Ein member Satztyp ist notwendigerweise ein 'automatic' member eines Set-Typs. Die Konsequenzen hieraus lassen sich am besten an Beispielen demonstrieren. Im Falle eines im Abschnitt 7.1 angegebenen Beispiels könnte eine Vorgehendsweise darin bestehen, ein zusätzliches Element in den ARTICLE Satztyp (siehe Abbildung 21.4) aufzunehmen, das angibt, daß der Artikel als zurückgestellter Auftrag gekennzeichnet ist. Ein weiteres Beispiel ist in Abbildung 21.5 dargestellt.

Ist es erforderlich, auf die Situation einzugehen, in der ein Mitarbeiter keiner Abteilung anzugehören braucht, dann ist es notwendig, in der Datenbank einen DEPARTMENT Satz als 'dummy' Abteilung darzustellen. Dieser würde dann eine 'dummy' Abteilungsnummer haben, und die Mitarbeiter die keiner Abteilung angehören, müßten an diesen Satz angehängt werden.

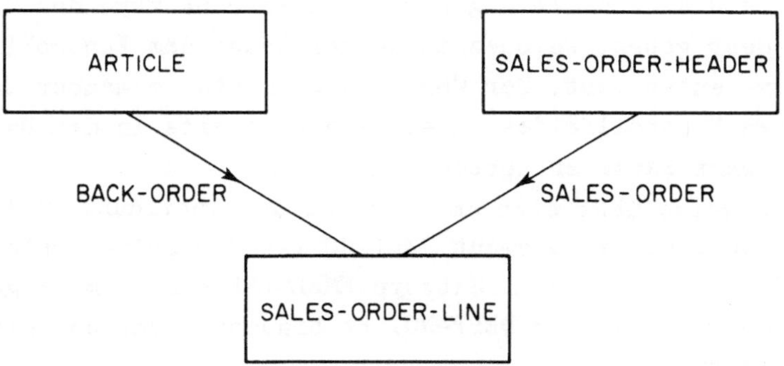

Abb. 21.4 Nur storage class 'automatic'

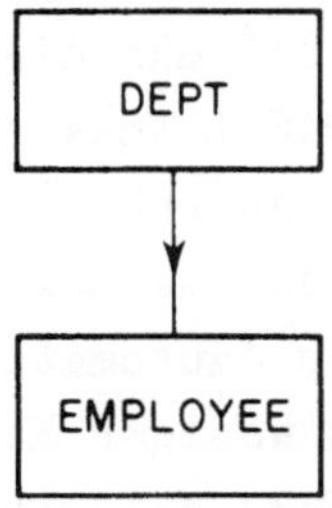

Abb. 21.5 Nur storage class 'automatic'

Das erfordert zusätzliche Arbeit des Programmierers. Es ist jedoch nicht ganz klar, ob es notwendigerweise mehr Arbeit bedeutet, als im Falle eines Set-Typs mit einer storage class 'manual'.

Eine removal class Angabe (siehe Abschnitt 7.3) betrifft die Semantik der ERASE Anweisung (siehe Abschnitt 16.3). Diese heißt in TOTAL DELETE und wie bei der STORE Anweisung gibt es auch hier unterschiedliche Formate für owner und member Satztypen. Es wäre nicht sehr sinnvoll, eine der beiden möglichen CODASYL removal class Angaben TOTAL zuzuschreiben.

21.9 Set-Auswahl

Man wird beim Lesen der TOTAL Unterlagen den Begriff Set-Auswahl oder auch nur etwas entfernt Ähnliches dazu nicht finden. Trotzdem besteht das Problem der Set-Auswahl (siehe Abschnitt 8.2) in jedem DBMS, das Beziehungen zwischen Satztypen unterstützt. Die Lösung in TOTAL ist verblüffend einfach.

Für jeden Set-Typ muß es im owner Satztyp ein Element (oder Gruppe von Elementen) als Kontrollfeld geben. Im member Satztyp des Set-Typs muß es ein Element geben, welches in seiner Länge dem Kontrollfeld im owner Satztyp entspricht. Der Wert des Elements im member Satztyp muß dem Wert des Kontrollfeldes in einem der bereits in der Datenbank gespeicherten owner Sätze entsprechen.

Die Vorgehensweise läßt sich am Beispiel der Abbildung 21.5 verdeutlichen. Angenommen das Element DEPT-NO ist der Primärschlüssel im Satztyp DEPT, dann muß es im Satztyp EMPLOYEE ein Element geben, das den gleichen Wert hat wie DEPT-NO. Es braucht nicht den gleichen Namen DEPT-NO zu haben.

Es sei darauf hingewiesen, daß dieser Ansatz dem sehr nahe kommt, was später durch DDLC den CODASYL Spezifikationen hinzugefügt wurde (siehe Abschnitt 8.9). Auf Kosten einer doppelten Speicherung eines Elements in zwei Satztypen vermeidet man die schwer verständliche CODASYL Set-Auswahl. Aus dem CODASYL Ansatz wird deutlich, daß eine vom Programmierer festgelegte Set-Auswahl (siehe Abschnitt 8.3) eng verknüpft ist mit der storage class 'manual'. Der TOTAL Ansatz mit der ausschließlichen storage class 'automatic' und der einzigen, einfachen Set-Auswahl Option gibt weniger Kontrollmöglichkeiten für einige ziemlich undurchsichtige Entscheidungen für einen relativen Gesamtnutzen und ist gleichzeitig, konzeptionell gesehen, viel einfacher.

21.1o Subschema

Es gibt, wie bereits darauf hingewiesen wurde, in TOTAL keine Subschema DDL. Eines der Ziele eines Subschemas besteht darin, daß der
Programmierer sich auf einen Ausschnitt der Datenbank beschränken
kann und sich nur um die Sätze Gedanken zu machen braucht, die er in
seinem Programm verarbeiten möchte. In einem CODASYL System würde
jede dieser 'eingeschränkten Sichten' der Datenbank durch den Datenadministrator mittels der Subschema DDL definiert werden (siehe Abschnitt 12.2). Jedes Subschema würde einen Namen haben und alles, was
der Programmierer zu tun hätte, wäre den Namen in seinem Programm zu
benutzen (siehe Abschnitt 13.3). Eine bedeutende Auswirkung würde darin bestehen, daß ein Satzbereich (siehe Abschnitt 12.4) für jede
Ausführung des Programms reserviert würde.

In TOTAL muß der Programmierer für jeden Satztyp, den er verarbeiten möchte, in seinem Programm einen Satzbereich definieren. Jeder
Satztyp, an dem man nicht interessiert ist, kann weggelassen werden.
Diese Vorgehensweise erfüllt den Aspekt der 'beschränkten Sicht' des
Subschema Konzeptes. Sie gibt dem Datenadministrator aber keine Möglichkeit, zu kontrollieren, wer welchen Teil der Datenbank verarbeiten darf. Dies könnte durch eine geeignete Benutzung der COBOL Bibliothek erreicht werden.

21.11 Konzepte der Datenmanipulationssprache

Wie bereits früher in diesem Kapitel (siehe Abschnitt 21.2) erwähnt
wurde, müssen alle Zugriffe auf die Datenbank über eine Wirtssprache
unter Benutzung einer CALL Anweisung erfolgen. Der erste Parameter in
der Liste gibt immer die durchzuführende Operation an. Der zweite
wird einfach als Status bezeichnet und gibt die Stelle im Arbeitsbereich des aufrufenden Programmes an, an der eine Statusbedingung gesetzt wurde, durch die man jedesmal, wenn eine CALL Anweisung aufgerufen wird, erkennt, was geschieht. Man kann die Status-Variable als
eine Art Datenbankregister betrachten (siehe Abschnitt 13.5).
Die Literatur zu TOTAL gibt keinen Hinweis auf das Konzept der
Currency Indikatoren (siehe Abschnitt 16.3). Dies stimmt jedoch
damit überein, daß auch keine Datenbankschlüssel (siehe Abschnitt
4.2) erwähnt werden. Eine Untersuchung der Semantik einiger DML Anweisungen läßt erkennen, daß man das Konzept mehrerer Currency

Indikatoren sehr gut einführen könnte. Dies dürfte bei der Darstellung der verschiedenen DML Anweisungen deutlich werden.

21.12 DML Anweisungen

Es wurde bereits beiläufig erwähnt (siehe Abschnitt 21.6), daß es für owner Satztypen und member Satztypen unterschiedliche DML Anweisungen gibt. Die geeignetste Art und Weise, einen Überblick über die DML Anweisungen zu geben, besteht in der Betrachtung der folgenden drei Kategorien.

1. Unabhängigkeit vom Satztyp
2. Owner Satztyp
3. Member Satztyp

Es ist hier nicht beabsichtigt, eine detaillierte Beschreibung der Funktionsweise jeder Anweisung zu geben, sondern nur soviel darzustellen, daß ein Vergleich mit dem CODASYL Konzept möglich ist.

Die folgende Tabelle faßt die möglichen Anweisungstypen entsprechend der drei Kategorien zusammen und stellt jeweils zum Vergleich die entsprechende CODASYL Anweisung gegenüber.

CODASYL Äquivalent	Owner Satztypen	Beide	Member Satztypen
READY	OPENM	SINON OPENX	OPENV
FINISH	CLOSM	SINOF	CLOSV
FIND/GET	READM	RDNXT RINDX	READV READD READR
STORE	ADD-M		ADDVA ADDVB ADDVR
ERASE	DEL-M		DELVD
MODIFY	WRITM		WRITV

Es gab in letzter Zeit einen Trend zu den Anweisungen, die man sowohl auf owner Sätze als auch auf member Sätze anwenden kann. Das bedeutet, daß, obwohl Anweisungen wie OPENM und OPENV aus Gründen der Kompatibilität mit früheren Versionen immer noch gültig sind, die neuen Unterlagen OPENX vorschreiben und die anderen vier OPEN Anweisungen weglassen.

21.13 Für Owner Sätze und Member Sätze
gültige DML Anweisungen

21.13.1 SINON, READY und FINISH

Die erste TOTAL Anweisung in einem Anwendungsprogramm, das eine TOTAL Datenbank verarbeiten möchte, muß eine SINON Anweisung sein. In einem gewissen Sinne entspricht dies einer CODASYL READY Anweisung. Da es aber auch eine OPEN Anweisung gibt, lohnt es sich die Unterschiede zu untersuchen.

Eine bestimmte Installation kann mehrere TOTAL Datenbanken haben. Das bedeutet, daß sich mehr als ein 'Datenbankbeschreibungsmodul' ('Data Base Description Module') in einer Art Katalog oder Bibliothek befindet. Die Parameter der SINON Anweisung unterscheiden sich von denen für die anderen Anweisungen und enthalten einen als 'access' bezeichneten Parameter, der dem Benutzermodus (siehe Abschnitt 14.2.1) entspricht. Die vier Optionen, unter denen ein Programmierer auswählen muß, enthalten Suche, Änderung und Wiederherstellung (recovery). Die letzte Option ermöglicht die Benutzung einer speziellen DML Anweisung (WRITD), die hier nicht beschrieben werden soll.

Zusätzlich zur Festlegung eines Benutzermodus enthält die SINON Anweisung einen weiteren Parameter, durch den der Programmierer festlegt, ob eine Protokollierung erforderlich ist oder nicht. Trifft dies zu, so muß er die Details, wie und wo protokolliert wird, festlegen.

Die nächsten Anweisungen, die unabhängig sind von der Rolle des Satztyps, führen das Eröffnen und Schließen mehrerer Dateien in einer Anweisung durch. Die Anweisungen haben die Operationscodes OPENX bzw. CLOSX. Der Parameter 'Status' muß in diesem Fall in der Lage sein, für jede zu öffnende Datei einen Statuscode aufzunehmen. Der Programmierer ist für eine Überprüfung jedes dieser Statuscodes verantwortlich.

In TOTAL gibt es kein Konzept für eine exclusive oder geschützte
Verarbeitung (siehe Abschnitt 14.2.1). Für die gesamte Verarbeitung
nimmt man an, daß sie einem ungeschützten Modus erfolgt (siehe Abschnitt 14.2.4). Egal ob nur Suchprozesse oder auch Änderungspro-
zesse durchgeführt werden, alle werden als 'Zugriffsmodus' ('access
mode') Prozesse bezeichnet. Dieser Zugriffsmodus wird in der SINON
Anweisung festgelegt. Nimmt man an, daß jeder Satztyp in TOTAL nur
einem Bereich zugeordnet ist und daß damit eine eins-zu-eins Beziehung zwischen dem Bereich und dem Satztyp besteht, dann ist die OPENX
Anweisung äquivalent zu (siehe Abschnitt 14.2):

READY [realm-name-1]   ...; USAGE MODE IS RETRIEVAL

und CLOSX entspricht dann

FINISH [realm-name-1]   ...

Eine SINOF (sign off) Anweisung wird zu Beendigung eines Prozesses
benutzt.

21.13.2 Die Mehrzweck READ Anweisung

RDNXT oder READ NEXT wurde erst vergleichsweise spät in die Liste der
Anweisungen aufgenommen. Diese geht über die ältere Anweisung SEQRM
(oder SERIAL READ MASTER) hinaus und kann sowohl für owner Sätze als
auch für member Sätze benutzt werden. Die Unterscheidung ist nur teilweise gelöscht worden, da die Benutzung der Parameter in der CALL Anweisung in Abhängigkeit der 'Rolle' des Satztyps variieren.

Durch geeignete Besetzung der Parameter kann der Programmierer
eine Reihe von unterschiedlichen CODASYL FIND Optionen erzielen. Der
kritische Parameter dieser Anweisung wird als 'Qualifikator' ('quali-
fier') bezeichnet. Für einen owner Satztyp (d.h. master file) gibt es
drei Alternativen:

        1. BEGN
        2. KEY = kkk ... kk
        3. rrr

Für einen member Satztyp (d.h. variable file) gibt es weitere fünf
Alternativen:

        4. BEGN ØØØØ SERIAL
        5. rrr ØØØØ SERIAL
        6. BEGN ØØØØ mmmmLKxx
        7. rrr ØØØØ mmmmLKxx
        8. mmmmLKxx KEY = kk ... kk

Für jede dieser verschlüsselten Darstellungen gibt es eine sinnvolle Erläuterung:

1. Die BEGN Option dient zur Initialisierung einer Suche, und die Absicht entspricht voll und ganz der folgenden Anweisung (siehe Abschnitt 15.4.3):

   FIND FIRST record-name-1 IN realm-name.

   Ist die Anweisung erfolgreich durchgeführt, dann wird der Satz in den Satzbereich gebracht, der in der Parameterliste der CALL Anweisung angegeben ist. Damit hat die RDNXT Anweisung in TOTAL die gleiche Wirkung wie ein kombiniertes FIND und GET. Zusätzlich wird auch der Inhalt des Parameterfeldes, dessen Name in der Parameterliste als 'Qualifikator' angegeben ist, geändert. Es wird mit dem 'internen Referenzpunkt' ('internal reference point') des gefundenen Satzes besetzt. (Dieser entspricht dem Datenbankschlüsselwert.) Der Grund hierfür wird aus der Beschreibung der dritten Option klar.

2. Die KEY = kkk ... kk Option ist die 'zufällige' FIND Option mit der Benutzung eines Wertes des eindeutigen Primärschlüssels, den jeder owner Satztyp haben muß. Sie ist damit äquivalent zu (siehe Abschnitt 15.4.1):

   FIND ANY record-name.

   Der Datenbankschlüsselwert des gefundenen Satzes wird in den ersten vier Bytes des 'Qualifikators' gespeichert (und dabei KEY = überschrieben).

3. Die rrr Option entspricht der folgenden Option (siehe Abschnitt 15.5.6):

   FIND NEXT record-name-1 IN realm-name.

   Man kann davon ausgehen, daß ein Datenbankschlüsselwert in den ersten vier Bytes des 'Qualifikators' gespeichert wurde. Dies könnte durch jede der beiden ersten Optionen geschehen. Dieser Wert wird um eins erhöht und der physisch nächste Satz bzgl. des Satzes, dessen Datenbankschlüsselwert im 'Qualifikator' gespeichert ist, wird gefunden und der Inhalt des 'Qualifikators' weiter erhöht.

4. Die BEGN SERIAL Option gilt, äquivalent zur Alternative 1 für
   einen owner, für einen member Satztyp.

5. Die rrr SERIAL Option gilt, äquivalent zur Alternative 3 für
   einen owner, für einen member Satztyp.

6. Für die BEGN mmmmLKxx Option gibt es in CODASYL nichts genau entsprechendes. Am nächsten kommt vielleicht noch (siehe Abschnitt
   15.5.1):

     FIND FIRST record-name-1 IN set-name-1

   Dabei besteht der wesentliche Unterschied in der Art, wie das Set
   Exemplar ausgewählt wird. Geht man davon aus, daß ein member Satztyp an mehreren Set-Typen beteiligt sein kann, dann ist die Absicht
   des zweiten Teils des 'Qualifikators', nämlich mmmmLKxx, die Festlegung, welcher Set-Typ (oder 'linkage path') von Interesse ist.

   TOTAL führt eine serielle Suche vom Anfang des Bereiches an durch.
   Es sucht so nach einem Satz, der in dem einen oder anderen Set des
   bestimmten Set-Typs als FIRST existiert. (TOTAL nennt diesen den
   Kopf der Kette ('head of the chain').) Wie bei den für die owner
   Satztypen verfügbaren Optionen wird der Datenbankschlüsselwert des
   gefundenen Satzes in den ersten vier Bytes des 'Qualifikators' gespeichert.

7. Die rrr mmmmLKxx Option entspricht der vorhergehenden mit dem einen Unterschied, daß die Suche bei dem Satz beginnt, dessen Datenbankschlüsselwert in rrr angegeben ist.

8. Die mmmmLKxx KEY = kkk ... kk Option ist eine weitere Variante von

     FIND FIRST record-name-1 IN set-name-1

   wobei der Set dadurch ausgewählt wird, daß man den owner auswählt, dessen Primärschlüsselwert kkk ... kk ist.

Eine Analyse dieser acht Alternativen für RDNXT zeigt, daß es für
jede drei Schritte gibt:

1. Ausgangspunkt
2. Pfad, der zu verfolgen ist
3. Bedingung, die vom gesuchten Satz erfüllt sein muß

Es gibt drei Ausgangspunktoptionen:

A. FIRST IN Bereich

B. DB-KEY Wert im 'Qualifikator'

C. Durch einen Zugriff von außen auf den owner

Es gibt zwei Pfadoptionen:

D. Seriell durch den Bereich

E. Kein Pfad

Es gibt drei mögliche Bedingungen, die der gesuchte Satz
erfüllen muß:

F. NEXT IN Bereich

G. FIRST IN Set

H. Keine Bedingung

Permutiert man diese drei Schritte, so erhält man 18 mögliche Alternativen, wovon die folgenden acht zulässig sind:

1. A, E, H
2. C, E, H
3. B, D, F
4. A, E, H
5. B, D, F
6. A, D, G
7. B, D, G
8. C, E, G

21.13.3 Die boolesche FIND Option

Eine erst in letzter Zeit durchgeführte Erweiterung der Suchmöglich-
keiten wird durch FINDX angeboten, das man auf gewisse Weise als
Modifikation des RDNXT betrachten kann.

Nachdem RDNXT erläutert wurde, empfiehlt es sich, FINDX ähnlich
darzustellen.

FINDX hat den gleichen 'Qualifikator' wie RDNXT. Die acht Alternativen für diesen Parameter sind identisch. FINDX hat einen weiteren
Parameter, 'Argument' ('argument'), der auf eine Liste verweisen muß,
die das Suchkriterium enthält. Dieses Kriterium besteht aus einer Anzahl von relationalen Bedingungen für Elemente in dem gesuchten Satztyp. Diese Bedingungen sind durch UND verknüpft. Das bedeutet natür-

lich, daß alle Bedingungen erfüllt sein müssen, damit das Suchkriterium erfüllt ist. Einer der bekannten sechs relationalen Operatoren, EO, NE, GT, GE, LT, LE muß in jeder Bedingung benutzt werden.

Berücksichtigt man die drei Schritte in RDNXT, nämlich

1. Ausgangspunkt
2. Pfad, der zu verfolgen ist
3. Bedingung, die vom gesuchten Satz erfüllt sein muß,

dann bietet es sich an, die gleichen Schritte für FINDX zu benutzen und die geringfügig unterschiedlichen Optionen für die letzten beiden anzugeben. Die drei Ausgangspunktoptionen sind identisch und sollen wiederum mit A, B und C bezeichnet werden.

Die beiden Pfadoptionen sind komplizierter und können folgendermaßen bezeichnet werden:

D. Seriell durch den Bereich
E. Seriell durch den Bereich, dann sequentiell die
    Verkettung entlang

Die Bedingungen, die der zu suchende Satz erfüllen muß, sind durch den Parameter 'Argument' gegeben. Damit lauten die acht alternativen Formen von FINDX wie folgt:

1. BEGN. Beginne bei FIRST im Bereich, um dann den Bereich nach einem Satz seriell zu durchsuchen, der das Suchkriterium erfüllt.

2. KEY = kkk ... kk. Beginne bei dem Satz mit dem eindeutigen, im Parameter spezifizierten Primärschlüssel, um dann den Bereich nach einem Satz seriell zu durchsuchen, der das Suchkriterium erfüllt.

3. rrr. Beginne bei dem Satz mit dem gegebenen Datenbankschlüsselwert, um dann den Bereich seriell nach dem Satz zu durchsuchen, der das Suchkriterium erfüllt.

4. BEGN ... SERIAL. Dies ist das gleiche wie in 1. aber für einen member Satztyp.

5. rrr ... SERIAL. Dies ist das gleiche wie in 3. aber für einen member Satztyp.

6. BEGN ... mmmmLKxx. Dies beginnt bei FIRST im Bereich, woran
sich eine serielle Suche anschließt. FIRST Sätze im benannten
Set-Typ werden gegen das Suchkriterium geprüft.

7. rrr ... mmmmLKxx. Dies ist das gleiche wie 6., man beginnt
jedoch bei dem Satz, dessen Datenbankschlüsselwert gegeben ist.

8. mmmmLKxx KEY = kkk ... kk. Hier beginnt die Suche bei dem owner
Satz, dessen eindeutiger Primärschlüsselwert dem angegebenen
entspricht. Der FIRST Satz im Set wird aufgesucht und gegen
das Suchkriterium geprüft. Schlägt dies fehl, so geht die Suche
im Set weiter (d.h. der Kette entlang), wobei jeder member Satz
gegen das Suchkriterium geprüft wird.

Diese Option entspricht ziemlich genau der folgenden CODASYL
Option (siehe Abschnitt 15.4.2)

FIND record-name-1 WITHIN set-name-1 USING db-id-1
[, db-id-2] ...

in dem Fall, in dem die Elemente in der USING Klausel keinen
Suchschlüssel oder Sortierschlüssel darstellen.

21.14 DML Anweisungen für den Owner Satztyp

Zunächst müssen die OPENM und CLOSM Anweisungen erwähnt werden, die
für OPEN MASTER und CLOSE MASTER stehen. Dieser Gebrauch des Begriffs
MASTER stellt wahrscheinlich die alte TOTAL Terminologie dar. Er wurde später durch 'single entry' ersetzt, während man die Operationscodes beibehielt. OPENM und CLOSM beziehen sich nur auf einen Satztyp. Sie wurden durch OPENX und CLOSX wirksam ersetzt (siehe Abschnitt
21.13.1).

21.14.1 Suchanweisungen

Die älteren TOTAL Unterlagen beschreiben einige Suchanweisungen, die
nachträglich in RDNXT eingebettet wurden. Obwohl eine zusätzliche Möglichkeit zur gleichen Zeit angeboten wurde, bestand der negative Aspekt
darin, daß man als Leser oder als Wartungsprogrammierer tiefer in
die Parameter der CALL Anweisung einsteigen mußte, um zu bestimmen,
wie eine bestimmte Anweisung funktioniert.

Ein Beispiel für diese Situation, das 'zufällige' FIND für einen
owner Satz ist READM, READ MASTER. Dies ist äquivalent zur Alternative 2 von RDNXT. Es funktioniert auf die gleiche Weise wie die
CODASYL Option zum Auffinden eines CALC Satzes (siehe Abschnitt
15.4.1), mit der Ausnahme, daß in TOTAL der Primärschlüssel eindeutig
ist und es nicht möglich ist, auch auf Sätze mit identischen Primärschlüsselwerten zuzugreifen (siehe Abschnitt 15.5.2). Die korrespondierende CODASYL Syntax könnte wie folgt lauten:

FIND ANY record-name

In der Tat kombiniert READM die Wirkung der GET Anweisung (siehe Abschnitt 15.8) und überträgt die ausgewählten Elemente in einen entsprechenden Satzbereich.

Die ältere FIND Option für owner Satztypen war die 'serielle Such-
funktion' SEQRM, SERIAL READ MASTER. Diese ist äquivalent zu den
Alternativen 1 und 3 von RDNXT, das in neueren Programmen den Vorzug
erhalten muß. Diese Anweisung erscheint der folgenden CODASYL Option
sehr ähnlich (siehe Abschnitte 15.4.3 und 15.5.6)

$$\text{FIND} \begin{Bmatrix} \underline{\text{FIRST}} \\ \underline{\text{NEXT}} \end{Bmatrix} \underline{\text{RECORD}} \text{ IN realm-name}$$

Dabei muß man berücksichtigen, daß es nur einen Satztyp in jedem Bereich gibt. Um in der Lage zu sein, ein FIND FIRST durchzuführen, war
es bei TOTAL notwendig, die spezielle Operation RESTM, RESTORE MASTER,
zu benutzen, für die in den Unterlagen angegeben wird, daß sie 'den
seriellen Referenzsatzzähler der DML für den master auf Null setzt,
damit die nächste Ausführung der SEQRM Funktion den Satz mit der Nummer eins einer Datei findet'.

Dieser 'serielle Referenzsatzzähler' führt in Wirklichkeit die
Aufgabe des 'Current of Realm Indikators' durch (siehe Abschnitt 13.6).
Die Aufgabe ist nun übernommen worden durch einen der Parameter von
FINDX und RDNXT, nämlich rrr im 'Qualifikator'.

21.14.2 Änderungsanweisungen

Neue owner Sätze können zu der Datenbank durch die Operation ADDM,
ADD MASTER hinzugefügt werden. Dies entspricht ziemlich stark (siehe
Abschnitt 16.4) der CODASYL Anweisung

STORE record-name

für den Fall eines CALC Satztyps, der nicht member in irgendeinem
Set-Typ ist.

Existierende owner Sätze können durch die Anweisung WRITM, WRITE
MASTER, modifiziert werden, die in der Tat anders funktioniert als
die CODASYL Anweisung

MODIFY record-name   item-name   ...

die auf den Current Record of Run-Unit wirkt (siehe Abschnitt 16.2).
Die TOTAL Anweisung WRITM schließt tatsächlich die besprochene READM
Operation mit ein. Die zu modifizierenden Elemente müssen in einem
Speicherbereich aufgelistet werden, der in einem der CALL Parameter
spezifiziert sein muß.

Die TOTAL Operation DEL-M, DELETE MASTER ist semantisch ähnlich zu
der einfachen ERASE Anweisung in CODASYL (siehe Abschnitt 16.3.1),
bei der nur owner Sätze gelöscht werden dürfen, an die keine member
Sätze angehängt sind.

21.15 DML Anweisungen für den Member Satztyp

Für die in TOTAL unter 'variable entries' bekannten member Satztypen
gibt es spezielle OPENV und CLOSV Operationen, die sehr stark den für
die owner Satztypen dargestellten OPENM und CLOSM Anweisungen entsprechen.

21.15.1 Member Suchanweisungen

Will man einen Überblick über die Optionen für das Aufsuchen von member Sätzen geben, dann ist es wichtig, auf die Rolle des als 'Referenz'
bezeichneten Parameters hinzuweisen. Um die Verarbeitung eines Set-
Exemplars so durchzuführen, wie dies in einem CODASYL System ziemlich
klar ist (siehe Abschnitt 15.5.1), ist es notwendig, die Verarbeitung
durch ein spezielles Setzen des 'Referenz'-Parameters zu initialisieren. Die Operation REDV, READ VARIABLE FORWARD, wird dann ungefähr
so wie die folgende Anweisung ausgeführt:

FIND FIRST record-name IN set-name

Es gibt jedoch einen feinen Unterschied zwischen CODASYL und TOTAL,
der wiederum darauf basiert, wie in TOTAL die Set-Auswahl durchgeführt wird. Ein anderer Parameter in der CALL Anweisung, der als
'Kontrollfeld' bezeichnet wird, muß mit einem geeigneten Wert des
Primärschlüssels des owner Satztyps in dem benutzten Set-Typ besetzt
werden.

Ist es erforderlich, eine äquivalente Anweisung zu

FIND NEXT record-name IN set-name

auszuführen, dann ist der Parameter 'Referenz' anders zu besetzen.
Die Ausführung einer READV Operation selbst bewirkt, daß dieser Parameter dahingehend geändert wird, daß er auf den gefundenen Satz verweist. Man kann diesen Referenzparameter mit der Rolle des CODASYL
Current of Set-Name Indikators vergleichen.

Die in READV implizit enthaltenen Eigenschaften sind in der Tat
identisch mit denen in Alternative 6 von RDNXT und Alternative 8 von
FINDX, wobei in letzterem Fall mit einem 'dummy' Suchkriterium, das
jeder geprüfte Satz erfüllt.

Es gibt die Anweisung READR, READ VARIABLE REVERSE, die in RDNXT
und FINDX kein Äquivalent hat, jedoch auf analoge Weise zu READV funktioniert.

Die dritte Anweisung zum Aufsuchen eines member Satzes ist READD,
READ VARIABLE DIRECT. Deren Semantik hängt wiederum von dem Referenzparameter ab. Enthält dieser Parameter die Nummer eines Satzes aus der
Datenbank, dann wird dieser Satz aufgesucht. In TOTAL wird diese Nummer als 'relativer Ort eines Satzes' bezeichnet. Die Option kann man
mit dem

'FIND auf der Basis des Datenbankschlüssels'
(siehe Abschnitt 15.6.2) in CODASYL vergleichen.

Eine andere Benutzung von READD ist etwas trickreicher und hat
keine direkte Parallele in CODASYL. Die Rolle dieser READD Art wurde
ursprünglich folgendermaßen erklärt:

'... richte den 'linkage path' für nachfolgende variable
entry' Funktionen neu aus.'

Mit anderen Worten, diese Option dürfte benutzt werden, wenn es notwendig ist, die Suche an einem Punkt zu initialisieren, der vorher
in dem Programm bestimmt wurde. Es ist dann mit einer nachfolgenden
Anweisung möglich, jede Verkettung, zu der der Satz gehört, weiter
abzuarbeiten.

21.15.2 Änderungsanweisungen für member Sätze

Die STORE Anweisung für member Satztypen in TOTAL bietet auch eine
Anzahl interessanter Optionen an. Der Grund für diese Optionen liegt
darin, daß der Programmierer, und nicht der Datenadministrator, die
Set-Reihenfolge für einen bestimmten Set-Typ festlegt. Wenn der Satz
in die Datenbank eingespeichert wird, dann bestimmt die benutzte Option, wo der Satz in das Set Exemplar eingebunden werden soll. Es
folgen die drei verfügbaren Optionen und die jeweilige Position in
CODASYL Terminologie:

```
ADDVC    ADD  VARIABLE  CONTINUE  (Ende des Set)

ADDVB    ADD  VARIABLE  BEFORE    (vor dem augenblicklichen Satz
                                   des Set)

ADDVA    ADD  VARIABLE  AFTER     (als nächster nach dem augen-
                                   blicklichen Satz des Set)
```

Ein semantisches Problem tritt dann bei ADDVA und ADDVB auf, wenn der
betrachtete Satztyp member in zwei oder mehreren Set-Typen ist. Der
Parameter 'Referenz' der Anweisung enthält entweder eine Datenbank in
Form eines entsprechenden Wertes (interner Referenzpunkt) oder einen
Set-Namen. Ist ein Set-Typ benannt, dann wird der zu speichernde Satz
in einem Exemplar dieses Set-Typs positioniert (davor oder dahinter).
In Sets anderer Typen, in die der Satz eingebunden werden muß, erfolgt
eine automatische Einbindung am Ende der Kette.

Es gab auch Verwirrung über den Begriff 'primary linkage path',
durch den man sich auf den Set bezog, in den der Satz mit ADDVB oder
ADDVA eingebunden werden soll. Dieser Begriff wurde auch zur Defini-
tionszeit für 'codierte Sätze' (siehe Abschnitt 21.13.2) benutzt, um
damit einen Set-Typ zu bezeichnen, in dem alle Satztypen member sind.
Diese beiden Benutzungsarten sind nicht notwendigerweise gleich.

Mit der ADDVC Option beabsichtigte man, das Hinzufügen des Satzes
am Ende eines Sets zuzulassen. In neueren TOTAL Unterlagen wurde ADDVC
weggelassen und ist jetzt eine Grundform von ADDVA bei der Übersetzung.
Es gibt zwei Optionen zur Modifikation von Sätzen, die sich schon in
der Datenbank befinden. Eine heißt ADDVR, ADD VARIABLE REPLACE und man
sollte es demjenigen verzeihen, der glaubt, daß diese in einer gewissen Weise mit den anderen drei ADD Anweisungen assoziiert ist. Die
Assoziation besteht in Wirklichkeit darin, daß sich der Programmierer
wiederum mit 'linkage paths' befassen muß. Dies scheint jedoch nicht

die Ähnlichkeit des Operationsnamens zu rechtfertigen. ADDVR sollte
zur Änderung des Kontrollfeldwertes benutzt werden. Dies bewirkt natürlich ein Abhängen des Satzes aus einem Set und die Einbindung in
einen anderen. Sie ist analog zu der CODASYL Anweisung (siehe Abschnitt 16.2)

MODIFY record-name ONLY set-name MEMBERSHIP.

Möchte man einen anderen Elementwert als den eines 'Kontrollfeldes'
ändern, dann muß eine andere Anweisung, nämlich WRITV, WRITE VARIABLE,
benutzt werden. Es sei erwähnt, daß man mit WRITV den Inhalt eines
'Kontrollfeldes' nicht ändern kann. WRITV wirkt auf den zuletzt ge-
lesenen Satz (in CODASYL Terminologie, den Current Record of Run Unit)
und unterscheidet sich damit von WRITM, das selbst den Satz findet,
den es verändern möchte. WRITV entspricht deshalb mehr der MODIFY Anweisung in CODASYL (siehe Abschnitt 16.2), außer der Tatsache, daß
man mit WRITV keinen Satz von einem Set in einen anderen des gleichen
Typs übertragen kann.

Schließlich gibt es noch die DELVD, DELETE VARIABLE, Anweisung
(einfaches ERASE (siehe Abschnitt 16.3.1)), die auf den zuletzt ge-
lesenen Satz wirkt.

21.16 Zusammenfassung von TOTAL

Das TOTAL Konzept zur Datenbankverwaltung enthält eine Reihe interessanter Ähnlichkeiten zum CODASYL Konzept. Der Hauptstrukturierungs-
unterschied besteht eindeutig darin, daß TOTAL auf flache Netzstrukturen beschränkt ist. Als Konsequenz hieraus folgt, daß es sinnvoll
ist, nur einen Standard location mode CALC für alle owner Sätze zu
fordern, obwohl es ein nützlicher Vorteil gewesen wäre, ihn auch für
member Sätze zuzulassen.

Die TOTAL DML ist nicht so elegant wie die entsprechende CODASYL
DML. Programme mit zahlreichen CALL Anweisungen, die komplexe Para-
meterlisten enthalten, sind schwieriger zu lesen und zu warten als
solche mit sprechenden DML Anweisungen. Die Semantik der STORE und
MODIFY Anweisungen können den Programmierern Schwierigkeiten bereiten.

Auf der anderen Seite ist das TOTAL System für den Datenbankentwurf viel einfacher als ein CODASYL System. Es müssen weniger Entscheidungen getroffen werden und weniger Konzepte verstanden werden.
Dies ist insbesondere für einen Neuling auf dem Gebiet der Datenbankverwaltung vorteilhaft. Dies erklärt sicherlich das große Maß an
Akzeptanz auf dem kommerziellen Markt.

Kapitel 22

Das IMS Konzept

22.1 Die Hauptkomponenten

IMS steht für Information Management System. Dieses Konzept für eine Datenbankverwaltung wurde Mitte der sechziger Jahre von North American Rockwell geschaffen, 1967 wurde es von IBM übernommen und wurde seither beträchtlich erweitert. Einige der zentralen Datenverwaltungsaspekte gehen jedoch zweifellos auf das ursprüngliche System zurück.

Es ist wichtig, darauf hinzuweisen, daß IMS nicht einfach nur ein Datenbankverwaltungssystem ist. Es ist nach der IBM Terminologie ein 'Datenbank/Datenkommunikationssystem' ('Data Base/Data Communication System'). Mit anderen Worten, eine gute Hälfte dessen, was man unter IMS versteht ist eine Datenkommunikationseinrichtung. Eine Besprechung dieser Einrichtung liegt außerhalb der Thematik des vorliegenden Textes. Der Datenbankverwaltungsteil von IMS wird manchmal als DL/1,Data Language 1, bezeichnet. Dies ist in der Tat der ursprüngliche Name von North American Rockwell. In diesem Kapitel soll die weiter verbreitete Abkürzung IMS benutzt werden, wobei zu erwähnen ist, daß IMS DL/1 zur Identifikation dessen benutzt, was im CODASYL Konzept Datenbankkontrollsystem (siehe Abschnitt 2.6) genannt wird.

Das Wort 'Schema' wird in IMS nicht benutzt. Es wird aber eine äquivalente Funktion angeboten durch einen oder mehrere Kontrollblöcke, bekannt als Data Base Definition oder DBD.

Die Subschema Einrichtung (siehe Abschnitt 2.4) wird in IMS gut auf der Ebene von Strukturen zwischen Sätzen, aber nicht auf der Ebene von satzinternen Strukturen unterstützt. Ein Subschema wird durch eine Menge von sogenannten Program Communication Blocks, PCBs, definiert. Zusammen bezeichnet man diese als Program Specification Block, PSB. Wie bei der DBD ist auch die Quellsprache für den PSB in Wirklichkeit eine Menge von Makro Anweisungen der IBM System 360 Assembler Sprache.

22.2 Die Implementierung der DML

Die normale DML in IMS ist ähnlich der von TOTAL, d.h. es ist eine
CALL Schnittstelle. Der Name des aufzurufenden Moduls variiert von
einer Wirtssprache zur anderen. So muß man beispielsweise folgendes
in einem COBOL Programm schreiben:

```
CALL 'CBLTDLI' USING parameter-count, function
PCB-name, I/O area, SSA-1, ... SSA-n.
```

Die Bedeutung der Parameter in dieser Anweisung werden später in dem
Kapitel erläutert.

22.3 Grundsätzliche Strukturierungskonzepte

Wie bei CODASYL und TOTAL beruht die Struktur einer IMS Datenbank auf
einer Struktur zwischen Satztypen (siehe Abschnitt 3.3) und wie bei
TOTAL wird ein Set-Typ (siehe Abschnitt 3.4) als Beziehung (relationship) bezeichnet. Die Bedeutung des Begriffes Datenbank in IMS unterscheidet sich von dem in den beiden anderen Konzepten. Es gibt in der
Tat in IMS zwei Datenbankarten. Die Bedeutung des Begriffes Satztyp
ist ebenfalls undeutlich in IMS. Diese beiden Punkte sollen jedoch
vor einer weiteren Besprechung von IMS geklärt werden.

Der Begriff Segmenttyp (segment type) in IMS ist historisch bedingt und soll das strukturelle Konzept des in CODASYL und TOTAL bekannten Satztyps abdecken. Es gibt jedoch in der IMS Literatur Hinweise auf einen IMS Satz. Um zu begreifen, was dies bedeutet, ist es notwendig die Bedeutung einer IMS Datenbank zu erfassen.

Es ist wohlbekannt, daß IMS vollständig auf hierarchischen Strukturen aufbaut. In der Tat ist eine IMS Datenbank genau dies - eine
hierarchische Struktur. Jede der Abbildungen 22.1, 22.2, 22.3 und 22.4
stellen eine gültige Struktur für eine IMS Datenbank dar.

Es gibt in jeder dieser vier hierarchischen Strukturen einen Satztyp an der Spitze der Struktur. In IMS bezeichnet man diesen als Root
Segmenttyp. Ein IMS Satz besteht aus einem Exemplar dieses Root Segmenttyps und allen Satzexemplaren auf den darunterligenden Ebenen,
die direkt oder indirekt an ihm angehängt sind. Abbildung 22.5 zeigt
einen IMS Satz der I-Struktur von Abbildung 22.2.

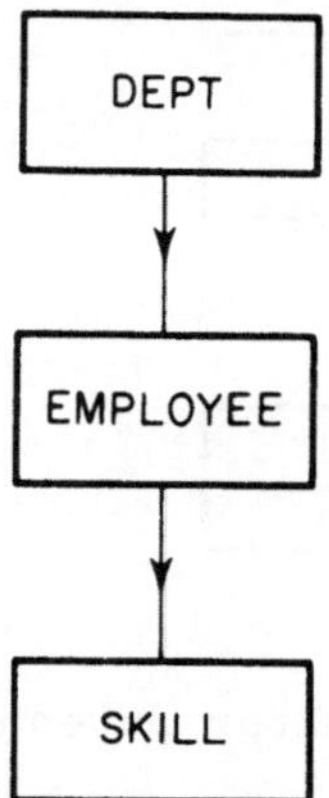

Abb. 22.1 Datenbank bestehend aus einem einzigen Satztyp

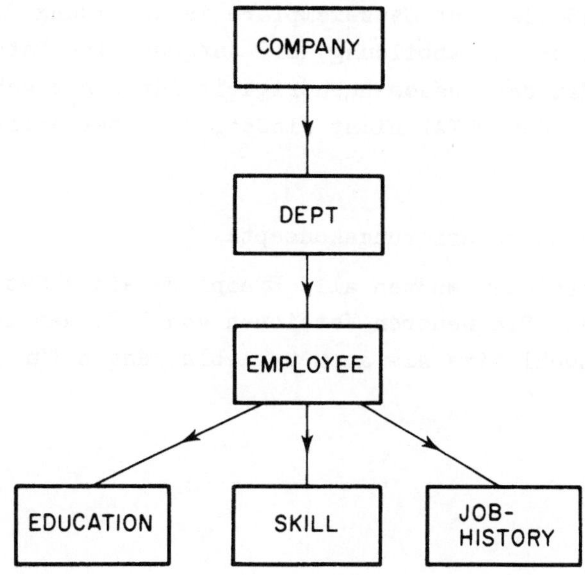

Abb. 22.2 I-Struktur Datenbank

Abb. 22.3 'Krähenfuß'-Struktur Datenbank

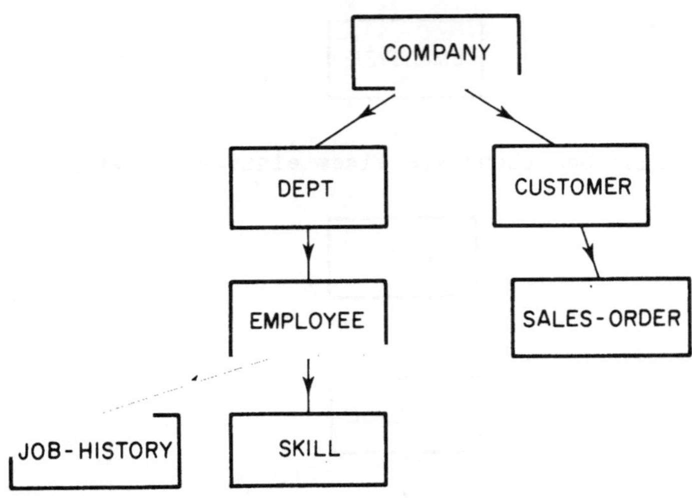

Abb. 22.4 Vollständige Baumstruktur Datenbank

Da die Darstellung eines Set-Typs noch noch vorgestellt werden muß,
sollte den Verbindungslinien oder dem Fehlen von Pfeilen an diesen
Linien noch keine Bedeutung beigemessen werden. Im Moment kann man
davon ausgehen, daß die acht Satzexemplare in Abbildung 22.5 zusammen einen IMS Satz der in Abbildung 22.2 dargestellte Datenbank bilden. Es gibt ein Maß der Zusammengehörigkeit für diese acht Sätze,
das man in CODASYL oder TOTAL nicht findet, das aber hoffentlich
deutlich wird.

22.3.1 Satzinterne Strukturierungskonzepte

In früheren IMS Versionen mußten alle Exemplare eines Satztyps die
gleiche Länge haben. Die neueren Versionen von IMS, nämlich IMS/VS,
erlauben jedoch sowohl fixe als auch variable Längen für jeden Satztyp.

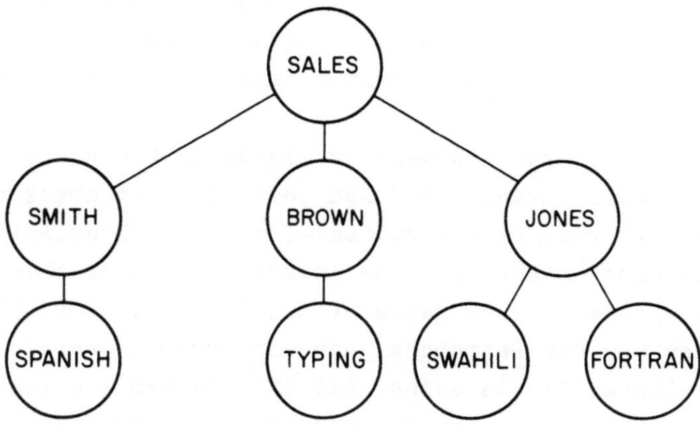

Abb. 22.5 IMS Satzexemplar

Abgesehen davon kümmert sich IMS selbst nicht viel um satzinterne
Strukturen. Wird eine Datenbankbeschreibung (Data Base Description)
erstellt, so ist es nicht notwendig, alle Elemente in jedem Satztyp
zu benennen. Es muß jedoch die Länge jedes Satztyps angegeben werden,
damit das System weiß, wieviel Platz es für jedes Satzexemplar reservieren muß. Die neue Version von IMS (IMS/VS) läßt auf jeder Ebene
in einer hierarchischen Datenbank variabel lange Satztypen zu.

22.3.2 Set-Typen

Nachdem die starke Betonung von Hierarchien in IMS erläutert wurde,
ist es sinnvoll wieder auf das Konzept des Set-Typs zurückzukommen,
um deutlich zu machen, welche Rolle dieses Strukturkonzept in einer
IMS Datenbank spielt. In der Tat unterscheidet sie sich sehr von der
in CODASYL und TOTAL.

Es sollte klar sein, daß in einer hierarchischen Struktur jeder
member Satztyp höchstens einen owner Satztyp haben kann. Deshalb wurde es von den Entwicklern von IMS nicht als sinnvoll angesehen, eine
Namenskonvention für Set-Typen einzuführen. Ein Set-Typ wird in einer
Datenbank durch die einfache Angabe des Namens eines anderen Satztyps
in der Satztyp Deklaration definiert. IMS benutzt anstelle des Begriffes owner den Begriff parent und anstelle von member den Begriff
child.

Jeder Satztyp in einer hierarchischen IMS Struktur hat genau ein
parent Segment, mit Ausnahme natürlich des Root Segmenttyps. Letzterer muß in jeder hierarchischen Struktur immer als erster definiert
werden.

Die ersten Versionen von IMS waren vollständig beschränkt auf diese hierarchischen Strukturen, von denen jede eine Datenbank darstellt,
wie bereit erwähnt wurde. Es ist zulässig, zu einem bestimmten Zeitpunkt mehrere solcher Datenbank zu definieren und darüberhinaus kann
ein Anwendungsprogramm mehrere davon verarbeiten. (In CODASYL und
TOTAL spricht man von der Datenbank, und ein Programm verarbeitet die
Daten in der Datenbank. Die Tatsache, daß IMS die Verarbeitung mehrerer IMS Datenbanken durch ein Programm zuläßt, ist eher eine Notwendigkeit als eine Stärke.)

197o erkannte IBM die Schwachstellen in ihrem reinen hierarchischen
Konzept und führte eine umfangreiche Erweiterung in IMS/2 ein. Man
ließ zu, daß jeder member Satztyp mit zwei owner Satztypen in Beziehung stehen konnte. Die Idee, eine Reihe von hierarchischen Datenbanken zu definieren, wurde notwendigerweise verankert. Es war jedoch
nun möglich eine zweite Beziehung zwischen einem Satztyp in der einen
Hierarchie und einem anderen Satztyp zu definieren, der in einer anderen Datenbank sein konnte.

Um nun zwischen den zwei möglichen owner Satztypen zu unterscheiden, wurde der eine, der sich in der gleichen Datenbank wie der betrachtete Satztyp befand als physical parent und der andere als logical parent bezeichnet. Darüberhinaus wird eine Datenbank, wie definiert, als physische Datenbank bezeichnet. Bei der Vorstellung des
Subschema Konzeptes in IMS wird das Konzept der logischen Datenbank
(logical data base) verdeutlicht.

Die Abbildung 22.6 stellt zwei physische Datenbanken und eine logische Beziehung zwischen ihnen dar.

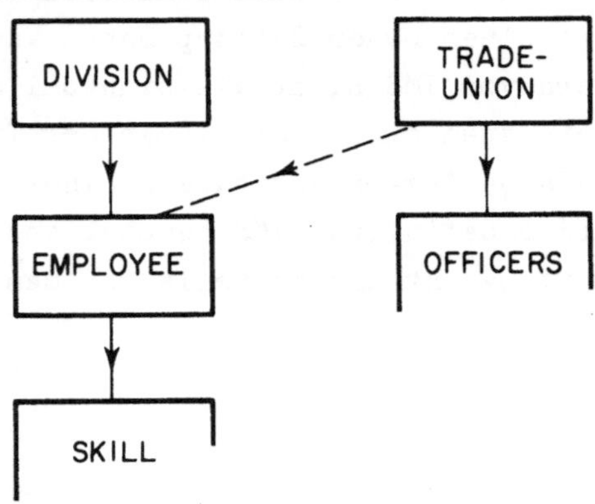

Abb. 22.6 Logische Beziehung

Jeder Satztyp kann ein physical parent und nicht mehr als ein logical parent haben. Eine nützliche Vereinbarung in IMS besteht darin, die physische Beziehung als durchgezogene Linie und die logische Beziehung als gestrichelte Linie darzustellen. (Dies darf nicht mit der CODASYL storage class (siehe Abschnitt 7.1) verwechselt werden, wo man die gestrichelte Linie für die member Beziehung 'manual' und die durchgezogene Linie für 'automatic' benutzt.) Mit hierarchischen Strukturen und logischen Beziehungen kann man Netzstrukturen darstellen.

Vor Abschluß der Bemerkungen zu den logischen Beziehungen ist es nützlich, den IMS/VS DB Primer zu diesem Thema zu zitieren.[1]

'Regeln zur Definition von logischen Beziehungen in physischen Datenbanken

Logical child

1. Ein logical child Segment muß genau ein physical parent Segment und genau ein logical parent Segment haben.
2. Ein logical child Segment wird als physical child Segment in der physischen Datenbank seines physical parent Segments definiert.
3. Ein logical child Segment kann in seiner physischen Datenbank kein weiteres logisches child Segment als unmittelbar abhängiges Segment haben.

Logical parent

1. Ein logical parent Segment kann auf jeder Ebene einer physischen Datenbank, inclusive der Root Ebene, definiert werden.
2. Ein logical parent Segment kann ein oder mehrere logical child Segmenttypen haben.
3. Ein Segment in einer physischen Datenbank kann nicht gleichzeitig als logical parent und logical child definiert werden.
4. Ein logical parent Segment kann in der gleichen oder einer anderen Datenbank wie sein logical child Segment definiert werden.

Physical parent

1. Ein physical parent eines logical child kann nicht auch ein logical child sein. (Das ist die gleiche Regel wie in 3. für das logical child.)'

Darüberhinaus sei erwähnt, daß Wechselbeziehungen bestehen zwischen der Definition von logischen Beziehungen und der Art, wie Satztypen auf den Speicher abgebildet werden.

22.4 Abbildung von Satztypen auf den Speicher

Nach der Feststellung, daß jede IMS Datenbank aus einer hierarchischen Struktur besteht, gilt das nächste Interesse der Art und Weise wie solche Strukturen auf den Speicher abgebildet werden. Im Gegensatz zu TOTAL (wo keine Alternativen zur Verfügung standen) bietet IMS mehrere Möglichkeiten an, die sich jedoch sehr stark von denen unterscheiden, die normalerweise in einem CODASYL System angeboten werden.

Zunächst ist es in einem CODASYL System möglich (und notwendig), einen location mode (siehe Abschnitt 4.4) für jeden Satztyp in der Datenbank auszuwählen. In IMS muß man eine Zugriffsmethode für eine ganze physische Datenbank auswählen.

Folgende vier Zugriffsmethoden stehen zur Verfügung:

HSAM	Hierarchical Sequential Access Method
HISAM	Hierarchical Indexed Sequential Access Method
HDAM	Hierarchical Direct Access Method
HIDAM	Hierarchical Indexed Direct Access Method

Beim Vergleich mit dem CODASYL Konzept scheinen diese vier Zugriffsmethoden wenige Aspekte gemein zu haben. Der Root Segmenttyp kann als Satztyp mit einem location mode CALC betrachtet werden, wobei CALC nicht notwendigerweise Erzeugung von Zufallszahlen bedeutet (siehe Abschnitt 4.5). Die anderen Satztypen auf den unteren Ebenen in der Datenbank könnten alle einen location mode VIA Set haben (siehe Abschnitt 4.7), da es einen klaren Hinweis gibt, Sätze des gleichen Typs so nahe wie möglich beieinander und zu deren owner (oder parent) zu speichern, obwohl die Nähe zueinander von der benutzten Zugriffsmethode abhängt.

Die prinzipielle Absicht bei HSAM bestand in der Speicherung einer Datenbank auf Magnetband. Dadurch unterscheidet sie sich von den anderen drei Zugriffsmethoden. Die Änderung einer physischen HSAM Datenbank unterscheidet sich von der Änderung der anderen drei. Darüberhinaus ist es auch sinnlos, für Satztypen in einer HSAM Datenbank logical parents zuzulassen oder sie als logical parent zu definieren.

Außerdem gibt es in HSAM keine Protokollmöglichkeiten. HSAM wird
generell kaum benutzt. HISAM benutzt die bekannte index-sequentielle
Zugriffsmethode, wobei ein Element im Root Segmenttyp als Primärschlüssel dient. Es ist in HISAM möglich, die Satztypen auf der zweiten Ebene (das sind die 'children' des Root Segmenttpys) mit einzu-
beziehen. Hierdurch bewirkt man, daß der Schlüssel auf der zweiten
Ebene mit dem im Root zum ISAM Schlüssel konkateniert wird, wodurch
es dann möglich ist, Sätze auf der zweiten Ebene direkt aufzusuchen.

In HDAM werden die Root Segmente an einem Ort gespeichert, der
durch einen, vom Benutzer geschriebenen, Hash-Algorithmus bestimmt
wird, der durchaus von der Art sein kann, wie er für ein CODASYL System besprochen wurde (siehe Abschnitt 4.5). In HIDAM werden die Root
Segmente in annäherungsweise aufsteigender Reihenfolge ihres Schlüssels gespeichert und durch Benutzung eines separaten Index aufgesucht. Sowohl in HDAM als auch in HIDAM wird jedes Segment auf einer
tieferen Ebene mittels Zeigerketten von seinem owner (parent) aus gespeichert und aufgesucht. Die Sätze auf den tieferen Ebenen werden
nach einem ziemlich komplexen Verkettungsalgorithmus gespeichert. Die
gleiche Technik zur Speicherung von Sätzen auf tieferen Ebenen wird
bei HIDAM benutzt, der Root Segmenttpy wird jedoch mittels einer ISAM
Technik und nicht einer Hash Technik gespeichert.

Eines der Ziele von IMS besteht darin, den jeweiligen relativen
Aufwand zu kontrollieren und gleichzeitig dem Benutzer zu erlauben,
die Zugriffsmethode für eine Datenbank zu ändern. Während man vielleicht eine HSAM Datenbank in eine andere ändern möchte, so ist es
aber wenig wahrscheinlich, daß man eine Datenbank in eine HSAM Datenbank überführen möchte. Damit brauchen die Programmierer, die Programme zur Verarbeitung von IMS Datenbanken schreiben, nicht zu wissen, ob eine HISAM, HDAM oder HIDAM Datenbank vorliegt. Ist das Programm ein reines Suchprogramm, dann braucht der Programmierer auch
nicht zu wissen, ob die vorliegende Datenbank eine HSAM Datenbank ist
oder nicht. Die Erfahrung hat jedoch gezeigt, daß die Wahl einer Zugriffsmethode kritisch sein kann und daß es beträchtliche Unterschiede in der Ausführungszeit zwischen der richtigen und der falschen Zugriffsmethode für eine bestimmte Situation geben kann.

22.5 Abbildung von Set-Typen auf den Speicher

Die Art und Weise wie ein Set-Typ in IMS im Speicher dargestellt
wird, könnte eine Eigenschaft einer vollständigen physischen Datenbank oder eines einzelnen Set-Typs, wie im CODASYL Konzept, sein.
Im Gegensatz zu TOTAL, das nur zweiseitig gerichtete Verkettungen
benutzt (siehe Abschnitt 21.5), gibt es in IMS mehrere Optionen. Die
Optionen unterscheiden sich von denen bei CODASYL (siehe Abschnitte
5.4 und 5.8) sehr stark, obwohl in Erinnerung gerufen werden muß,
daß die neueren Überlegungen bei CODASYL dahin gingen, dies zu einem
Aspekt für den Hersteller zu machen, da der Programmierer darüber zu
dem Zeitpunkt, zu dem er seine Programme schreibt, darüber nichts
zu wissen braucht. Daß es für die verschiedenen IMS Optionen kein
Äquivalent in CODASYL gibt, soll die Terminologie von IMS benutzt
werden.

Jede Option benutzt Zeiger. Die Optionen werden durch die Art der
Zeiger identifiziert, die in den verschiedenen Sätzen einer Datenbank
gespeichert sind. Nicht alle Optionen stehen bei allen drei Zugriffsmethoden, die Direktzugriffsspeicher benutzen, zur Verfügung. Die
Wahl hängt davon ab, wie die Sätze auf den tieferen Ebenen einer
Struktur gespeichert sind. Dieses Thema wurde im vorausgegangenen Abschnitt nicht besprochen. Es kann aber hoffentlich zum Ausdruck gebracht werden, daß die getroffene Wahl für eine Zugriffsmethode und
die Zeigeroption Kombinationen ziemlich kritisch sein können, da ein
Programm durchaus korrekt funktionieren kann, jedoch bei mehreren
Kombinationen nicht effizient ist.

Für IMS Zeiger gibt es zwei grundsätzliche Alternativen. Die erste
Alternative besteht aus einem Zeiger von jedem owner Satz zum ersten
member Satz im Set (in IMS Begriffen: ersten child) und einem Zeiger
von jedem Satz zum nächsten (forward twin). Dieser letztere Zeiger
verweist auch von einem Root Segment Exemplar zum nächsten. In Abbildung 22.7 ist diese Alternative für die in Abbildung 22.2 gezeigte
Struktur dargestellt.

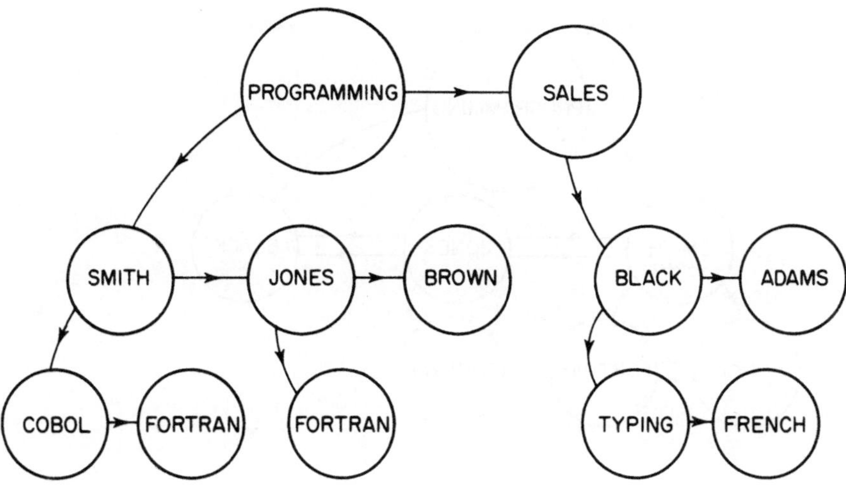

Abb. 22.7 First child - forward twin

Es ist möglich, bei dieser Alternative weitere Zeiger hinzuzufügen.
Folgende drei zusätzliche Zeiger sind möglich:

1. Last child
2. Backward twin
3. Parent

Jede Kombination oder eine Auswahl dieser drei kann zu den beiden
grundsätzlichen Alternativen hinzugefügt werden. Bei dieser Alternative ist es möglich, die Zeiger je Beziehung auszuwählen. Es ist
jedoch üblicher, die Zeiger für eine komplette physische Datenbank
auszuwählen.

Beispiele für die beiden grundsätzlichen Zeiger sowie einige der
nützlicheren zusätzlichen Optionen werden in den Abbildungen 22.8,
22.9 und 22.1o für eine einzelne physische Datenbank zum Ausdruck
gebracht.

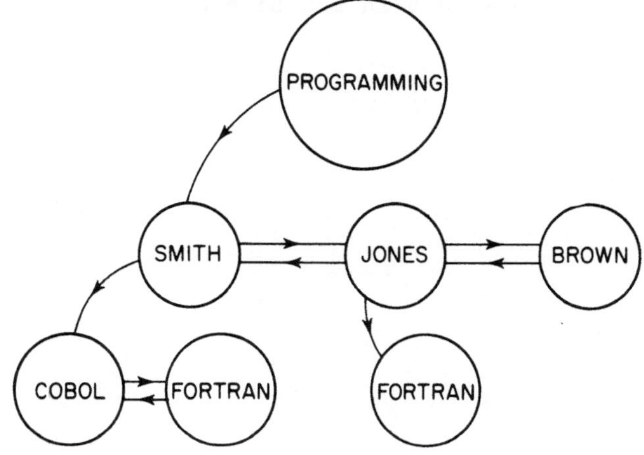

Abb. 22.8 First child - twin forward und backward

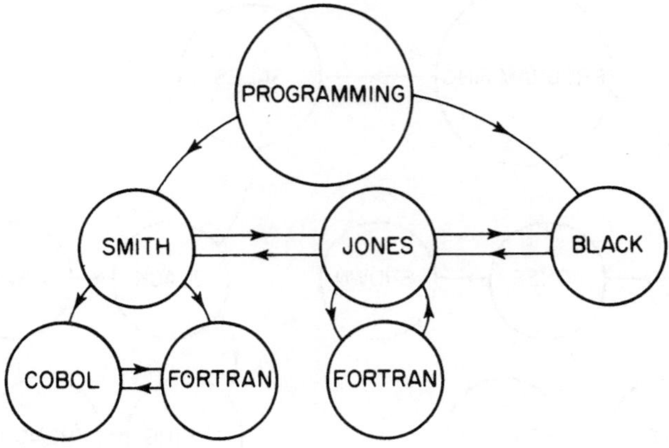

Abb. 22.9 First und last child - forward und backward twin

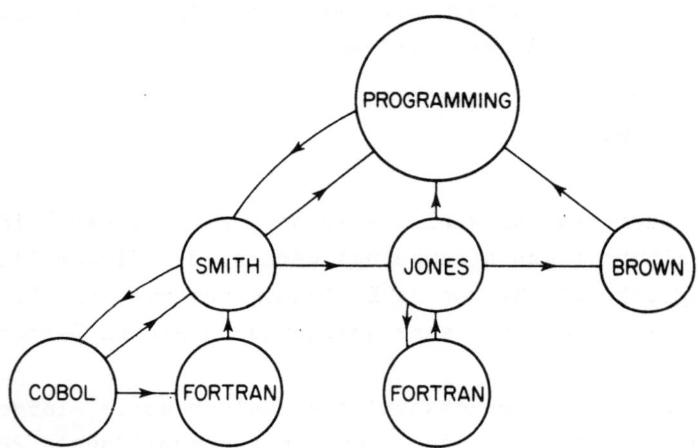

Abb. 22.1o First child, forward twin und parent

Es ist wichtig, darauf hinzuweisen, daß die Zeiger bei dieser
Alternative sowohl für physische als auch für logische Beziehungen
definiert werden können. Es ist in der Tat üblich, von physisch und
logisch zu sprechen, um die Klasse der Zeiger zu bestimmen, z.B.

    first physical child
    forward physical twin
    backward physical twin
    physical parent

und bei logischen Beziehungen

    first logical child
    forward logical twin
    backward logical twin
    logical parent

Die andere alternative Klasse von Zeigern wird als hierarchisch
bezeichnet. Diese können für eine komplette physische Datenbank definiert werden. Innerhalb dieser Alternative gibt es zwei Optionen –
Einwege und Zweiwege hierarchische Zeiger. Es ist wichtig, darauf hinzuweisen, daß es Restriktionen bzgl. der gleichzeitigen Benutzung der
ersten und zweiten Zeigerklasse für die gleiche physische Datenbank
gibt.

Einwege hierarchische Zeiger sind in Abbildung 22.11 und Zweiwege
hierarchische Zeiger in Abbildung 22.12 dargestellt.

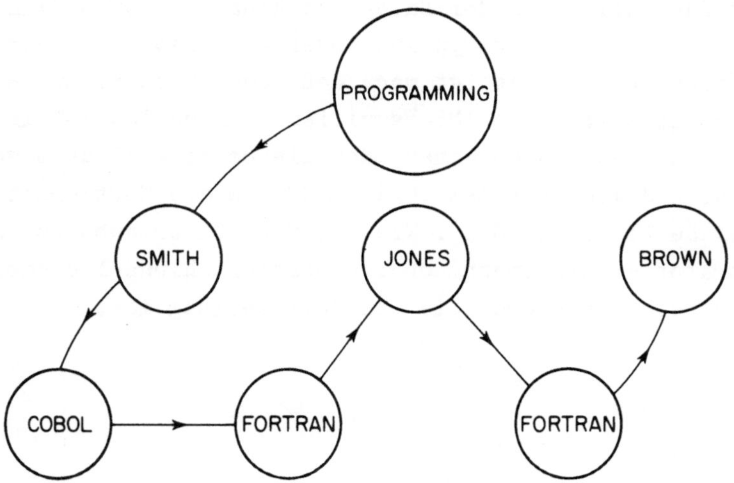

Abb. 22.11 Einwege hierarchische Zeiger

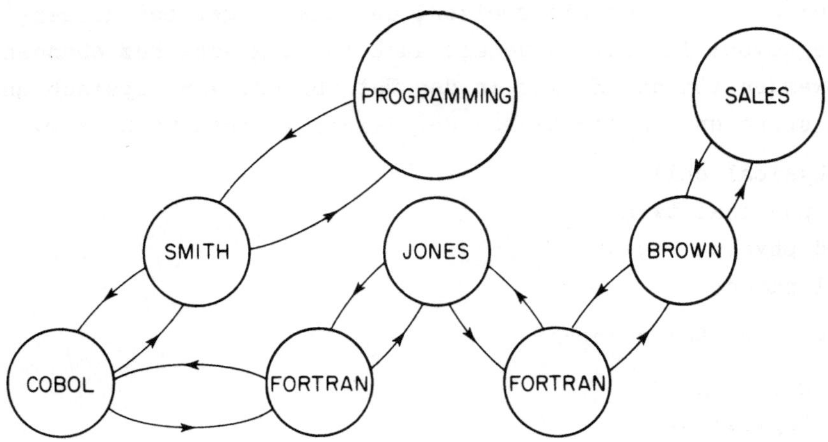

Abb. 22.12 Zweiwege hierarchische Zeiger

Eine Reihe von Kommentaren sind notwendig bzgl. dieser verschiedenen
Zeigeroptionen. Die Grunddefinition ist First Child - Forward Twin
(Abbildung 22.7), die die Meinung der Hersteller über die nützlich-
ste Option zum Ausdruck bringt. Die hierarchischen Zeiger mögen etwas
fremd erscheinen solange man nicht weiß, wie eine der FIND Optionen
(GET NEXT) funktioniert.

22.6 Set-Reihenfolge

Zum Zeitpunkt der Definition der Datenbank kann der Datenadministrator ein Element für jeden Satztyp auf jeder tieferen Ebene als Folgeelement auswählen. Berücksichtigt man, daß jeder Satztyp auf einer
tieferen Ebene ein member (in IMS Begriffen: ein child) ist in genau
einem Set-Typ, so kann man erkennen, daß dieses Folgeelement genau
dem entspricht, was man in einem CODASYL System als Sortierschlüssel
bezeichnet (siehe Abschnitt 6.3). Wie bei CODASYL erlaubt es IMS dem
Datenadministrator zu bestimmen, ob ein Sortierschlüssel eindeutig
ist oder nicht, wobei ersteres die Grundeinstellung ist.

Das IMS Folgeelement spielt in der Semantik der DML Anweisungen eine große Rolle, wie man später in diesem Kapitel noch erkennen wird. Zum augenblicklichen Zeitpunkt ist es interessant, darauf hinzuweisen, daß die CODASYL, TOTAL und IMS Ansätze ganz und gar unterschiedliche Lösungen für die Set-Reihenfolge anbieten. Im Falle eines CODASYL Systems wurde vorgeschlagen (siehe Abschnitt 6.3.1), daß ein guter Grund für die Definition eines sortierten Set-Typs vorliegen müsse.

22.7 Suchschlüssel

Die älteren IMS Versionen unterstützten keine Art der Sekundärindizierung. Die neueren Versionen, nämlich IMS/VS, brachten jedoch eine relativ mächtige und komplexe Sekundärindexeinrichtung. Diese entspricht mehr der neuen Vorstellung von CODASYL eines globalen Suchschlüssels anstatt des anderen 'satzinternen Suchschlüssels' (siehe Abschnitt 6.1o).

In IMS kann sowohl ein Root Segmenttyp als auch ein abhängiger Segmenttyp einen Sekundärindex haben. In letzterem Fall gibt es eine interessante Erweiterung. Es ist möglich, ein Element in einem member Satztyp zu benutzen, um auf den owner Satztyp zu verweisen. Der owner muß das physical parent Segment und nicht das logical parent Segment sein.

Die Sekundärindextabelle ist ihrerseits eine physische IMS Datenbank. Es sollte darauf hingewiesen werden, daß dies zu der Tatsache paßt, daß in IMS/VS die Satztypen auf den tieferen Ebenen variable Längen haben können.

22.8 Storage Class und Removal Class

Das Konzept der storage class (siehe Abschnitt 7.1) wird in IMS nicht angeboten. Dies ist eine andere Art, zum Ausdruck zu bringen, daß jeder member Satztyp ein 'automatic' member in dem einen oder den zwei Set-Typen ist, an denen er beteiligt ist. Die Art und Weise, Probleme zu vermeiden, entspricht genau der in TOTAL (siehe Abschnitt 21.8).

Removal class (siehe Abschnitt 7.2) betrifft die Semantik der ERASE Anweisung (siehe Abschnitt 16.3). In IMS heißt dies DELETE und funktioniert genau wie ein ERASE ALL (siehe Abschnitt 16.3.2). Mit anderen Worten, wenn ein Satz gelöscht wird, dann werden auch alle

seine abhängigen Sätze in der physischen Datenbank gelöscht. Ist der
gelöschte Satz parent in einer logischen Beziehung, dann gibt es eine
zusätzliche Flexibilität - und Komplexität.

22.9 Set-Auswahl

Es gibt keine Optionen für eine Set-Auswahl in IMS, die auch anders
als der einfache Ansatz in TOTAL funktioniert. In der Wirkungsweise
entspricht die IMS Lösung einer der weniger benutzten Optionen in
CODASYL, der hierarchischen Set-Auswahl (siehe Abschnitt 8.6). Der
Pfad durch die Hierarchie beginnt bei IMS jedoch immer beim Root Segment und wird durch die Folgeelemente definiert, die im Zusammenhang
mit der Set-Reihenfolge (siehe Abschnitt 22.6) besprochen wurden.

Die Wirkung bleibt die gleiche wie bei den meisten CODASYL Optionen, die Verantwortung für die Definition des Pfades liegt nämlich
beim Programmierer. Dies sollte man mit dem TOTAL Konzept (siehe Abschnitt 21.9) vergleichen, das auf der Wiederholung von Datenelementen
in den member Satztypen aufbaut.

22.1o Subschema

In IMS ist die Schemasicht der Daten eine Netzstruktur, die durch
eine oder mehrere physische Hierarchien definiert wird, die möglicherweise durch logische Beziehungen verknüpft sind. Die Definition eines
Subschemas ist ein zweistufiger Prozeß.

Auf der ersten Stufe wird die im Schema definierte Netzstruktur
auf eine oder mehrere Hierarchien reduziert, die man als logische
Datenbanken bezeichnet, um sie von den ursprünglich im Schema definierten physischen Datenbanken zu unterscheiden. Das Root Segment
jeder logischen Datenbank muß Root Segment einer physischen Datenbank oder möglicherweise ein Segment sein, auf das man direkt über
einen Sekundärindex zugreifen kann. Die abhängigen Segmente in einer
bestimmten logischen Datenbank müssen auf den im Schema definierten
Pfaden liegen (mit anderen Worten, sie müssen über physische oder
logische Beziehungen zusammenhängen).

Eine logische Datenbank kann Segmenttypen aus zwei oder mehreren
physischen Datenbanken enthalten.

Auf der zweiten Stufe wird die Subschemasicht für ein bestimmtes Programm definiert. Dies geschieht durch die Benutzung eines Program Specification Blocks (PSB). Jeder dieser PSBs enthält einen oder mehrere Program Communication Blocks (PCBs). Jeder PCB definiert einen Teil einer Hierarchie als logische Datenbank.

Die für das Subschema Konzept relevante IMS Terminologie lautet wie folgt. Man bezeichnet einen Segmenttyp für ein Programm als sensitiv, wenn er im PCB für das Programm enthalten ist; daraus folgt der Ausdruck Segmentsensivität (segment sensitivity). Ein Problem tritt dann auf, wenn ein Programm für einen Segmenttyp sensitiv ist, jedoch nicht für die abhängigen Segmenttypen. Löscht das Programm ein Segment eines Typs, für den es sensitiv ist, dann werden alle abhängigen Segmente, ob sensitiv oder nicht, auch gelöscht.

Eine interessante Einrichtung der PCB Definition besteht in der Notwendigkeit, für jeden sensitiven Segmenttyp eine oder mehrere Verarbeitungsoptionen (processing options) anzugeben.

Ist es beispielsweise einem Programm erlaubt, Segmente eines bestimmten Typs aufzusuchen, dann wird die Verarbeitungsoption G (für GET) zugewiesen. Jeder Versuch, ein Segment dieses Typs zu löschen oder zu ersetzen wäre dann erfolglos. Eine Erweiterung dieses Konzeptes der Verarbeitungsoptionen ist die Alternative K (für Key), wodurch das Programm nur für das Schlüsselelement im Satztyp sensitiv ist.

22.11 Konzepte der Datenmanipulationssprache

Wie bereits früher in diesem Kapitel darauf hingewiesen wurde, werden alle Zugriffe auf die Datenbank von der Wirtssprache aus (siehe Abschnitt 13.2) normalerweise durch eine CALL Anweisung durchgeführt. Vor nicht allzu langer Zeit wurden zwei Prozessoren COBIMS und PLIMS angekündigt, die es dem Programmierer ermöglichen, IMS Anweisungen in einer natürlichsprachlichen Form in COBOL und PL/1 Programmen zu schreiben. Hier soll eine Beschränkung auf die CALL Anweisung erfolgen.

Das Format der CALL Anweisung für COBOL hat folgende Form:

```
CALL 'CBLTDLI' USING parameter-count, function,
PCB-name, I/O area, SSA-1, ..., SSA-n
```

In dieser Liste gibt 'function' den Namen des aufgerufenen Anweisungstyps wieder. Beispiele für gültige Funktionscodes sind GU, GN, GNP, ISRT, DLET, REPL. Die drei ersten stellen GET Optionen dar, während die letzten drei die Grundänderungsoptionen sind - einfügen (insert), löschen (delete) und ersetzen (replace).

'PCB-name' bezeichnet einen Speicherbereich, der in der Linkage Section der Data Division des Programms enthalten sein muß und in der Phase der Subschema Definition definiert sein muß (in IMS als PSBGEN bezeichnet). Der Speicherbereich im Programm enthält eine Anzahl wichtiger Parameter, einschließlich der folgenden

1. Name der Datenbank
2. Statuscode (zur Kommunikation mit dem aufrufenden Programm)
3. Segmentname (auch zur Rückkopplung zum aufrufenden Programm)
4. Länge des 'feedback' Schlüssels
5. Key feedback area

Das meiste dieser sogenannten 'PCB Maske' dient in der Tat zur Rückkopplung vom System zum Programm.

Der 'I/O area' Parameter in der Liste bestimmt den Ort im Programm, an dem ein Satzexemplar im Anschluß an einen erfolgreichen Suchprozeß plaziert wird, oder wo es für einen Einfüge- oder Löschprozeß gefunden werden kann. Die I/O area erfüllt die gleiche Rolle wie der Satzbereich in CODASYL (siehe Abschnitt 12.4). Bei IMS wird dieser jedoch vom Benutzer definiert.

Die Parameter SSA-1, ... SSA-n bestimmen Hauptspeicherbereiche, in denen der Programmierer seine sogenannten Segment Suchargumente (segment search arguments, SSA) gespeichert hat. Das Konzept des Segment Sucharguments stellt einen sehr großen Teil der Semantik der IMS DML dar und macht deshalb eine Erläuterung erforderlich.

22.11.1 Segment Suchargumente

Jede IMS CALL Anweisung kann ein oder mehrere SSAs haben. Sie wird dann als qualifiziert bezeichnet. Enthält sie kein SSA, dann wird sie als unqualifiziert bezeichnet.

Es gibt folgende drei Formatklassen für ein SSA:

1. Segmentname
2. Segmentname, Elementname, relationaler Operator, Referenzgröße

3. Segmentname, Elementname, relationaler Operator, Referenzgröße   boolescher Verknüpfungsoperator, Elementname, relationaler Operator, Referenzgröße ....

Der relationale Operator kann einer der sechs standardmäßigen sein
und der boolesche Verknüpfungsoperator einer der beiden üblichen. Die
Betrachtungen sollen hier auf die ersten beiden Formatklassen beschränkt bleiben.

Es ist wichtig, darauf hinzuweisen, daß diese Segment Suchargumente
Bereiche im Anwendungsprogramm sind, wodurch es für den Programmierer
möglich ist, den Inhalt der Bereiche durch die Übertragung entsprechen-
der Werte zu verändern. Dies eröffnet viele Möglichkeiten für den
unternehmungslustigen Programmierer.

Die Bedeutung des Segment Sucharguments variiert etwas in Abhängigkeit der Funktion, bei der es benutzt wird. Dies wird noch gezeigt
werden.

22.11.2 Suchanweisungen

Die IMS GET Anweisung ist eine Kombination der CODASYL FIND (siehe
Abschnitt 15.2) und GET (siehe Abschnitt 15.8) Anweisungen. Nach der
erfolgreichen Ausführung einer IMS GET Anweisung findet man einen
Satz in dem als 'I/O area' bezeichneten Bereich. Welcher Satz dies
ist, hängt von der benutzten GET Option ab und dem Vorhandensein bzw.
den Werten der Segment Suchargumente.

GET UNIQUE, abgekürzt GU, ist die 'zufällige' FIND Anweisung in IMS
(siehe Abschnitt 15.4). Man kann die Segment Suchargumente zur Definition eines Pfades von der Spitze bis zu einer tieferen Ebene in der
Hierarchie benutzen. Der tatsächlich gesuchte Satz befindet sich notwendigerweise auf der untersten spezifizierte Ebene des Pfades.

GET NEXT, GN, ist die einfachere von zwei 'relativen' FIND Optionen in IMS (siehe Abschnitt 15.5). GET NEXT dürfte häufig ohne Segment Suchargumente benutzt werden, um auf den Satz in der Hierarchie
zuzugreifen, der der nächste bzgl. des zuletzt gefundenen ist (Current of Run-Unit).

Es ist interessant, diese IMS GET NEXT Anweisung mit der CODASYL
FIND NEXT IN SET zu vergleichen (siehe Abschnitt 15.5.1). Letztere
hört am Ende eines Set Exemplars auf. Mit der IMS Anweisung ist es
möglich, auf diese Weise bis zum letzten Satz der Datenbank vorzu-

dringen. Der Pfad ist am besten in Abbildung 22.11 wiedergegeben.
GET NEXT folgt der hierarchischen Verarbeitungsregel, von oben nach
unten, von links nach rechts. Gibt es kein Segment Suchargument
(d.h. ist die Anweisung unqualifiziert), dann geht sie um eine Stufe
tiefer und sucht dort den ersten Satz auf. Ist ein Satz owner von
zwei member Sätzen, dann wird die im PCB für die member Sätze definierte Reihenfolge eingehalten. Hat der aktuelle Satz keine abhängigen Sätze, dann wird der nächste Satz des gleichen Typs gesucht und
falls dies fehlschlägt, der nächste Satz des parent Satztyps.

Die andere relative FIND Option ist das GET NEXT WITHIN PARENT,
GNP, das nützlich ist, wenn man eine Teilstruktur unterhalb eines
bestimmten Satzexemplars sequentiell verarbeiten möchte. Die IMS
Dokumentation spricht von dem interessant klingenden Problem 'set-
ting parentage'. Dies geschieht immer bei der erfolgreichen Durchführung einer GET UNIQUE oder einer GET NEXT Anweisung. Wenn diese
'parentage' einmal gesetzt ist, dann wird sie durch eine nachfolgende
GNP Anweisung nicht modifiziert. Dies könnte jedoch eine nachfolgende
GU oder GN Anweisung bewirken.

Vor einer Besprechung der Änderungsanweisungen muß die Rolle der
HOLD Option dargestellt werden. Um einen Satz in der Datenbank zu ersetzen oder zu löschen, muß das Programm ihn zuerst finden. Um diesen
dann ändern zu können, muß der Programmierer eine HOLD Option in die
GET Anweisung einbauen. Mit der Angabe HOLD teilt der Programmierer
dem System mit, daß der Satz geändert werden muß. Anstelle der Funktionscodes GU, GN und GNP benutzt er dazu GHU, GHN und GHNP. Die detaillierte Semantik dieser Optionen in einem konkurrierenden Verarbeitungsmodus ist wiederum sehr komplex. Der Programmierer braucht
sich jedoch nicht um eine solche Semantik zu kümmern.

22.11.3 Änderungsanweisungen

Es gibt die folgenden drei Änderungsanweisungen:

    DLET   Löschen
    REPL   Ersetzen
    ISRT   Einfügen

Die DLET Anweisung wirkt primär auf einen Satz, der durch eine der GET und HOLD Anweisungen erfolgreich gefunden wurde. Im Gegensatz zu TOTAL (siehe Abschnitt 21.12.2) bewirkt ein Löschen in IMS das Löschen aller abhängigen Sätze wie bei der CODASYL ERASE ALL Anweisung (siehe Abschnitt 16.3.2). Dies gilt für alle abhängigen Sätze, ob diese bzgl. des auszuführenden Programms sensitiv sind oder nicht. Darüberhinaus kann dies auch auf logische Beziehungen Einfluß haben. Eine Sicherung scheint die vorherige Definition der geeigneten Verarbeitungsoption im PCB für den obersten zu löschenden Satz zu sein. Eine andere besteht darin, daß man für die DLET Anweisung keine Segment Suchargumente spezifizieren kann.

Die REPL Anweisung wirkt ebenfalls auf einen Satz, der vorher erfolgreich durch ein GET und HOLD gefunden wurde. Die Modifikation dieses Satzes muß in der 'I/O area' erfolgt sein, bevor die REPL Anweisung ausgeführt wird. Es ist nicht möglich, den Wert des Folgeelements zu ändern (siehe Abschnitt 22.6). Dies ist eine ziemlich verwirrende Restriktion, die man in der TOTAL MODIFY Anweisung (siehe Abschnitt 21.12.3) nicht findet, da es dort kein derartiges Folgeelement gibt. Man findet dies aber auch nicht bei sortierten Sets in CODASYL. Um dieses Problem in IMS zu bewältigen ist es notwendig, den Satz erst zu löschen und dann mit einem neuen Folgeelementwert wieder einzufügen. Der Programmierer muß geeignete Schritte zur Behandlung von Teilstrukturen unternehmen, die er beibehalten möchte. Das kann eine sehr komplexe Situation hervorrufen, die außerhalb des Bereiches dieser Besprechung liegt.

Die ISRT Anweisung darf nicht verwechselt werden mit der anderen, weit verbreiteten Form der CODASYL CONNECT Anweisung (siehe Abschnitte 13.8 und 16.6). Die IMS ISRT Anweisung kann mit der CODASYL STORE Anweisung verglichen werden (siehe Abschnitt 16.4). Die volle Semantik der ISRT Anweisung ist wiederum sehr komplex. Eine vereinfachte Betrachtung einiger der Möglichkeiten mag hier genügen.

ISRT wird für das erstmalige Laden und nachfolgende Änderungen benutzt. Sie kann nicht zur Änderung einer HSAM Datei benutzt werden (aus verständlichen Gründen). Das Segment Suchargument wird normalerweise bei einer ändernden ISRT Anweisung dazu benutzt, um den vollständigen hierarchischen Pfad vom Root Segment bis zu der Stelle in der Hierarchie zu spezifizieren, an der das Segment eingefügt werden soll. Auf der Ebene, auf der das Segment eingefügt werden soll, bestimmt der Wert des Folgeelements im Satzbereich die Position. Spezielle Regeln

und Optionen kommen zur Anwendung, wenn identische Werte für ein
Folgeelement zulässig sind oder dort, wo es kein Folgeelement gibt.

22.11.4 Andere DML Anweisungen

Eine wichtige Eigenschaft von IMS ist das Fehlen einer OPEN bzw.
READY Anweisung (siehe Kapitel 14). Eine Datenbank wird für ein Programm automatisch bei Beginn der Verarbeitung eröffnet. Der Unterschied zwischen den beiden Verarbeitungsarten ändern und suchen (siehe
Abschnitt 14.2) wird effektiv durch die Spezifikation der Verarbeitungsoption im PCB erreicht. Wie bei TOTAL ist der Parallelverarbeitungsmodus UNRESTRICTED. Es ist aber auch möglich, das Äquivalent zu
'exclusive' auf Segmenttyp-Ebene zu spezifizieren.

22.12 Zusammenfassung von IMS

Im Vergleich zu CODASYL und TOTAL kann man IMS als gänzlich anderes
Konzept zur Datenbankverwaltung betrachten. Man kann TOTAL leicht als
vereinfachte Teilmenge der CODASYL Vorschläge deuten, während IMS
ganz und gar anders ist.

Die Betonung der Definition und Verarbeitung von hierarchischen
Strukturen vermittelt einen künstlichen Eindruck von Einfachheit, der
jedoch bald zerstreut wird, wenn man in die Semantik der DML zusammen
mit der mächtigen, aber komplexen Benutzung von Segment Suchargumen-
ten einsteigt.

Auf der Seite der Datendefinition würde eine Entscheidung für sortierte Set-Typen die gleiche Auswirkungen auf die Performance bei
großen Sets haben wie in einem CODASYL System.

Die DML steckt voller Schwierigkeiten, die der Programmierer eigentlich nicht zu berücksichtigen braucht, um korrekte Programme
schreiben zu können. Trotzdem kann er von der Kenntnis dieser Faktoren profitieren, wenn er ein effizientes Programm schreiben möchte.

Literaturhinweise

1. IMS/VS-DB Primer. IBM document No. S. 32o-5767.

Kapitel 23

Das ADABAS Konzept

23.1 Die Hauptkomponenten

Ein System, das nicht so stark verbreitet ist wie IMS und TOTAL, hat
dennoch einen immer stärker werdenden weltweiten Einfluß auf die Benutzer und verdient daher Aufmerksamkeit. Zum Zeitpunkt der Erstellung dieses Buches gab es zwei Implementierungen von ADABAS, eine für
IBM 36o/37o Anlagen und eine für SIEMENS 4oo4 Anlagen.

Die ADABAS Komponenten, entsprechend den im Kapitel 2 genannten,
sind:

Schema DDL	Kontrollkarten für das LOADER
	Hilfsprogramm
Datenmanipulations-	
sprache	ADABAS Kommandos

Es gibt keine Subschema DDL, obwohl es für den Programmierer normale
Praxis ist, in seinem Programm nur die Satztypen zu beschreiben, die
er zur Verarbeitung in seinem Programm benötigt. Einige der Kontroll-
kartenformate der LOADER Hilfsprogramme enthalten einige ähnliche
Eigenschaften, wie sie in einer DMCL enthalten sind.

23.2 Implementierung der DML

Die DML in ADABAS ist eine Erweiterung existierender Sprachen wie
COBOL, PL/1 und Assembler Sprachen. Jedes sogenannte ADABAS Kommando
besteht aus einem zwei-Zeichen Code, der in einen Kontrollblock eingebettet ist, auf den durch eine CALL Anweisung Bezug genommen wird.
Die CALL Anweisung hat das folgende Format:

```
CALL 'ADABAS' USING control-block, format-buffer,
record-buffer, search-buffer, value-buffer, ISN-buffer
```

Unabhängig davon, welche DML Anweisung benutzt wird, die CALL Anwei-
sung hat immer das gleiche Format. Der Programmierer muß in seinem
Arbeitsspeicherbereich einen oder mehrere Bereiche für jeden der sechs
Parameter der CALL Anweisung definieren.

Es gibt ein spezielles Inhaltsverzeichnis für den Kontrollblock
('control block'). Einer der Parameter wird häufig als 'COMMAND-CODE'
bezeichnet.

Dieser bestimmt, welche DML Anweisung aufgerufen wird. Die Bedeutung der Bereiche, die in den anderen Parametern gekennzeichnet sind, und die anderen Teile des Kontrollblocks werden durch diesen Code bestimmt.

23.3 Grundlegende Strukturierungskonzepte

ADABAS baut stärker als die drei anderen Konzepte auf der Benutzung von satzinternen Strukturen auf. Es benutzt jedoch auch Strukturen zwischen Satztypen auf eine interessante und lehrreiche Art und Weise, die sich sehr grundlegend von CODASYL, IMS und TOTAL unterscheidet.

ADABAS ist insofern CODASYL ähnlich, indem es eine vollständige Netzstrukturmöglichkeit erlaubt, wobei die einzige interessante Einschränkung dann auftritt, wenn eine der zwei Möglichkeiten zur Behandlung von Beziehungen zwischen Satztypen benutzt wird.

23.3.1 Satzinterne Strukturen

Während die satzinternen Strukturierungseigenschaften in anderen Konzepten durch die jeweilige Eigenschaft der Wirtssprachen bestimmt zu sein scheinen, besitzt ADABAS seine eigene, ziemlich einzigartige Einrichtung, die nicht kompatibel ist mit der von COBOL und PL/1. Der Grund dafür war vermutlich die ursprüngliche Absicht, daraus ein eigenständiges System zu machen. Die Nachteile dieser Klasse von Systemen wurden erkannt und so wurde es ein Wirtssprachensystem. Die nicht standardmäßige satzinterne Struktur wurde jedoch beibehalten.

Auf der obersten Stufe sind eine oder mehrere variable Wiederholungsgruppen (repeating groups) zulässig, d.h. null, ein oder mehrere Exemplare der Gruppe für jedes Satzexemplar. Darüberhinaus ist es möglich, Wiederholungsgruppen fester Länge zu definieren. Zusätzlich kann man Vektoren fester und variabler Länge entweder auf der obersten Stufe oder innerhalb einer Wiederholungsgruppe definieren. In ADABAS Terminologie ist ein Vektor ein multiples Feld ('multiple value field') und eine Wiederholungsgruppe eine Periodenfeldgruppe ('periodic group field').

23.3.2 Strukturen zwischen Satztypen

Strukturen zwischen Satztypen können auf zwei Arten behandelt werden. Beide hängen jedoch von dem Konzept ab, das man in ADABAS als Deskriptor bezeichnet. Dies ist grundsätzlich ein Suchschlüssel auf Satzebene in CODASYL (siehe Abschnitt 6.10.3), jedoch kein eindeutiger

Suchschlüssel. In der Tat besteht die einzige Möglichkeit, Eindeutig-
keit in einem dieser Suchschlüssel zu erreichen, indem man die notwendigen Prüfungen in das Programm übernimmt, das Sätze des Typs
ändert, für den ein eindeutiger Schlüssel gefordert wird.

Man kann für einen Satztyp einen oder mehrere dieser Suchschlüssel
definieren. (In ADABAS Terminologie heißt dies, daß es einen oder
mehrere Deskriptoren für eine Datei geben kann, wobei eine Datei alle
Sätze eines bestimmten Typs in der Datenbank enthält.) Um eine sinnvolle Beziehung zwischen zwei Satztypen aufbauen zu können, muß es
für jeden Satztyp Suchschlüssel geben. Darüberhinaus muß es möglich
sein, den Wert eines Suchschlüssels mit dem eines anderen zu vergleichen.

Die beiden Möglichkeiten zur Behandlung der Beziehung stellen sich
wie folgt dar. Es gibt eine explizite Möglichkeit, genannt Kopplung
('coupling'), die als Bestandteil des Ladeprozesses für eine Datenbank (durch Kontrollkarten) definiert werden kann.

Wird diese Möglichkeit benutzt, dann werden die beiden Dateien als
gekoppelt bezeichnet. Die Kopplung wird im Speicher durch die Benutzung von Index Techniken dargestellt. Darüberhinaus benutzt eine spezielle Multi-Satz FIND Anweisung die Kopplung, wenn ein bedingter
Ausdruck benutzt wird, der Bedingungen für Suchschlüsselelemente in
beiden Satztypen enthält. Da diese Benutzung implizit erfolgt, d.h.
da die Beziehung in der FIND Anweisung nicht explizit genannt wird,
ist auch keine Namensgebung in der Schema DDL erforderlich. Die Konsequenz ist offensichtlich, es kann dann nämlich nur einmal die Kopp-
lungsmöglichkeit zwischen jeweils zwei Dateien in der Datenbank benutzt werden.

Benutzererfahrung mit ADABAS hat gezeigt, daß diese Kopplungsmög-
lichkeit aus Speicherplatz- und Performancegründen nicht ganz zu-
friedenstellend ist. Da jedoch die Suchschlüsseleinrichtung auf Indextechniken beruht und außerdem, wenn Suchschlüssel für zwei Satztypen
definiert sind und wenn es, wie vorher, möglich ist, die Werte zu vergleichen, um Gleichheit zu erhalten, dann existiert eine Beziehung
zwischen den beiden Satztypen. Keine weitere Aktion braucht dann zu
erfolgen. Diese Situation wird am besten anhand von zwei Beispielen
erläutert.

Abbildung 23.1 zeigt zwei Satztypen, DEPT und EMPLOYEE. Angenommen, DEPT hat einen Suchschlüssel DEPT-NO und EMPLOYEE hat einen Suchschlüssel EMP-DEPT-NO.

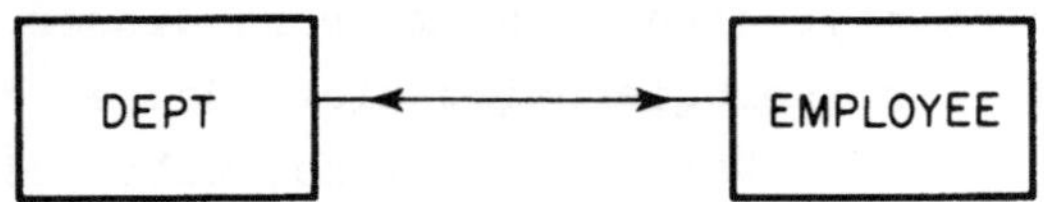

Abb. 23.1 ADABAS Beziehung - unglücklicherweise vom Typ
viele - zu - viele

Diese Namen sind absichtlich unterschiedlich, die zulässige Wertmenge ist jedoch für jeden gleich; mit anderen Worten, die Werte sind vergleichbar. Dieses Beispiel wurde gewählt, da man normalerweise DEPT-NO gerne als eindeutigen Schlüssel haben möchte. Wie schon angedeutet, gibt es in ADABAS keine Möglichkeit dies zu definieren. Auf der anderen Seite dürfte EMP-DEPT-NO kein eindeutiger Schlüssel sein, da es mehrere Mitarbeiter in einer bestimmten Abteilung geben dürfte.

Es ist möglich, alle Mitarbeiter einer bestimmten Abteilung herauszugreifen (nämlich das Set Exemplar, zu dem ein bestimmter Abteilung-Satz owner ist), wenn der Wert von DEPT-NO bekannt ist und festgestellt werden kann, daß es einen gleichen Wert für EMP-DEPT-NO gibt.

Auf der anderen Seite könnte ein Fehler auftreten und es könnte zwei Exemplare von DEPT mit dem gleichen Wert für DEPT-NO in der Datenbank geben. Dies würde Probleme aufwerfen.

Das zweite Beispiel zeigt in Abbildung 23.2 eine viele-zu-viele Beziehung zwischen PERSON und MASCHINE.

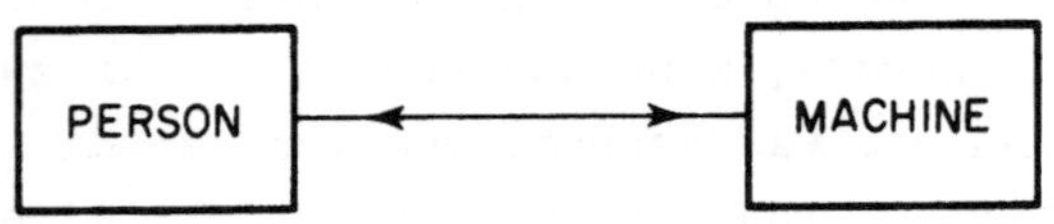

Abb. 23.2 ADABAS Beziehung - nützlicherweise vom Typ viele-zu-viele

Der Satztyp PERSON enthält einen Suchschlüssel namens MACHINE-
TYPE-CAN-OPERATE. Das bedeutet, daß es eine oder mehrere Maschinen
gibt, die er bedienen kann. Der Satztyp MACHINE enthält ein Element,
MACHINE-TYPE, das als Suchschlüssel definiert ist. Zu jedem Wert von
MACHINE-TYPE gibt es mehrere Exemplare von PERSON, die den gleichen
Wert wie MACHINE-TYPE-CAN-OPERATE enthalten.

Dies ist ein ziemlich realistisches Beispiel für eine nützliche
viele-zu-viele Beziehung. Eine Person kann mehrere Maschinen bedienen, nämlich die eines bestimmten Typs. Eine Maschine kann von mehreren Personen bedient werden, nämlich denjenigen, die in der Lage sind,
diesen Typ zu bedienen.

In ADABAS steht eine Einrichtung zur Verfügung, um einen zusätzlichen Grad an Komplexität zu behandeln, indem die satzinternen Strukturierungsmöglichkeiten mit den Strukturierungsmöglichkeiten zwischen
Satztypen kombiniert werden.

Zur Veranschaulichung könnte obiges Beispiel dahingehend erweitert
werden, daß man annimmt, daß eine Person in der Lage sein kann,
Maschinen verschiedener Typen zu bedienen. Dies bewirkt, daß sich
MACHINE-TYPE-CAN-OPERATE in einem Vektor befindet, aber immer noch
Suchschlüssel ist. Ähnlich könnte man sich vorstellen, daß einer bestimmten Maschine ein oder mehrere Typencodes zugeordnet sind. Das bedeutet, daß sich MACHINE-TYPES in einem Vektor des Satztyps MACHINE
befindet. Es kann auch weiterhin ein Suchschlüssel in diesem Satztyp
sein.

Obwohl dies für eine Analyse von ADABAS nicht besonders relevant
ist, so ist es doch hilfreich, zu erkennen, wie diese Situation etwa
in TOTAL oder einem CODASYL System behandelt würde. Dies ist in Abbildung 23.3 dargestellt.

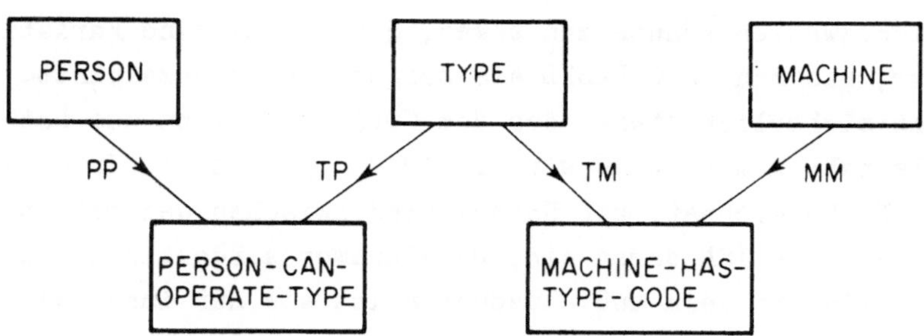

Abb. 23.3   Eine in CODASYL oder TOTAL benötigte Struktur zur
Behandlung eines ADABAS Problems

Es ist trotzdem fair, darauf hinzuweisen, daß die Semantik einer Manipulation unabhängig von der speziellen Strukturierungstechnik ist.

23.4 Abbildung von Satztypen auf den Speicher

In ADABAS gibt es kein location mode Konzept. Deshalb kann man im wesentlichen jeden Satz betrachten, als ob er den location mode SYSTEM hätte. In diesem Sinne kann man behaupten, daß der Benutzer keine Kontrolle darüber hat, wie ein Satztyp auf den Speicher abgebildet wird.

Es gibt kein Konzept eines Bereiches. Damit sollte man annehmen, daß alle Exemplare jedes Satztyps in einem Bereich gespeichert werden. Das bedeutet wiederum, daß man keine Kontrolle über die physische Zusammengehörigkeit von Sätzen unterschiedlichen Typs ausüben kann.

Trotzdem möchten die Benutzer häufig member Sätze nahe beim owner Satz speichern. Dies macht man in ADABAS häufig durch die Benutzung der Strukturierungsmöglichkeiten für die satzinterne Struktur. Es erübrigt sich, darauf hinzuweisen, daß diese Einrichtungen ein anderes Konzept zur Manipulation der Beziehung notwendig machen, als es bei einer Beziehung zwischen Satztypen benutzt wird.

23.5 Abbildung von Set-Typen auf den Speicher

Die Benutzung einer Index Technik zur Unterstützung von nicht-eindeutigen Suchschlüsseln gekoppelt mit der Anforderung, das Element in dem in Beziehung stehenden Satz zu wiederholen, ergeben zusammen das ADABAS Konzept für die Darstellung einer Set-Typ Beziehung im Speicher.
Die Technik veranschaulicht deutlich die Analogie zwischen einem Set-Typ und einem Suchschlüssel (in CODASYL Terminologie). Sie verdeutlicht auch die zusätzliche Flexibilität der Indizierung gegenüber der Benutzung von Hash-Techniken.

Zu Vergleichszwecken könnte man sagen, daß ADABAS eine Variation dessen benutzt, was man in CODASYL als Zeigerbereich bezeichnet. ADABAS besitzt sicherlich etwas, das dem CODASYL Konzept des Datenbankschlüssels nahe kommt. Dies wird in ADABAS jedoch als Interne Satznummer, ISN, bezeichnet. Der Unterschied zwischen den beiden besteht darin, daß eine ISN durch eine Dateinummer eindeutig in der Datenbank qualifiziert sein muß. Ansonsten ist sie nur innerhalb einer Datei eindeutig.

23.6 Set-Reihenfolge

In ADABAS gibt es kein Konzept für eine Set-Reihenfolge. Kennt man
die Darstellung von Set-Typen im Speicher durch das System, d.h. etwa
unter Benutzung von Suchschlüsselindizes, so scheint es, daß die zu
der CODASYL Set-Reihenfolge äquivalente Einrichtung in ADABAS entweder LAST oder IMMATERIAL sein dürfte.

23.7 Suchschlüssel

Wie bereits darauf hingewiesen wurde, bilden die Suchschlüssel einen
wesentlichen Aspekt im ADABAS Konzept. Die Einrichtung wurde schon
vorgestellt, um zu erläutern, wie die Strukturierung zwischen Satztypen behandelt wird. Man kann außerdem noch hinzufügen, daß ein
Suchschlüssel aus weit mehr als nur einem einzigen Elementarelement
bestehen kann. Er kann ein Vektor sein (wie bereits erwähnt wurde)
oder ein Element in einer Wiederholgungsgruppe. Suchschlüssel, bestehend aus mehreren Komponenten, sind auch möglich. Das bedeutet, daß
ein Suchschlüssel bis zu fünf Komponenten beinhalten kann, wobei eine
Komponente ein Element, ein Teil eines Elementes, ein Gruppenelement,
ein Element in einer Wiederholungsgruppe oder ein Vektor sein kann.
Diese Suchschlüssel, bestehend aus mehreren Komponenten, bezeichnet
man als Superdeskriptoren. Sie können in einem ad hoc Suchprogramm
sehr nützlich sein.

23.8 Storage Class und Removal Class

Wie bei IMS und TOTAL gibt es auch in ADABAS nichts Äquivalentes für
die beiden Konzepte. Wie man ein Problem, das dadurch entstehen könnte, behandelt, geschieht analog zu der Vorgehensweise in TOTAL (siehe
Abschnitt 21.8).

23.9 Set-Auswahl

Wie bei TOTAL gibt es auch bei ADABAS kein Konzept für eine Set-Auswahl. TOTAL ist jedoch in dem Sinne ähnlich zu CODASYL, indem es ausschließlich mit eins-zu-viele Beziehungen arbeitet und sich die Frage
erhebt, an welchen owner ein member Satz angehängt werden soll, wenn
der member Satz zuerst in der Datenbank gespeichert wird.

Diese Frage tritt in ADABAS erst gar nicht auf, da man sich vollständig an vielen-zu-vielen Beziehungen orientiert. Die Tatsache, daß ein Satztyp in Beziehung zu einem anderen Satztyp in der Datenbank steht ist bedeutungslos. Das Konzept der M-zu-N Beziehung läßt null-zu-viele, viele-zu-null, eins-zu-null usw. auf vollkommen gleicher Grundlage zu.

23.1o Subschema

Die Kommentare zu einer Subschema Einrichtung, die bzgl. TOTAL gemacht wurden (siehe Abschnitt 21.1o), treffen genauso für ADABAS zu.

23.11 Konzepte der Datenmanipulationssprache

Alle Zugriffe auf die Datenbank von einer Wirtssprache aus (siehe Abschnitt 13.2) müssen über eine CALL Anweisung erfolgen. Der erste der sechs Parameter identifiziert einen Kontrollblock, und ein Element im Kontrollblock enthält einen Codewert, der die durchzuführende Operation bestimmt. Ein anderes Element im Kontrollblock wird in ADABAS als Antwortcode bezeichnet, das genau dem CODASYL Datenbankstatus-Register entspricht (siehe Abschnitt 13.5).

ADABAS besitzt kein explizites Konzept für Currency Indikatoren, wenn man diese als vom System zur Verfügung gestellte Datenelemente betrachtet, die das System dazu benutzt, um darüber informiert zu sein, welchen Satz (eines bestimmten Typ, in einem bestimmten Set-Typ oder einem bestimmten Bereich) der Prozeß zuletzt aufgesucht oder eingespeichert hat. ADABAS verlangt vom Programmierer, Elemente in die Kontrollblöcke aufzunehmen, die einen Datenbankschlüsselwert (ISN) aufnehmen können. Solche Elemente spielen die Rolle von Currency Indikatoren.

Die 'command-id' kann dazu benutzt werden, sich logisch zueinander in Beziehung stehende calls zu merken, zum Beispiel wenn eine Reihe von 'relativen' FINDS (siehe Abschnitt 15.3) durch einen oder mehrere 'zufällige' FINDS unterbrochen wird.

23.12 DML Anweisungen

Jeden DML Anweisungstyp erkennt man an einem Kommandoblock bestehend
aus zwei Ziffern. Der Code ist eine Abkürzung des deutschen Begriffs
für die entsprechende Operation.

Ein Überbleibsel von früheren ADABAS Versionen, das wegen der Kompatibilität beibehalten wurde, besteht darin, daß mehrere der Kommandocodes zwei Formen haben, eine für Programme, die in einer Einzelprogrammumgebung ausgeführt werden, und die andere für Programme, die in einer Umgebung ausgeführt werden, in der zwei oder mehr Programme (in Wirklichkeit Prozesse) auf die gleiche Datenbank gleichzeitig zugreifen können. Die Multi-Programm Version funktioniert jetzt gleich gut in einem Einzel-Programm Modus.

Ebene	DBLTG Name	Name	ADABAS Code
Realm	READY	OPEN	OP
	FINISH	CLOSE	CL
Nur Satz	FIND	FIND	Mehrere
	STORE	ADD	N1
	ERASE	DELETE	E1/E4
Satz und	GET	READ	Mehrere
Element	MODIFY	UPDATE	A1/A4
Parallel-	KEEP	HOLD	H1
betrieb	FREE	RELEASE	R1

(E1 und E4 sowie A1 und A4 sind Beispiele von
zwei Formen für den gleichen Code)

Abb. 23.4 ADABAS DML Anweisungen

Die ADABAS DML Anweisungen können wie in Abbildung 23.4 zusammengefaßt werden.

Die beste Art und Weise, diese Anweisungen darzustellen, ist der
Darstellung der CODASYL Anweisungen etwas ähnlich:

1. Suche
2. Änderung
3. Sonstige

Die dritte Kategorie enthält die READY Anweisung, die bedeutendste
Anweisung.

23.12.1 DML Suchanweisungen - FIND

Obwohl ADABAS zwei Suchanweisungen hat, FIND und READ, ist die Trennung der Bedeutung dieser beiden nur geringfügig unterschiedlich zu
der zwischen den CODASYL FIND und GET Anweisungen. In ADABAS ist das
FIND eine Mehrsatz Anweisung. Das Ergebnis einer erfolgreichen Ausführung ist eine Liste von Datenbankschlüsselwerten im Kontrollpuffer
(control buffer).

Die READ Anweisung wirkt nur auf einen Satz und liefert ihn an das
aufrufende Programm. Die drei FIND Formate werden wie folgt bezeichnet:

        FIND NORMAL S1/S4
        FIND AND SORT S2
        FIND COUPLED S5

Die beiden ersten kann man zusammen betrachten. Der einzige Unterschied besteht darin, daß bei der zweiten Anweisung die Liste der
Datenbankschlüsselwerte entsprechend einem festgelegten Sortierkri-
terium sortiert werden. Man kann aus gutem Grund behaupten, daß FIND
NORMAL die hauptsächlich benutzte FIND Option in ADABAS Programmen
ist.
Der Programmierer muß einen Bedingungsausdruck in einem Bereich des
Kontrollblocks, dem Suchpuffer (search buffer), aufbauen. Dieser Ausdruck besteht aus einer Anzahl von Bedingungen, die auf den Suchschlüsseln des gesuchten Satzes basieren. Zusätzlich können solche
Bedingungen für Suchschlüssel in Sätzen zum Ausdruck gebracht werden,
die hierzu in Beziehung stehen. Ein in Beziehung stehender Satztyp
ist ein Satztyp, der direkt zu dem gesuchten Satztyp in Beziehung
steht. Bedingungen für den Wert eines Suchschlüssels können disjunk-
tiv verknüpft werden.

Wie oben erwähnt wurde, können mehrere Sätze den Bedingungsausdruck erfüllen. Das System benutzt zur Auswertung des Ausdrucks die
Suchschlüsselindizes; auf die Sätze in der Datenbank wird zu diesem
Zweck nicht zugegriffen. Der erste der Sätze, dessen Datenbankschlüsselwert in der Liste enthalten ist, wird tatsächlich aufgesucht und
in einem Bereich im Kontrollblock, dem Satzpuffer, gespeichert

(analog zu dem CODASYL Satzbereich, jedoch nicht implizit zur Verfügung gestellt). Wie der Satz in diesem Satzbereich gespeichert wird, bestimmt ein anderer Teil des Kontrollblocks, der Format Puffer. Dieser ermöglicht es dem Programmierer, festzulegen, welche Teile des Satzes benötigt werden und wie sie formatiert werden sollen. Die Zahl, wieviele Sätze die Bedingung erfüllen, wird auch im Kontrollblock gespeichert.

FIND COUPLED ist in Wirklichkeit eine Kurzform für eine Möglichkeit, die durch FIND NORMAL annäherungsweise zum Ausdruck gebracht werden kann. In CODASYL Terminologie ist dies eine Möglichkeit, ein Set Exemplar aufzusuchen. Das Set Exemplar wird durch den Datenbankschlüsselwert eines owner Satzes ausgewählt. In diesem Sinne unterscheidet sich diese Anweisung von der FIND NORMAL Anweisung, denn benutzt man FIND NORMAL zur Durchführung der gleichen Arbeit, dann wäre es notwendig, eine Bedingung für das Suchschlüsselelement zum Ausdruck zu bringen, das in beiden Satztypen benutzt wird. Ein weiterer Unterschied besteht darin, daß eine FIND COUPLING Anweisung keinen Satz dem aufrufenden Programm zur Verfügung stellt.

Es ist wichtig, zu berücksichtigen, daß diese beiden FIND Optionen nur dann funktionieren, wenn vorher die Beziehung zwischen zwei Satztypen explizit definiert wurde (siehe Abschnitt 23.3.2). Dies ist für die FIND NORMAL Anweisung relevant, wenn es notwendig ist, die Bedingung sowohl auf den in Beziehung stehenden Satztyp als auch auf den zu suchenden Satztyp zu stützen.

Zusammenfassend kann man sagen, daß diese drei Formate keinem der Formate im CODASYL Konzept entsprechen.

23.12.2 DML Suchanweisungen - READ

In ADABAS gibt es folgende 5 READ Formate:

READ	FIELD	DEFINITIONS	LF
READ	ISN		L1/L4
READ	PHYSICAL	SEQUENCE	L2/L5
READ	LOGICAL	SEQUENCE	L3/L6
READ	VALUES		L9

Das READ FIELD DEFINITIONS Format hat in CODASYL kein Äquivalent.
Es ermöglicht, das Schema zum Zeitpunkt der Ausführung des Programms
zu lesen. Wegen der Möglichkeit in der FIND NORMAL Anweisung, durch
die der Programmierer das Format eines Satzes so definieren kann, wie
dieser im Satzbereich des Programmierers gespeichert werden soll, ist
es oft nützlich, das Schema zur Ausführungszeit lesen zu können.

READ ISN ist analog zu einer CODASYL GET Anweisung. Sie wird normalerweise in Verbindung mit FIND NORMAL benutzt und stellt dem aufrufenden Programm den ganzen Satz zur Verfügung. Wie bei einem CODASYL
GET kann die Anweisung auch benutzt werden, um nur einen Teil des Satzes dem aufrufenden Programm zur Verfügung zu stellen.

Das READ PHYSICAL SEQUENCE ist analog zu dem CODASYL Format
(siehe Abschnitt 15.4.3):

$$\text{FIND} \quad \begin{Bmatrix} \underline{\text{FIRST}} \\ \underline{\text{NEXT}} \end{Bmatrix} \quad \text{record-name} \quad \underline{\text{IN}} \quad \text{realm-name}$$

Die FIND FIRST Option erreicht man, indem man den Parameter im Kontrollblock, der die Datenbankschlüsselwerte hält, auf Null setzt. Eine
erfolgreiche Ausführung der Anweisung besetzt diesen Parameter mit
dem Datenbankschlüsselwert des dann gefundenen Satzes. Eine FIND NEXT
Anweisung wird ausgeführt, wenn der Parameter einen solchen Wert enthält.

Das READ LOGICAL SEQUENCE Format hat kein vollständiges Äquivalent
in einem CODASYL System, hauptsächlich weil CODASYL Systeme diese historisch bedingte Orientierung an Techniken zur Erzeugung von Zufallszahlen haben (siehe Abschnitt 4.4.1 und 15.4). Einer der für einen
Satztyp definierten Suchschlüssel muß in dem Kontrollblock spezifiziert
werden. Es ist möglich, einen Startwert für diesen Suchschlüssel in
einem anderen Teil des Kontrollblocks zu spezifizieren. Es ist auch
möglich, mit dem kleinsten Wert des Suchschlüssels zu beginnen.

Die dieser ADABAS Möglichkeit am nächsten kommende CODASYL FIND
Option ist folgende (siehe Abschnitte 15.4.1 und 15.5.2):

$$\text{FIND} \quad \begin{Bmatrix} \underline{\text{ANY}} \\ \underline{\text{DUPLICATE}} \end{Bmatrix} \quad \text{record-name} \quad \underline{\text{USING}} \quad \text{item-name-1, ...}$$

Nach CODASYL würde die ADABAS Fassung folgendes Format haben:

$$\text{FIND} \begin{Bmatrix} \underline{\text{FIRST}} \\ \text{ANY} \\ \underline{\text{NEXT}} \end{Bmatrix} \text{record-name} \quad \underline{\text{USING}} \quad \text{item-name-1}$$

Hierbei ist item-name-1 ein Suchschlüssel oder ein CALC Schlüssel.
Schließlich besitzt auch das READ VALUES Format kein Äquivalent in
einem CODASYL System. Es ist eine Eigenschaft eines typischeren eigenständigen DBMS und muß dazu benutzt werden,eine Liste mit all den Werten zu generieren, die ein bestimmter Suchschlüssel für einen bestimmten Satz annehmen kann sowie die Häufigkeit, mit der jeder in einem
Satz der Datei benutzt wird. Die generierte Liste braucht nicht mit
dem kleinsten Wert des Suchschlüssels beginnen, es kann aber ein Wert
spezifiziert werden. Die Liste beginnt dann mit diesem Wert oder dem
nächst höheren. Eine einzige Ausführung der Anweisung generiert einen
Wert und die Anzahl wie häufig er vorkommt. Wird die Anweisung in eine
Schleife eingebaut, dann können aufeinander folgende Werte produziert
werden.

23.12.3 DML Änderungsanweisungen

STORE, MODIFY und ERASE sind die drei üblicherweise in ADABAS angebotenen Änderungsanweisungen. Wegen der unterschiedlichen Art der behandelten Beziehungen, ist die Semantik der STORE und ERASE Anweisungen etwas unterschiedlich zu den anderen, hier besprochenen, DBMS.
Wird ein Satz zum ersten Mal gespeichert, dann besteht keine Notwendigkeit für das System, einen owner festzustellen, an den dieser
angehängt werden soll. Der Satz wird in der geeigneten Datei gespeichert, normalerweise mit einer neuen ISN (dem Hauptteil des Datenbankschlüsselwertes) und jeder Suchschlüsselindex wird geändert. Beziehungen zu anderen Satztypen sind nur dann beteiligt, wenn eine explizite Beziehung zu einem anderen Satztyp definiert wurde (Kopplung).
Ähnliche Überlegungen treten beim Löschen eines Satzes auf. Ein
Satz kann aus der Datenbank gelöscht werden, ohne daß das System sich
darum kümmert, ob dies ein owner in einem nicht-leeren Set ist. Dies
bedeutet tatsächlich, daß im Falle der konzeptuellen Existenz einer
eins-zu-viele Beziehung zwischen zwei Satztypen die Semantik des Pro-

gramms, das die Datenbank ändert, dafür Sorge tragen muß, wofür in
anderen Systemen das System automatisch Sorge trägt.

Die MODIFY Anweisung ist CODASYL sehr ähnlich. Es gibt jedoch
einige spezielle Regeln, an die sich der Programmierer bei der Modifikation von Daten in Datenaggregaten erinnern muß. Wie in einem
CODASYL System muß der Satz vor seiner Modifikation aufgesucht werden.
Im Gegensatz zu CODASYL tritt keine Frage bzgl. der Änderung des Satzes von einem Set Exemplar in ein anderes als Ergebnis der Modifikation auf.

23.12.4 Sonstige DML Anweisungen

Das ADABAS READY wird als OPEN bezeichnet und erfordert vom Programmierer, daß dieser explizit angibt, ob eine Datei für Änderungen oder
für Zugriffe eröffnet werden soll, wobei letzteres nur Suche bedeutet.

Die OPEN Anweisung in ADABAS ist wichtig, da sie einen Teil der
ziemlich mächtigen Schutzeinrichtung des Systems bildet. Der in einer
OPEN Anweisung benutzte Kontrollblock sieht die Möglichkeit für ein
acht Byte langes Sicherungspasswort vor. Es liegt in der Verantwortung
des Programmierers sicherzustellen, daß dieses vor der Eröffnung eines
Teiles der Datenbank angegeben wird. Er kann dies dadurch erreichen,
daß er es entweder selbst angibt oder daß es von einem Terminal aus
einzugeben ist. Das Passwort ist in dieser Rolle ein Schutzschlüssel.
Mit jedem Schutzschlüssel wird der Anwendungsbereich oder eine Authorisierung angegeben, um Teile der Datenbank auf eine bestimmte Art
verarbeiten zu können.

Die ADABAS HOLD Anweisung dürfte gewöhnlich implizit bei den FIND
und READ Anweisungen benutzt werden. Wo die zwei-Zeichen-Codes erscheinen, bewirkt der höhere Code, daß auch eine HOLD Anweisung durchgeführt wird. Es ist jedoch möglich eine alleinige HOLD Anweisung zu
programmieren. Die RELEASE Anweisung ist analog zu der CODASYL FREE
Anweisung (siehe Abschnitt 17.2.2).

23.13 Zusammenfassung von ADABAS

Das ADABAS Konzept zur Datenbankverwaltung ist dadurch interessant, daß es so unterschiedlich zum CODASYL Konzept ist, obwohl man begründeterweise behaupten kann, daß ADABAS eine vollständige Netzstruktur Möglichkeit durch implizite anstatt durch explizite Beziehungen vorsieht. Wie erwähnt wurde, scheinen die Benutzer erstere Klasse für Wirtssprachenanwendungen vorzuziehen. Es sollte erwähnt werden, daß man bei der Benutzung der angebotenen eigenständigen Eigenschaften die Kopplung benutzen muß.

Die Benutzung von vielen-zu-vielen Beziehungen anstatt der eins-zu-vielen Beziehungen ist nicht notwendigerweise eine Stärke. Es ist jedoch interessant, da es einen Hinweis ermöglicht, wie viele-zu-viele Beziehungen zur Verfügung gestellt werden können. Das Konzept wäre stärker, wenn man beide Klassen von Beziehungen unterstützen würde, anstatt nur der viele-zu-viele Beziehung. Obwohl die Besprechung in diesem Kapitel diesen Aspekt nicht berücksichtigt hat, ist die viele-zu-viele Beziehung bedeutsamer, wenn ad hoc Fragen beteiligt sind.

Beim Entwurf einer ADABAS Datenbank sind nicht viele Entscheidungen zu treffen. Man kann die satzinterne Struktur zur Behandlung einiger eins-zu-viele Beziehungen benutzen und man muß die benötigten Suchschlüssel im voraus erkennen, obwohl es möglich ist, später, falls erforderlich, neue Suchschlüssel hinzuzufügen.

Der Hauptvorteil des Systems kommt von seiner Betonung der Indextechniken anstatt der Techniken zur Erzeugung von Zufallszahlen, obwohl wiederum ein gutes System eine Wahlmöglichkeit für alle Satztypen in einer Datenbank anbieten sollte.

Kapitel 24

Das relationale Konzept

24.1 Hintergrund

Die in den drei vorangegangenen Kapiteln beschriebenen Konzepte sind
kommerziell verfügbar und auf der ganzen Welt in zahlreichen Installa-
tionen im Einsatz. Dieses Kapitel soll nun einem Datenbankverwaltungs-
konzept gewidmet werden, das vor allem unter Akademikern und den mehr
an der Forschung Interessierten aus den Behörden und den kommerziellen Organisationen diskutiert wurde.

Das relationale Konzept wurde vor allem durch mehrere Artikel von
Codd [1,2] 1971 bekannt, obwohl eine ziemlich große Anzahl von Artikeln
zu diesem Thema veröffentlicht wurde. Einen guten zusammenfassenden
Überblick zum Thema Relationen bietet ein erst vor kurzem erschienenes
Buch von Date. [3]

Es sei betont, daß der relationale Ansatz in Wirklichkeit eine
Theorie darstellt, auf der aufbauend eine Reihe von experimentellen
Systemen entwickelt wurden. Statt der Darstellung eines dieser Systeme
sollen in diesem Kapitel die Elemente der Theorie so dargestellt werden, daß ein Vergleich mit dem CODASYL Konzept erleichtert wird.

Es gibt keine 'Komponenten' des relationalen Konzepts wie bei den
drei anderen besprochenen Konzepten. Es gibt eigentlich keine Daten-
definitionssprache, sondern nur eine Art der Betrachtung der Daten.
Es gibt jedoch eine Datenmanipulationssprache, die Codd als Daten-
Teilsprache (data sub-language) bezeichnet. In der Tat erscheint dieser Begriff besser als Datenmanipulationssprache. Er vermittelt besser
die Bedeutung der Erweiterung einer existierenden Programmiersprache.
Die Daten-Teilsprache von Codd wird ALPHA genannt. [2]

24.2 Relationen - Terminologie

Zunächst soll die zur Besprechung des relationalen Konzeptes benutzte
Terminologie mit der bei der Darstellung des CODASYL Konzeptes benutzten verglichen werden. Es sagt schon etwas über ein Verständnis
der beiden Konzepte im Vergleich aus, wenn man sogar die Tabelle zum
Vergleich der Terminologie als strittig ansieht. Auf diesem Hintergrund soll die Abbildung 24.1 die hier benutzten äquivalenten Begriffe
darstellen, die dann einer nach dem anderen besprochen werden.

Relational		CODASYL
Attribut	(attribute)	Datenelement (data item)
Wert	(value)	Wert
Wertebereich	(domain)	-
Relation	(relation)	Satztyp (record type)
Tupel	(tuple)	Satz (-exemplar)
Tabelle	(table)	Datei (file)
Abhängigkeit		
zwischen Relationen		Set-Typ (set type)
	(inter-relation	
	dependency)	
Grad einer Relation		Anzahl von Elementen in einem Satztyp

Abb. 24.1

24.2.1 Attribut, Wertebereich, Datenelement

Das Wort Wertebereich kommt aus der klassischen Mengentheorie. Es besagt, daß es in der mathematischen Mengentheorie eine Anzahl von Elementen gibt, von denen in einer bestimmten Situation einige zu einem Wertebereich zusammengefaßt werden. Es kann auch nützlich sind, einen Wertebereich als eine Menge von Werten zu betrachten, wie etwa M und W für den Wertebereich Geschlecht. Diese Idee einer vordefinierten Menge von Werten ist nicht in dem Begriff Datenelement (speziell elementares Datenelement) enthalten, der sehr häufig in der kommerziellen Datenverarbeitung benutzt wird.

Bevor dieses Thema verlassen werden soll, mag es nützlich sein, zu wiederholen, was Codd[4] zu dem Thema Wertebereich und Felder (d.h. Elementen) schreibt:

' Das Konzept des Attributes und nicht des Wertebereiches steht in engem Zusammenhang mit dem des Feldes. Das Konzept des Wertebereiches fehlt in der traditionellen Datenverarbeitung, einschließlich dem CODASYL DBTG Konzept.

Wird eine relationale Datenbank definiert, so besteht einer der ersten Schritte in der Definition der zugrundeliegenden Wertebereiche: d.h. der semantisch unterschiedlichen Mengen von nicht zerlegbaren Datenelementen, aus denen Tupel dynamisch erzeugt werden können. ... seien die Attribute A,B gegeben ... nimmt man ihre Werte aus einem gemeinsamen Wertebereich, dann dann ist es semantisch zulässig, die Werte von A,B auf Gleichheit hin zu vergleichen. ...'

Beispielsweise können der Wertebereich NAME-OF-PERSON und die beiden Attribute CUSTOMER-NAME und EMPLOYEE-NAME gegeben sein. Diese beiden Attribute sind wahrscheinlich verschieden. Wäre dies nicht so, dann könnte man prüfen, ob ein bestimmter Kunde auch Mitarbeiter ist.

Diese präzise Denkweise ist nicht in der Benutzung des Begriffes Datenelement enthalten. Das Konzept der Trennung zwischen Wertebereich und Attribut sollte jedoch weiter verbreitet werden. Die Lösung zu der etwas unglücklicherweise ungenauen Denkweise zu dem Begriff Datenelement besteht nicht in einer Änderung des Begriffes, sondern vielmehr darin, auf die Bedeutung hinzuwirken, die in der Definition der Werte für ein Element vor der Festlegung von Satztypen liegt, zu denen das Element gehört.

24.2.2 Relationen und Satztypen

Ein Hauptproblem der Terminologie der konventionellen Datenverarbeitung kommt von der unpräzisen Benutzung der Begriffe Satztyp und Satz. In neun von zehn Fällen wird der Begriff Satz benutzt, obwohl man Satztyp meint. Dies machte in der konventionellen Datenverarbeitung nicht viel aus. In einer Datenbank Umgebung kann dies allerdings Kommunikations- und Verständnisprobleme hervorrufen.

Wird dieses Problem in der Begriffswelt der konventionellen Datenverarbeitung vermieden, dann kann man Relation und Satztyp als äquivalent ansehen.

24.2.3 Tupel und Sätze

Das Wort Satz enthielt in früheren FORTRAN Versionen die Bedeutung einer zusammenhängenden Kette gespeicherter Daten - eine sehr physische Betrachtungsweise. In COBOL hat es eine weit logischere Bedeutung (siehe Abschnitt 3.2) und es scheint kein Problem zu geben, einen Satz mit einem Tupel zu vergleichen. Es sei erwähnt, daß Tupel eine Abkürzung für 'n-Tupel' ist.

24.2.4 Tabellen und Dateien

Eine Sammlung von Tupeln einer bestimmten Relation bezeichnet man als Tabelle. Das Wort Datei hat in COBOL eine breitere Bedeutung. Es enthält das Konzept von Mehrfach-Satztyp Dateien und bedeutet auch etwas, was auf einem Sekundärspeicher gespeichert ist, obwohl sogar das Begriffsverzeichnis des CODASYL COBOL Journal of Development Datei einfach als eine Sammlung von Sätzen definiert.

Die CODASYL Datenbank Spezifikationen vermeiden zu Recht oder zu Unrecht das Wort Datei (file). Hätte man die Spezifikationen auf der begrifflichen Basis einer Datei anstatt eines Set-Exemplars aufgebaut, dann wären vielleicht einige der Konzepte von denen leichter zu verstehen gewesen, die Erfahrung in konventionellen Techniken hatten.

Mit dem Wort Tabelle (das in COBOL eine satzinterne Bedeutung hat) bezeichnet man in der Relationentheorie eine Sammlung von Tupeln einer bestimmten Relation. Es gibt Regeln, denen diese Tupel folgen müssen. Dies sind aber nur einige Aspekte der Theorie.

24.2.5 Set Typ und Abhängigkeit zwischen Relationen

Es wären nun einige der trickreicheren Aspekte des Vergleiches zwischen der relationalen Theorie und dem CODASYL Konzept zu besprechen. Diese Besprechung soll jedoch zunächst aufgeschoben werden, bis die theoretischen Aspekte behandelt worden sind.

24.2.6 Grad einer Relation

Der Grad einer Relation wird durch die Anzahl der Wertebereiche oder Attribute der Relation wiedergegeben. Da einige Autoren den Begriff Wertebereich, andere den Begriff Attribut benutzen, ist es nicht klar, ob die Unterscheidung wichtig ist. Es dürfte jedoch hilfreich sein, bei einer Assoziation mit der geläufigen Terminologie der Datenverarbeitung und Praxis eine derartige Unterscheidung zu fordern, wobei der Grad die Anzahl der Attribute ist. Dabei können für ein oder mehrere Attribute (auch in der gleichen Relation) die Werte aus dem gleichen Wertebereich stammen.

24.3 Darstellung der Relationentheorie

Obwohl die Relationentheorie auf der mathematischen Mengentheorie aufbaut, wird diese Theorie aber noch nicht als zusammengefaßte Menge von mathematischen Sätzen in der Literatur dargestellt. Es erscheint daher hilfreich, die notwendigen Behauptungen der Theorie aufzulisten. Dies geschieht unter Benutzung der Relationen-Terminologie und (zum Vergleich) der Terminologie der geläufigen Datenverarbeitung. Es sei betont, daß alle Aussagen in beiden Terminologien für die Relationentheorie gelten. Es soll kein Versuch unternommen werden, das relationale Konzept mit dem CODASYL Konzept zu vergleichen.

Jede Aussage erhält eime Nummer und soll als mathematische Definition oder als mathematisches Lemma gekennzeichnet werden. Ein Lemma
ist eine angenommene oder bewiesene Behauptung, die zur Argumentation
oder zum Beweis benutzt wird. Da es hier nichts zu beweisen gibt,
wird die Darstellung nur zur Unterstützung der Argumentation benutzt.

Zur Verdeutlichung werden die Lemmata so dargestellt, daß ein Vergleich der Lemmata erleichtert wird. Alle Begriffe mit einer spezieller
Bedeutung sind unterstrichen.

Terminologie der Relationen theorie	Terminologie der Datenverarbeitung
	Definitionen
1. Ein Attribut ist ein nicht zerlegbares Element be- nannter Daten.	Ein elementares Datenelement (auch nur als Element bezeichnet) ist ein nicht zerlegbares Element benannter Daten.
2. Ein Wertebereich ist eine Sammlung von Werten, die zu einem oder mehreren Attributen gehören.	Ein Wertebereich ist eine Sammlung von Werten, die zu einem oder mehrere. Elementen gehören.
3. Eine Relation enthält eine Anzahl von Attributen.	Ein Satztyp enthält eine Anzahl von Elementen.
4. Der Grad einer Relation ist die Anzahl der Attribute in der Relation.	Der Grad eines Satztyps ist die Anzahl von Elementen in dem Satztyp.
5. Die Definition einer Samm- lung von Relationen bildet die Definition einer Daten- bank.	Die Definition einer Sammlung von Satztypen bildet ein Datenbank- schema.
6. Ein Tupel ist eine einzige Menge von Werten aller Attribute in einer Relation.	Ein Satz ist eine einzige Menge von Werten aller Elemente in einem Satztyp.
7. Die Sammlung aller Tupel einer Relation heißt Tabelle.	Die Sammlung aller Sätze eines Satz- tpys heißt Datei.

Terminologie der Relationen- theorie	Terminologie der Datenverarbei- tung

Behauptungen

1. Die Reihenfolge der <u>Tupel</u> in einer <u>Tabelle</u> ist unerheblich.

   Die Reihenfolge von <u>Sätzen</u> in einer <u>Datei</u> ist unerheblich.

2. Die Reihenfolge von <u>Attribut</u>werten in einem <u>Tupel</u> muß der Reihenfolge der <u>Attribute</u> in der <u>Relation</u> entsprechen.

   Die Reihenfolge der <u>Elementwerte</u> muß der Reihenfolge der <u>Elemente</u> im <u>Satztyp</u> entsprechen.

3. Jede <u>Relation</u> muß ein oder mehrere <u>Attribute</u> enthalten, die zusammen als eindeutiger Primärschlüssel dienen.

   Jeder <u>Satztyp</u> muß ein oder mehrere <u>Elemente</u> enthalten, die zusammen als eindeutiger Primärschlüssel dienen.

4. Besteht eine <u>Abhängigkeit</u> zwischen zwei <u>Relationen</u>, dann ist eine <u>Relation</u> die übergeordnete und die andere die untergeordnete <u>Relation</u>.

   Besteht eine Set-Typ Beziehung zwischen zwei Satztypen, dann ist ein <u>Satztyp</u> der owner und der andere member.

5. Eine Abhängigkeit zwischen zwei <u>Relationen</u> wird dadurch zum Ausdruck gebracht, daß ein <u>Attribut</u> (oder mehrere Attribute), das als Primärschlüssel der übergeordneten <u>Relation</u> dient, auch in der untergeordneten enthalten ist.

   Eine <u>Set-Typ</u> Beziehung zwischen zwei <u>Satztypen</u> wird dadurch zum Ausdruck gebracht, daß ein <u>Element</u> (oder mehrere Elemente), das als Primärschlüssel des owners dient, auch im member enthalten ist.

6. Ist eine <u>Relation</u> bzgl. einer Abhängigkeit eine untergeordnete Relation und die zugehörige übergeordnete Relation ihrerseits untergeordnete in einer anderen Abhängigkeit, dann muß sich der Primärschlüssel der übergeordneten Relation

   Ist ein <u>Satztyp</u> member in einem Set-Typ und owner in einem anderen, dann muß sich der Primärschlüssel des owners des ersten Set-Typs über den zugehörigen member Satztyp bis zum member des zweiten Set-Typs fortpflanzen.

der ersten Abhängigkeit bis zur
untergeordneten <u>Relation</u> der
zweiten Abhängigkeit fortpflanzen.

24.4 Beschränkungen bei den CODASYL Begriffen

Eine gründliche Untersuchung dieser Behauptungen zeigt, daß die rationale Theorie ziemlich harte Beschränkungen für eine relationale Datenbank bedeuten. Es ist nützlich, diese Beschränkungen in CODASYL Begriffen zusammenzufassen.

1. Jeder Satztyp enthält nur elementare Datenelemente.
2. Jeder Satztyp muß einen eindeutigen Primärschlüssel enthalten.
3. Um einen Set-Typ zu definieren, muß der Primärschlüssel des owners auch im member enthalten sein.

Es ist darüberhinaus nützlich, mehrere CODASYL Schema DDL Konzepte anzugeben, die in einer relationalen Datenbank ausdrücklich verboten sind.

1. Wiederholungsgruppen (repeating groups).
2. Kontrolle der physischen Zusammengehörigkeit von Sätzen des gleichen Typs oder unterschiedlicher Typen.
3. Vordefinierte Set-Reihenfolge.
4. Definition eines Suchschlüssels.
5. Multi-member Set-Typen.
6. Storage class und removal class Angaben.
7. Set-Auswahl Algorithmus.

Speziell bzgl. IMS und TOTAL ist es wichtig zu verstehen, daß die relationale Theorie sich um keine der Hauptrestriktionen dieser beiden System zu kümmern braucht. In der Theorie gibt es keine Forderung, daß ein Satztyp nicht mehr als zwei owner Satztypen haben darf, das Hauptproblem bei IMS (siehe Abschnitt 22.3.2). Darüberhinaus besagt die relationale Theorie nicht, daß ein Satztyp nicht gleichzeitig owner in einem Set-Typ und member in einem anderen Set-Typ sein darf. Dies ist das Hauptstrukturierungsproblem in TOTAL (siehe Abschnitt 21.3.1).

24.5 Relationale und CODASYL Netzstrukturen

Es gab in der Vergangenheit große Debatten um die relativen Vorteile des relationalen Konzeptes und des CODASYL Konzeptes.[5] Interessanterweise wird das CODASYL Konzept als das 'Netzstruktur Konzept' in der Literatur bezeichnet. Ein Zitat aus einem der früheren Artikel[6] von Codd mag dies erläutern.

> ' Man kann davon ausgehen, daß in einigen Anwendungen die Probleme direkt als Netzstrukturen formuliert werden können. Dies gilt für Anwendungen wie Untersuchungen von Transportnetzen, Elektrizitätsnetzen, Computerentwurf u.ä. Man kann diese als Netzanwendungen bezeichnen. ... Die zahlreichen Datenbanken, die den täglichen Betrieb und die Transaktion von kommerziellen und industriellen Unternehmungen wiedergeben sind zum größten Teil keine Netzstrukturanwendungen. Eine Netzstruktur für derartige Datenbanken zu verwenden und von allen Benutzern zu verlangen, daß sie die Daten als Netzstrukturen betrachten bedeutet, daß sich die Mehrzahl der Benutzer mit unnötiger Komplexität auseinandersetzen muß.'

Diese Art, darüber nachzudenken kann dazu führen, daß der Eindruck entsteht, daß es bei Netzstrukturen etwas gibt, das nicht wünschenswert ist. Es war jedoch Date[3], der im gleichen Artikel das CODASYL Konzept als 'Netzstrukturkonzept' bezeichnete und es mit dem 'relationalen Modell' verglich.

Nimmt man die Aussagen von Codd und Date zusammen, dann kann man nicht nur die Schlußfolgerung verzeihen, daß Netzstrukturen wenig wünschenswert sind, sondern auch die, daß das relationale Konzept diese nicht unterstützt. Nichts könnte der Wahrheit ferner sein.

Es ist wenig glücklich, daß die kleinen Beispiele zur Verdeutlichung der Prinzipien der relationen Theorie nur zwei oder drei Satztypen beinhalten, wie etwa die als Bachman Diagramm dargestellten in Abbildung 24.2.

Es ist auch wenig glücklich, daß die Artikel zur relationalen Theorie aus dem einen oder anderen Grund keine Bachman Diagramme (oder irgendwelche andere graphische Formen) zur Darstellung der Struktur einer Datenbank benutzten.

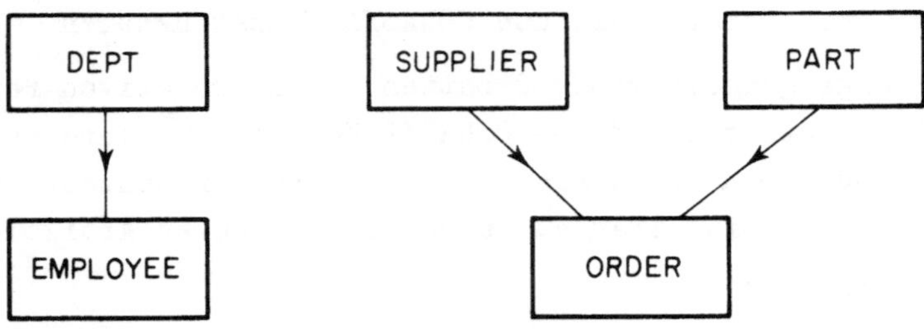

Abb. 24.2 Einfache Datenbanken

In der Tat führt eine Untersuchung des umfangreichen Materials zur
Relationentheorie zu der folgenden Behauptung.

Die in einer relationalen Datenbank dargestellte logische Datenstruktur kann den gleichen Grad an Komplexität haben wie dies in den
CODASYL Vorschlägen für ein Datenbankverwaltungssystem zulässig ist -
mit der einzigen Ausnahme der Darstellung zyklischer Strukturen in
CODASYL. Diese Behauptung kann für IMS und TOTAL nicht gestellt werden.

24.6 Benutzung von Schlüsseln

Die Relationentheorie fordert, daß jeder Satztyp in der Datenbank einen eindeutigen Primärschlüssel enthält. Das CODASYL Konzept läßt dies
lediglich als Möglichkeit zu. Man erreicht dies durch die Zuordnung
des location mode CALC (siehe Abschnitt 4.4.1) mit einer 'DUPLICATES
NOT ALLOWED' Option zu dem Satztyp. Es sei daran erinnert, daß neuere
CODASYL Überlegungen dahin gehen, jeden Hinweis auf die Erzeugung von
Zufallszahlen von der Benutzung des Begriffes CALC zu entfernen.

Es sei erwähnt, daß es in einer TOTAL Datenbank oder in einer IMS
Datenbank nicht möglich ist, jedem Satztyp einen Primärschlüssel zuzuweisen. Man kann das Ziel eines Primärschlüssels für jeden Satztyp
bei diesen beiden Systemen dadurch erreichen, daß man keine Set-Typ
Beziehungen benutzt. Nur wenige Benutzer würden dies jedoch als nützlichen Preis, der dann zu zahlen wäre, betrachten.

CODASYL läßt die Definition von Suchschlüsseln oder Sekundärschlüsseln zu. Diese werden in der Relationentheorie explizit nicht berücksichtigt.

24.7 Set-Typen und deren Eigenschaften

Die Set-Typ Einrichtung ist tief in den Arbeiten zur Relationentheorie
verankert. Der Begriff Abhängigkeit zwischen Relationen (inter-relation dependency) tritt zwar nicht auf, Date benutzt jedoch den Begriff relationeninterne Abhängigkeit (intra-relation dependency) und
den Begriff Konsistenz zwischen Relationen (inter-relation consis-
tency).

24.7.1 Definition einer Beziehung

Folgendes geschieht bei den drei auf dem Markt verfügbaren Konzepten
CODASYL, IMS und TOTAL. Zunächst werden zwei Satztypen A und B definiert, danach wird durch ein anderes Stück Syntax die Beziehung zwischen A und B definiert. Bei CODASYL und TOTAL kann es zwischen A und
B eine oder mehrere Beziehungen geben. Es ist deshalb notwendig diese
zu benennen. In IMS kann es nur eine Beziehung zwischen A und B geben.
Eine Benennung ist nicht möglich.

In der Relationentheorie werden die Satztypen definiert. Beziehungen zwischen diesen sind implizit in den Attributen jedes Satztyps
enthalten. So können beispielsweise in dem einfachen Fall von Abtei-
lungen (departments) und Mitarbeitern (employees) die Satztypen wie
folgt aussehen:

```
DEPT
  DEPT-NO
  DEPT-NAME
  MANAGER
  LOCATION

EMPLOYEE
  EMPLOYEE-NUMBER
  EMPLOYEE-NAME
  DEPT-NO
  SALARY
```

Die Wiederholung des Datenelements DEPT-NO in beiden Satztypen zusammen mit der Tatsache, daß DEPT-NO Primärschlüssel des Satztyps ist
bewirkt, daß eine Set-Typ Beziehung zwischen den beiden Satztypen definiert wird. Mit anderen Worten, die Definition einer Set-Typ Beziehung
in einer relationalen Datenbank ist implizit in den im Satztyp definierten Elementen enthalten im Gegensatz zu einer expliziten Definition.
Es ist von großer Bedeutung, daß TOTAL genau diese Methode zur Behandlung von Set-Typ Beziehungen mit seinen Kontrollelementen benutzt
(siehe Abschnitt 22.9) während IMS diese Option nicht einmal zuläßt.

Es ist ebenfalls erwähnenswert, daß die frühen CODASYL Spezifikationen eine solche Vorgehensweise nicht berücksichtigen. Damit neigen
die kommerziell verfügbaren Implementierungen dazu, dies nicht zu
unterstützen. Die jüngsten CODASYL Spezifikationen lassen dies jedoch
als eine Alternative zu (siehe Abschnitt 8.9).

24.7.2 Set-Reihenfolge

Eine der etwas strittigen Eigenschaften eines Set-Typs ist die Set-
Reihenfolge. In der Relationentheorie gibt es kein Konzept einer Set-
Reihenfolge. In der Tat bekräftigt Codd in seinem ersten Artikel[1]:

> 'Die Anwendungsprogramme, die den Vorteil einer gespeicherten
> Reihenfolge einer Datei ausnutzen,können wahrscheinlich nicht
> mehr korrekt ausgeführt werden, wenn aus irgendeinem Grund
> es notwendig wird, die Reihenfolge durch eine andere zu er-
> setzen.'

Man kann diese Binsenweisheit nicht widerlegen. Das Übel liegt jedoch
nicht in der Definition einer Reihenfolge, sondern in der Ausnutzung
ihres Vorteiles. Benutzt man 'reductio ad absurdum' Argumente, so kann
man behaupten, daß ein Anwendungsprogramm den Vorteil keines Faktors
ausnützen soll, der in der Datendefinition definiert wurde, da er sich
theoretisch ändern könnte. Wo also soll man die Grenze ziehen?

Die Relationentheorie hatte ihren Einfluß direkt oder indirekt auf
die CODASYL Vorschläge zur Set-Reihenfolge. Die Set-Reihenfolge Klausel wurde nicht entfernt. Man fügte jedoch für den Datenadministrator
die Option zur Definition einer Set-Reihenfolge IMMATERIAL hinzu
(siehe Abschnitt 6.5).

Diese Option läßt es zu, daß man die Vorschläge der Relationentheorie in einem CODASYL System erreichen kann.

24.7.3 Storage Class

Schließlich muß man das Konzept der storage class in CODASYL untersuchen. Die Relationentheorie läßt ein solches Konzept nicht zu. Dies ist eine andere Art, um zum Ausdruck zu bringen, daß die storage class immer 'automatic' ist. Ein relationales System würde sich in der Tat wie TOTAL verhalten. Wird ein member Satz gespeichert, dann muß der Wert des Set Elements für jeden Set-Typ, an dem es beteiligt ist, dem eines owner Satzes in der Datenbank entsprechen.

24.7.4 Set-Modus

Der Set-Modus wurde absichtlich bis zuletzt aufgehoben. Die Hinweise auf Verkettungen und Zeigerbereiche in den frühen CODASYL Artikeln brachten die Kritik hervor, daß die Vorschläge unnötigerweise mit Fragen zur Art der Speicherung der Daten verknüpft sind. DDLC reagierte auf solche Kommentare und entfernte die Set-Modus Klausel (siehe Abschnitt 5.3) aus der Schema DDL. In der Tat neigte das Verkettungskonzept dazu, das frühe Bild der CODASYL Vorschläge zu dominieren. Man hat zwischenzeitlich erkannt, daß die wichtige Eigenschaft in der Definition von 1 : M Beziehungen zwischen Satztypen besteht und nicht in Techniken zur Darstellung solcher Beziehungen auf einem Direktzugriffsspeicher.

Die Relationentheorie geht sogar noch einen weiteren Schritt von der expliziten Definition einer Beziehung ab, indem eine implizite Definition in Form von Datenelementen in den Satztypen angestrebt wird. Trotzdem mußten die Befürworter des relationalen Ansatzes zugeben, daß ein gewisser Set-Modus letzten Endes verfügbar sein muß. Wie bei der Set-Reihenfolge sollte dies kein Faktor sein, der explizit definiert wird, so daß ein Anwendungsprogrammierer dies ausnützen kann.

24.8 Brauchbarkeit der Relationentheorie

Drei Aspekte der Relationentheorie kann man bzgl. ihres Einflusses
auf den Praktiker untersuchen. Es sind dies:

1. Eindeutiger Primärschlüssel für jeden Satztyp.
2. Mittel zur Darstellung von Set-Typ Beziehungen.
3. Fortpflanzung von Primärschlüsseln durch die Struktur.

Vor einer Besprechung dieser Aspekte muß dafür eine Erklärung gegeben
werden. Es ist schlichtweg eine Frage der Datenunabhängigkeit und des
Entwurfs einer Datenmanipulationssprache, die zur Optimierung der Datenunabhängigkeit beiträgt. Es stellt sich die Frage, ob diese strenger
Regeln in der Tat gerechtfertigt sind, um Datenunabhängigkeit zu erreichen.

24.8.1 Eindeutiger Primärschlüssel

Die Relationentheorie fordert, daß jeder Satztyp einen eindeutigen
Primärschlüssel hat. Dies ist in den meisten Fällen gerechtfertigt
und niemand kann dagegen argumentieren. Es gibt einige wenige Fälle,
wo dies etwas künstlich erscheint. Ein Beispiel ist in Abbildung 24.3
dargestellt.

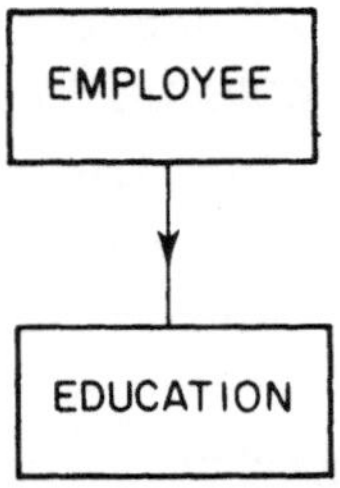

EMPLOYEE

EDUCATION

Abb. 24.3 Besprechung des eindeutigen Primärschlüssels

Mitarbeitern sind normalerweise Personalnummern zugeordnet und ein
Primärschlüssel im Satztyp EMPLOYEE ist daher durchaus akzeptabel.
In dem anderen Satztyp, EDUCATION, erscheint ein eindeutiger Primär-
schlüssel ziemlich künstlich. Es ist unwahrscheinlich, daß es bei
irgendeiner Benutzung dieser Datenbank notwendig ist, auf einen
EDUCATION Satz zuzugreifen.

Das Bestehen auf einem eindeutigen Primärschlüssel ist in den
meisten Fällen eine gute Idee. Es ist sicherlich wichtig, daß man
einen solchen Schlüssel für jeden Satztyp in den Datenbank definieren
kann (in TOTAL und IMS nicht möglich). Dies auf jeden Fall tun zu
müssen, erscheint jedoch unnötig.

24.8.2 Darstellung von Set-Typ Beziehungen

Die relationale Art zur Behandlung von Set-Typ Beziehungen ist einfach
und wirkungsvoll. Sie wird erreicht durch Wiederholung eines Elements
(und damit seiner Werte) in zwei Satztypen. Das Konzept ist leicht zu
verstehen und zu benutzen. Es ist ohne Frage kommerziell machbar, da
es die einzige Möglichkeit in TOTAL und ADABAS darstellt.

Im Gegensatz dazu wird die CODASYL Vorgehensweise bzgl. dieses Problems durch die Fülle von Set-Auswahl Optionen dargestellt und erst
seit kurzem entspricht eine davon der durch die Relationentheorie
unterstützten Möglichkeit.

Man kann ohne Bedenken dem zustimmen, daß das relationale Konzept
in dieser Hinsicht in nahezu jedem Fall vorzuziehen ist. Es ist wahrscheinlich der zweite Hauptnachteil von IMS, daß nichts Vergleichbares
in diesem System angeboten wird.

24.8.3 Fortpflanzung von Primärschlüsseln

Die Fortpflanzung von Primärschlüsseln ist anhand eines Beispiels
(Abbildung 24.4) gezeigt, das dem ersten Artikel[1] von Codd entnommen
ist. In den nachfolgenden Artikeln zur Relationentheorie gehen alle
Beispiele nur über zwei Stufen.

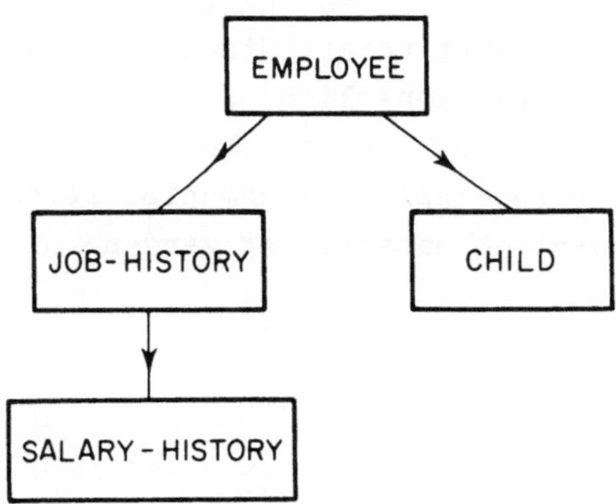

Abb. 24.4 Drei-stufige Struktur

Würden die vier Satztypen in der Relationentheorie definiert werden,
dann hätten sie die folgende Form:

EMPLOYEE (EMPNO, NAME, BIRTHDATE)
JOB-HISTORY (EMPNO, JOBDATE, TITLE)
SALARY-HISTORY (EMPNO, JOBDATE, SALARYDATE, SALARY)
CHILD (EMPNO, CHILDNAME, BIRTHDATE)

Diese Art der Festlegung von Satznamen und zugehörigen Elementen wird
sehr häufig in Artikeln zur Relationentheorie benutzt. Durch die Unter-
streichung eines Elementnamens kennzeichnet man dieses Element als
Primärschlüssel (oder Teil davon) des Satztyps. Diese Sätze sind alle
in dritter Normalform dargestellt - dies ist ein Begriff aus der Relationentheorie, der bisher in diesem Kapitel noch nicht vorgestellt
wurde, obwohl seine Auswirkungen bereits voll berücksichtigt wurden.

Diese Darstellungsart stellt einen für die Relationentheorie sehr
wesentlichen Aspekt dar. Dabei geschieht folgendes. Für die Elemente
der Satztypen in einer Datenbankstruktur werden Bedingungen definiert
mit dem Ziel, diese Struktur so manipulieren zu können, daß die Anwendungsprogramme etwas unabhängiger von Strukturänderungen sind als
sonst. Dabei sind wiederum die Beziehungen zwischen Satztypen implizit in den Datenelementen dieser Satztypen enthalten.

Während man die Praxis der Fortpflanzung von Primärschlüsseln über
eine Stufe hinweg uneingeschränkt unterstützen kann, so erscheint dies
bei zwei oder mehr Stufen etwas künstlich. Die Forderung, das Element
EMPND in den Satztyp SALARY-HISTORY aufzunehmen, nur um die semantische Notwendigkeit einer speziellen Datenmanipulationssprache zu
befriedigen kann nur schwerlich unterstützt werden.

24.9 Daten-Teilsprachen (DML) für
eine relationale Datenbank

Es gibt keine einheitliche DML für eine relationale Datenbank. Es
gibt stattdessen zwei Ansätze, die auf der relationalen Algebra bzw.
dem relationalen Kalkül beruhen. Date[3] faßt die Unterschiede zwischen
ihnen kurz und bündig zusammen.

' Es gibt wenigstens zwei Möglichkeiten, die einem Benutzer
folgendes gestatten sollten.

(1) Spezifikation einer Folge von Operationen der relationalen Algebra, die zur Herstellung des gewünschten Ergebnisses durchgeführt werden.

(2) Angabe einer Definition des gewünschten Ergebnisses mit
Hilfe des Relationenkalküls, wobei es dem System überlassen bleibt, festzustellen welche Operationen notwendig
sind.

Der Unterschied der beiden Ansätze ist analog zu dem Unterschied zwischen (1) der tatsächlichen Konstruktion einer
Menge durch Ausführung einer Folge von Mengenoperationen
(Vereinigung, Durchschnitt usw.) und (2) einer einfachen
Festlegung der 'Definitionseigenschaft' einer Menge in Form
eines Prädikates; mit anderen Worten der Unterschied zwischen Prozeduralität und Nicht-Prozeduralität. '

24.9.1 Relationale Algebra

Eine Operation der relationalen Algebra bezieht sich auf einen oder
mehrere Satztypen und benennt noch einen weiteren Satztyp als Ergebnis der Operation. Die beiden Hauptoperationen bezeichnet man als
Projektion (projection) und Vereinigung (join).

Eine Projektion wirkt nur auf einen Satztyp und produziert einen
neuen mit weniger Elementen. Um präzise zu sein, die Operation wirkt
nicht auf einen Satztyp, sondern auf alle Sätze des benannten Typs.
Die Wirkung einer Projektion besteht in der Generierung einer Menge
von Sätzen dieses neuen Satztyps. Diese werden in einem sogenannten
Arbeitsbereich gespeichert.

Ein Arbeitsbereich unterscheidet sich von einem CODASYL Benutzerarbeitsbereich in zweierlei Hinsicht. Zunächst ist dieser Arbeitsbereich in der Tat offen, zweitens gibt es keine Restriktion, die festlegt, daß er nur einen Satz jedes Typs enthält.

In COBOL entsprechen die Sätze, die während der Ausführung eines
Programms generiert werden, normalerweise einem in der Working
Storage Section definierten Satztyp. Zusätzlich ist es Aufgabe des
Anwendungsprogrammierers den Bereich zu deklarieren, den er zur
Speicherung der Datei benötigt, die als Ergebnis der Projektion ent-
steht.

Die andere Hauptanweisung bezeichnet man üblicherweise als Vereinigung. Enthalten zwei Satztypen ein gemeinsames Element und stammen die Werte des Elements jeweils aus dem gleichen Wertebereich,
dann ist es möglich, eine dieser Vereinigungsoperationen bzgl. des
gemeinsamen Elements durchzuführen. Die Wirkung besteht in der Generierung einer Menge von Sätzen eines neuen Typs, der alle Elemente
aus beiden Satztypen enthält, das gemeinsame Element jedoch nur einmal. Tritt ein Wert des gemeinsamen Elements nur in einem Satz des
einen Typs aber in keinem Satz des anderen Typs auf, dann ist der
Satz, der diesen Wert enthält, an der Vereinigungsoperation nicht
beteiligt.

In der Tat ist die Vereinigung nichts außergewöhnlich neues. Sie
dürfte von denjenigen, die Erfahrung in der Verarbeitung von Band-
dateien haben, als Mischoperation erkannt werden. Trotzdem dürften
die Projektion und die Vereinigung eine mächtige, relativ nicht-prozedurale Art der Manipulation von Dateien bieten.

Man könnte argumentieren, daß dies notwendigerweise stark Speicherplatz benötigt im Vergleich zu der 'ein Satz zu einem Zeitpunkt'
Logik in den heutigen kommerziellen Systemen. Die Befürworter verweisen auf die beträchtlich reduzierte Anzahl von Anweisungen, die zur
Spezifikation einer bestimmten Transaktion benötigt werden.

24.9.2 Relationenkalkül

Der Relationenkalkül unterscheidet sich auf die bereits dargestellte
Weise von der relationalen Algebra. Die Daten-Teilsprache ALPHA[2] ist
das beste bekannte Beispiel dieses Ansatzes. Genauso wie die FIND
Anweisung (siehe Kapitel 15) den Mittelpunkt der CODASYL DML bildet,
so ist eine mächtige GET Anweisung die wichtigste Anweisung in ALPHA.

Das generelle Format einer GET Anweisung könnte wie folgt aussehen:

GET Workspace target-list WHERE condition

Der Parameter 'workspace' bezieht sich auf den Speicherbereich, in dem die als Ergebnis der Anweisung generierten Sätze gespeichert werden. Es ist ein wichtiger Aspekt in ALPHA, daß der Programmierer nicht zu wissen braucht, ob sich der 'workspace' auf einem Direktzugriffsspeicher befindet oder nicht. Die 'target list' besteht normalerweise aus einer Liste von Elementnamen (möglicherweise durch Satznamen qualifiziert) und Satznamen. Die 'condition' kann schließlich die volle boolesche Komplexität enthalten, wie etwa zusammengesetzte Bedingungen in COBOL.

Zusätzlich zu dem GET gibt es eine Reihe anderer Anweisungstypen wie PUT (d.h. STORE), UPDATE (MODIFY) und DELETE.

24.1o Zusammenfassung der Schlußfolgerungen

Eine Reihe von Schlußfolgerungen kann aus der Analyse des relationalen Ansatzes gezogen werden. Es sind dies:

1. Das relationale Konzept erfordert einen Datendefinitionsprozeß, der eine Reihe von Restriktionen enthält.
2. Zwei dieser Restriktionen - eindeutiger Primärschlüssel und die Art der Definition von Set-Typen - erscheinen durchaus akzeptabel. Die Fortpflanzung von Primärschlüsseln von oben nach unten in einer tiefgehenden Struktur ist fraglich.
3. Das relationale Konzept erlaubt die gleiche Komplexität von Netzstrukturen wie das CODASYL Konzept (mit der Ausnahme von zyklischen Strukturen).
4. Der CODASYL Ansatz entspricht viel stärker der Relationentheorie als IMS oder TOTAL.
5. Die Forderung der Fortpflanzung von Primärschlüsseln durch die Struktur wird zur Unterstützung der Semantik der für eine relationale Datenbank vorgeschlagenen Daten-Teilsprache benötigt.
6. Die 'ein Satz zu einem Zeitpunkt' DML von CODASYL kann relationale Datenbanken manipulieren.

Schließlich sei gesagt, daß ein großer Teil der Debatten 'Relationen kontra Netzstruktur' geführt wurde, um die Aufmerksamkeit von den Nachteilen in Systemen wie IMS abzulenken. In der Tat haben das relationale Konzept und das CODASYL Konzept eine ganze Menge gemein. Die DDLC Entscheidungen während der Periode von 1972 bis 1976 weisen darauf hin, daß die Relationentheorie tatsächlich einen Einfluß auf die CODASYL Überlegungen hatte und dies mit Recht. Die Relationentheorie hatte auf der anderen Seite überhaupt keinen Einfluß auf IMS.

Literaturhinweise

1. E.F. Codd, 'A relational model of data for large shared data banks', CACM, 13, No. 6, 377-387 (Juni 197o).
2. E.F. Codd, 'A data base sub-language founded on the relational calculus', Proceedings of ACM SIGFIDET Workshop on Data Description Access and Control, 35-68.
3. C.J. Date, An Introduction to Data Base Systems, Addison-Wesley (1975).
4. E.F. Codd, 'Understanding relations', FDT, 6 No. 4, 18-22 (1974).
5. Workshop on Data Description Access and Control - Data Models: Data Structure Set Versus Relational (Debate Proceedings), Part of Proceedings of ACM SIGMOD Workshop, Mai 1974.
6. E.F. Codd, 'Normalized Data Base Structure; A brief tutorial', Proceedings of ACM SIGFIDET Workshop on Data Description Access and Control, November 1971, Seiten 1-16.
7. C.J. Date, 'Relational Data Base Systems: A Tutorial', veröffentlicht in Information Systems COINS IV, 1974, Plenum Press, Seiten 37-54.

Kapitel 25

Abschließende Kommentare

25.1 Kurze Wiederholung

In den ersten 18 Kapiteln dieses Buches wurde versucht, die wichtigeren Aspekte des CODASYL Konzeptes zur Datenbankverwaltung darzustellen. Dies geschah mit einer Betonung der Erläuterung jeder Eigenschaft hinsichtlich ihrer Aufgabe. Es wurde kein Versuch unternommen, die Eigenschaften und Einrichtungen als strenge, gesetzliche Regeln darzustellen. Dies ist Aufgabe formaler Spezifikationen, die nur schwer zu lesen sind. Die Eigenschaften wurden subjektiv gewichtet. So wurde denjenigen Einrichtungen, die man häufiger in kommerziellen Implementierungen findet, ein größeres Gewicht beigemessen.

In den Kapiteln 19 und 2o wurden zwei Aspekte von DBMS aufgegriffen, die in den DBTG und DDLC Berichten erwähnt aber nicht im Detail definiert sind. Die Darstellungen in diesen Kapiteln zu den Themen Data Strategy Definition Language und Restrukturierungsmöglichkeiten basieren zum Teil auf Arbeiten der in Großbritannien ansässigen Data Base Administration Working Group (DBAWG).

Schließlich wurden in den Kapiteln 21, 22 und 23 drei kommerzielle Konzepte betrachtet, während im Kapitel 24 die inzwischen weit verbreitete und befürwortete relationale Betrachtungsweise im Zusammenhang mit dem CODASYL Konzept analysiert wurde.

25.2 Kritik am CODASYL Konzept

Es gibt nur wenige, die behaupten, daß das CODASYL Konzept zur Datenbankverwaltung ganz und gar ohne jeglichen Mangel ist. Im Verlaufe dieses Buches wurde versucht, in den jeweiligen Kapiteln und Abschnitten auf die Schwachstellen der verschiedenen Eigenschaften und Einrichtungen einzugehen. Der Eindruck des Autors zu einigen Hauptströmungen wurde in einem Artikel[1] wiedergegeben, der auf einer Tagung präsentiert wurde, die vom IFIP Technical Committee 2 unterstützt wurde. Diese Konferenz behandelte ausschließlich die Schema DDL. Die dort von Nijssen[2], Waghorn[3], Kay[4], Earnest[5], Gerassimenko[6] und Steel[7] präsentierten Artikel sind für viele der Themen im vorliegenden Text relevant.

Es folgt eine Liste in früheren Kapiteln besprochener Aspekte, die man in der Praxis antrifft und die in den Spezifikationen geändert werden sollten (falls dies nicht bereits geschehen ist).

1. Die Forderung, daß CALC die Erzeugung von Zufallszahlen bedeutet (siehe Abschnitt 4.5).

2. Die Möglichkeit, einen Datenbankschlüsselwert Null für die Speicherung eines Satzes mit location mode DIRECT zu benutzen (siehe Abschnitt 4.6.3).

3. Explizite Deklaration des Set-Modus in der Schema DDL (siehe Abschnitte 5.3 und 5.5.2).

4. Konzept der indizierten sortierten Sets (siehe Abschnitt 6.1o.3).

5. Globale Suchschlüssel (siehe Abschnitt 6.1o.3).

6. Hierarchische Set-Auswahl (siehe Abschnitt 8.6).

7. Komplexität durch Set-Auswahl auf der Grundlage von member Elementwerten (siehe Abschnitt 8.9).

8. Modifikation der Set-Auswahl im Subschema (siehe Abschnitt 12.7).

9. Abhängigkeit des FIND ANY DUPLICATE von Techniken zur Erzeugung von Zufallszahlen (siehe Abschnitt 15.5.2).

1o. Semantik der Currency Kontrollanweisungen KEEP, FREE, REMONITOR (siehe Abschnitt 17.2).

11. Möglichkeiten zur Überprüfung von Datenbankausnahmebedingungen durch eine USE Deklaration (siehe Abschnitt 17.6).

12. Datenschutzmöglichkeiten (siehe Abschnitt 18.5).

Zusätzlich zu dieser Liste sei dem Leser der Rat gegeben, multi-member Set-Typen und sortierte Set-Typen wo immer es möglich ist zu vermeiden. Ersteres gestaltet die Semantik schwieriger und der zweite Aspekt kann beträchtliche Auswirkungen auf die Ausführungszeit haben.

25.3 Umfassendere Forderungen

Die CODASYL Spezifikationen waren Gegenstand eines gewissen Maßes an Kritik bzgl. umfassenderer Forderungen wie Datenunabhängigkeit und grundlegende Architektur.

Einige Gedanken zur Datenunabhängigkeit waren in der Besprechung der Beziehung zwischen der neuen, durch die Data Base Administration Working Group vorgeschlagen Data Strategy Language, DSDL, und der bestehenden Schema DDL enthalten (siehe Abschnitt 19.2).

Die Forderung nach Datenunabhängigkeit schlägt bis auf die Faktoren in der Datendefinition durch, die der Programmierer in seinem Programm vorteilhaft ausnutzen kann. Ändert sich der Wert eines dieser Faktoren, dann muß auch der Programmierer sein Programm entsprechend ändern. Je mehr es also solche Faktoren gibt, um so wahrscheinlicher ist es, daß der Programmierer sie vorteilhaft ausnutzt, um so wahrscheinlicher ist es aber auch, daß sein Programm geändert werden muß, sobald die Datendefinition geändert wird.

Um diese Forderung objektiv zu betrachten, ist es notwendig, diese fiktiven Faktoren hinsichtlich irgendwelcher positiven Aspekte zu untersuchen. Bieten sie denn wirklich dem Datenadministrator und dem Programmierer bedeutende Möglichkeiten, das Leistungsverhalten des Gesamtsystems zu verbessern?

Man kann auf diese Frage nur schwer eine generelle Antwort geben. Was die Diskussion jedoch zeigte, ist die Bedeutung der Möglichkeit, gewisse Kompromißentscheidungen kontrollieren zu können. Der Datenadministrator sollte hierzu sicherlich in der Lage sein und unter gewissen Umständen auch der Programmierer. Dies ist eine andere Art, zum Ausdruck zu bringen, daß das System flexibel genug sein soll, um einerseits Datenunabhängigkeit zu erreichen (üblicherweise auf Kosten der Performance) oder andererseits ein gutes Leistungsverhalten zu erreichen, ohne allzu viel Kosten für die Datenunabhängigkeit.

Der kritische Ausdruck im vorangegangenen Abschnitt lautet: 'Faktoren der Datendefinition, die der Programmierer in seinem Programm vorteilhaft ausnutzen kann'. Bei der Besprechung der DMCL (siehe Abschnitt 19.2) wurde folgende Klassifikation von Datendefinitionsfaktoren vorgeschlagen:

1. Muß der Programmierer kennen.
2. Braucht der Programmierer nicht zu kennen,
   könnte jedoch davon profitieren.

3. Braucht der Programmierer nicht zu kennen
   und kann auch nicht davon profitieren.

Das Konzept einer zweistufigen Datendefinition, wie es durch die
Schema DDL und die nachfolgende DSDL angeboten wird, ist bedeutsam.
In der Kritik wurde insbesondere das Vorhandensein der folgenden
Faktoren in der Schema DDL angegriffen:

1. Set-Modus
2. Bereichsdeklarationen und Zuordnungen
   von Satztypen zu Bereichen.
3. Location mode VIA SET
4. Set-Reihenfolge

Einige dieser Faktoren bieten dem Datenadministrator eine wichtige
Unterstützung bei der Kompromißfindung. So möchte er etwa die physische Zusammengehörigkeit von Sätzen unterschiedlicher Typen beeinflussen können. Dies wird ihm durch das Bereichskonzept und den location mode VIA SET ermöglicht. In einigen Situationen sind eine Entscheidung über die Reihenfolge der Sets eines bestimmten Typs und
eine Entscheidung über die Art ihrer Darstellung auch Gegenstand des
tuning-Prozesses für eine Datenbank. Die Tatsache, daß der Datenadministrator diese Faktoren beeinflussen können sollte, bedeutet jedoch an sich nicht, daß auch der Programmierer ein gewisses Maß an
Kontrolle haben sollte.

Mit anderen Worten, es ist durchaus sinnvoll, daß dem Datenadministrator gewisse Faktoren zur Verfügung stehen, die er kontrollieren
kann, ohne daß man dem Programmierer analoge Optionen anbieten muß.
Solche Faktoren - der frühere Set-Modus ist ein gutes Beispiel dafür -
sollten in der DSDL und nicht in der Schema DDL enthalten sein. Sobald die DSDL als formaler Bestandteil des CODASYL Konzeptes akzeptiert ist, werden viele Entscheidungen viel einfacher.

25.4 Zukunft des CODASYL Konzeptes

Das CODASYL Konzept zur Datenbankverwaltung ist nicht perfekt. Eine beträchtliche Bereinigung der Spezifikationen ist erforderlich. Die Stellen, wo dies notwendig ist, wurden in diesem Buch erwähnt.

Das Konzept ist der beste Kandidat für einen zukünftigen internationalen Standard auf der Basis einer akzeptierten Technologie. Seine Strukturierungsmöglichkeiten stimmen mehr mit der Relationentheorie überein als jede der anderen Konzepte. Es bietet dem Datenadministrator, der in der Lage ist, intelligente Entscheidungen bzgl. des jeweiligen Nutzens der Datenunabhängigkeit im Vergleich zur Verarbeitungszeit zu treffen, flexible Kontrollmöglichkeiten. Dieses Buch hilft hoffentlich bei der Verdeutlichung des Konzeptes gegenüber einer größeren Anzahl von Interessenten und dient zur Unterstützung eines breiteren Verständnisses der Vorteile und der Probleme.

Literaturhinweise

1. T.W. Olle, 'An analysis of the flaws in the Schema DDL and proposed improvements', in Data Base Description.
   (Ed. B.C.M. Douque and G.M. Nijssen), North-Holland, 1975, Seiten 283-298.
2. G.M. Nijssen, Set and CODASYL set or coset. Wie oben, Seiten 1-72.
3. W.J. Waghorn, The DDL as an industry standard? Wie oben, Seiten 121-168.
4. M.H. Kay, An analysis of the CODASYL DDL for use with a relational sub-schema. Wie oben, Seiten 199-214
5. C. Earnest, Selection of higher level structures in networks. Wie oben, Seiten 215-238.
6. T. Gerassimenko, The realm concept as incorporated in the family of database languages developed by CODASYL (for COBOL). Wie oben, Seiten 329-338.
7. T.B. Steel, Jr, Data base standardization: a status report. Wie oben, Seiten 183-198.

Stichwortverzeichnis

Heidelberger Taschenbücher

Sammlung Informatik

F. L. Bauer, G. Goos
Informatik
Eine einführende Übersicht
Teil 1
2. Auflage. 1973. 111 Abbildungen. XII, 220 Seiten
(Band 80)
DM 19,80
ISBN 3-540-06332-3

F. L. Bauer, G. Goos
Informatik
Eine einführende Übersicht
Teil 2
2. Auflage. 1974. 73 Abbildungen. XIII, 207 Seiten
(Band 91)
DM 19,80
ISBN 3-540-06899-6

F. L. Bauer, R. Gnatz, U. Hill
Informatik
Aufgaben und Lösungen
Teil 1
1975. 54 Abbildungen. XI, 163 Seiten. (Band 159)
DM 19,80
ISBN 3-540-07007-9

F. L. Bauer, R. Gnatz, U. Hill
Informatik
Aufgaben und Lösungen
Teil 2
1976. 45 Abbildungen. X, 173 Seiten. (Band 160)
DM 19,80
ISBN 3-540-07116-4

E. Bergmann, H. Noll
Mathematische Logik mit Informatik-Anwendungen
1977. XV, 324 Seiten. (Band 187)
DM 26,80
ISBN 3-540-08202-6

P. Deussen
Halbgruppen und Automaten
1971. V, 198 Seiten. (Band 99)
DM 14,80
ISBN 3-540-05606-8

W. K. Giloi
Rechnerarchitektur
1980. 133 Abbildungen. XV, 380 Seiten. (Band 208)
DM 39,50
ISBN 3-540-10352-X

W. Hahn
Elektronik-Praktikum für Informatiker
1971. 177 Abbildungen. VIII, 136 Seiten. (Band 85)
DM 14,80
ISBN 3-540-05364-6

W. Hahn, F. L. Bauer
Physikalische und elektrotechnische Grundlagen für Informatiker
1975. 294 Abbildungen. X, 418 Seiten. (Band 147)
DM 25,–
ISBN 3-540-06900-3

H. Hermes
Aufzählbarkeit, Entscheidbarkeit, Berechenbarkeit
Einführung in die Theorie der rekursiven Funktionen
3. Auflage. 1978. 3 Abbildungen, 1 Tabelle. XIII, 258 Seiten. (Band 87)
DM 24,–
ISBN 3-540-08869-5

E. Jessen
Architektur digitaler Rechenanlagen
1975. 97 Abbildungen. X, 246 Seiten. (Band 175)
DM 22,80
ISBN 3-540-07503-8

H. Schecher
Funktioneller Aufbau digitaler Rechenanlagen
1973. 178 Abbildungen. XII, 260 Seiten. (Band 127)
DM 26,–
ISBN 3-540-06275-0

Springer-Verlag
Berlin
Heidelberg
New York

Neue Lehrbuchreihe Informatik

F. L. Bauer, H. Wössner
Algorithmische Sprache und Programmentwicklung

1980. Etwa 530 Seiten
DM 79,–
ISBN 3-540-09853-4

A. Bode, W. Händler
Rechnerarchitektur

Grundlagen und Verfahren
1980. 140 Abbildungen, 4 Tabellen.
XI, 278 Seiten
DM 34,–
ISBN 3-540-09656-6

K. E. Ganzhorn, K. M. Schulz, W. Walter
Datenverarbeitungssysteme

Aufbau und Arbeitsweise
1981. 181 Abbildungen. 220 Seiten
Gebunden DM 78,–
ISBN 3-540-10598-0

B. W. Kernighan, P. J. Plauger
Programmierwerkzeuge

Übersetzt aus dem Englischen von K. Kächele,
M. Klopprogge
1980. IX, 492 Seiten
DM 69,–
ISBN 3-540-10419-4

P. C. Lockemann, H. C. Mayr
Rechnergestützte Informationssysteme

1978. 37 Abbildungen, zahlreiche Einzeldar-
stellungen. X, 368 Seiten
DM 35,–
ISBN 3-540-08996-9

A. K. Salomaa
Formale Sprachen

Übersetzt aus dem Englischen von
E.-W. Dieterich
1978. 18 Abbildungen, 5 Tabellen.
IX, 314 Seiten
(Übersetzung von "Formal Languages"
Academic Press)
DM 48,–
ISBN 3-540-09030-4

Informatik für Ingenieure

Herausgeber: F. L. Nicolet
Unter Mitarbeit von W. Gander, J. Harms,
P. Läuchli, F. L. Nicolet, J. Vogel,
C. A. Zehnder
1980. 53 Abbildungen, 20 Tabellen.
X, 187 Seiten
DM 39,50
ISBN 3-540-09669-8

Springer-Verlag
Berlin
Heidelberg
New York